U1070293

晚霞映红

查国清　郭永秀　编　著

北京航空航天大学出版社

内容简介

本书整理撰写了多年来北京航空航天大学离退休干部中涌现出的先进集体和先进个人的典型事迹，抒发了老同志退而不休、发挥余热的高尚情怀，展示了老同志在学习增智、建言献策、热心服务、关心下一代、快乐健康、文艺宣传等诸多方面的风采，向学校、向社会广泛宣传好声音、讲述好故事，释放更多正能量。

图书在版编目(CIP)数据

晚霞映红 / 查国清，郭永秀编著. -- 北京 ：北京航空航天大学出版社，2020.12

ISBN 978-7-5124-3234-5

Ⅰ. ①晚… Ⅱ. ①查… ②郭… Ⅲ. ①北京航空航天大学—离退休干部—先进事迹 Ⅳ. ①K825.46

中国版本图书馆CIP数据核字(2020)第020950号

版权所有，侵权必究。

晚霞映红

查国清　郭永秀　编　著

策划编辑　刘　扬　　责任编辑　崔昕昕　刘　扬

*

北京航空航天大学出版社出版发行

北京市海淀区学院路37号(邮编100191)　http://www.buaapress.com.cn

发行部电话：(010)82317024　传真：(010)82328026

读者信箱：qdpress@buaacm.com.cn　邮购电话：(010)82316936

北京九州迅驰文化有限公司印装　各地书店经销

*

开本：710×1 000　1/16　印张：31　字数：477千字

2020年12月第1版　2020年12月第1次印刷

ISBN 978-7-5124-3234-5　定价：108.00元

若本书有倒页、脱页、缺页等印装质量问题，请与本社发行部联系调换。联系电话：(010)82317024

编 委 会

策　　划　赵　罡

编　　著　查国清　郭永秀

执行编辑　王梦丽

编　　委　李志敏　徐　旭　王　建　刘佳秀　郭小军

序　言

情暖夕阳　晚霞生辉

北京航空航天大学，“蓟门烟树”之畔的新中国第一所航空航天高等学府，历经近70年的栉风沐雨，从“工棚里上课、路灯下读书、田野里实验”，到向着建设“双一流”大学迈进。伴随她的不断发展壮大，一批批北航的亲历者、建设者们，开始踏入人生的金色晚年，开启人生的第二征程。

家有一老，如有一宝。离退休老同志是党和国家的宝贵财富，是党执政兴国的重要资源，是推进中国特色社会主义伟大事业的重要力量。《关于进一步加强和改进离退休干部工作的意见》（中办发[2016年]3号）文件指出：离退休干部工作要牢牢把握为党和人民的事业增添正能量的价值取向，更加注重发挥离退休干部的独特优势。

近年来，北航坚持不懈开展以“展示阳光心态、体验美好生活、畅谈发展变化”为主要内容的为党和人民的事业增添正能量活动，组织引导离退休老同志践行社会主义核心价值观，弘扬中华民族传统美德，传递向上向善的精神力量，影响和带动周围群众坚定不移跟党走，共同释放正能量。老同志们以高度的政治责任感和无私的奉献精神，运用自己的经验和智慧继续为党和国家、为学校贡献着力量，发挥着不可替代的作用，涌现出一大批先进集体和先进个人，多次受到全国、工业和信息化部、北京市等上级部门的表扬和表彰。他们中既有“优秀共产党员”“优秀党支部书记”，也有“老有所为”先进个人、“十佳健康老人”“十佳道德模范”“正能量之星”“育才老园丁”等，他们是北航离退休老同志的精神缩影和真实写照。

听党话、跟党走，为党育人、为国育才，是北航人始终不变的初心与使命。在中国共产党即将迎来诞辰100周年之际，北航把离退休老同志中多年涌现出来的先进集体和先进个人的典型事迹，加以撰写整理，编辑出版《晚霞映红》一书。其目的就在于，抒发离退休老同志忠诚于党、爱国奉献、退而不休、发挥余热的高尚情怀，展示学习增智、建言献策、老有所为、助人为乐、文体健身的多姿风采，体现老同志在实现“六个老有”目标中所发挥的优势作用，唱响传播北航好声音、讲述北航老故事、释放强大正能量的主旋律，激发一代代北航人将“空天报国、敢为人先”的北航精神薪火传承，展现一代代北航人“家国情怀、正直真诚、创新担当、实干有为”的精神特质。

书中集中反映了在校党委的领导下，离退休教职工党委带领离退休党支部以及广大离退休教职工，以习近平新时代中国特色社会主义思想为指导，不断加强政治、思想和党组织建设，引领离退休老同志政治航向。围绕老有所养、老有所医、老有所为、老有所学、老有所教、老有所乐“六个老有”目标，依托离退休党支部、管理服务小组、“关工委”、“三老”协会、老龄大学、老年社团等各组织群体，在喜闻乐见的活动中，激励老同志内化于心、外化于行，夯实思想根基，发挥优势作用，传递正能量。通过开展走访慰问、帮扶解困、养老助残、健康咨询等活动，助力老有所养、老有所医；通过开展课堂讲授、兴趣学习、技能培训、风采展示等活动，促进老有所学、老有所教；通过体育健身、文艺表演、旅游参观等活动，实现老有所乐；通过建言献策、讲座报告、教学督导等活动，实现老有所为。

书中很多事迹感人至深、鲜活生动，是年青一代学习的好案例、活教材。无论是先进集体还是先进个人，他们都默默践行着初心与使命，积极带头、发挥所长，热心服务、促进和谐，勇挑重担、无私奉献，为促进“温暖北航”建设，贡献一份力量，绽放最美夕阳，展现靓丽风采。离退休党支部、管理服务小组，事无巨细，从关心照顾老同志生活起居到病榻前安抚慰问，从组织生活会召开到主题党日活动举办……成为老同志心中最可信可亲的组织依靠。老年社团、老龄大学，从太极舞步晨练到健步摄影采风，从时装歌舞走秀到棋琴书画篆刻……成为老同志开心愉悦的温馨家园。“关工委”、“三老”协会，从搭建平台载体到组织实施落实，从关心老同志到关爱青少年……成为老同志发挥余热的有为场所。老同志先进个人无私奉献的场景，历历在目、栩栩如生。当 80 多岁的独居老人打来电话时，支部书记就会把热腾腾的饭菜送到家；当身边无子女的老同志深夜求助时，86 岁的老党员便义无反顾地第一时间赶到现场抚慰；当老同志们为自身健康发愁时，已退休的白衣天使开办了义务健康咨询小屋，十几年如一日地为大家服务；当疫情来袭大学生宅在家不能到校上课时，90 岁高龄的老教授一马当先开启了在线网络直播讲座……一个先进集体就是一座战斗的堡垒，一个先进个人就是一面高扬的旗帜。他们用火热的情怀，雪中送炭，温暖他人，传递友善，铸就和谐。

夕阳美，染红天，风雨重晚晴，晚霞亦升辉。党的十九大提出“认真做好离退休干部工作”的新要求，十九届五中全会提出“积极应对人口老龄化”的国家战略。北航将继续高度重视离退休工作，以习近平新时代中国特色社会主义思想为指导，用心用情，精准服务，以离退休老同志切身利益为出发点，以离退休教职工“三项建设”为抓手，以丰富多彩的正能量活动为载体，进一步增强“四个意识”、坚定“四个自信”、做到“两个维护”，引导更多的老同志发挥余热、传递正能量，为实现“两个一百年”奋斗目标、实现中华民族伟大复兴的中国梦贡献绵薄之力，绽放夕阳风采！以优异的成绩和昂扬的精神向建党 100 周年献礼！

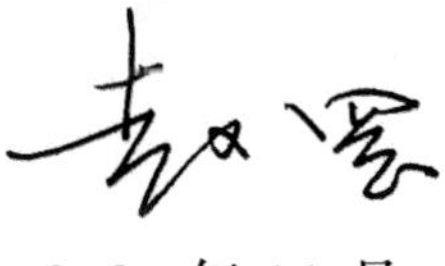

2020 年 11 月

目　　录

上篇　老有所养　老有所医享晚年

中篇　老有所教　老有所为当益壮

下篇 老有所学 老有所乐映晚霞

上篇　老有所养　老有所医享晚年

步入晚年，方知老有所养及老有所医是晚年安心生活的重要保障。多年来，北航离退休教职工在离退休教职工党委和离退休工作处的领导和关心下，发挥党支部的战斗堡垒作用和党员的先锋模范作用，互相帮助、互相依靠，在晚霞之年涌现出许多关爱老年群体的先进事迹，为老同志老有所养、老有所医助力。

民有所呼　我有所应　民有所盼　我有所为

——奉献有为之星刘俊德谈北航离退休工作

海淀区人大代表、原北航离退休教职工党委书记刘俊德同志在回顾北航离退休工作时说:“民有所呼,我有所应;民有所盼,我有所为。”这是我们党和国家长期坚持的工作原则,而北航离退休工作取得了一些成绩,得到老同志们的认可,正是因为始终坚持这项原则。

刘俊德同志在北航离退休工作岗位上工作了 18 年,2011 年退休。退休后,他退休不退岗,继续战斗在岗位上,发挥着自身的政治优势、经验优势、威望优势,担任了区人大代表、离退休教职工党委委员、党支部委员、校党建组织员、校“关工委”成员、老年研究会成员、《北航老年工作》编辑、中国图学会学报编辑部主任和北航老年书画研究会副会长等多个职务。他工作认真负责,尽职尽责,无私奉献,努力做好每一项工作,被大家推选为奉献有为之星。他深切体会到,北航离退休工作越做越好,也正是因为其始终坚持发挥党员的先锋模范作用,全心全意为离退休老同志服务。

在谈到北航离退休工作时,刘俊德同志如是说:“离退休教职工党委、离退休工作处在北航是这样一个不可或缺的机构、一级组织,离退休老同志们有何需求,离退休教职工党委、离退休工作处总是会尽心竭力来办。”大到建设思源楼,做好老有所养的工作,解决住房和生活困难等事宜;小到逢年过节看望老同志，日常支持老同志们的文体活动，丰富大家的生活。北航离退休工作也因此受到广泛赞誉。

老有所乐 幸福无限

说到丰富老同志们的日常生活，就必须提到思源楼。当时思源楼的建设是很不容易的，那个时候学校的经济条件还不是很好，但学校党委坚持北航的发展不仅离不开老同志们打下的坚实基础，而且也需要老同志们齐心协力，共同促进。在校庆50周年之际，学校下决心把建设好老干部活动中心作为校庆的重要事项，时任副校长的孟祥泰同志下决心说："学校做了决定，为离退休老同志们建设活动场所，如果经费不足，我去化缘也要把这个活动中心建设好。"思源楼建好后，楼里按照老同志们的需求设置了台球室、棋牌室、阅览室、多功能厅和体操房等，室内设备齐全，环境优雅，极大地丰富了老同志们的文化生活。有了活动场所后，离退休工作处向大家承诺：只要老同志们有需求，比如成立舞蹈队、声乐队等，离退休工作处都会积极支持，提供帮助，让大家的活动顺利开展。在这样的支持下，北航老年合唱团、民族舞蹈队等在北京市、工信部、国防科工委系统都赫赫有名，取得了很好的成绩。学校始终秉承"老有所为，老有所乐，老有所教，老有所学，老有所养，老有所医"的理念，认为老年生活应该多姿多彩，不仅要关注老同志们的身体健康情况，也要充实他们的文化生活，更要充分发挥老同志们的聪明才智，让他们在各个方面各尽所能，发光发热。北航定期表彰"优秀共产党员""十佳健康老人""老有所为标兵"等离退休老同志中的先进模范人物，还出版了《老有所为文集》《老有所为画报》，使老同志们"生命不息，奋斗不止"的精神得到积极推崇和颂扬。

坚持特色 保持本色

北航离退休教职工3100余人，实行一级日常管理，其难度可想而知。刘俊德同志感慨地说："我们有1100多名共产党员，坚持加强离退休教职工党的建设和思想政治工作，坚持时代特色，保持北航本色，离退休工作才能有声有色，越做越好。”

离退休教职工基本上按原单位成立党支部和管理小组，党支部书记兼任管理小组组长，在充分发挥党支部的战斗堡垒作用和党员的先锋模范作用的同时，离退休工作的很多事情一竿子插到底。老同志们有一句口头禅是“有问题，找组织”。问题反映到离退休工作处，很多事情得到了解决，没有党支部的坚持特色，保持本色，这一点是不容易做到的。当年，学校经费不足，而离退休老同志碰到生大病等困难时，离退休教职工党委发动党支部书记并带动共产党员自愿捐款建立“扶贫助困基金”。党支部书记陈冰老师在去台湾地区访问时，还把这种情况介绍给台胞赵昭盛先生，赵先生被北航离退休同志的精神所感动，每年捐款两万元用于帮助困难同志。离休干部、共产党员文益民同志在自己爱人长期生病的情况下，把自己节省下来的 10 万元人民币捐给了为做好离退休工作而成立的“思源基金”。随着学校的发展，“爱心基金”也建立起来，大病致困的问题基本得到了解决。

如今北航老年党校也越办越好，党建论坛等特色品牌也越做越实。

不忘初心　开拓创新

学校党委强调，对老同志要“高看一眼，厚爱一分”，对离退休老同志的事情要“特事特办，急事先办”。北航在执行上级文件和方针政策时，无论是工信部的，还是北京市的，只要是有利于老同志的都认真执行。离退休工作处也曾制订“热情 周到 公平 高效”的工作指导方针，在做工作的时候要处处为人民群众着想，只要老同志们需要，就要既讲原则性，也讲灵活性，想方设法去办。在处理中华人民共和国成立前参加革命工作的老工人要求离休的问题时，尽管按照中央文件不能为其办理离休，但在政治待遇、退休金和活动经费等方面都参照离休干部来做，使这些老同志们感到十分满意。

比如在为老同志办理后事时，离退休工作处的同志们把老同志当成亲人，全程和家属一起办理。这么多年，每年有 80 多起后事需要办理，多少年过去了，离退休工作处干部换了一任又一任，这件事总能得到家属满意的称赞。

当学校长期未能解决的原劳动服务公司退休职工活动经费问题等三项政策得到圆满落实后，刘俊德同志深刻体会到“民有所呼，我有所应；民有所盼，我有所为”已经在北航离退休工作中开花结果，他作为人大代表和退休老干部工作者感到无比欣慰。刘俊德同志衷心祝愿北航离退休工作“芝麻开花节节高”，北航老同志们的晚年生活更加幸福愉快。

一片丹心献夕阳

——记优秀共产党员、离退休干部工作先进个人马岐

当离退休工作处工作人员撰写《一片丹心献夕阳》这篇文章时，离退休工作处老同志们无人不知、无人不晓的马岐同志已经退休了。虽然已经退休了，但他为离退休工作处的建立与发展辛勤工作、奋斗了整整 31 年。他那种“全心全意为离退休老同志们服务，一片丹心献夕阳”的精神大家会永远地铭记在心间。

提到北航离退休工作处，不管是校内还是周边高校的老同志，都会伸出大拇指夸赞北航校领导对北航老同志无微不至的关怀，夸赞北航离退休工作处全心全意为老同志们提供热情周到的服务。身为北航离退休老同志，更是很有荣誉感。因为他们与离退休工作处的每一位工作人员都建立了深厚的感情，离退休工作处就像一张名片，深深地印在了全体老同志的心中。

一提到北航离退休工作处的马岐同志，北航的老同志们都会想起他退休前那段难忘的时光。“人高马大”是马岐同志给人的第一印象。“心细如发，待人热情，办事干脆，工作果断”是了解马岐同志的人给他的评价。马岐同志在离退休工作岗位上勤勤恳恳地工作了 31 年，几乎认识每一位老同志，他为老同志们服务了半辈子，被称为北航离退休工作处的一匹“宝马”，更被老同志们亲切地称为“老马”。

无怨无悔 半生奉献离退休工作

马岐同志于1988年调到北航老干部处工作。当时老干部处刚刚成立，处里只有五个年纪较大的工作人员，在一座100多平方米的小楼里办公。那时候条件差，资源匮乏，年底为老同志发的慰问品都是散装的油、苹果、大葱和白菜之类的食品。那时候的马岐同志还是“小马”，身体强壮，为人憨厚，他就骑着三轮车挨家挨户地送，把慰问品扛到230多位离休老同志家里去。有病倒没人照顾的，他亲自接屎接尿……没想到这一干就是31年。

现在，北航离退休工作处的条件得到了大大的改善，处里有14位工作人员，学校还专门为老同志修建了3000多平方米的活动中心——思源楼。同时，随着生活水平和医疗条件的改善与提高，离退休老同志的人数也增加到了现在的3100多人，工作量翻了不止几倍，马岐同志也从当年的“小马”变成了现在的“老马”。

老马并没有放下肩上的担子，他认真学习党和国家关于离退休人员新的方针政策，转变老的工作方式，动脑筋、想办法。他学习使用计算机，学习上网，与时俱进，力求利用现代化的手段为老同志提供更好的服务，让他们的晚年生活更加幸福。

31年来，老马就在离退休工作岗位上默默地工作着。他从没要求补休过一天，没向领导要过一分钱的加班费，无怨无悔，不求回报。他已经数不清自己迎来了多少新退休的同志，又送走了多少熟悉的面孔。

倾心尽力 服务老同志无微不至

几十年来，马岐同志在工作岗位上始终按照学校“围绕中心、服务大局”的要求开展工作。他以高度紧张的工作状态和高负荷的工作量，高效率地完成了各项工作任务，在老同志中赢得了极好的口碑。

“真情对待每一位老同志，说好每一句话，办好每一件事，用真心和真情全心全意地为老同志们服务”是马岐同志的座右铭。他始终把耐心、细心、公正的工作作风及诚信服务、情感服务融入工作的方方面面，不打折扣、不徇人情、一视同仁。

离退休工作中有一项重要的工作，就是帮老同志办理丧事，这是很多人不愿意承担的工作。但马岐同志深知做好这项工作是党和学校对逝世老同志毕生所做贡献的肯定和对家属的慰藉。于是他利用学校放寒暑假的时间，坐公交车到八宝山殡仪馆、昌平殡仪馆、老山墓地和西山墓地去观摩学习办理丧事的流程，学习中国丧事礼仪和丧葬文化。现在，他已经成了这方面的行家。老马家住在西三旗，离北航有近一小时的路程，但无论节假日还是寒暑假，无论刮风下雨还是酷暑严寒，只要接到消息，他都会及时从家中赶到学校，经常凌晨三四点钟就要从家里出发。这么多年来，他从没有因为个人原因耽误过为老同志办理后事。每次一得到老同志入院急救的消息，马岐同志总会在第一时间赶到医院慰问老同志，在老同志生命垂危时带去组织的关怀和温暖；在家属不知所措时安抚家属，帮助家属出谋划策，圆满地处理好老同志的后事。有时家属不在身边，马岐同志还亲自为去世的老同志穿好衣服。

退休科是北航有名的第一“大”科。退休科的两名工作人员负责为3100余名退休老同志服务。工作量大，内容多，覆盖面广，难度高。每天一上班，老马就要忙着帮老同志们解决各种各样的问题。老年人为了不给子女们添麻烦，让子女们安心工作，什么事情都自己来办。但他们年纪大了，很多时候听不清也讲不明，理解不了还容易发火。这时候，老马总会以笑脸相迎，耐心聆听老同志的不满和牢骚，并积极地做好解释工作，努力化解老同志们心中的不快。

北航离退休工作采用一级管理模式，所有老同志退休后由离退休工作处统一管理，所有与学校其他部门相关的手续都要经由离退休工作处开具证明等材料才能办理。在帮助老同志解决三代子女入学问题上，为了使老同志们少跑路，方便快捷地办理各种手续，马岐同志积极想办法与幼儿园、附小和附中的负责同志沟通，要求简化各种入学手续，规范证明材料，明确办理流程等。为了解决老同志“就医难”的问题，他与校医院多次沟通，规范了多项相关证明材料，使老同志在办理时方便、快捷。在房产过户、房产继承、财产继承、出国和老同志第三代入托入学等方面，都需要办理公证手续。老马自学了《老年人保护法》《财产继承法》《婚姻法》等有关法律书籍，经他办理的公证手续和材料都符合法律的规定，没有给学校造成过法律纠纷。特别是他起草的“丧葬费领取委托书”一直沿用至今，避免了家属因财产纠纷给学校带来的工作上的麻烦。

虽然每一件事都看似微不足道，但正是这一件件小事堆砌出了老同志对马岐同志，以及对学校的感激之情。

亲力亲为 干工作一马当先走在前

为了丰富离退休老同志的晚年生活，北航离退休工作处每年都安排大大小小的活动。迎新会、运动会、集体祝寿会、金婚庆典、重阳节晚会、为老同志集体过政治生日等，还会在春节期间走访慰问老同志，为其发放慰问品。只要有活动，马岐同志就是后勤保障工作坚强的后盾。无论安排什么工作，老马从不推脱，事事亲力亲为，不但把工作做好做细，而且积极配合处里的其他同志完成任务。

2008 年奥运会期间，老马担任离退休志愿者大队中队长，暑假期间为了确保平安奥运工作，他一天没休息，圆满完成了校园五个大门、绿园和思源楼的安保防控任务。其间，他还撰写了奥运信息 35 篇，刊登在北航奥运期刊上，受到了学校和保卫处的赞扬。因在奥运会期间工作表现突出，马岐同志获得“平安奥运先进个人”称号，北航离退休教职工党委荣获北京教育系统“平安奥运先进集体”称号。

老马对老同志们有着十分深厚的感情，他曾说：“我们做的虽然不是什么大事儿，但通过我们的付出能让老同志们感受到党和国家的关怀。”

31 年来，马岐同志在为离退休人员服务过程中，严格按照党员标准规范自己的工作行为和态度，始终热情地为每一位离退休老同志服务，不分节假日、寒暑假，只要老同志需要，他都随叫随到，看病号、办丧事，为老同志解难事、办实事，他在工作中不仅赢得了很好的口碑，还多次受到表彰。1997 年被授予“96 年度学校先进工作者”称号，2001 年被离退休教职工党委授予“优秀共产党员”称号，2002 年被国防科工委授予“离退休干部工作先进个人”称号，2007 年被离退休教职工党委授予“优秀共产党员”称号，

2008年被学校授予“北京航空航天大学奥运工作先进个人”称号，2016年被北京市教育工作委员会授予“离退休干部先进个人”称号，2017年被离退休教职工党委授予“从事离退休干部工作三十年倾心奉献奖”。

不忘初心　退休不褪色　离岗不离党

2019年3月马岐同志年满60岁，按照国家规定，到了应该办理退休手续的时候。然而4月份刚办理完退休手续，他就赶上离退休教职工党委举行离退休教职工党支部换届选举。5月份离退休教职工党委就通知他当选为育新花园小区北航退休教职工党支部书记。

马岐同志和所有的退休人员一样，办理完退休手续就想要好好享受美好的退休生活。但当离退休教职工党委找到他谈话，告知他经过党支部换届选举，离退休教职工党委批准他担任育新花园小区北航退休教职工党支部书记时，他没有推诿，接任了党支部书记一职。因为他永远不会忘记曾经的誓言——为共产主义奋斗终生。他不忘初心，牢记使命。虽然退休了，但一名共产党员的责任和使命不能因退休而放弃。

基层党支部是党组织的基础，是基层一线落实党的方针政策的组织者、推动者和实践者，党支部是党密切联系群众的桥梁和纽带，也是党开展各项工作的前沿阵地。

如何当一名称职的党支部书记，按照《中国共产党支部工作条例（试行）》的要求，真正把支部建在连上，成为战斗堡垒，让每一名党员都成为一面旗帜，做一名合格党员，这是马岐同志担任党支部书记后思考的问题和必须要突破的瓶颈。

针对支部中部分党员出现的放松自我、党性淡化、将自己的党员身份模糊、降低党员标准、成为普通群众等问题，马岐同志作为党支部书记，敢于亮剑。他用制度约束党员、凝聚党员，强化支部作用，把“立规矩，建制度，立党威，树形象”作为党支部开展工作的切入点。为此他撰写了《育新花园小区北航退休教职工党支部工作手册》。在《支部工作手册》中，编制了《党费缴纳要求及党费使用规定》《育新花园小区北航退休教职工党员组织生活考勤表》《育新花园小区北航退休教职工党员民主评议要求》《党支部班子密切联系群众分工区域要求》《育新支部全体党员密切联系群众分工区域要求》。目的就是提醒党员要以党章、党规严格规范自己的行为。这一举措受到党支部全体党员的认可和称赞，使支部工作的开展有规矩可循，有制度可依，可持续发展，以此达到党要管党，全面从严治党要求。

让支部工作处处诚心　暖心　贴心

党支部工作班子既担负着认真贯彻执行党中央、校党委、离退休教职工党委方针政策的职责，又担负着教育党员、管理党员、监督党员和组织群众、宣传群众、凝聚群众、服务群众的职责。

作为党支部书记，要充分发扬民主，每次召开支部党员学习会和组织党员活动，马岐同志都预先写好支部学习讲话提纲发到支委群里，让大家畅所欲言，提出修改意见和建议，使党支部工作开展得既有声有色，又令人心情舒畅，促进支部班子更加团结，提升了支部班子全体人员共同参与意识。

为老同志办实事、解难事。育新花园小区北航退休教职工党支部是离学校最远的一个支部，随着老同志年龄的增高，看病难、出行难的问题就突显出来。为关心育新花园小区北航退休教职工就近社区医疗问题及支部建设等问题，他撰写了《育新花园小区北航退休教职工党支部的调研报告》，得到了离退休教职工党委的高度重视。

因为远离学校，老同志很多事情都要党支部帮助解决。作为支部书记，只要老同志有需求，不管黑天白天，他都耐心地给予解答，能解决的马上解决，绝不推脱。让全体老同志感觉到支部工作处处诚心、暖心、贴心。

为保证党支部在开展"不忘初心，牢记使命"主题教育中理论学习有收获、思想政治受洗礼，他认真学习离退休教职工党委下发的相关学习材料，领会精神和内涵，把党支部的会议和党支部开展的活动设立主题内容，精心准备讲话稿，撰写成宣传稿件。例如：《不忘初心牢记使命专题党日活动》讲话稿，《不忘初心牢记使命，让支部工作诚心暖心贴心》讲话稿，《弘扬支部建在连上发挥党支部堡垒作用》讲话提纲，"不忘初心，牢记使命”主题教育党日活动《让每一名党员都要成为一面旗帜》,《我爱你中国》支部组织参观大兴新机场有感,《理论学习有收获、思想政治受洗礼》党建知识应知应会问答等稿件,均由离退休教职工党委推荐发表在网上。担任支部书记大约五个月的时间,就写了近两万字稿件。

育新花园小区北航退休教职工党支部一位党员给马岐同志发来微信这样称赞道:“书记,来到咱们育新支部觉得特幸福,咱们支部是一个温暖的大家庭,您是一位党性极强、有担当的书记,支部工作抓得好,紧跟离退休教职工党委的工作部署要求。”

众志成城　共度国难

越在危难时刻,越能彰显共产党员的本色。在突如其来的新冠病毒肆虐的关键阶段,为响应党和国家的号召,“坚决打好疫情防控阻击战”,马岐同志为充分发挥党支部的战斗堡垒作用,带领全体支部委员,不忘初心,直面疫情的考验。为育新支部困难退休教职工发口罩,在微信群里每天发布疫情消息及相关防控疫情措施,以缓解大家对新冠病毒的恐惧心理。关心和慰问子女在疫情一线奋战的老同志。为鼓励和安慰在家防控抗击疫情的老同志,他先后撰写并在离退休工作处网上发表了:山东快书《众志成城抗疫情》《坚决打赢疫情防控阻击战,我们不做ABC》《北航有大爱北航有真情》《口罩一戴温暖常在》,天津快板《北航处处有英模》等稿件。耐心细致的工作和宣传,诚心暖心贴心的服务,使全体老同志实实在在地感受到,国难当头,党支部始终和他们一起共度国难,学校党委一直在关心着他们,疫情面前他们不孤单。

“莫道桑榆晚,为霞尚满天”“追求永无止境,奋斗永无穷期”。马岐同志虽然已经退休了,但他仍然“退休不褪色,离岗不离党”,为党的事业继续发挥着余热。

莫道桑榆晚　为霞尚满天

——记材料科学与工程学院离退休教职工第一党支部

书　记：张永安　　副书记：刘福顺　　支委：王济娥

材料科学与工程学院离退休教职工第一党支部暨管理小组（以下简称材料学院一支部）现有党员 26 人，群众 28 人，是一个 54 人组成的大家庭。其中，28 人是 80 岁以上的老同志，他们都是建校和建系初期的元老。在这个大家庭里，在学校离退休教职工党委和离退休工作处的正确领导与亲切关怀下，在党支部努力工作下，老党员们离岗不离责、退休不褪色，树立新时期老党员的良好形象，用自己的行动践行着入党誓言，书写着瑰丽的人生。老同志们老有所依、老有所养、老有所学、老有所乐、老有所为，发挥余热，享受着快乐的晚年生活。

尊老爱老 一次有意义的集体祝寿会

2014 年 11 月，中央组织部召开了全国离退休干部“双先”表彰大会，习近平总书记在大会上发表了重要讲话，饱含深情地指出：老干部工作是非常重要的工作，在我们党的工作中具有特殊重要的地位，承载着党中央关心爱护广大老同志的重要任务，是中国共产党党的建设的特色，一定要坚持做好老干部工作。材料学院一支部经过认真学习、讨论习总书记的讲话，认识到让老同志安享幸福晚年始终是支部义不容辞的政治责任。为此决定为 80 岁以上的 20 位老同志集体过一次生日，以此来表达对这些老同志终身奉献北航教育事业崇高的敬意。老同志们都十分积极地参加了祝寿会，陈昌麒同志是材料学院的第二任主任，他从美国回来，虽然时间很紧，但他表示一定参加。谢希文教授是建院元老，也非常高兴地出席了祝寿会。宋作舟同志是学院的老书记，和夫人潘雅琴同志一起出席了这次祝寿会。在祝寿会上，老同志们重温了当年建校初期的艰苦奋斗的历程，交谈十分热烈。往事历历在目，老同志们仿佛又回到了当年。祝寿会在热情洋溢的气氛中结束。

这次祝寿会让大家深切感到，学校的一切成就都包含着老同志的创造和积累，凝结着老同志的开拓和奉献，浸透着老同志的心血和汗水，老同志为党和人民、为学校做出的历史功绩必须永远牢记。对老同志要保持敬重之心，倾注关心之情，多做务实之事。要周到细致地工作，既关心他们的身体健康，又满足他们的精神需求，让老同志开开心心地安度晚年。

精准帮困 发挥堡垒和先锋模范作用

党支部及时关心慰问老同志，帮扶困难家庭，得到了广大群众的认可和好评。真是“金杯银杯不如群众的口碑！”这是材料学院一支部工作的一个特色。

材料学院一支部人员的特点是高龄多、病号多、空巢老人多。有人会问，党支部/管理小组那么多人，怎么能做到及时知道“谁病了？谁家中有什么困难了？”党支部班子的回答是：“靠全体党员！”支部是一个50多人的大家庭，要想做到及时了解群众的困难和要解决的问题，必须依靠全体党员。只有依靠集体的力量、集体的智慧、群策群力才能做到。党支部对群众的困难了如指掌就是靠党支部建设中规范化管理实现的。围绕“转作风、重规范、精准服务”这一主题，党支部认真查找精准服务对象，落实党员帮困联系户，研究解决服务对象的困难。最后靠全体党员的共同努力来实现！

针对高龄多、病号多、空巢老人多这个特点，党支部把党员分成组，联系不同的家庭。做到老同志有困难能及时被发现，及时得到帮助。例如对89岁高龄的谢教授，一年中经常会有党员去家中看望；对90岁高龄的宋教授、潘教授夫妇更是关心慰问常态化；还有住校外的患有老年痴呆症的俞教授、老郑同志，也有一个专门的帮扶小组经常去家中探望。因为他们更需要精神上的帮助、思想上的沟通、感情上的交流。

又如，有一位老同志是个空巢家庭，她唯一的女儿在国外患癌去世。白发人送黑发人，老年丧女让她心情非常不好，心脏病复发，急需要关爱和与人感情沟通。于是党支部研究决定，由四位同志组成帮扶小组，轮流帮她挂号、带她看病、陪她聊天。特别是在清明节前后重点关照她。因她有心脏病，怕发生意外，大家建议她把房门钥匙放在邻居家一把，便于发生意外时施救。在同志们的关心和照顾下，她的病情有了很大的好转，心情也得到了改善。她在美国的女婿和关心她的海外朋友，在得知她在国内得到了支部无微不至的关怀，身体情况逐渐好转后，都称赞北航的同志间的亲情真是太好了。海外的朋友放心了，赞扬声也通过网络传到了海外。党支部的工作不仅帮助了同志，还产生了深远影响。

关心下一代 引导青年学生健康成长

自从习近平同志参观《复兴之路》展览的讲话发表之后，全国人民都在热议“中国梦”，都在思考“中国梦”与自己的关系，自己如何为实现“中国梦”而努力奋斗。党支部为了引导青年学生正确地实现自己的人生理想，组织青年学生与老教授赵敬世老师座谈，老少共话“中国梦”。在座谈中赵老师谈到了当年搞科研时的一段故事，苏联单方撕毁协议，使中国运载火箭急需的某零件用的材料在研制过程中遇到了困难，需要生产厂家的配合试生产时，无法进行下去。中央得到消息后派贺龙元帅亲自到工厂推动并拨专款用于试生产，从而使科研项目顺利完成。同学们听完后，很受感动。座谈中，赵老师还从人生价值角度谈了创新精神和“中国梦”的内涵，帮助学生们分析在实现“中国梦”过程中会碰到的问题，以及解决问题的思路、方法，希望学生在实现“中国梦”过程中，坚持不懈，以国家利益为重，为祖国做贡献。座谈会收到了很好的效果，学生们纷纷表示受益匪浅。会后同学们根据赵老师讲的故事编写了资料，作为材料学院院史的一部分。

“莫道桑榆晚，为霞尚满天。”党支部始终把全心全意为老同志服务作为自己的职责，把关心群众的冷暖作为支部工作的情感动力，把倡导健康文明的晚年生活、组织离退休老同志发挥作用作为党支部工作的重要内容，真正做到了退休不褪色，理想永存、思想常新。

组织观念常存　工作生活常乐　为民之心常在

——记自动化科学与电气工程学院退休教职工第五党支部

书　记：贾荣珍　　副书记：张　平　　支　委：杨本钊

自动化科学与电气工程学院退休教职工第五党支部暨管理小组（以下简称自动化学院五支部）由自动化学院三个教研室、研究室40余位（其中20名党员）退休教师组成。77岁以上的占90%，年纪最大的101岁，大多数同志体弱多病。但是在党支部的带领下，管理小组就像一个大家庭。在这个大家庭里，每位成员都能随时感受到党组织的温暖。为了让大家退休生活丰富多彩，党支部始终保持着高度的政治热情、认真的学习态度、极强的组织观念，关心国家和北航的发展，积极参加各项活动。一直以来，党支部紧紧围绕支部班子好、党员队伍好、组织设置好、活动开展好、群众反映好的“五好”要求，充分发挥自身优势，使党员组织观念常存、工作生活常乐、为民之心常在，凝心聚力发挥作用，是一个党性强、队伍过硬的党支部。

方向正确　机制健全　用心做好退休党支部的日常管理

自动化学院五支部坚决贯彻党的路线、方针、政策和上级党组织的决议，多次组织“两学一做”学习教育活动，开展牢记党的宗旨，争做合格党员等学习教育活动。按照计划认真安排每一次支部活动，每次都有不同的议题，从组织学习贯彻党的十九大精神、习近平系列重要讲话到组织党员重温入党誓词、在党旗下宣誓，这些活动进一步巩固了老同志们的共产党员意识。每次学习会前，党支部都积极搜集相关学习材料并分发给每位党员，大家都认真自学并做好充分准备，会上同志们争先恐后地发言，畅谈交流学习心得。除重病和外出的同志外都积极参加会议。大家纷纷表示，作为一名党员，一定要坚定政治信念，紧跟党中央，拥护和支持党中央的各项决策，自觉与党中央保持高度一致。牢固树立“四个意识”，坚定“四个信念”，争做合格党员，做到“不忘初心，牢记使命”，为党、为国家、为北航做出力所能及的贡献。

在离退休教职工党委的领导下，党支部认真做到上情下达、下情上报，建立健全的工作机制。支委会团结协作，年初有计划，年终有总结。把“党委的工作要点”印发给管理小组的每位同志，及时传达离退休教职工党委布置的工作和活动。规范困难补助、慰问申报和体检等工作的流程。

各项活动前，党支部都会召开支委会共同研究，集思广益、挖掘资源、分工协作，积极争取各方面的支持，力求工作做得扎实有效。活动后，安排专人写总结和报道材料，在离退休工作处网站及《北航老年工作》刊物上发表交流，并将活动总结和活动的照片做成幻灯片(PPT)，发给因病或外出没能参加活动的同志，使他们也能受到教育。支部成员常年沐浴在党的光辉下，党员的党性观念都很强，外出和回校时都及时向支部报告，按时缴纳党费，积极参加各项学习和活动，自觉接受党内外的监督，勇于进行批评与自我批评。党员们用心参与党支部/管理小组的日常管理，关心支部工作、关心群众，不断传播好声音、增添正能量。为搞好支部建设和管理小组的工作、为清明社会风气起到了重要的作用。党支部中出现了多名“优秀共产党员”“老有所为”以及“正能量之星”等先进人物。

群策群力　精细策划　组织开展丰富多彩的党日活动

支部的党员同志们长期在北航从事科研、教学工作，其中不少耄耋之年的老同志虽已退休多年，但仍然十分关心航空航天事业的发展，关心下一代的健康成长，关注新技术、新成果的最新动态。支部根据大家关注的热点和需求，抓住时机，开动脑筋，积极挖掘资源，几乎每年都精心策划切合实际的主题党日活动。例如：2010 年，支部积极联系自动化学院博士生党支部，并与他们结对共建，一起策划组织了老少互动的“学院史　悟精神”党日活动。2011 年，在中国共产党诞生九十周年之际，组织了“庆祝建党九十周年”党日活动。重温党的历史，歌颂党的丰功伟绩，畅谈自己的成长历程，抒发对党的无限深情。2012 年 6 月 16 日中国神舟九号飞船发射成功之际，成功地组织了“参观中国航天员科研训练中心”党日活动。活动中，大家与我国第一位女英雄航天员刘洋同志进行了交谈。2014 年，在号称“即将掀起第三次工业革命”的 3D 打印技术如火如荼时，组织了“3D 打印引爆航空航天工业技术革命，为北航点赞”的专题讲座。2015 年组织的“群策群力 认真学习系列讲话入脑入心”活动，是一次效率高、收获大的党支部集体学习活动。2016 年组织了“见证国家发展、探寻人生价值”主题活动。2017 年 9 月 21 日，组织全体党员和群众开展了“喜迎十九大，向幸福出发，展夕阳风采”的阔步健康行活动。2018 年 5 月，在学校纪念北京五号试飞成功 60 周年和文传源先生 100 岁诞辰之时，组织了“回顾历史，展望未来，为双庆活动发挥战斗堡垒作用”的主题党日活动。在文传源先生获得“立德树人成就奖”之后，组织了“学习身边的榜样——向立德树人成就奖获得者文传源先生学习”的主题党日活动。

在多次活动中，党支部丰富参与主体，不仅要求党员积极参加，也力邀群众参与，还曾经和研究生党支部联合组织开展活动，使群众和年轻党员也能在活动中受教育。通过多次主题党日活动，不但使党员从活动中受到教育，调动了大家关心支部工作的积极性，加强了党支部与群众的联系，增强了党支部的凝聚力和战斗力，也使“双关工程”工作落到实处。党支部曾通过带领本科生、研究生对离休老党员文传源先生和熊银生老师进行采访，使同学们深入了解了北京五号背后的历史，对“空天报国，敢为人先”有了进一步的认识，同学们纷纷表示：这次活动不仅是教导我们要对前辈们心怀崇敬与感恩，更是教导我们要学习、继承前辈们的奋斗精神，实现中华民族伟大复兴的中国梦。

服务学校　服务群众　发挥堡垒和先锋模范作用

服务学校，为建设和谐北航贡献力量。在北航 60 周年校庆及自动化学院 60 周年院庆之时，党支部组织大家参与编写《北航的故事》《自动化学院六十年纪事》和《珍藏的记忆》等纪念文集，同时还调动大家的积极性，要求他们努力收集老资料，给校史馆和自动化学院提供了很多尚未收集到的材料和老照片，大大丰富了学校编纂的自动化学院院史的内容。2018 年，党支部组织参与了《我和共和国的故事》（后定名《信仰之光》）以及《北航老故事》两本书籍的编写和出版工作。同年还组织参与筹备了“庆祝北京五号试飞成功六十周年和祝贺文传源先生百年华诞”双庆活动，并保障庆祝大会成功举办。一些同志亲自撰写参加北京五号研制的文稿，一些同志协助文老先生完稿。党支部还组织一些同志参与了专题片《不忘初心 牢记使命——向著名的教育家和科学家文传源教授学习》的拍摄及纪念册的制作全过程。

此外，有的同志在学校教学督导组工作，有的同志协助离退休工作处、家属委员会等工作，发挥余热，涌现出多个老有所为的先进人物。

服务群众，为老同志送去党组织的温暖。多年来支部坚持党群一对一结对子，相互关心、相互帮助蔚然成风。使得每一个年纪大、身体不好的老师都有对应的党员专门去关心和联系，对退休和住院的老师身体状况做到及时了解、及时汇报和持续关注，出现了很多值得称赞的好人好事。党支部内大多数同志年老体弱，近年来，已有一些老师和老师的家属相继去世，多位重病住医院，许多党员不顾自己年老体弱，去医院、去家里看望他们，协助料理有关事宜。支部也及时与原单位联系，向离退休工作处领导报告，一同前往探视。关爱年老多病同志及病故老师的家属，既减轻了他们的痛苦，又让他们感受到党组织的温暖。党员更是百分之百自愿参加了大病爱心互助会。

党支部时刻关心着党员和群众，关心下一代，关心学校的发展，在组织学习、开展活动、关心群众等各项工作中，充分发挥着党支部的战斗堡垒作用和党员的先锋模范作用。大家都认为支部是一个温暖的大家庭，生活在这样的集体里，每个人都感到无比亲切和愉快。支部的每位成员都夸赞说：我们这个党支部是一个素质高、党性强、团结友爱、凝聚力强的大家庭，是一个特别能发挥战斗堡垒作用的好支部。

努力把党支部建设成一个温暖的“家”

——记宇航学院退休教职工第二党支部

书　记：王连荣　　副书记：王朝志　　支　委：刘　敏

截止到2019年7月，宇航学院退休教职工第二党支部（以下简称宇航学院二支部）有退休人员21名，其中党员16名，群众5名。年龄分布为80岁以上10名，70—80岁7名，70岁以下的4名。退休人员年龄大、病号多、体弱多病，还有独身老人、空巢家庭，发病率高，需要更多的关心和帮助是本支部最大的工作特点。为此，党支部根据实际情况，将“两学一做”做合格共产党员活动落实到关心每一位党员和身边群众的具体工作上来。以建立健康、快乐、团结、和谐的坚强集体为目标开展好支部活动。

实施了党员志愿者行动，及时解决大家身边的难事、急事。以务实的态度开展相互关心、相互服务，有一份热发一份光，保持一种健康乐观的心态。努力把党支部建设成为一个温馨的“家”，尽量使大家在晚年生活中心情放松、快乐幸福。

不断优化管理措施　提高管理效率

在支部工作中，支委们把党员和群众的信任转化为动力，主动热心为大家服务。然而对于一个退休人员年龄大、病号多、体弱多病，还有独身老人、空巢家庭、发病率高的支部来讲，想要搞好支部工作，光有热情是不够的，还要注重工作方法和规范管理才能达到预想的目标。为此，支部在工作方法方面进行了改进。

首先，不断改进联系方式提高工作效率。支部把退休老同志的个人基本信息录入计算机，不断添加、修改所需内容和数据，特别是要把有关老伴、儿女、保姆等相关能办事的明白人的信息、联系方式记录清楚，做到支委心中有数。随着微信的出现，请学生党员志愿者培训大家使用微信，建立宇航学院退休教职工微信群，这样家住院外和在国外的党员可以用微信直接了解支部活动情况和发表意见，人虽不在校但联系畅通不脱离组织。

其次，2019 年重新划分了学习和行政小组，建立党员与党员、党员与群众的相互联系网，联系网用表格形式公布在网上并打印出来下发到个人，每人一份。退休群内大家随时可以网上联系、交流谈心，更进一步缩短了相互之间的心理距离，进一步提高了工作效率。

除上述工作以外，支部还经常与原单位党委沟通联系，取得他们的支持和帮助。工作做到有计划、有落实、有总结、有汇报。每次支部会前支委们都要认真讨论会议内容、方式、提出和讨论哪些问题，使支部会开得生动、活泼、深入人心、不跑题、不漫议，令人记忆深刻，提高了会议质量。支部班子还及时听取党员和群众意见，促进支部工作的改进。

坚持“三公开” 落实党员知情权

坚持“党务公开、经费公开、困补公开”、落实党员知情权是党支部工作理念之一。每学期末支部书记王连荣同志都会召开党员大会，向全体党员汇报支部工作，汇报每学期党费上缴情况、党费与活动经费使用情况、支部所得奖励现金使用及存留情况，并请大家推荐及讨论下一年支部活动内容和要做的几件事。常年出国在外的党员，也积极委托相关同志交党费并用微信交流支部活动意见和建议，这样进一步提高了党员的组织观念，使党支部成为党员和群众心中的主心骨。

集体讨论确定慰问和困难补助原则以及上报给离退休工作处的名单。原则上优先考虑危重症患病人员和自费购药花费较大的人员，再根据家庭困难人员的动态情况进行排序。慰问和困补人员名单及金额排序根据当年情况而定，以体现党组织对退休职工的关怀。由于补助原则公开公平，每年困补名单公布后都会得到大家的一致认可。遇到各种棘手问题支委们不回避，发动大家讨论，充分发扬民主，听取大家意见，解决不了的问题上报离退休工作处寻求组织帮助。

根据实际情况　组织学习与活动

由于本支部中大多数老同志身体状况欠佳、行动不便，因此为了保证老同志既能老有所学，又能达到学习的实效性，就要灵活掌握学习活动的时间、地点和方式。在学习安排上，一般采取先分散自学，再由支部书记王连荣同志按照上级党委要求将重点学习文章用微信推送给大家重点学习，然后支部大会利用组织生活会，通过听辅导报告、讨论、交流等方式进行学习讨论、共同提高。同时请学生党员志愿者帮助安装学习强国软件，平时利用短信、微信等方式进行交流。党员集体活动也是围绕党的中心工作，结合实际，方法灵活。力争各项活动内容既生动又吸引大家，达到最终教育目的。每学年支部结合实际情况，组织两至三次校内外集体实践活动。支部这些退休老人只要能下床都自觉克服困难积极参加集体活动，每次集体活动出勤率都很高。

宣传好人好事　传递正能量

在开展“两学一做”的过程中，党支部不断发掘每个党员、群众及家庭的闪光点，选择典型事例在支部大会上进行宣传通报，使大家都能相互了解、共同提高，传播正能量。

比如李老师家就是一个孝老敬亲、互助互爱的家庭典型。李老师80年代退休，老伴已去世30多年，无儿无女，本人身患癌症、痴呆，疾病缠身不能自理。她的弟弟、妹妹们把她接到家中精心护理30多年。支部同志去看望她时，她虽然说不出话来但对去看望的同志非常亲切，脸上显露出幸福和满意的笑容。每次去她家，她的弟弟妹妹都非常郑重地向北航党组织汇报李老师的身体情况，感谢北航校、院各级党组织对他们姐姐的关心和照顾。支部会上大家听完叙述后都很感动，表示羡慕这样的兄弟姐妹，佩服这样和睦的家庭，回家一定讲给自家孩子听。

已经86岁的刘润泉老师和老伴是北航老年网球队队员。他们接受采访的录像在中央体育频道一经播出，大家都为这对健康老夫妻点赞，纷纷表示向他们学习积极锻炼身体。永远保持一种乐观向上的心态才是身体健康的基础。

老骥伏枥的何麟书老师，虽然本人身体情况不太好，但是退休后一直是学院教学督导组成员，以及亚太地区航空航天负责人。他保持着旺盛的工作热情，是大家学习的榜样，公认的正能量之星。

现实生活中的好人好事和大家的闪光点给人以正能量，激励着支部每一个人的生活信心。

开展党员志愿者活动　把精准服务落到实处

在关心老同志方面，支部坚持实施精准管理。开展“我是党员志愿者活动”，把精准服务落到实处。支部书记王连荣同志带头安排好各项活动的组织与落实工作，支委们分别担任应急联络组组长和分片学习组组长。

支部认真落实好学校行政和各级党组织对常年患病人员与家庭困难人员的关怀措施。将慰问和补助名单在网上公示,及时把学校和党组织的关怀及慰问品、补助款的发放通知到本人或家人并协助送到家。

为了做好精准服务,支部建立了快速有效的联系方式。让微信、电话覆盖到子女、亲属和保姆。保证急、重症患者联系渠道及时、畅通、高效,并协助落实好护理人员。把空巢老人在国外子女的电话上报退休科以备急用。有老同志离世,支委会主动协助逝者家属做好后事处理工作。对常年在国外的老党员,支部通过微信使他们能及时了解到支部工作情况,欢迎他们及时发表意见和建议。支部书记王连荣同志还经常关心和联系年老、多病、独居和空巢老人,常和他们聊天,减少他们的孤独感。经常同他们的家人或亲属沟通了解情况,当了解到常年患病退休老同志有困难和急需解决的问题时,及时开展工作并向有关部门反映情况争取尽快解决问题。这些老病号的亲属、子女和保姆很重视支部的意见和提醒,他们经常与支部书记联系,做到提前预防和落实相关准备工作。

这些看起来都是平凡小事,但只要做到了就可以使重病退休老人及时化险为夷、转危为安回归家庭。把各自小家的大事转变成小事、把危重急事转变成没事。2019 年离退休职工嘉年华活动开幕前,在南操场大家看到了曾多次报病危的徐老师坚持来参加集体活动。大家都为他战胜病魔感到高兴,也为能把党的温暖送到他的心坎上而感到欣慰。他坐在轮椅上拱手感谢大家对他的关心,脸上露出满意和幸福的笑容。

支部全体党员都自觉发光发热、相互关心、互帮互助,争做党员志愿者,把精准服务落到实处。把能为大家做点事当作是一件快乐的事,积极主动协助支部书记王连荣同志做好支部工作,展现出共产党员良好的品质和精神面貌。如前任退休支部书记夏国兴老师还像以前一样积极协助本届支部开展好工作。由于本届支委都不住校内,只要支部有事求他协助办理,他一定想办法完成。89 岁的老党员马成栋老师从不缺席支部活动,经常提醒支部书记王连荣同志下一阶段开展哪些活动效果会更好,主动替住校外的退休老师领慰问品。老党员赵桂荣师傅主动协助书记慰问病号、填写调查问卷、发送慰问品及做好联络工作。

退休老同志们在一起聚会时,常常谈起年轻时一起搞科研、做实验和教书育人的场面。现在退休又同在一个支部，这也是一种缘分。退休老同志们高兴地说："党支部是咱们快乐的精神家园，大家在这个集体里一起学习、一起参加活动，网上聊天，互通信息，相互问候，互相鼓励。这样不孤独、不寂寞，还能提高战胜病魔的信心和勇气，真实体会到现实生活的幸福。看到祖国发展的大好形势，越活越有劲。"党支部已成为退休教职工心目中温馨的"家"。

学习白求恩精神　真诚为老同志服务

——记校医院退休职工党支部

书　记：彭春兰　　副书记：孟昭绥　　支　委：王世兰　齐延平

截至2019年底，校医院退休职工共有96人，最大97岁，平均年龄69岁，其中党员30人。退休成员中有校医院原院长、主任、主任医师、副主任医师、主治医师、主管护师、主任药剂师、主管药师，大家都已是暮年，但都怀有一颗为人民服务的热心，愿意为大家的健康事业做点贡献。校医院退休职工党支部组织校医院退休职工长年为我校离退休教职工开展健康咨询活动，深受广大教职工老同志的欢迎。

教育基地受洗礼 党旗面前再宣誓言

为深入学习贯彻党的十九大精神，牢记全心全意为人民服务的宗旨，“不忘初心，牢记使命”，扎实推进“两学一做”教育活动，校医院退休职工党支部以“学习白求恩、柯棣华精神，甘于奉献”为主题，开展了系列主题党日活动，并于2014年5月6日前往河北省唐县爱国主义教育基地白求恩、柯棣华纪念馆，学习和重温他们的革命事迹，接受精神上的洗礼。

在参观现场，老同志们怀着无比崇敬的心情，认真聆听讲解员讲解，观看了大量的珍贵历史照片、文献资料以及白求恩同志当年用过的手术器械、消毒锅、煤油灯等实物。通过参观，同志们充分了解了白求恩与中国人民并肩作战、救死扶伤和艰苦奋斗的革命历程。被白求恩同志伟大的国际主义和共产主义精神，完全彻底地为人民服务的精神，对工作极端负责任、对同志对人民极端热忱、对技术精益求精的精神深深震撼和感染，大家彻底被白求恩同志的人格魅力所征服。在白求恩纪念馆前，全体老同志在彭春兰书记带领下重温毛泽东同志所著《纪念白求恩》一文，面对鲜红的党旗，再次庄严地举起右手，郑重地宣读了自己的入党誓言。

重温白求恩精神 升华白衣天使人生

毛泽东同志在1939年12月21日发表了著名的《纪念白求恩》一文，让这位伟大的国际主义战士成为中国人民家喻户晓的英雄，他的崇高精神和人格力量也鼓舞和激励了一代又一代的华夏儿女。

白求恩同志1935年11月加入加拿大共产党，次年即志愿去西班牙参加反法西斯斗争，中国抗日战争爆发后，为了援助中国人民的解放事业，1938年3月他由加拿大共产党和美国共产党派遣，率领医疗队来到延安。当时他已经是蜚声国际的胸外科著名专家，但他毅然放弃了优越的生活，来帮助万里之外的中国人民。在硝烟弥漫的战场上他除了救治伤员外，还组织战地流动医疗队，降低了死亡率。他编写医护教材培训医护人员，亲自动手制作手术器械，倡议成立志愿输血队及时对伤病员输血，挽救了一个个战士的生命。在艰苦的战争环境里，白求恩同志同晋察冀军民同甘苦共患难。他以崇高的国际主义精神和真正共产主义者的态度，把自己的一切奉献给了人类最壮丽的事业。

白求恩精神的价值在于他是国际主义精神和共产主义精神的有机结合和高度统一。共产主义的世界观、人生观和价值观成为白求恩精神的主线和灵魂。完全彻底为人民服务的理念是白求恩精神的核心。白求恩同志的社会职业是医生，白求恩精神中包含了救死扶伤的人道主义精神和超越种族、超越国界的大医情怀，如对工作极端的负责、对伤病员极端的热忱、对技术精益求精，艰苦奋斗，廉洁行医。白求恩精神是我们中华民族之魂的组成部分，也是医学界一面不朽的光辉旗帜。

毛泽东主席在《纪念白求恩》中庄重地指出："一个外国人毫无利己的动机，把中国人民的解放事业当作他自己的事业，这是什么精神？这是国际主义精神。"74 年过去了，重温白求恩精神，你会发现他的精神不但没有过时，而且历久弥新，对于人生有着重大的现实意义。

传承白求恩精神　为老有所医做出贡献

在参观返回的途中，书记彭春兰同志带领大家就"应该怎样学习继承白求恩精神"进行了热烈的讨论。老同志们都畅所欲言，一致认为最应该学习的，就是白求恩同志对工作的满腔热忱，对业务的精益求精。面对白求恩的崇高精神和伟大人格，大家都无法回避自己心中的瑕疵和现实生活的缺憾。从而审视反省自己的人生目的和生命的意义，审视反省自己的职业操守和道德良知。白求恩精神在今天无疑是一种伟大的呼唤，呼唤的是做人的良知和人性的光辉；呼唤的是忠于职守、爱岗敬业和社会责任感、历史使命感；呼唤的是崇高和伟大，是人生价值和意义。对于这个庄严的呼唤，每一个人都应当作出应有的回应。大家作为曾经在一线岗位工作的救死扶伤的医务工作者，都表示要努力传承白求恩精神，牢牢把握全心全意为人民服务的宗旨，继续发挥党员的先锋模范作用，退休不退岗，退岗不褪色，为老同志做好精准服务。

为了更好地在实际行动中学习白求恩精神，根据支部退休人员的特点，近年来，校医院退休职工党支部主要做了以下工作：

送健康上门服务。支部从2015年开展送健康上门服务，已经坚持做了六个年头，还将坚持做下去。每年上门服务80人左右。该服务每季度一次，每次医务人员分两至三组，每组两至三名医务工作者分别到长期卧床、行动不便的老同志家中，了解病情、做心肺听诊、测血压血氧，告诉家属如何防御褥病的发生及发生时如何处理治疗、如何预防肺炎发生、如何正确测量血压等等医学知识。这项工作带去了党和学校、离退休工作处领导对老同志们的关心，受到老同志们的欢迎。2018年有六位老同志卧床不能体检，想做生化检查，支部积极和校医院领导联系，实施上门服务，得到老同志和家属的肯定和感谢。

开展健康咨询服务。自2010年6月18日校医院退休职工党支部第一次组织在北航校内开展健康咨询活动后，坚持每月最后一个星期五的上午在思源楼为老同志进行健康咨询服务。每年测血压6000余人次、各类咨询300余人次。2012年开始在世界糖尿病日这一天，在思源楼开展给老同志们测餐后两小时的指血血糖服务。第一次测量，一个上午测了90人，就有31人血糖水平不正常，有10位老同志们可以直接诊断为患有糖尿病，其他21人需要进一步检查。这项工作很受欢迎。2017年又给需要的老同志加上测量血氧饱和度，每年检测150人次。为北航的老教职工排忧解难，解决了他们很多身体上、生活上、心理上存在的问题，深受广大教职工老同志的欢迎。为了更好地为广大离退休教职工提供健康咨询服务，2014年1月6日，离退休工作处决定在思源楼建立“健康咨询室”，并将此任务交给了校医院党支部管理。现在每周一至周五上午9—10点、下午3—5点，思源楼“健康咨询室”都有校医院退休职工值班，长期坚持，风雨无阻，节假日不休息，随时为来思源楼活动的老同志进行健康检测和咨询服务。这一服务极大地方便了广大离退休老同志，因此深受大家欢迎。

组织编写《健康知识问答手册》。健康是一个国家、一个民族的战略工程。一个国家和民族的竞争力首先体现在国民的基本素质上。为了让大家少得病、晚得病，注意提前预防，支部根据广大离退休教职工所关心的问题，认真编写了健康问答手册。将老年人常见疾病的知识以问答的形式汇编成册，发到离退休老同志的手中。目的是让大家多了解一些医疗保健知识，健康地生活。现已编写《健康知识问答手册》1 至 4 册，先后共印发 12000 本。这项工作得到了北航离退休工作处、北航“三老”协会的关心、支持和帮助，尤其是得到了北京老科学技术工作者总会的立项和经费资助。并且在每季度组织多组小分队分别到行动不便的老同志家中进行健康医疗指导服务，受到好评。

成立红十字老年志愿者协会。党支部成立了红十字老年志愿者协会，在离退休工作处组织的老同志活动（如新年游艺会、春季运动会、嘉年华活动、重阳节活动）中，义务开展健康咨询、血压测量等服务，并制作预防老年痴呆、老年抑郁症，防止老年人摔倒等老年疾病相关的健康知识宣传展板。近年来，老同志普遍反映听力下降明显，支部想方设法请到校外的专家给老同志做听力测试。每年测试 40 余人，受到老同志的欢迎和好评。

此外，每次离退休工作处召开大型会议时，红十字老年志愿者都会到现场服务。红十字老年志愿者协会联系校医院、社区办，请北医六院教授进行预防老年痴呆的讲座。还配合社区展开居家养老服务活动，和乐老会、联讯安防智养、田园之家养老机构一起服务于老人。

现在，在党中央习总书记的领导下，人们充满自信的笑容，昭示着我们国家的前景与希望。校医院退休职工党支部将继续带领全体退休党员和职工全面贯彻党的基本路线和党的方针，积极学习党的理论知识，关心时事政治，以创建学习型、服务型、创新型党支部为目标，打造坚实的服务团队，引导大家退而不休，发挥余热，继续为社区居民、为广大老同志开展义务健康咨询服务，为实现伟大的“中国梦”贡献力量。

坚持党的信念　做好退休支部工作

——记育新花园小区北航退休教职工党支部

书　记：马　岐　　副书记：刘庆堃　　支　委：王志英　甘启东

育新花园小区是北航职工在校外集中居住的第一所小区。育新花园小区北航退休教职工党支部(以下简称育新支部)情况复杂，有退休人员人数多(现有党员 39 人，群众 43 人)、居住分散、退休单位来源多(几乎学校各个院系部处后勤产业的都有)、人员不熟悉、高龄同志占比大(82 人中，80 岁以上的老人多达 43 人)等特点，这些都为支部开展工作增加了难度。每一次离退休教职工党委(工作处)布置工作后，支部在落实过程中的工作量比起其他支部要大许多。为了让老同志心有所依、老有所养，育新支部始终不忘初心，把握正确的工作方向，在日常工作中，把对高龄老人的关照放在了支部工作非常重要的位置，努力开展工作，受到了北京市、社区、校、处的赞扬。

坚持一个中心　两个基本点　保持正确的老年工作方向

育新党支部坚持以老年人的心身健康为中心，围绕“关心国内外大事，关心学校发展，向社会奉献爱心”和“注重科学养生，促进身心康健，舒心享受晚年”这两个基本点开展工作，简称“一个中心，两个基本点”老年工作方针。在这一工作方针中，“一个中心”把“心身健康”的“心”放在了首位；“两个基本点”又把“关心国内外大事”放在了第一位。按照这一工作方针，育新支部带领支部全体党员认真开展“两学一做”学习教育活动，通过收听电视广播、阅览党报党刊和图书、听取时事报告、组织参观和党员生活会、交谈学习体会等形式，学习社会主义理论、学习党章党规、学习习总书记十八大以来系列讲话，了解习总书记有关治国理政的重要思想。通过学习，大家知道了中国特色社会主义事业“五位一体”总体布局和“四个全面”战略布局；知道了“四个自信”“四个意识”；知道了党中央对党员领导干部提出六项纪律；知道了“一带一路”、人类命运共同体；了解了党中央以及习近平总书记将以更大的权威与担当带给中国民众更多获得感。通过学习让老同志们不断提高政治思想水平，始终与党的命运、国家的发展联系在一起，为国家越来越强大而高兴，使支部始终保持着正确的政治方向。正是有了这一正确的老年工作方向，支部工作起来才信心十足，得心应手，工作做出了成绩，受到了社区和学校的表彰。

发挥党员模范作用　夯实坚实老年工作的基础

过硬的党员队伍是支部工作的坚实基础。育新支部现有党员 39 人，其中，副高职（含处级）14 人，正高职 13 人，党龄在 50 年以上的有 20 人。辖区内有老人 82 人，党员人数接近半数。不难看出，党员在党支部工作中的模范带头作用是做好支部工作的关键。几年来，在党支部的领导和组织下，每位党员严于律己，为人师表，始终保持着中共党员的朝气，保持着共产党人对人生的追求，保持着对党的事业的忠诚。他们做到了学习上是楷模，关心国内外大事，关心学校发展，须臾不待；他们向社会奉献爱心，慷慨解囊；他们牢记“宗旨”，在为老人办好事、解难事上走在人前。两年来，在支部党员中出现了不少感人事迹：有本身因腿痛拄着拐杖却在公交车上让座位的；有自己患腰腿痛病行走困难，仍热心为大家服务的；有80多岁高龄仍坚持负责联系独居老人的；有双目失明由人搀扶着听时事报告，关心国内外大事的；有患中风半身不遂，仍订有多份报刊坚持学习的；有坐着轮椅坚持参加党的组织生活的，等等。党员的模范作用影响着群众，在社会中传递着正能量。

开展多样活动　让老人生活丰富多彩

开展多样活动，让老人生活丰富多彩。一个组织、一个单位开展活动的好坏，能反映出工作是否有生气、是否有活力。活动开展得好，工作就生龙活虎，如日中天；活动开展不好，甚至不开展，工作就会死气沉沉，毫无生气。所以，管理学家把开展各种活动作为企事业单位文化建设的重要内容，倍加重视。

育新支部从成立以来，一向重视开展各式各样的活动，让老人走出家门融入社会，开眼界、增知识、收效益。

首先，为育新支部退休人员积极参加离退休教职工党委（工作处）组织的春季运动会、春游、秋冬室内游艺活动、秋游等各次活动，做好组织工作。与校内其他支部不同，凡是学校安排的活动，其他支部可能发一个通知就可以了，而育新支部在每次活动之前必须与离退休工作处协调好交通工具，再通知到退休人员，还要组织人员乘车往返，特别要照顾好高龄老人，确保他们的安全。虽然这些方面给支部增加了不小的工作量，但在看到老同志们出席活动后获得了身心的愉悦时，支部感觉他们的付出还是值得的。

其次，育新支部还自行安排丰富多彩的活动。如组织听时事报告，了解国内外大事；参观“明镜昭廉”展览，看大明王朝是如何反贪反腐的；收看市长讲话，了解北京市的概况；听科普讲座，增加科学知识；收看《今日北航》专题片，感受建校 60 多年以来，尤其是改革开放后学校的巨变；扶贫助学自愿捐款，帮扶家庭经济困难学生圆大学梦；组织京郊游（除学校组织的外，育新支部每年另有两次京郊游），让老人放松心情，有益健身；组织一年一度的迎新春联欢会，以食会友，拉近老人间距离，增进友谊，加深感情，增加凝聚力，等等。特别是 2017 年迎新春联欢会，支部荣幸地邀请了北航老年艺术团的“老艺术家”们为育新支部退休老同志演出了一台丰富多彩的节目，受到了大家的赞誉。

这里仅以“扶贫助学，利国利民，泽惠后生，圆大学梦”活动为例，就可以看出举办活动所收到的实质性效果。育新支部帮扶的第一个贫困生，大学毕业后考取了研究生。在党支部为他召开欢送会时，《北京晚报》记者到会采访，并于当天以《用知识报效国家，以谢师恩》为题，图文并茂地进行了报道。紧接着党支部为帮扶的第二名贫困生召开了师生见面会，会上爷爷、奶奶们语重心长地对她提出了要求和希望。党支部的扶贫助学活动在社会上产生了比较好的影响，以此活动内容制作的专题片荣获市高校比赛一等奖。

健全机制有序工作　确保老年工作顺利开展

党支部做到了年初有计划，年终有总结。对每一项具体工作，又做出较周密安排，并逐步做到制度化，形成了常态。

工作机制好是做好支部工作的有效方法。主要体现在有制度、有计划、有方略地开展工作。毛泽东同志曾经说过：我们的任务是过河，不解决桥或船的问题，过河就是一句空话。育新支部以自定的老年工作方针为主轴做好老年人工作。那么，要完成任务的“船”和“桥”又是什么呢？那就是不断完善的支部工作制度。为顺利完成工作任务，党支部做到了年初制订全年计划，年终利用新春联谊会的机会，向大家简要报告一年来的工作情况，并已形成常态。对碰到的每一项具体工作做出较周密安排，并逐步做到制度化，这也形成了常态。例如报销药费时间原先定为每月第三周的星期五，为了便于老同志记忆，后改为每月的第三个星期五，仅一字之差，变不好记为好记；为方便老党员同志，党员活动或交党费都安排在报销药费之后的当天上午；受“远亲不如近邻”谚语的启发，党支部建议大家结交一户邻里朋友；对本支部高龄老人，支部经常进行走访慰问，对住院病人或长期有病卧床者，党支部陪同离退休教职工党委领导及时探望慰问，把党和领导的关爱送到病榻前；对病故的老同志，支部为他送最后一程，送去悼念和对家属的慰藉；怕独居老人在家中出现意外，党支部指定专人保持与其经常联系。随时间推移，支部发现报销药费这一天，绝大部分老人都要到场，何不利用这一难得的机会，通报一下大家所关心的事呢？此后，每当报销药费这一天上午，党支部就把当月学校的新鲜事和支部、社区的一些事项写在报销药费所在教室的黑板上，诸如，上年学校科研经费是多少，学校科研得了什么大奖，一年有三位教师当选院士，校领导调任工信部当副部长，新校长接任，等等。以上种种方法都是育新支部在实践中摸索出来的，已经形成为支部固定的工作制度。以某一次报销药费的情况为例，这一天就向大家告知了多条信息：收看 2015 年版《今日北航》《扶贫助学》专题片、京郊游报名、党员开会、听科普讲座等等。正是由于逐步健全了工作机制，才确保了支部工作的顺利开展。

在育新支部全体同志的努力工作下，育新支部的老年工作做出了成绩，得到了社会的认可。多次在市委教委召开的党支部书记培训班上进行书面经验交流和典型发言。还应兄弟院校的邀请，前去交流工作经验。一句话，党支部的各项工作，努力做到了周密安排，统筹兼顾，未雨绸缪。

成就幸福快乐　老有所养群英谱

——记北航实验学校中学部退休教职工第一、二党支部

书　记：吕玉琴　邹新生　　副书记：汤海燕　赵燕星　　支　委：张学英　郭玉平

北航实验学校中学部退休教职工第一、二党支部(以下简称附中退休党支部)工作组是由两个支部 14 名党员同志组成的，他们是热心为附中 153 名退休老师们服务的工作组，他们是积极落实上级党委任务的工作组，他们是乐于奉献、为老同志们带来幸福快乐的工作组，下面讲讲他们的动人故事。

交口称赞的好书记吕国才

吕国才同志曾任北航附中校长，2002 年退休后，被大家选为党支部书记，一干就是十年。不熟悉吕国才的人会以为他是一个冷漠、不苟言笑的

人，其实他是一位热情、谦逊、低调的人。他对工作勇于奉献、一丝不苟，对同事古道热肠、关怀备至，有着一颗质朴的心。他把担任附中退休党支部书记看作是为大家服务的好机会，非常认真负责，任劳任怨。他积极组织附中退休党员和老师学习党的方针政策，开展各项丰富多彩的活动，无论是大事小情他都热心帮忙，成为大家交口称赞的好书记。

他像亲人一样关心老教师。如退休教师许老师病重期间，吕国才同志冒着被传染的危险，到许老师家中探望并劝说、动员他住院治疗。许老师住院后，吕国才同志又分别到两个医院去探望并冒着大雨给许老师送去轮椅。由于许老师的女儿旅居国外，吕国才就成了许老师与女儿联系以及与组织联系的桥梁。事后才知道，由于许老师病重，以至于吕国才同志有被传染上疾病的危险，但面对这一切，他并没有退缩，更没有怨言，而是义无反顾地及时把组织关怀和温暖送到病人的身边。

退休老教师董老师年纪大，因身体不适要做胃肠检查，需要家属陪伴。可是老伴已过世，儿子正值住院手术术后恢复期间，女儿又恰在日本，无奈找到了吕国才同志。吕国才同志二话不说，亲自开车接送董老师去医院，跑前跑后帮她办理各项手续，陪她检查、预约病房。以至于医生都把他当成了病人的家属。像这样，没有怨言，热心、细致入微地帮助有困难的同志，及时地把组织关怀和温暖送到病人身边的事迹还有许多……吕国才同志就是这样用实际行动诠释了他的人格魅力，令人钦佩。

吕国才同志虽然身体不太好，但还是义不容辞地积极参加各种志愿服务工作，如做奥运服务志愿者。他还经常接受离退休工作处临时交办的工作，每次他总是非常爽快地答应“明白了、没问题”，并圆满完成任务，被离退休工作处工作人员称为精明的编外工作人员。

吕国才同志说：“让我做事可以，让我说可不行，事情做了就做了，没什么可说的。”没有华丽的辞藻，更没有豪言壮语，但是他却以自己的模范行动展现了他的高尚道德情操。他淡泊名利，默默奉献，为大家树立了榜样，用他那颗质朴的心温暖着附中退休教职工这个大家庭。

陈义　一位老党员的风范

陈义老师被大家称为“三老”老师。这是因为他是教了几十年政治课的老教师，有62年党龄的老共产党员，也是做了几十年的老干部。他曾任北航附中党支部副书记，主管德育工作。虽已86岁高龄，退休多年，但对自己的要求不降低，始终不忘入党初心，牢记共产党员的使命，积极传播正能量，做到了老有所学，老有所为。

党的十八大以来，以习近平同志为核心的党中央向全党发起了“两学一做”的教育活动。陈义老师带着问题学。通过读书、看报和利用电视、微博、微信等多种渠道观看中央各项活动现场直播。如建党95周年纪念大会，抗战70周年阅兵式，亚太经合组织会上的讲话，“一带一路”高峰论坛，建国70周年大阅兵，等等，他都是从头到尾认真看、听、学。陈义老师尤其关注台海局势，央视播放的《海峡两岸》节目，他每天必看。还在微博中发表了70余条、两万多字的心得和点评。

陈义老师活到老，学到老，86岁高龄的他学会了智能手机的使用。在学习的基础上，陈义老师作为党小组长，经常通过电话和微信与组内每位同志保持沟通联系，把党的声音及时传达给他们，也把他们的困难及时反馈给支部。有时还给党员讲点党课，交流心得体会。陈义老师还持之以恒在附中退休党支部党员微信群里，第一时间转发一些党和国家的时政要闻。

在这次抗击新冠病毒的战役中，陈义老师丝毫不懈怠，关心本组的每一位老师的身体情况，每日必联系落实，认真地上传下达，保证本组做到防疫无虚情、无死角，坚持数月。

陈义老师，一位耄耋老人，就是这样用自己的行动践行一个共产党员应尽的责任和义务。

李景芬　小小电话传真情

党小组长李景芬老师自2013年担任党小组长以来，借助小小的电话联系本组十位老同志。这些老同志平均年龄80多岁，其中还有一位老师是90多岁。这些老师全部住在校外，有的与子女住在一起，有的单独居住，为了及时联系到他们，李景芬老师手中不止一个联系号码，最多一位老师的联系号码有七个。不管是家中座机的号码，还是子女们的，总能打通一个，及时联系上本组老师。

附中退休党支部对党小组长有个要求，如果有事情必须在规定时间打电话联系本组老师，如果没有急需通知的事情，也要一个月与本组老师联系一次，了解了解情况，联络联络感情。李景芬老师坚持数年，每周每人至少通电话一次，以表示党组织对退休老师的关怀。简单计算一下全组是十个人，一年是52周，一次电话五分钟（其实不止），全年李景芬老师要打2600分钟，合40多个小时的电话。李景芬老师从不计较为之付出的时间，花过的电话费。事情看似很小，却体现了一个党员对组织的责任心和对群众的爱心。

李景芬老师对本组老师的关爱不仅只是打打电话，而是会及时把在电话中了解到的老师们的情况向党支部报告，解决老师们反映的问题。她也会主动上门关心有特殊困难的老师，比如做些好吃的给年迈的陈老师和她有残疾的女儿送去。每到节日学校有些福利物品，李景芬老师也惦记着为本组有残疾的老师送到家中。李景芬老师关爱老师们的行动着实令人感动，因为她也是年过八旬的老人，早到了该受别人照顾的年龄。然而李景芬老师却说：不忘初心，牢记使命，一心向党，永不变色，虽过八旬，矢志不渝，与民同行，奔向小康，为中国人民谋幸福，为中华民族谋复兴，贡献余生。（注：在本书交付印刷前夕，惊悉李老师意外离世，在此愿李老师一路走好。）

张学英　不是亲人胜似亲人

支委张学英同志的最大特点是热心厚道，倾力而为。主动关心有特殊困难的同事，热心帮助空巢老同事。张学英同志对已近80岁的张老师老两口特别地关心。张老师的老伴也有88岁了，行动不便，家中有一儿子在国外，平常生活中经常遇到困难，张学英同志就主动帮助张老师老两口做很多事情。她经常为他们买菜、拿药和做一些其他的事情。有一次张老师拉肚子,裤子弄得很脏,打电话给张学英同志,她马上到家里帮助张老师清洗干净,张老师万分感谢,非亲非故,不是亲人胜过亲人。只要张老师有求,张学英同志就会答应,没有推辞,真心相助。

记得有一次张老师的老伴给张学英打电话,说张老师一早进城去她弟弟家,几小时了也没有她的音信。张老师老伴十分着急,张学英一边安慰张老师的老伴,一边叫上爱人,俩人骑上自行车出去寻找,费了不少周折,最后终于找到了张老师,大家才松了一口气。

张学英同志不只热心帮助张老师老两口,本组的老同志只要需要她帮忙办事,她都很热心很认真地帮助处理。他们小组还有一位92岁的王老师。王老师有一个儿子在北京城里住,经常不回来,平常只有王老师一人在家。王老师有个大事小情也跟张学英老师说,学校发点东西,有什么通知,张学英都是亲自送到王老师家。有一次她走到单元门口,听王老师的邻居说,有一天王老师忘了关煤气,邻居从外面都闻到煤气味儿了。张学英一听这事可不是小事,人命关天啊。她立刻给王老师的儿子打电话,跟他儿子说了这件事,并叮嘱他儿子,要尽快解决照顾老父亲的事。在张学英同志的督促下,王老师的儿子很快为父亲找了保姆。张学英同志还经常打电话嘱咐保姆好好照顾王老师。王老师虽年过90,但脑子不糊涂,每次见到附中的退休书记都夸张学英同志,言语中充满感激之情。张学英同志做的虽然都是点滴小事,但这些小事也深深温暖着老同志的心,正是这份热心,让这些年事已高、孤独无靠的老师们感到亲人般的温暖和党组织的真挚关爱之情。

赵燕星　人间重晚情

赵燕星老师,曾是北航附中的学生,后来成为北航附中的教师。再后来退休了,担任附中退休党支部副书记。在她心里,附中退休的很多老师,永远是她的老师,对这些前辈,最大的尊敬就是多多关爱他们。

孙老师是附中的建校元老,是与赵燕星同一数学教研组的老师。退休后,赵燕星老师一直保持与孙老师的联系,近几年常有个人的微信往来，经常嘘寒问暖。前年孙老师在北医三院动大手术，赵燕星老师骑着自行车赶到医院，看着孙老师上了手术车。不用语言的表达，赵燕星用行动把党组织的关爱和对老前辈的敬重之情送给将要手术的孙老师。可以想象，在大手术前，孙老师能看到赵燕星的出现，她心里是多么的欣慰。

赵燕星小组的高老师住在校外，行动不便，需要每周三次去医院做透析。每次学校发福利，赵燕星老师都会替她领出来，骑车送到她家。高老师很高兴看到学校有人来看望，尽管记不清看望她的人的名字，但是每次都会问你姓什么，叫什么，有时也会问一些老教师的情况，赵燕星老师都会耐心地和高老师聊一聊、叙叙话儿。

附中元老林老师因为是赵燕星上学时的数学老师，因此她有什么需求都喜欢找赵燕星，赵燕星也尽可能“召之即来”。林老师记忆力衰退，孩子都在国外，赵燕星老师就陪林老师去医院检查，陪她去三院做核磁共振，担负起她子女的责任。后来林老师的爱人以先生病重，当林老师打电话来希望赵燕星来家里看一看时，赵燕星立刻顶着小雨、骑车赶过去。林老师的老伴去世了，赵燕星又陪着林老师从国外回来的儿女送走了老人家。有既是学生又是同事的赵燕星的陪伴和关爱，让空巢孤寂的林老师倍感温暖和依靠。赵燕星老师还与林老师的儿子建立了微信联系，互通情况。有了赵老师，林老师的孩子们对老母亲放心多了。

赵燕星小组的裴老师病重住院多次，最后住到新发地南边西红门的北京南郊肿瘤医院，赵燕星老师买了营养品乘公交车去医院看望，往返路程近四个小时。裴老师看到赵燕星老师去看望她，感到很意外，十分激动，也感到了万分欣慰。

附中德高望重的陈老师虽然不是赵燕星小组的，但她们曾经是邻居，关系很亲近，陈老师管赵燕星叫“小星星”。赵燕星老师经常会去看看她，陪她聊聊天，有时替陈老师在校医院拿点儿药。她们一起回忆过去，永远有说不完的话。陈老师后期患帕金森病，虽然说话比较吃力，但仍然不失幽默，赵燕星老师常常被她逗笑。最后一次看望陈老师的时候，赵燕星看出陈老师喜欢自己戴的毛线帽子，赵燕星就答应给她也织一顶。回家后赵燕星老师就开始动手织，谁知道当帽子织好的时候，却传来陈老师离世的消息，赵燕星老师无比悲伤，如果陈老师在天之灵，知道“小星星”给她织好了帽子，她一定会开怀大笑的。

“老吾老，以及人之老”，指的是在赡养孝敬自己的长辈时不应忘记其他与自己没有亲缘关系的老人。尊敬老人是中华民族的传统美德，赵燕星老师做到了。

郭玉平　把党的温暖送给老同志

党支部委员兼党小组长郭玉平老师，在为本小组老师服务中表现得尤为突出，党支部布置的每一次工作任务，她都是十分负责地完成。她所在小组的老师有家住校内的，也有家住校外的；有年龄 80 多岁的，也有年龄 60 多岁的。特别是有一位常年重病不能自理的老教师，郭玉平对她关怀备至，无论大事小事都会通知她，有福利或学习材料，她都亲自送到家中，即使这位老师住进养老院，郭玉平也是经常打电话问候，并去养老院看望，让这位老师感受到她永远是附中退休大家庭的一员。

有一次，郭玉平老师联系一位老师，有事情要通知。当时已经晚上 8 点多了，这位老师说正在校医院看病，头疼很不舒服。因她家亲人都不在身边，只有她一人。郭玉平老师放下电话，马上赶到了校医院，陪这位老师看完病，又把她送回家。虽然天黑很冷，但是郭玉平老师让这位老师心里感到无比温暖。

郭玉平老师关心身边的老同志，助人为乐，作为支部委员也是积极支持党支部的每一项工作，每年支部组织看望病重的老同志，她都积极参加，把党的温暖送到每一位老同志的身边。去年，她听到两位老同志分别住院的消息。有一位住院还正好是在元旦期间，家里人有事没人陪她。郭玉平老师听到消息后马上到三院去陪这位老同志，和她一起说说话，驱走她的孤独感。另一位老同志出院因走路有困难，孩子又在国外，爱人也上了年纪，郭玉平老师就主动帮助联系车和学校保安，整整忙活了一下午，又亲自去三院和保安一起接这位老师回家。

郭玉平老师为老师们服务细心又热心，有位老师来学校参加活动，手中还拿着沉沉的东西。活动结束后，郭玉平老师就给她找好出租车，送这位老师到车上，让她安全到家。有老师让郭玉平帮忙取个报销药费的条子，郭玉平老师也会早早去校医院，等两个多小时。

郭玉平老师从没有因为大家做这些琐事而抱怨什么。她说：“我是一名党员，把组织的关怀和温暖送给每一位老教师，这是我的责任，也是我应尽的义务。当看到她们开心的笑容，并听到她们讲年轻时的奋斗精神，会被感动地流泪。其实在给老同志送去温暖的同时也得到了他们的温暖。自己做了一点点助人为乐的事，都是应做的，因为和老同志相比自己还年轻些，有义务关心帮助老同志，帮助身边需要帮助的人，因为助人为乐是我们全社会的道德风尚，是我党人心向上的力量！”

支委们　让相聚其乐融融　让美照回味无穷

为了加强退休老师们的交流，丰富大家的退休生活，附中退休党支部每年都力争多组织一些丰富多彩的活动，如春秋游、参观、重阳节祝寿、新年聚会等。

在每年的团聚会上，支委们各显其能，为同龄老教师颁发健康证书并送上祝福的小礼物，祝福老教师们健健康康。党支部副书记汤海燕老师，带领老师们精心准备自编自演的节目，有合唱有独唱、有集体舞有独舞、诗朗诵、说方言，丰富多彩的节目展示出老教师们宝刀不老的风采，老同志们手拉手，笑着聊着，心中充满幸福愉快的感情。支部书记邹新生老师会跑前忙后，选择最佳镜头，为老师们留下一张张笑脸，留下一幅幅相亲相爱的照片。

一年两次的春秋游，更是给老同志们带来快乐的活动，党支部负责老师精心选择游玩的景点，精心策划游玩的方案。八年中十几次的春秋游，没有出任何意外，这些都是用支委们的责任心和细心照顾换来的。2019年举世瞩目的世园盛会在北京延庆举办，老同志们十分渴望游赏这次园艺盛会。中秋前夕，秋高气爽，党支部组织近50名老同志喜游世园会。老同志们乘坐在前往世园会的大轿车上，望着蓝天白云，青山绿树，喜笑颜开。进入园区，美景展现，游客很多，大家照了张合影，就三五成群结伴而行，各奔不同的场馆和景区观游，为了让上了岁数腰腿不利索的老同志也能看到更多美景，支部专门为他们租了轮椅，并安排稍年轻的老师们推着他们，邹新生、郭玉平、汤海燕、张学英几乎全程推着几位腿脚有病岁数大的老同事，坐在轮椅上的老同志欣赏着绚丽的花海，心潮澎湃，充满感激之情。游世园盛会，增同事深情。老同志们走进中国馆、国际馆、植物馆这三大核心展馆，看到精心布局、形态各异、特色鲜明的美丽景观无不拍手称赞，远眺建于花田山上的永宁阁，近观身边的绿水花海、奇花异草，仿佛置身于美妙的仙境，老同志们的脸上洋溢着幸福的笑容。支委们也是心甘情愿，充满喜悦。

最美不过夕阳红，支委们用照片记录这些活动的美好瞬间，捕捉老师们的每一个灿烂的笑容；每一个激动人心的相聚时刻；每一个活泼可爱的动作；每一张“全家福”，并精选出最精彩、最令人难忘的照片制作成小视频，发到微信群，用这种形式给每一位老师带来无穷无尽的欢乐和回味。

结束语

为了让附中每一位退休老师的退休生活过得幸福快乐，有太多老师为之奉献力量，让我们记住他们的名字：李梅卿、张澍芗、丁元坤、邢镇西、陈义、李征、李茹君、王延鹏、马辉、余惠珠、赵光华、冯百年、吕国才、白宁、吕玉琴、邹新生、赵燕星、汤海燕、郭玉萍、张学英、李景芬、李犁犁、秦为荣、朱明玉、崔勇、王永革、王永阁、杜沙莉、毛智明。他们都或多或少、或长或短，承担过附中退休党支部和管理小组的工作。当然，还有很多老师也为附中退休教职工这个大家庭做出过贡献，就不一一赘述了。正是有这些同志热心服务、无私奉献，北航附中退休老师们的心才有了依靠感、归属感、快乐感和幸福感。

不忘初心　真情为民

——从一个普通人的经历看老有所养在北航

书　记：董　莉　　副书记：鲁　珊　　支　委：张忠麟

物理学院退休教职工党支部是北航离退休教职工党委众多党支部中一个平凡的支部，在“不忘初心，牢记使命”的教育中，曾任物理学院退休教职工党支部书记的梁家惠老师想起了支部中发生的许多往事，从这些普通人身上的普通事上，他感受到了人心的温暖和真诚，感受到了共产党员为人民服务的宗旨和初心。为此，他给《晚霞映红》编辑部发来此文，讲述了发生在物理学院退休教师杨老师（以下简称老杨）身上的故事。

谁让她是共产党的支部书记呢

老杨是物理学院的一位退休教工，他本人身体不好，女儿和女婿都是聋哑人，小外孙还在求学，一家子老弱病残，是支部的重点关照对象，老杨生病期间是党支部帮他家人跑前跑后，小外孙升学、开家长会都是党支部代表父母前去……党支部就成了老杨家里的顶梁柱，几任支部书记王雪瑜、梁家惠、王力苗、董莉接力服务老杨，直到老杨去世。

2004年底，梁家惠老师接替王雪瑜老师担任了物理学院退休教职工党支部的书记，作为交接工作的一部分，王雪瑜老师特别向梁家惠老师谈到了老杨的情况。他于2003年做了直肠癌的手术，恢复不是很理想。独生女儿和女婿都是残疾人(聋哑)，收入不高，小外孙还在上小学。不仅经济上有困难，生活上也需要照顾。

2005年春节期间，梁家惠作为支部书记，代表支部去探望了住在校外的老杨。当谈起他的疾病时，年届70的老杨激动了。他说："梁老师，你是我的老同事，你来关心我，我能理解。可王雪瑜老师和我素不相识，她那么帮助我，我实在过意不去啊，也没有能力去报答人家。"后面的话他是哽咽着说出来的。从他噙着泪水的眼眶里，梁家惠老师第一次知道了王雪瑜老师在老杨生病、治疗、手术和恢复期间，做了大量的工作。临走前，梁家惠老师安慰老杨说："你的心情我能理解，但没有必要谈报答。如果实在过意不去，你就想：谁让她(王雪瑜)是共产党的支部书记呢!"

党组织的关怀暖人心

考虑到老杨本人及家庭的特殊情况和困难，北航的各级组织特别是离退休工作处和物理学院的相关部门都给予了特别的照顾。每逢节假日，他的慰问金是最高的。发生意外情况，例如住院或购买自费药，还常常给予临时性的补贴。经济上给以照顾的同时，时任离退休教职工党委书记的白曌宇同志、马岐科长、物理学院党政办公室主任蔡红艳等各级干部，不止一次去看望老杨本人，嘘寒问暖，体现了党组织对老教职工的关怀和爱护。

作为最基层的党组织，物理学院退休教职工党支部也做了一系列的工作，把我们党“为人民服务”的宗旨落到实处。

北京市发放老年助残卡、学校发放校园卡时需要本人照片。考虑到老杨行动困难，不便上照相馆，同时也为了帮他节省一点拍照的费用，党支部的同志就上门给他拍了“标准像”。因为两种卡要求不同的背景颜色，照相的同志带上相机的同时还带上一块天蓝色的幕布。

老杨的小外孙小学毕业开家长会，孩子的父母因语言障碍没法出席，党支部的同志就临时客串孩子的家长。开完三个多小时的会，再和班主任交换意见。回到家，还要把主要精神和学校安排整理成文字稿，转达给孩子的父母。

孩子要升初中了，按规定第三代子女进北航附中要做公证。又是党支部的同志陪着孩子的母亲去了海淀公证处。靠着好心人的帮助，总算比较顺利地办好了公证。

初中毕业，孩子要上职高了。党支部的同志又一次充当家长，陪孩子到新学校参加迎新会，并向班主任介绍他的家庭情况，避免孩子因父母的身体缺陷而产生自卑感。

至于帮助老杨挂号、取药，联系购买特殊的医疗用品（如氧气瓶）等就更是经常的事了，期间，鲁珊同志出了不少力。

2012 年，老杨得了一场大病——阻塞性肺炎。接到他小外孙的电话，时任物理学院退休教职工党支部书记的王力苗老师、副书记梁家惠老师和小外孙一起护送老杨到北医三院急诊。因为是抢救，医生不时送出一张张缴费通知单（治疗、化验或取药），让急诊外的人们忙得脚不着地。因为抢救有风险，有的治疗项目（例如上呼吸机），大夫还要病人家属签字。尚未成年的小外孙成了唯一能作为家属签字的代表。孩子当然很紧张、有压力，梁家惠老师只能留下来帮他做些解释和安慰。等到老杨基本脱离危险，梁老师回到家已经是凌晨了。

老杨病情缓解后转入病房，学校和方方面面一如既往地给了他许多帮助，期间还有一件不为人知的好人好事。物理学院党政办主任蔡红艳同志了解了老杨的病情和他的家庭情况以后，动员办公室的同志给老杨捐了一笔钱。据了解，这些慷慨解囊的老师几乎与老杨从无交集，更甭说认识了。当梁老师把这笔钱交给老杨时，他颤抖着双手，再一次感受到了组织的温暖。

2016 年 3 月 11 日，久病的老杨离开了大家。在他生病特别是病逝后诸多事情的处理中，离退休工作处的马岐同志非常辛苦，做了大量的工作，把丧事办得既体面，又最大限度地减轻了逝者家属的经济压力和负担。这里也有一件令人感动的事情。和老杨最后告别的仪式是在北医三院的太平间进行的，当离退休工作处领导向三院有关部门打去求助电话并说明了老杨家庭的具体情况后，太平间的池经理做出了令大家完全意想不到的决定：免去告别厅的租用费，免去包括遗像定制和制作、灵车使用、殡葬用品、视频怀念播放等在内的全部费用。出殡那天，他们为这个特殊家庭安排了质朴但不失隆重的告别仪式：专业主持人主持，部门经理致送别词，仪仗队抬棺送灵……据估计，正常情况下费用要超过万元。

为人民服务精神永传承

你付出真情，就会收获真情。老杨去世已经很久了，他的孩子依然没有忘记帮助过老杨的大家。一次梁老师去图书馆借书，老杨的女婿突然从一个屋子里出来拉住梁老师的手，因为语言障碍，梁老师和他无法交谈，最后在图书馆大门外的值班室里，老杨的女婿和杨老师笔谈了好一会儿。不久前，梁老师和老伴外出购物，正在公交车站候车准备回家，碰巧又遇到了老杨的女儿和女婿，他们看梁老师老伴行动不便要坐轮椅，就又抢又夺地要帮他们拿轮椅，上车后，又怕梁老师下错站，还用手机告诉他们应在大运村路北口下，一直等下车后帮梁老师老伴坐好轮椅，才和老两口挥手告别。

2020 年春末的一天，梁老师在路上遇见了老杨的小外孙，当年的小学生已经长大成人了。他陪着梁老师一直到楼门口，一路上说了好多话。孩子工作了，在林业大学，他还悄悄告诉梁老师，自己已经结婚了……

老杨同志只是学校大家庭中一位普通的教工，但发生在他身边的许多事情令人动容。和许多国家大事、攻关课题相比，这些也许只是微不足道的鸡毛蒜皮的小事，但于细微处见精神，它们的背后闪亮着北航离退休教职工党委等各级党组织共有的一样东西，那就是“雷锋精神，全心全意为人民服务的精神”。

习近平同志指出：“守初心，就是要牢记全心全意为人民服务的根本宗旨，以坚定的理想信念坚守初心，牢记人民对美好生活的向往就是我们的奋斗目标，时刻不忘我们党来自人民、根植人民，永远不能脱离群众、轻视群众、漠视群众疾苦。”而一个人没有利己的动机，能牺牲自己的时间和精力，把帮助别人解决困难当作自己的事情，这不正是共产党员“不忘初心”的具体体现吗？

有一句诗说得好：“去以自己的火点燃旁人的火，去以心发现心。”这不正是人民团结、国家和谐、稳定发展的基础吗？

夕阳耀蓝天　丹心献人民

——记优秀共产党员叶瑞华

夕阳美，染红天，松柏青，望南山，风雨重晚晴，桑榆尚非晚。随着越来越多的老年人进入人生的“夕阳红”阶段，我国也进入了老龄化社会。生活在北航的老人是幸福的，因为他们有北航离退休教职工党委这样的组织，有一批把老有所养作为己任的优秀退休共产党员。他们退休不退岗，积极带头，勇挑重担，无私奉献，为老同志实施精准服务，为老同志人生夕阳的最美绽放搭建平台，为实现老同志的“老有所养，老有所医，老有所教，老有所学，老有所为，老有所乐”这六个老有目标而勤奋工作。叶瑞华同志就是其中的一员。

爱心筑起老有所养的根基

北航后勤保障处退休职工第六党支部和管理小组的退休老同志，许多是80多岁的耄耋老人。连续担任十多年支部书记、副书记的叶瑞华同志感到责任重大，管理好服务好他们是党组织交给她的一项光荣的任务。作为一名党员，应该不怕苦、不怕累，保质保量完成任务。经过走访调查和查阅档案资料，叶瑞华同志了解到支部很多同志都是建校初期就来到了北航。可以说学校的砖砖瓦瓦都记录着他们的付出，学校的草草木木都承载着他们对母校的深情。即使年轻些的老同志也为学校工作了几十年，为学校建设奉献了自己的热情。他们平凡而伟大，应该得到尊敬和关爱。照顾他们，为他们服务是一种光荣。因此叶瑞华决心用一颗赤诚的爱心，把党的温暖送到每一位老同志的心坎上。

离退休工作处领导布置的各项工作，叶瑞华都能够积极认真去完成。十几年来叶瑞华同志无论寒暑早晚，不计艰辛困苦，不言疲惫劳累，全心全意为老同志们服务。从校内到校外，宁愿自己多受累，也要为大家服好务，让老同志少辛苦。因为每一位老同志都是宝，都有着为党、为祖国、为人民做过贡献的多彩人生画卷，党和人民不会忘记，会好好地爱护，并通过具体工作来实现。这就是叶瑞华同志为老同志服务的动力，坚守着初心，坚守着美好。

工作中，叶瑞华同志时时处处把关心放在前面。作为一个为老同志服务的有心人，她平时常到老同志家里去看望，嘘寒问暖，聊聊天，说说话，从中了解老同志的需求和建议等。一来二去，她与每一位老同志都能敞开心扉，大家也把她当自家人一样。2017年的一天，她到患有帕金森病，生活不能自理，丧失语言能力的老同志家里去看望，病人的老伴张老师说自己这几天腿病犯了，医生建议住院，可她住院了，老伴就无人照料，心里很是发愁。叶瑞华听了就说："张老师您放心去住院，我每天来您家看看，咱俩用微信联系，每天我给您报平安。"第二天张老师就放心去住院治疗了。十多天，叶瑞华履行承诺天天去家里，天天报平安。后来老同志的老伴张老师去世了，这位老同志就去了养老院。叶瑞华同志联系原单位领导一起到养老院去探望慰问。当老同志的家属提出因住养老院和看病花费大需申请困难补助时，经全体老同志同意，在年底的离退休工作处困难补助中给予了补助。2020 年初抗击疫情期间，叶瑞华两次到这位老同志孩子家送口罩，虽然老同志无法表达，但家属很感激她。关心体现着老有所养的实质，一点一滴，一件件小事让爱心筑起老有所养的根基。

真心建起老有所养的内核

叶瑞华同志在老有所养工作中，以一颗赤诚的心，真心实意服务大家。十几年工作中老同志都把她当最可依靠、最可信任的人。一位年近 90 岁的老同志，老伴也已 80 多岁，家中只有二老，无子女，养老成了大问题。一天叶瑞华来到这位老同志家，听老同志的老伴说，有个陌生人 20 多岁，前天来到家里让老人把户口簿、存折都交给他，他给老两口养老。听到这话，叶瑞华马上告诉老人不要让陌生人进家里，并立刻前往北航社区反映情况，防止老同志上当受骗。这两位老同志都是耄耋之年的老人，都患病，需要照顾。开始他们提出去养老院，叶瑞华就主动去联系，后来他们又提出在家养老，叶瑞华就建议他们请保姆。他们请保姆后，看病、家务有帮手了，平日生活也轻松幸福了。逢年过节，党支部还给他们送去北航离退休教职工党委的慰问补助。疫情期间因为要常去医院看病，就多送给他们口罩。老两口感到党的温暖就在身边，老有所养让他们晚年幸福。他们说："我们二老没有子女，养老全靠支部了。"

真心建起老有所养的内核，真心诚意才能无微不至做好工作。把党的温暖送给老同志，让老同志切身感受到晚年享有的幸福。这是老有所养的内核所在。

恒心垒起老有所养的实现

老有所养的工作不是一阵风一场雨的事，而是一件长期的。因此做这项工作的人就要有恒心毅力，锲而不舍，持之以恒，日积月累地去做，以愚公移山的精神、誓不言退的意志、不惧挫败的韧劲和温和如水的态度去面对去工作。因为人老了，有的会如老小孩，会耳聋眼花，会患有各种病，会固执忘事，会行走不便，力不从心，等等，这些都给工作带来困点难点。这都需要工作者能设身处地去想，换位思考去做。十多年为老同志服务的经历给了叶瑞华同志许多经验和帮助，让她明白：立下愚公志，坚持就是胜利，横下一条心，挫折困难见毅力。有了恒心，无论是五六层楼上下几次，校内校外跑多少趟，还是个别老同志忘事有错误认知，或是为老同志服务不被理解等，都能严以律己，宽以待人，包容谅解，微笑面对，化解矛盾。所以她和老同志能团结一致，携手共进。

有位老同志家住河北，他老伴是农村户口，患病，无工作。孩子在北航住，做临时工。叶瑞华同志与离退休工作处领导联系，每年都给这位老同志困难补助。为了长久解决老同志的后顾之忧，叶瑞华又与原单位领导联系，与学校联系，帮助他孩子到北航上了班。后来经济好转，这位老同志便在县城买了房，如今这位老同志生活幸福。过年时，老同志的孩子还通过微信发视频表示感谢。

一位 2018 年底刚退休的老同志，退休工资偏低，是单亲家庭，身边还有患结核性骨髓病的残疾孩子，生活不能自理。当时已过了离退休工作处困难补助时间，叶瑞华去家访，了解到这种情况，及时与原单位联系给予补助，并且陪同他到北航社区去联系社区补助。

叶瑞华同志在工作中都是实心实意，耐心细致地去做好每一件事。无论大小事，无论是老同志本人还是遗属的事，只要找到她，她都会去做。如有一位遗属因为食堂饭卡问题找到她，她马上去学校服务大厅咨询并告诉这位遗属如何办理，解决了她到食堂吃饭的事情。

由于叶瑞华同志把工作做到实处，耐心细致，从不计较，不纠缠，无怨无悔，以礼相待，用赤诚之心温暖每一位老同志，因此也收获了信任和尊敬。

曾经有一件事令叶瑞华同志感动不已。2016 年 4 月 17 日，一位 90 多岁孤寡老同志病重，他的养女给叶瑞华发短信，求助组织帮助老人联系医院。叶瑞华及时联系离退休工作处有关人员，同时赶到老同志家看望。家中只有他与保姆两人，90 多岁老人经历过新旧社会两重天，当他最需要帮助时，他和养女想到的都是找党组织。叶瑞华安慰老人，尽快送他去医院。老人在病榻上已不能说话，费力的双手抱拳表示感谢。那一刻叶瑞华落泪了，因为她看到一位经历 90 多年风雨沧桑的普通群众，在生命的最后，他信赖的是共产党组织。那一刻她读懂了共产党在人民心目中的崇高位置。共产党就是老百姓可以托付生命的大救星！她深深感到自己工作的责任重大。自己所做的工作就是代表党组织，把党的温暖送到各家各户每位老同志身边。

老有所养工作需要持之以恒地做深做细，做好做完美，用恒心垒起老有所养的实现。

虚心架起老有所养的桥梁

虚怀若谷，有容乃大。虚心向老同志请教，才能不断纠错补漏，才能不断获取新知识，不断前进。叶瑞华同志在老有所养精准服务中，把老同志摆在首位，善于虚心请教，急老同志所急，想老同志所想，和大家关系融洽，团结一心。她经常到老同志家里，向他们征求意见建议。常常与他们探讨如何做好老有所养工作，得到老同志们的大力支持，老同志们诚挚地提出看法和想法，帮助她工作。叶瑞华同志也把老同志当明师益友，与他们推心置腹，赤诚一片。有时工作遇到难处，心情不畅就去老同志家中聊聊，请老同志出主意，解难题，排解不快。去年冬天，叶瑞华与老同志说开会来的人少，没想到快 90 岁的老同志让保姆推着轮椅来参会，另一位 80 多岁的老同志从医院打完点滴也来了。叶瑞华非常感动，劝他们量力而行，安全第一。他们却说："你为我们做了那么多，我们就是要帮帮你。"叶瑞华同志虚心向老同志学习，为每一位老同志服务，换来大家的关心爱护。虚心架起老有所养的桥梁，大家互帮互助，团结奋斗，推动老有所养工作向前迈进，共同追求对美好生活的向往。

在北航离退休教职工党委和离退休工作处的领导下，叶瑞华同志在老有所养工作中发挥着共产党员的先锋模范作用，奉献着，奋斗着，且快乐着！

同时她与老同志们一起，沐浴在党的关怀中，温暖着，幸福着，且感恩着！

这正是：夕阳耀蓝天，丹心献人民。

壮心不与年俱老　为党为民献力量

——记优秀共产党员张继荣

张继荣同志今年84岁。作为一名老党员，她组织观念极强，严格遵守党的纪律，认真学习党的文件，特别是在“两学一做”中，学党章党规，争取做合格共产党员，保持党员本色不变。她时刻以党员标准严格要求自己，积极参加组织生活会，会上积极发言，建言献策，关心国家大事，关心学校的发展，关心支部的工作。她看淡名利和金钱，自费赞助支部活动经费，自费为大家印歌片；党员爱心捐款也是慷慨解囊；为了支持支部工作，她还执意把因病给她的慰问金上交支部，支持支部开展活动。由于她不忘入党初心，牢记党员使命，时时处处严格要求自己，作表率、献爱心，被离退休教职工党委评为优秀共产党员。

润物无声　热情服务

张继荣同志退休后曾多年担任图书馆退休教职工党支部副书记、书记的工作，用满腔热情为大家服务，关心同志，润物无声。

支部有一位97岁高龄的老同志，丈夫20多年前就去世了，又无亲生子女，是支部的重点关注对象。张继荣同志每个月都要买点东西前去探望，陪她说说话，聊聊天，解除她的寂寞。在聊天过程中，了解老人思想状态。如果发现老人有什么苦闷，有什么需要做的事情，她都及时与支部书记沟通，给予老人帮助。张继荣同志自己都80多岁了，还不顾自己腿脚不便去关心支部的老同志，其情可嘉！

后来，她虽从书记岗位上退了下来，但仍然热心服务支部。她常与现任书记沟通，提出自己的意见和建议，协助书记搞好支部工作。如有时候支部还没召开支部会，她会电话提醒；有时候离退休工作处有大型活动，如春季运动会，她会问问给老同志打电话通知了没有。她的出发点都是很好的，怕支部工作有疏漏，怕老同志错过了参加活动的机会。事无巨细，操心极了。一个支部能有人如此关心支部工作，是支部之幸、党员之幸、全体退休人员之幸！

以己之长　热心公益

张继荣同志常忘记自己的年龄，热心公益，助人为乐。因为唱歌能练声练气，缓解压力，对身体健康很有好处，还能结交新的朋友，退休以后她就参加了声乐班并长期担任声乐班副班长，带领大家唱歌，练气练声，寻找快乐。她每次都早早去开门等大家到来，活动完后大家离开了她把门锁好才离开。工作一丝不苟，认真极了。后期由于参加人数多了，她常把上台表演的机会让给别人，主动在台下给大家照看服装、书包等东西，倾心为大家服务。

退休以后她除了在声乐班唱歌外，十几年来一直坚持每周四上午带领部分离休老同志（现在离休人员由于年龄大了，能来唱歌的人少了，就扩大到退休人员了）唱歌。她从不言苦言累，花费大量时间精力，只为了这十多个人，但她乐此不疲。只要能给大家带来快乐，累点也是值得的。为和谐校园贡献自己的力量，她甘心奉献。

任党支部书记时，为提高组织生活质量，丰富组织生活内容，她也常自费为大家印歌片，结合当日过组织生活的时间或内容，教大家学唱新歌或老歌。如3月过组织生活，就唱唱《学习雷锋好榜样》，10月过组织生活，就唱《我爱你，中国》等。一个人做一件好事并不难，难的是坚持十几年，一次不落，坚持、坚持、再坚持，这需要多大的毅力啊！

侍母扶孙　家庭和睦

除了工作出色外，张继荣同志家庭和睦也是人人称羡的。张继荣同志的母亲过去一直在老家由她姐姐照顾。退休后一是为了让姐姐休息休息，二是为了尽为人子女的孝心，于是她便把老母亲接到身边照顾。她母亲在她的精心照顾下，96 岁无疾而终。她既尽了为人子女的孝道，也为自己的孩子树立了榜样。

张继荣同志退休 20 多年来，在身体允许的情况下，天天坚持清晨6 点在南操场走路锻炼身体。有一次书记劝她年龄大了，就不要太早出门锻炼了。她说几十年形成的习惯，改不了啦。另外家里还有女儿一家，早点锻炼完了回去可以照顾外孙女，让女儿安心上班。她说退休了不能直接为国家工作，锻炼好身体，让女儿努力工作，不拖累他们也是间接为党和国家贡献力量。这两年随着年龄慢慢变老，张继荣同志才将在南操场走路改为其他的锻炼方式。

乐观豁达　不惧病魔

2017 年，81 岁的张继荣同志体检查出患了乳腺癌。她没有被噩耗击倒，而是泰然处之。该治病治病，该锻炼锻炼，还照常参加组织生活会、参加音乐班活动、带领离退休人员唱歌，没有因为患病就自怨自艾，丧失生活的热情。或许是这种对待疾病的豁达态度，让癌细胞也拿她束手无策。

张继荣同志虽然已是 84 岁高龄，但壮心不与年俱老，为党为民献力量。涓滴之水，可以汇聚成大江大河；点滴之力，凝聚在一起可以移山。人人都像张继荣同志一样，献出自己微薄之力，不因事小而不为，不因力小而不出，中国梦的实现就指日可待了！

群众心中的可亲可信人

——记优秀党支部书记张永安

“退休了，一定来支部担任党支部书记，大家期待着您”。这是来自材料学院离退休老同志们和他的约定。他退休后，如约而至，不负众望，挑起了党支部书记的重任。这一干就是 12 个春秋。他，就是材料科学与工程学院离退休教职工第一党支部书记——张永安，被大家亲切地称呼为“永安”。大家说：永安在，我们心里就踏实，就会感到“永”远的“安”心。张永安同志带着这份信任一路走来，踏实为党支部的党员和管理小组的群众做好每一件事情，成为大家心中最可亲可信的人。

热情细致的关怀暖人心

张老师在职时就从事过党支部工作，在张老师看来，虽然都是支部工作，但服务的对象大有不同。面对老同志人群，如何开展工作、做好服务，成为张老师重新思考的课题。材料学院作为学校的老院系，离退休人员所占比重较大，仅第一支部党员就达 29 人，群众 24 人，老同志中很多是学校的建校元老，大都年事已高。另外，可能是从事化学材料工作的原因，老同志中得癌症的人员比较多。基于这些实际情况，张老师把为支部党员、群众服务作为第一任务。在他的带领下，党支部形成了一个团结协作的工作班子，发挥集体的力量，大家一起开会，商讨相关问题，制定工作计划和相关制度。为充分发挥党员的先锋模范作用，党支部推出了党员干部联系群众制度，每一位党员自愿选择一至两位群众，形成一个大的党员联系群众的网络。党员干部定期联系党员和所选择的群众，如果某位同志在一段时间内不经常被看见，大家就得主动打电话联系问候，了解情况。如果老同志遇有情况，党支部很快就得到了消息，包括家住校外的老同志，大家也要彼此经常地相互关心。这种工作方式赢得了群众的认可，群众有事情愿意找党员，党员也愿意为群众办事情。党员干部与群众的血肉情怀在这个支部体现得淋漓尽致。

对有特殊困难的老同志，张老师格外地关心。一位70多岁的退休老同志刘师傅，退休早、工资低，儿子没有工作，还照顾90多岁的老母亲。待老母亲病逝后，刘师傅找了一位老伴，后因感情不和离婚。家庭的不幸，自然给刘师傅带来无形的压力与烦恼，更糟糕的是，肺结核袭上刘师傅，刘师傅走投无路，找到支部说："我家有困难，我要向组织求助，帮我解决困难。"张老师想：刘师傅一位党外群众，这样信任党组织，无论多大的困难，我们也要尽力援助。经过仔细的询问后了解到，离婚前，刘师傅老伴偷偷把房子卖了，法院虽然判决应该给他36万元的房款，但一直没有得到这笔款项，眼下，看病急需用钱。马上快到春节，怎么办？张老师先是向学院、离退休工作处汇报了情况，申请了补助金和慰问品，及时送到刘师傅家中。看到躺卧在病榻上的刘师傅，张老师感觉到，仅做这一点工作远远不能帮助他解决问题。经过反复的思考，张老师最终做出决定，亲自到法院协商，以求帮助。法院执行庭长热情接待了张老师。在了解了张老师的来意后，法院执行庭长感慨地说："我担任庭长以来，全部都是家属、亲戚来找我们，你是我遇到的第一位离退休党支部书记。"庭长很受感动，表示一定想办法协调解决。一是与刘师傅前老伴协商，从她的工资卡中按月划转一部分现金支付给刘师傅；二是由法院负责给刘师傅申请了2.5万元的国家补助款。当张老师把这一喜讯告诉刘师傅时，热泪满眶的刘师傅紧紧抓住张老师的手，激动之情溢于言表……因春节将至，小时工回家了，张老师又帮忙把刘师傅送往温泉结核病医院。每年的体检，张老师都是把体检结果亲自送到刘师傅家中。刘师傅拉着张老师的手说:“永安,你岁数也不小了,一定要注意身体,多保重啊!”普普通通的话语,深深烙刻在张老师心中。以实际行动为群众服务,就是他对大家最满意的回答。

张老师不仅关心党支部成员,家属有困难,他一样热心相助。一位家住北大的俞老师,本人患老年痴呆症,儿子患精神病,俞老师老伴没有退休金和社会医保,又患有癌症,家庭陷入困境。张老师得知情况后,协助俞老师老伴办理了医保。每次俞老师老伴住院、出院,张老师都亲自帮忙接送。一天,俞老师老伴把张老师找来并当着张老师的面立下了遗嘱,委托张老师联系公证处办理公证。俞老师老伴眼中含着泪花,抱着张老师说:“永安,你是我家的救命恩人,帮我家办理了这么多的事情,我可以安心地走了,另外,还有两份遗嘱请你帮我保存,哪天我死了,你就作为遗嘱的见证人吧。”

认真周到的服务促和谐

张老师还担任我校第十五次党员代表大会代表,担任材料学院“关工委”分会副主任、北航“三老”协会材料学院分会会长以及北航社区居民楼楼长等多个职务。在离退休工作处组织的运动会、游艺会等各大活动中,张老师都义无反顾地担当志愿者。无论对待哪项工作,张老师都认真对待,赢得大家一致好评。

“有问题,找永安”已成为居民的口头禅。今年端午节放假期间,有居民向张老师反映楼内自来水有异味,希望帮忙解决。张老师随即打电话联系物业等部门。当天,他和其他居民代表与物业检修人员一起,楼上楼下、跑前跑后,张罗着检测、排查问题,但终究没有找出问题的症结。张老师和大家一起协商,待清洗一次水箱后再进行检测,如果还有异味,就请专业人员到有异味的居民家中取样,检测结果出来后随即给居民公示。

楼内居住着一位80多岁的老先生,认为楼上邻居深更半夜总是故意制造动静,影响他休息,因此和楼上邻居经常发生口角,老先生逢人便说楼上邻居的不是。一次深夜,老先生找到张老师说,楼上正在发出动静,让张老师到他家中一起听响声，张老师随即来到老先生家中，和老先生一起竖起耳朵，静静地听着。坐了足足两个多小时，到了深夜12点多，什么动静也没有听到。老先生解释说，是张老师一来，楼上才不敢敲的。经历了这件事，张老师渐渐感觉到，老先生可能存在意识上的幻觉，估计精神有问题。老先生还是不死心，后来专门找了一个大竹竿，半个小时敲一次楼顶，说是与楼上对敲，严重影响了居民的休息。之后，张老师多次耐心地给老先生做思想工作，从心理上进行疏导安慰，还主动联系社区，与社区负责人一起找到老先生的儿子，说明情况，并建议他儿子今后抽时间多陪陪老人，给予老人更多的关心和照顾。

务实创新的方略显成效

在做好为群众服务工作的同时，如何发挥支部的作用，发挥老党员、老教师的优势，教育青年学生成长成才，也经常浮现在张老师的脑海里。作为院“关工委”副主任，张老师充分认识到加强关心下一代工作的重要意义，积极组织老同志参与到培养教育青年学生的工作中来。

每年新生入学，张老师都组织老同志到沙河校区，根据新生入学后思想上容易产生的问题，与新生座谈、交流。交流中，老同志们结合自身经历，讲述北航建校以来的奋斗历史，教育青年学生好好珍惜学校来之不易的发展成果，珍惜今天的大好时光。老同志们艰苦的创业史给新生们留下了深刻印象，同学们纷纷表示：要饮水思源，以老一辈吃苦耐劳、艰苦奋斗的精神为榜样，努力学习，争做航空航天事业和国家建设的栋梁之材。

在与研究生班级开展的活动中，张老师联系老教授、老专家，纷纷走到研究生中间去，通过座谈交流，了解他们的学习、生活和思想情况。针对研究生在科研工作中和编写论文中存在的问题，先后组织了“如何搞好科研工作”“如何写好论文”以及“迎新年　听老党员讲求学故事”的专题座谈会，老教师们结合同学们遇到的科研的意义、科研的动力、创新思维等问题，栩栩如生地为同学们讲述许多当年自己做科研时的故事，并为同学们解答了生活、学习中的各种疑惑，帮助青年学生树立严谨的科研态度和勇于创新的奋斗精神。学生们高兴地说：“各位老教授深入浅出的精彩讲述，使我们茅塞顿开，疑惑全释。”

北航建校六十周年之时，为了配合校庆活动，张老师组织老同志与青年学生一起开展了“材料学院的发展史”专题报告以及“听北航历史 迎六十华诞”的主题交流会。会后又组织青年学生采访老教师，回忆历史，把北航人的革命精神不断传承下去，教育青年学生努力成长为北航发展的接班人。之后，还编写了校庆活动文章。通过一系列活动，激发青年学生热爱北航、热爱航空航天事业。五四青年节，张老师组织老同志与青年学生联合开展“五月红歌大联欢”活动，老少同唱、老少齐欢，精心合练的《革命人永远是年轻》《打靶归来》两首歌曲把晚会推向高潮。演唱会结束后，同学们主动搀扶老教师回家，师生互助互爱的情景令人难以忘怀。老同志与青年学生还一起举办乒乓球友谊赛，欢声笑语中增进了师生情。

老年人关心大学生，同样，在张老师的组织指导下，大学生也热心地关爱着老年人。一位老师家里的计算机出了毛病，难以解决，张老师就组织学生到老师家里修理调试，同学们热情很高，三下五除二，问题迎刃而解。老教师竖起大拇哥，夸赞学生说：“到中关村都未能修理好，没想到你们技术这样娴熟啊。”

为促进尊敬师长、爱护老年人，中秋节和教师节双节来临之际，张老师组织学生一起开展慰问老教师活动。张老师安排的一位老教授，他们的子女远在海外。学生到老教授家后，问寒问暖，聊得很融洽，当学生提出要帮老人家做点家务事时，老教授说：“好，请跟我到那间屋子。”学生们推开房门，满桌的月饼、水果呈现在眼前。老教授说：“吃月饼，就是你们今天的任务！”老人家继续说，每逢佳节倍思亲，你们的家都在外地，到我家来，就如同到了你们自己家……老教授质朴的话语温暖着学生们的心田，师生在一片欢声笑语中共同度过了一个温馨祥和的中秋佳节。之后，老教授请学生帮忙把计算机里的文件进行分类，以便查找，同学们很快就帮忙完成了老教师交给的任务。

莫道桑榆晚，人间重晚晴。朴素的行动彰显着人格的无穷魅力。张永安同志时刻牢记全心全意为人民服务的宗旨，一步一个脚印，脚踏实地，埋头奉献，实现着努力做好“群众心中最可亲可信人”的誓言。

精神状态永不懈怠　奋斗姿态一往无前

——记优秀共产党员先敏

她，2007 年年底任图书馆退休教职工党支部（以下简称图书馆支部）副书记，一届期满后任支部书记，至今已经 14 个年头了。这 14 年间，她率领的支部一直都是北航离退休教职工党委先进党支部；她组织开展的主题党日活动一直是北航离退休教职工党委优秀党日活动。她身兼多职，同时还是连续二届的“二老”协会理事，第十六届校党代会代表。她年逾古稀，但为人民服务的壮心不已，斗志不松。她就是优秀共产党员先敏同志。

爱学习　政策理论水平高

先敏同志喜欢学习，爱钻研问题。为了开展好支部工作，她花费了大量时间在看报学习上。她善于总结工作，发表文章，传递正能量。几乎每期《北航老年工作》上都有她的文章发表。

不断学习使先敏同志掌握了较丰富的党建知识，保持有较高的政策理论水平和较强的组织管理能力。她有无私奉献精神和全局观念，拥护习近平同志为核心的党中央，热爱党，热爱祖国，热爱学校，维护校园的和谐稳定。她平时非常注重修身立德，提升自己的操守和修为，顺应时代的发展，不因年老就止步不前，而是与时俱进，适应时代的发展变化。她有大局观念，对离退休教职工党委的工作也给予大力支持。她非常关心离退休工作处的工作，及时反映群众意见，提出建议，做好上情下达、下情上传，以便使离退休工作处工作做得更好。领导交给她的工作，她也克服一切困难，尽心尽力地完成。让群众满意，让领导放心，是她一切工作的出发点和落脚点。

精心组织　支部大会开的好

每次召开支部大会，先敏同志都提前几天做准备。过去支部大会形式单一，缺乏活力，她就别出心裁地想了一个唱歌的办法。根据每次大会的主题或开会的时间节点精心挑选歌曲，邀请支部里的“金嗓子”张继荣老师教大家唱，这样既免除了会前等待的枯燥，又活跃了气氛，使得支部大会在一片正能量中进行。

每次支部大会学习的内容都很丰富，会前她都及时把本次大会的主题词、关键词提炼出来，便于大家学习、掌握、易记，做到风过留痕，雁过留声，参加一次组织生活，就有一次收获。

寓教于乐　支部活动开展好

先敏同志善于积极利用各种资源，组织党员和群众开展各项活动。所谓好钢用在刀刃上，有限的支部活动经费只能覆盖部分重要的支部活动。要想增强支部凝聚力和活力，多多开展活动的话，真可谓是巧妇难为无米之炊。但这没有难倒先敏同志，她开动脑筋，利用各种资源，为老同志们开展形式多样的活动。如去绿洲水乡春游，图书馆支部就是利用了长走协会经常开办户外活动积累下的资源最终成功举办；不仅利用校内资源，先敏同志还依靠社会资源组织支部成员参观了香河大爱书院、燕达国际养护中心、泰康燕园和云彬镇养老院等。

她心里时时刻刻装着支部和老同志们的事情。近年来媒体曝光了不少社会上以老年人为诈骗对象的诈骗模式，先敏同志为了预防老年人上当受骗，曾经专门组织大家参加春晚启动会，听集资宣传讲座，了解正常的资本运作，教大家区分诈骗和合法理财；老同志们退休后难免有时会感到无所事事，先敏同志为了培养大家的兴趣爱好，曾经组织大家参观某公司举办的玉石展览活动，既开阔了大家眼界，又增加了大家玉石收藏的知识；老同志们为学校和新中国建设呕心沥血，值得后来人的尊重和敬佩，在先敏同志的带领下，支部曾多次为 90 岁以上的老同志举办祝寿活动，既表达了组织对老同志们的关怀，又发扬了支部爱老、敬老的精神。

她组织的活动形式多样，寓教于乐，令人喜闻乐见，深受群众喜爱。这几年几乎月月有活动，这些活动让大家聚在一起，一起走出校园，在碧绿的田野间感受青草破土而出的生机与活力，在风景优美的公园感受国家为百姓创造的和平与宁静，在爱国主义教育基地感受改革开放以来祖国的繁荣与昌盛。

她创新联合其他支部共同开展活动，已形成惯例。每年图书馆支部都会联合四个支部至少开展一次活动，以便支部间互相交流工作经验，不同单位同志之间加深了解，增进友谊。经费开支采取轮流坐庄的方式，一个支部负责一次，四年轮一次。这几年他们组织去了八大处、园博园、沙河新校区、延庆残疾人养老院、天津周恩来邓颖超纪念馆、杨柳青石家大院等地方参观学习。几个支部联合活动的方式很好，既节约经费又节约能源，值得推广。

先敏同志文笔好，每次支部活动后，她都写成好文章与大家分享，很多文章都经离退休工作处采纳发表在官网上。

关心老人　把群众的冷暖放心间

先敏同志热心群众工作，关心群众身心健康。支部老党员金老师 97 岁高龄，有一段时间生病住院。康复期间，先敏同志每个星期都买东西前去探望。为了减轻她的痛苦，让其早日康复，先敏同志还约了校医院退休大夫彭春兰和居委会书记刘永利一起去她家看望，彭大夫教她恢复肢体功能的方法，刘书记帮她找保姆，代表支部表达对她的深切关怀。涓涓细流润心田，关怀备至暖心窝。

支部有一位上当受骗的同志，受骗后心情极其苦闷，加上此时爱人又查出患了白血病，真是屋漏偏逢连夜雨，船破又遇顶头风。爱人生病无钱治疗，她很自责，多次想自我了断，简直痛不欲生。先敏同志想办法劝解、开导，从精神上、思想上鼓励她，没有翻不过的山、迈不过的坎，让她坚信还有组织。同时也想尽各种办法实质性地帮助她。给她申请台湾赵昭盛先生的善款、给她申请校领导的看望慰问、还给她申报春节困难补助，亲自陪同她去校医院找院长特事特办，为她提前报销看病发票，等等。一桩桩、一件件实事好事，雪中送炭，让阳光洒进这位同志的家，给她温暖，给她切切实实的帮助。她家人都非常感动，说："先敏真好，帮助人真实在。"对去世同志的家属，先敏同志节日里也去慰问或打电话问候。人走茶不凉，图书馆支部就是这样一个有温度的集体，获得同志们的高度赞扬。

善解人意　与支委工作配合好

先敏同志还非常善解人意，理解人，同情人。支部副书记爱人身体不好，长期住院，需要他照顾。副书记怕影响工作，便提出辞去副书记职务，改由其他人担任。先敏同志理解他的困难，同情他的遭遇，说："困难是暂时的，没有关系，工作我多做，我不会计较，你就放心照顾爱人吧。"换位思考，站在别人的立场上为别人考虑，可见其胸怀之宽广。先敏同志说："凡事不计较，工作不分份内份外，不分干多干少，多为别人考虑，才能团结好人，合作愉快，共同搞好工作。"

由于先敏同志心里有群众，真心为大家办好事、办实事，所以在群众中威望高。有的同志说："你当支部书记我们觉得好幸福"；有的同志说："感恩在心，2018 有你真好，2019 有你更好"；有的同志说："为有这样全心全意为人民服务的干部而骄傲和自豪！愿这样的好干部身体健康，长命百岁，家庭幸福！"这样的评语先敏同志每年都会收到。群众的鼓励和支持，也是先敏同志搞好工作的动力和力量源泉！

她退休不褪色，离岗不离党，永远和党一条心，遵循入党初心，肩承为人民谋幸福的使命，虽然 70 多岁了，仍然坚守爱国情怀，坚定奉献意志，共产党人的精神状态永不懈怠，奋斗姿态一往无前！

热心服务侨届老人　无私奉献毕生余力

——记优秀共产党员、奉献有为之星伍珠明

伍珠明同志退休十多年以来，坚持党员的政治本色，密切联系群众，热心为党内外群众做好事办实事，即使患病手术后也不懈怠放松自己。特别是她长期热爱侨联事业，热心为侨服务，至今持之以恒，甘当配角，无私奉献余力。2014 年和 2019 年两次荣获北京市归国华侨联合会、北京市人力资源和社会保障局“北京市侨联工作先进个人”。2017 年被北航离退休教职工党委评选为“奉献有为之星”。2019 年被北航离退休教职工党委评选为“优秀共产党员”。

追根溯源　结缘侨联工作

伍珠明同志祖籍广东省台山县冲蒌镇官窦村龙塘里，是著名的侨乡。她的祖辈中，大多数都在美国从事洗衣业，是最贫穷、最困苦的华侨。伍珠明同志的父母均出身于华侨工人世家，他们都有身处逆境求学得到亲友无私帮助的人生经历，自身也形成了待人宽宏大度、惜才爱才、乐于助人的品格。俗语说，父母是人生的第一位老师，父母待人接物的准则潜移默化地影响教育着伍珠明同志。家世背景使她在涉外方面有了多于常人的机会，这为后面的侨联工作打下了基础。

20世纪80年代初期，国家拨乱反正后，伍珠明同志家乡侨联工作率先恢复了生机。离休后在《冲蒌侨刊》担任主编的伍其炳先生，主动与她父母取得联系，伍珠明同志和父母兄妹先后踏上返乡探访之路。

点点滴滴的寻根问祖，持续不断的信息往来，增强了伍珠明同志对华侨历史的了解。从步入家乡故土的第一天起，她就开始对侨联工作的意义和作用有了初步的感性认识。认识到侨联是党联系归侨侨眷、海外华侨华人的桥梁和纽带。而最后加入侨联事业中来，为侨联事业奋斗不止，其动力源头则来自《冲蒌侨刊》主编伍其炳先生。伍其炳先生身体力行的表率作用和谆谆教诲，他对侨联事业情有独钟地执着追求，他对归侨侨眷大爱无疆的关怀与帮助，他对《冲蒌侨刊》一字一句所付出的心血，为伍珠明同志树立了榜样，成为她热爱侨联事业，热心为侨服务源源不断的力量源泉。

1988年底伍珠明同志又有幸聆听北京医科大学口腔医院林琼光教授讲述自己50年代不顾家人劝阻，谢绝法国导师的挽留回国，80年代到巴黎进修，业满后再次义无反顾地选择了如期归来报效祖国的动人事迹。林琼光教授饱含深情的一句“我就是离不开自己的祖国！”，表达出归国华侨一片炙热的爱国之情。她的演讲深深打动着每一位听众的心，也打动了伍珠明同志的心。这次活动，使伍珠明同志进一步认识到侨联组织是归侨侨眷心中的家，它的凝聚力正是源自归侨侨眷不同寻常的爱国情怀。

作为一名普通侨眷，通过各级侨联组织的信任和培养，伍珠明同志从1989年开始参加北航侨联工作，1993年起代表北航侨联连任四届北京市侨联委员，在长期接受教育和熏陶中拓宽视野，通过结交志同道合的侨界朋友，敞开胸怀，逐步锻炼成长为一个有责任心、有担当的人，与侨联事业结下不解之缘。

认真履行职责　坚持为侨服务

伍珠明同志退休十多年来，始终不忘“侨联组织作为党和政府联系归侨侨眷和海外侨胞的重要桥梁纽带”的初心，坚持牢记嘱托、勇于担当，履职尽责、勤勉工作，在家孝敬父母，在外尊敬老人，自觉为老服务。

她能够围绕中心、服务大局，认真学习贯彻习近平总书记关于侨务工作的重要论述和十九大精神，落实各级侨联的工作要求。退休之后她不负众望仍然连任三届北航侨联副主席，并兼任花园路街道侨联副主席。她真诚配合侨联主席开展工作，发挥自身优势，认真履行职责，坚持为侨服务，关爱归侨侨眷，使校侨联各项工作均取得较好成绩。

她针对归侨侨眷老同志多的特点，创造条件组织归侨侨眷开展各项活动，并形成长效机制。她注重发挥老同志善展示、有激情、有专业特长等突出特点，经常帮助一些老同志组稿、录入、报送，保证了北航侨联能够经常高质量地参加市、区和街道侨联组织的活动。通过各类活动把归侨侨眷更加紧密地团结在侨联组织周围。

为保证侨联活动不断线的初衷，2017 年 10 月 27 日，她和王屏老师两人拖着大病初愈的羸弱身躯，坚持组织 40 余人到南水北调进京工程参观学习，使北航侨联成员一边欢庆党的十九大胜利闭幕，一边感受砥砺奋进五年来国家建设的伟大成就，真正见证海淀区这几年的巨大变化，也感悟到了习近平总书记所说绿水青山就是金山银山的真谛。短短半天，活动内容翔实，众人无不称赞此行之快慰。

自 2017 年恢复侨联自办迎春茶话会以来，大家群情高涨、踊跃参与、自娱自乐、增进沟通。每次她都是默默无闻地负责带领积极分子们完成茶话会的筹备工作。校统战部一年两次定期开展走访慰问，侨届大部分慰问对象都是根据她平时所了解掌握的侨情和港澳台属变化安排的。她力争做到关心每位工作对象，把来自党和政府的关怀及时送到大家的心坎上。看望归侨陈老师时，他刚刚脱离肺炎的危险期。陈老师心情非常激动，饱含热泪再三感谢侨联组织持之以恒的关心。

为使更多成员能够了解侨联动态，近两年她学习制作了《北航侨联组织参观北斗博物馆》《纪念北航侨联成立 35 周年》等电子相册，拓宽宣传途径。通过精心策划和安排，近几年来侨联活动的内容和水平持续提升，更加得到归侨侨眷和港澳台属的青睐。

关心空巢家庭　维护归侨权益

伍珠明同志对归侨侨眷中的老年人非常亲切，特别是对于国内身边无子女的空巢老人更是平添一份厚爱。针对侨联空巢老人集中的情况，她积极发动侨联组长们关心有特殊困难的归侨侨眷，提供具体帮助争取送温暖到家，同时身体力行地长期协助帮扶一位双目失明的空巢归侨。她关注政策信息，认真倾听归侨侨眷的呼声，通过各种沟通交流丰富归侨侨眷的精神需求，为做好新时期的服务工作尽一份力量。

北航侨联于 2013 年 5 月中旬承担了北京市侨联“关于北京部分高校和科研院所基层侨联组织建设的调查研究”课题。课题组全体成员历经了四个月紧张、高效、愉快的基层侨联组织建设的研究工作。

伍珠明同志和林萍实老师在离退休工作处协助下，于 8 月底完成了“北航离退休教职员工子女都在国外的空巢人员统计表”的调查。统计结果分析显示，北航离退休教职员工中子女都在国外的空巢老人共计 331 人，占全部空巢老人的 97％。这个调查结果出乎大家意料之外，对指导侨联下一步工作很有现实意义。空巢老人的问题原本是当前社会的重要民生问题，不曾想到这个问题竟然与侨眷的现状如此密切相关。由此得出结论：高校侨联工作存在巨大的空间，目前的工作思路还有待改进，工作队伍还有待加强，有必要引起各级侨联组织的重视。

此外，她们还完成了“北航离退休教职员工国内外都有子女的人员统计表”。当时北航离退休人员中国内外都有子女，其中因有子女在国外而形成的涉侨人员 115 人，占 1616 名非空巢家庭人员的 7％(其中双职工为 30 户，实有涉侨为 85 户)。而其中只有 16 人是北航现有侨联成员，仅占现有人数(115 人)的 14％，这说明北航侨联成员的发展对象还有很大的数量空间。

摸清家底之后，大家开始进一步拓宽新的工作思路和方法。首先做到对申请加入侨联的人员来者不拒。原本单方为侨联成员的，因有海外子女关系，双方均予以认可。有加入侨联意愿者，凡符合条件的，一律欢迎先活动起来，促使他们首先在校内找到认同感、归属感。同时积极为涉外空巢老人寻求渠道解决实际困难。

例如：根据老年会员日常生活需要照料的迫切需求，经过热心侨眷的举荐，她2017年两次协助推广、搭建“田园之家”居家养老服务平台在校内开展工作，赢得归侨侨眷和老年用户们的一致好评。侨眷徐老师一天清晨5点多打电话向伍珠明同志哭诉自己在京举目无亲、束手无策，无力照顾病重住院的先生。她听后马上推荐联系到“田园之家”，解决了徐老师家的燃眉之急。一年半之后，徐老师本人又生病住院，还是依靠“田园之家”送其入院就诊、手术签字。当儿子从英国赶回来时，母亲已经转危为安。徐老师多次赞扬“田园之家”是自己的恩人。另一位老师说，我们有他们，心里踏实。我常对远方孩子说，我们有“田园之家”，一切放心！这是给她们最大的安慰，比做什么都宝贵。

“田园之家”属于一家民营机构，曾遭到过一些质疑，存在一定的风险。伍珠明同志本着对侨联成员及老年用户负责的态度，亲自前往清华大学老干部处进行实地调研。随后又请侨联主席协助查寻其来龙去脉，才对此机构有了较全面的认知。同时及时提醒大家在使用雇佣服务过程中，应该随时保持清醒头脑。她明确意识到，养老问题是长期任务，个人能力是有限的，帮得了一时管不了一世。养老服务还是需要由专业人士来承担，自己的任务就是为归侨侨眷做好牵线搭桥的服务。

疫情席卷全球　倾情关心侨居海外人

2020年新冠肺炎疫情席卷全球，上级部门及学校对信息摸排要求越来越高：“确保每个离退休人员，每一天，全覆盖、无遗漏、无盲区，信息及时准确。”由于离退休教职工流动性大，很多年事已高，联系不畅通，造成少数长期在国外的人员处于失联状态。2月底，伍珠明同志接到一项艰巨任务：帮助寻找六位疑似失联人员，其中只有一位是本支部自己份内的事。她不计较份内份外，马上通过在北航侨联群里转达信息、发动群众、寻找知情人、扩大微信范围等方式，步步推进、追踪紧盯、费尽周折，直至联系上被寻找人员或其子女。

北航侨联成员周自强、熊振翔、郭淑平等老师积极协助联络，及时提供信息。周老师依靠自己开展海外校友工作的人际网络，提供了五条有价值的翔实信息，对整体工作的推进帮助很大。身在美国西海岸 99 岁的熊先生，连续几天帮着给东海岸 87 岁的陈老师打电话，催促提交“调查问卷”。伍珠明同志率先努力联系在册侨眷朱老师，但均未成功。关键时刻她直接恳请处领导继续等待，直至有热心人牵线搭桥后，第一时间内接通越洋电话，防止了出现“停发离休费”的尴尬局面。

中国侨联、北京市及海淀区侨联等单位，疫情期间也向海外华人先后发布《提供“爱心包”》《“法律护航 · 助力战疫”在行动》《阿里健康　互联网医生免费咨询平台》《海侨爱心 EMS 通达行动》等有关通知，在北航侨联号召下，归侨侨眷们都积极响应转发，纷纷向海外亲友传递信息，及时表达祖国母亲对海外游子的关爱之情。有侨眷说，当孩子们收到祖国对他们的这份关爱时，很多人都流下了感动的泪水。

通过这些工作让伍珠明同志深深感到，海内外归侨侨眷能够发挥涉外联系广泛的优势，在危难时刻凝心聚力，无私奉献，这就是侨联工作最大的优势和收获！她为成员们团结互助、精诚合作的精神倍感自豪！

结束语

在伍珠明同志眼里，许多前辈都是一本厚重的书，有无数的闪光点，都是她学习的榜样，照耀着她人生的道路，照顾好这些渐渐变老的同志，她从心底里感到是一份责任。她说，每当想起入党介绍人汤建国同志的嘱托：“要记住你对老同志做的都是积德行善的好事”，就对自己这么多年的真诚付出无怨无悔。每当听到高龄老同志诉说曾经参加自己组织活动时拥有的欢乐和愉悦，内心就会荡漾出激情。她表示将不忘初心，牢记使命，继续努力为做好新时期的老年服务工作尽一份力量。把热心服务侨届老人，无私奉献毕生余力作为她后半生的追求与快乐。

心系群众　默默奉献　助人为乐好心人

——记十佳道德模范王爱英

王爱英同志1936年7月出生于山西省平遥县遥头乡门寺神村，1958年调入北航后，长期从事党务工作。在工作中，她兢兢业业，埋头苦干，任劳任怨，受到领导、党员和群众的好评，多次被评为优秀党务工作者。从工作岗位退下来后，又连续十多年任自动化科学与电气工程学院退休教职工第二党支部书记。在做党支部书记期间，她积极组织党员开展各项活动，关心党员和群众甘苦，成为党员群众的贴心人。在日常生活中，她为人随和，待人真诚，乐于助人，给人留下美好的印象，被人称为乐于助人的好心人。

积极为党工作　发挥余热

王爱英同志是个和蔼可亲、十分热情的人。退休后多年担任自动化科学与电气工程学院退休教职工第二党支部的书记，就在这样一个平凡的岗位上，王老师退休不歇脚，积极为党工作，发挥余热，给大家留下了极其深刻的印象。王爱英同志对退休支部的组织生活会非常认真，每次活动前都准备得特别细致。针对支部有些党员听力不好的情况，她每次都将支部活动单独写在纸上，把党的文件也准备好，特别为失聪者单独准备资料，使党的方针政策、要求及时传达给每个同志，令人钦佩。

关心党员和群众甘苦

王爱英同志从一点一滴、一件件小事上帮助身边的人，渗透到大家的生活中，渐渐地成为一位大家不可或缺的知心人。

王爱英同志说话带着浓重的山西口音，听起来那么亲切、实在。她腿脚不太方便，却经常可以在离退休工作处的办公室里看到她的身影。她从来不是为了自己的事忙活，而是为了身边的人们，不知辛劳地到处奔波。离退休工作处开展各种活动，都能看到王爱英同志忙碌的身影。她最挂念的就是老弱病残和生活困难的人，只要他们找到她，她总是尽心尽力地给予帮助。为生活困难的人申请补助，王爱英同志自己帮助他们整理材料，上报组织。她会因为是否能获得批准到处里一次次地询问。过年过节学校发了礼物和生活补贴，她会冒着严寒酷暑，不管道路湿滑，把党和学校的温暖送到党员和群众的家里。支部有一位退休老党员长期患病，生活失能，他既不能参加党支部的生活，也不能参加学校的各种活动。王爱英同志与该同志的儿子保持联系，通过电话询问他的病况和家庭情况，给老同志以安慰。逢年过节，王爱英同志还陪老干部处领导登门慰问，使该同志深受感动，他深情地说："我老了、病了，但学校和党组织没有忘记我，谢谢你们。"这位老同志没有忘记自己是共产党员，每次主动交党费。最后一次，王爱英同志是拖着病腿，和时任离退休工作处领导的刘俊德、李洪耀同志去探望的这位老同志。那时这位老同志已失言失智，王爱英同志把党的关怀送到了病床前。可她本人也腿疼得厉害，往返三四个小时的车程，不知她又忍受了多大的痛苦。

关心晚辈的成长和成才

王爱英同志对晚辈倍加关心和爱护，不仅从思想上、精神上关心他们的成长和进步，而且在力所能及的情况下从经济上帮助其解决实际困难。20 世纪 90 年代，她的一个外孙考上四川大学，由于父亲早逝，母亲又没有工作，上大学遇到困难。王爱英听说后，马上给外甥女打了电话，力主外孙上大学，认为这是改变孩子命运的大事，不能犹豫，并马上寄去一万元，以解决燃眉之急。她外孙上大学后，努力学习，成绩优异，毕业时被深圳华为公司录用。她外孙到华为工作后，努力工作，钻研技术，很快就成为单位的业务骨干，现已成为华为派驻波兰办事处的业务主管，经济上收入颇丰，可以说是一位生活富裕的"中产"了，彻底改变了人生的命运。这位外孙每次出国路过北京总要登门看望他老姨，对他老姨的"雪中送炭"念念不忘，感激不尽！

做热心"月老"牵红线

王爱英同志在思想上、生活上关心同志，而且还是一位热心的"月老"。她帮单身老同志找伴侣，帮青年男女找对象。在她的热心帮助下，多位单身老同志找到自己的"另一半"，多位年轻同志喜结连理，她也受到人们的点赞。

有一位老同志老伴去世多年，子女们也成家立业，生活上感到孤单，想找一个老伴共同生活。王爱英同志获此信息后，主动找这个老同志了解情况和条件，她听过后记在心上，四处托人联系，终于找到一个她认为合适的对象，并撮合他们见面。见面后两人认为合适，于是很快结为伴侣。他俩对王爱英十分感谢，每逢他们结伴的纪念日，总要请王爱英聚在一起聊聊，吃顿饭。她成为他俩最好的朋友。

据王爱英同志回忆，她帮助七对"善男信女"喜结良缘，这成为她人生中最值得回味的事情。

善待身旁的每一个人

王爱英同志不仅关心和帮助同志，乐于助人，而且她善待身旁的每一个人。她善于处理邻里关系，经常到邻里串串门，聊聊天，拉拉家常，互相帮忙，相互排忧解难，不似家人，胜似家人。她对上门的修理人员热情相待，沏茶递水，似同客人。王爱英同志对社会上的弱势群体也非常关心。

不管是送报工、清洁工、收废品的工人，还是修鞋、卖菜的外地农民工，她都尊重他们的劳动，关心他们的生活，总是热情相待，问长问短。她经常询问他们的工作和家庭情况，有什么困难和烦恼。她体恤他们的困难，经常给他们送水送吃的。她不仅不歧视，而且热情关照，使外来农民工感到北京人的热情好客，心中充满温暖之情。

就是这样一位平凡的老人，没做出过什么惊天动地的大事，却用她一颗火热的心温暖着身边的每一个人，让大家看到这世界最温暖、最动人的一面。

深入群众　热心服务　做群众的贴心人

——记优秀党支部书记、工信部先进个人宋子玉

离退休教职工党支部书记在离退休干部基层党建工作中发挥着重要的作用，一个好的支部书记能够切实地增强党支部的创造力和凝聚力。在北京航空航天大学的离退休教职工党支部书记队伍中，就有这样一位积极主动、创新支部党建工作的形式和内容，深入群众，热心服务群众的贴心人。他就是机械工程及自动化学院退休教职工第三党支部书记宋子玉同志。

支部理论学习的带头人

宋子玉同志是从 2005 年由支部党员民主选举，开始担任党支部书记的。多年的基层干部经验使他认识到，没有正确的理论知识武装头脑，就没有正确的实际行动落实工作。

作为一名退休教职工党支部书记，只有不断用马列主义、毛泽东思想、邓小平理论、“三个代表”重要思想、科学发展观以及党的一系列重要理论充实自己，提高理论水平，才能使支部工作始终沿着党指引的正确方向前进。因此，宋子玉同志格外重视本支部党员的理论学习和精神传达。每次参加学校、离退休教职工党委的会议和专题报告会，他都认真地记笔

记，并及时传达给支部委员和党员。北航老干部活动中心的思源厅里，时常有老党员们围着他促膝而坐，热烈地讨论和学习。为了充分发挥党支部书记的骨干带头作用，更好地带领广大党员进行学习，每次组织大家学习之前，宋子玉同志都要先学习几遍甚至十几遍材料，并写出心得体会，带头发言交流。

宋子玉同志注重自身的理论学习，并一边学习，一边进行收集、整理学习资料。离退休工作处为党支部书记订阅的《北京支部生活》和《人民日报》，是对他帮助最大、也是最方便的学习资料。为了一次党支部的理论学习，宋子玉同志先后收集了从 2013 年 6 月起出版的《人民日报》评论员文章 28 篇，内容包括党的十八大、十八届三中全会学习资料，以及习近平总书记一系列重要讲话等，并放大字体复印给大家进行学习。学习中，党员们发言热烈、争先恐后。学习后，对于学习的效果，党员们反映十分强烈。91 岁的郭可谦老先生打电话说："我的眼睛不好，有一只根本看不见，另一只也只能靠放大镜看书，今天的学习活动，相当于我又学习了一遍习总书记的讲话，收获很大。"74 岁的刘美孝同志说："这样的学习形式非常好，一是效率高，大家又全面学习了一遍习近平总书记的讲话；二是资料全，支部为大家准备了学习资料，解决了个人查找资料的困难；三是分工明确，学习的面广，思路开阔，真正起到了学习交流的目的和效果。"

动脑筋　想办法　积极创新支部党建工作形式和内涵

党建是龙头，是党支部建设的核心内容。为了创新党支部党建工作的形式和内容，宋子玉同志积极主动想办法，动脑筋，以主题党日活动为载体，开展了丰富多彩的党员学习、教育活动，党员间交流了思想，增进了友谊，凝聚了人心，团结和鼓舞了士气，增强了党支部的战斗堡垒作用。

2010 年，宋子玉同志组织支部开展了"我参与、我健康、我快乐"主题党日活动，受到大家欢迎，身患残疾的老王同志坐着轮椅由保姆推着也参加了活动；2011 年，组织开展了"党在我心中，永远跟着党"的主题党日活动，大家用歌声、舞蹈、乐器、诗歌朗诵和讲演等多种形式，说出心里话，感谢党，赞扬党，决心永远跟着党；2012 年，为了让党日活动开展得生动而富有意义，宋子玉同志组织开展了“学习、弘扬、践行北京精神”的主题党日活动，活动中，还宣读了北京市委、市政府向全市离退休干部发出的《身体力行、率先垂范、弘扬践行北京精神》的倡议书，大家热烈响应，当场签名，纷纷表示要做北京精神的学习者、弘扬者、践行者；2013 年，开展了“学习十八大、共筑中国梦”的主题党日活动，他把收集的“学习贯彻十八大精神辅导”学习资料印发给大家，把十八大学习分成 24 个专题，每个党员负责一个专题，认真学习进行宣讲，活动后，大家纷纷表示，这次活动很成功，收获很大；2014 年，组织了“学习习近平总书记系列讲话，共筑中国梦”主题党日活动。党日活动累计四次获得离退休教职工党委优秀主题党日活动的表彰，分别获二等奖、三等奖。

2009 年、2011 年、2013 年，机械工程及自动化学院退休教职工第三党支部连续三年被北航离退休教职工党委评为“先进党支部”称号。宋子玉同志也多次在离退休教职工党委组织的“党建活动”、老年党校学习上发言交流，得到大家的肯定。2009 年获离退休教职工党委党建论坛演讲二等奖。

一辆永无休止的摆渡车　联结着大家的心

熟悉宋子玉同志的人都知道，“时时刻刻把群众的冷暖记在心上”是他嘴上常念叨的一句话，而事实上，他也是这么做的。他把为党员服务、为群众服务视为党支部的主要工作，正如他自己所说，“党支部的工作，一时一刻都离不开关心群众”。

每逢大风降温或酷暑，天气骤然变化，他总是担心支部里八九十岁的几位老同志来不及知道外界天气变化，外出时因准备不够得了病，他都及时打电话到家里，提醒他们及时注意防寒、防暑。多年来，他已经形成了一个习惯，凡是党支部进行了集体活动，他都要在当天活动结束后，打电话到家住校外的老同志家里，只有获悉平安，那颗拎着的心才能放下。

机械工程及自动化学院退休教职工第三党支部的老同志平均年龄达 75 岁，80 岁以上的有多人，探望生病的老同志以及家属是宋子玉必不可少的工作，不论严寒酷暑、风雨无阻。2013 年 4 月 17 日，宋子玉同志坐了一宿火车，刚从江西回到北京，便接到电话得知党支部老尚同志因心梗住进了北医三院。他二话不说，放下电话直奔医院。老尚同志的老伴看到宋子玉同志还没来得及休息就赶来了，握着他的手说，“叫人心里热乎乎的，真是感谢你”。2012 年 12 月 9 日，宋子玉同志得知家住清华的刘老师的老伴手腕骨折，便马上赶去看望两位老人。刘老师激动地说：“又不是我生病，我老伴手摔了，也麻烦你跑到清华来，我们全家人都感到了组织的关怀和温暖。”此外，患白血病的郭老师，犯心脏病住院的余老师，患前列腺癌的武老师，半身不遂、一个人在家住的鲁老师……支部里的病号和困难同志都是老宋心里惦记的人。每年年底，宋子玉同志都要到支部里或是患病的或是生活困难的同志家中看望，把学校的慰问品送到老同志手中，把学校的关怀和温暖传递到群众的心中。他就像一辆永无休止的摆渡车一样，联结着大家的心。

热心服务　做群众的贴心人

宋子玉同志不仅担任机械工程及自动化学院退休教职工第三党支部支部书记的工作，同时还兼任管理小组组长。关心群众、热心为群众服务的使命感，让他兢兢业业地为群众服务。

每年 5 月，他总在第一时间把体检表送到每位老同志的家中，有时候给同一个人送就要跑好几趟。管理小组里的潘老师，时年 83 岁，他家中虽然安了电话，但老两口从来不接外来的电话，有人到他家敲门也不开。为了把体检表按时送到他的手中，宋子玉同志就在楼下大喊他的名字，有时需要来几次，喊几拨，他才能听到，高兴地下楼来取，十年来从未间断。年底，宋子玉同志要挨家挨户地送油票，一拿到油票，他便想第一时间送到老同志手中。2012 年 12 月 20 日，正赶上下雪，他没有多想，冒雪一家一家地送油票。等支部所有人的油票都发完时，大雪已经下得铺天盖地，宋子玉同志再次钻入白茫茫的世界，带着无比畅快的心情回家。

宋子玉同志不仅重视支部的党建工作，还经常动脑筋、想办法，尽可能让支部同志多进行集体活动。他借助离退休工作处一年一度进行春游、秋游的时机，组织支部里原来在同一个教研室的同志们集体参加。定景点，他不厌其烦地征求大家的统一意见；排车位，他在报名开始前一个小时早早来到离退休工作处排队；重安全，他安排年龄较小、身体较好的同志照顾其同行中年龄较大的同志，以防万一。到了中午，大家拿出各自准备的美食一块聚餐，谈笑风生，其乐融融，老同志们像是年轻了很多。

积极参加活动　老有所为做贡献

2000 年到 2004 年，宋子玉同志退而不休，为材料学院本科生上“建筑制图”课，并自己编写讲义。五年下来，他共编写了三本讲义，近 300 页内容。宋子玉同志嗓音洪亮，讲起话来很富有感染力，讲课受到学生的欢迎。2007 年，他获得离退休工作处“老有所为成果奖”。

宋子玉同志积极参加老年社团，生活丰富多彩。每周一、周三的下午，他都要参加老龄大学声乐班学习，并参加北航老年社团夕阳红艺术团合唱团，多次代表北航参加北京市教育系统、工信部系统老教育工作者文艺演出。他，老有所乐，展示了北航老同志积极健康、乐观向上的精神面貌。

他还报名参加了老龄大学书法班的学习。几年下来，书法也已书写得像模像样，作品曾参加中国老年大学协会、浙江省老年书画研究会举办的“美丽乡村，七彩灵峰”全国老年书画展。

在离退休工作处举办的很多活动中，如运动会、年终室内游艺会等，细心的人都可以在老年志愿者的队伍中找到宋子玉同志忙碌的身影，他服务热情、耐心细致，受到大家的一致肯定。2006 年，宋子玉同志被离退休教职工党委评为“优秀共产党员”；2011 年，被选为中国共产党北京航空航天大学第十五次代表大会代表；2012 年，获北航“第六届十佳健康老人”称号；2014 年 4 月，参加北京市高校离退休干部党支部书记培训班学习。

他就是这样一个热心肠，心到、手到，乐于奉献，积极主动为大家服务的人。

仰望星空　脚踏实地

——记优秀共产党员彭春兰

天空因星星闪烁而耀眼，人生因拥有理想而有意义。人们仰望星空，树立理想；人们脚踏实地，实现理想。彭春兰大夫从树立理想到实现理想的过程，便是“仰望星空，脚踏实地”的现实阐释。如果用一个词语来形容彭春兰大夫年轻时的工作与学习，那就是“学无止境”。

1940年，彭春兰大夫出生于河北省顺义县（今北京市顺义区）的一个乡村，家里有四个弟弟妹妹，生活拮据。彭大夫母亲患有风湿性心脏病，少年时的彭大夫就立志学医，长大后成为一名医务工作者，可以更好地照顾母亲。但父亲一直期望女儿可以读高中、上大学。最后，彭大夫坚定了自己的理想，并考虑到家里的经济条件，背着父亲私自报考了北京朝阳护校。彭大夫从医多年的心得——要真心对待病人，将他们当作自己的亲人，病人也会同样爱护我们，真正为病人解决痛苦。彭大夫学医的初衷也成就了她将每一位病人当作亲人来爱护的心境。

学无止境

彭大夫是北航校医院针灸理疗科的开创者。1961年，毕业于北京朝阳护校的彭大夫和其他同志一行15人，来到了北航校医院。60年代的校医院还是一座二层小楼，条件虽差、设施简陋，却也五脏俱全。当年8月份，彭大夫向院领导申请后，开始了在北医三院针灸理疗科为期两年的进修，跟随老师学习。她一边为病人进行治疗，一边在医学院上课。一年多之后，彭大夫经过认真的理论学习和实践治疗经验积累，已经可以独当一面，为病人进行治疗了。于是，彭大夫开始白天在北医三院学习，晚上回到北航进行针灸理疗科室成立的筹备工作。在彭大夫的努力工作下，北航校医院的针灸理疗科得以成功创办。

彭大夫在工作中一直坚持学习，提升自己。北医三院的进修完成后，彭大夫又报名参加了北京市卫生局"护转医"的考试。备考内容多，时间紧。为了不影响工作，彭大夫没有请假，利用业余休息时间备考。晚上时常复习到很晚，有时直接趴在桌子上便睡着了。而在平时的体检中，由于当时放射科的医务人员少，彭大夫常去帮忙，虽然辛苦，但在工作中积累了大量的经验，这也为"护转医"考试口试环节中看 X 光片奠定了深厚基础。考试最终顺利通过。

在这之后，彭大夫又参加了主治医师、副主任医师等等考试。在繁重的工作中不放弃学习，不断提升自己。

退休后，彭春兰同志又把学习专业的精神用于政治学习上。她深知，只有理论上的清醒，才有政治上的坚定。因此一直把学习党的路线方针政策作为必修课。不断学习时事政治，关心国家大事，关心学校的发展，积极宣传党在新时期的各项方针政策。

活到老，学到老，她的践行真正阐释了"学无止境"的意义。

助人为乐

彭大夫助人为乐是有名的。病人们都亲切地称呼她为"彭一针"，可见彭大夫精湛的诊疗技术以及大家对她医术的认可。过去的很多事儿，不管是学习、工作还是生活，彭大夫都记得很清楚，那些在过往生命里出现过的人和事，如今回忆起来，全是美好、善良和温暖。现在彭大夫走在路上，总会遇见熟人，"小彭，小彭大夫"，大家都这样亲切地称呼她。大家表现出的热情和关心让彭大夫很是欣慰，"无论有多少困难和委屈的事情，只要一想起曾经治疗过的病人，自己能够帮助他们重新获得行走的能力，内心就会特别高兴”。

彭大夫感叹：“我就是感觉时间过得太快了，现在我还想多治疗和帮助更多的病人，可是就是有些力不从心了。”

在日常生活中，彭春兰同志也充分体现了一名共产党员吃苦耐劳、甘愿奉献、乐于助人的优秀品质。退休后，她被选为退休党支部书记，对待支部的老同志、老同事，她既是支部书记，也是朋友，更是亲人。她在闲暇时间经常与老人们谈心，老人们的心里话总愿跟她说。当有同事在生活中遇到困难时，她总是耐心地开导，尽自己最大力量去帮助老同事渡过难关。只要有老同事需要帮助，她就前往了解情况，协助解决困难。如职工刘师傅病重时，彭春兰同志怕他在家里出现危险，就及时和刘师傅的子女取得联系，并与离退休工作处和校医院领导联系及早做好安排。在与同事相处时，她总是以“与人为善”的心态对待每一个人，用自己的爱心让同事们感受党的温暖。如同事赵大夫的爱人计教授患脑梗，身边无人照顾，彭春兰同志就主动陪同其到北医三院看病，还有很多老同事有困难时都愿意和她联系，包括住在校外的同事。其实彭春兰同志的身体也不好，血压很不正常，她的爱人也身患多种疾病需要照顾，但即便这样她还是坚持全身心投入到为大家的服务当中。只要同事需要，她就上门服务。有时她的爱人开玩笑地问她：“你什么时候退休呢？”她的心确实都扑在了为大家服务之中。

夕阳无限

2000 年退休后，彭大夫依然闲不下来，曾担任北航校医院退休职工党支部书记、北航老年红十字会队长等。彭大夫还带领大家创建了健康小屋，为病人提供针灸、理疗等方面的咨询服务。现在依然有许多老同志向彭大夫寻求治疗。虽然身体状态不再允许彭大夫亲自治疗病人，但她每天依然在做些力所能及的事情，为老同志提供业务咨询和指导。彭大夫的工作也带动了北航校医院退休职工党支部的活动，如一直在坚持的每个季度送健康服务。2018 年上半年，应北航校医院的邀请，彭大夫被返聘到校医院工作了近四个月。虽然工作忙碌，彭大夫却在重回岗位后帮助病人的过程中收获了更多快乐。

退休后，平时大家很少见面。为了活跃老同志们的文化生活，彭大夫每年都组织老同志集体联谊会，组织具有教育意义的春游和秋游。如结合本行业教育，参观“白求恩纪念馆”；结合纪念抗日战争胜利70年，参观“平北抗日纪念馆”；结合环保主题组织老同志来到易县太行水镇，开展了“保护生态环境，创建美丽家园”的主题实践活动，让大家在活动中接受再教育。利用组织活动使大家能有机会相聚，大家能在活动中一起相互交流非常高兴。这些活动组织起来费时费力，每次都取得圆满成功。大家对彭春兰同志的工作热情和付出给予高度的肯定和赞扬。

彭春兰同志有着乐观向上的生活态度，有着为工作无私奉献的精神。她以任劳任怨、乐于助人的品质，赢得了广大党员和群众的好评。这就是我们身边的党员彭春兰同志的故事，她从小事做起，从身边的事做起，从她身上我们看到了一名普通共产党员的高尚品德。

舍小家　顾大家　为霞满天

——记优秀共产党员武志宏

武志宏同志是图书馆退休教职工党支部副书记，他政治坚定、组织观念强。他总是克服一切困难，安排好自己的家事，从不缺席组织生活会。每次召开党支部大会，他都认真学习并带头发言，表明自己的立场，阐述自己的观点，善恶清楚，是非分明。他带领大家在“两学一做”中，认真学习党章党规，争做一名合格的共产党员。他坚决执行党的路线、方针和政策，具有坚定的政治信念，与党中央时刻保持高度一致。他弘扬正气，传递正能量，传播好声音。宣传中国人应该过好自己的传统节日，弘扬优秀的传统文化。他密切联系群众，及时上传下达，让群众能迅速了解上级的政策精神，也把群众的愿望如实反映，在群众中享有较高威望。

发挥特长　展现自己　服务大众

他退休后承担了夕阳红艺术团话剧社副社长和交谊舞协会副会长工作。他充分发挥自己的特长，带领会员在老有所乐中发挥自己的作用。他在话剧社的活动中，参加快板、诗朗诵、三句半等节目的排练。三句半《相逢笑》节目代表北航夕阳红艺术团到社区、养老院等单位参加多次慰问演出。他在演出中将自己的情感充分融入剧情当中，获得大家好评。

他参与的这个节目还代表学校参加了北京科普新媒体创意大奖赛，并获得优秀表演奖。

交谊舞协会会员人数较多，平时的安全是头等大事，他与其他几位舞友担起志愿者的任务，承担日常管理及每次舞会音响设备的准备工作。每次他都早去晚走，一丝不苟，任劳任怨。他每年年终不但负责筹划组织交谊舞协会喜迎新春文艺活动，本人还积极准备自己的节目，带领大家活跃其中。在2019年底交谊舞协会文艺汇演中，他的京剧清唱《磨剪子嘞，炝菜刀》引起全场共鸣，获得阵阵掌声，使演出达到了高潮。他代表北航舞协参加全国助老委交谊舞协会高校协会、北京化工大学交谊舞协会的交谊舞展演活动，充分展现了北航老同志的生活风采。

疫情中　争做表率　勇担责任

在抗击新型冠状病毒感染肺炎疫情的战役中，武志宏同志原计划1月23日与儿子一起去湖南衡阳儿媳妇娘家过年，早已买好车票，一切都安排好了，儿媳妇带着孩子也先行回老家准备去了。但肺炎疫情传来，各级组织号召每个人都最好别出门。武志宏同志作为一个共产党员，还是支部副书记，他毅然决然地同儿子退了票。但儿媳妇和孙女在衡阳，总得接回北京呀！怕坐火车人多增加感染风险，影响首都的防疫工作，他便让儿子独自开车去接。将近1700公里的路程，虽然一个人开车有危险，但为了不给国家添乱，武志宏同志在关键时刻，舍小我，顾大家。

把自己家庭安顿好的同时，武志宏同志还积极配合学校的防疫工作。在防控疫情的战役中，图书馆退休教职工党支部向党员和全馆退休同志发出号召，听从国家指挥；并要求支委必须和所联系的同志逐一打电话，询问情况，叮嘱注意身体。支部负责南区联系工作的支委因母亲刚去世不久，过年需要回家照顾已90岁的老父亲而不住在学校，无法开展工作。武志宏同志知道情况后，义不容辞地承担起责任。第一天工作中有几位老同志没有联系上，第二天早上6点刚过，武志宏同志便又开始打电话，直到与所有的老同志联系上，圆满完成了支部南区的联系工作。紧要关头，人命大于天，群众的安危挂心间。武志宏同志作为支部副书记，积极配合书记做好全馆退休人员的防控工作，工作不分彼此，不分份内份外，勇于承担责任，精神可嘉！

小小微信送温暖　送关爱　送情谊

进入电子信息化时代后，手机微信已是消息传播、互相联络、沟通感情的主要手段。通过手机微信关注疫情信息是正常的，但大量的谣言、假信息、煽情的信息和灾难性的消息也充斥其中，会让人压抑地喘不过气来。心理压力会导致身体免疫力急速下降，就容易被病毒感染，这是非常危险的。作为党支部副书记，武志宏同志随时在群里提醒大家每天关注主流媒体的报道，引导大家多读多看有宜于身心健康的诗书，多在家做做广播体操等室内运动，以更好的身体状态迎接美好的春天。他也在群里转发一些正能量的信息，传播好声音。

为了提升老年人防控能力，转移大家对疫情的关注，武志宏同志还经常将有关老年人保健的知识发到微信群，鼓励大家多锻炼，提高免疫力；他每天坚持在群里推送一道菜肴的制作方法，以调节宅家生活。同志们都夸他宅家成了烹饪高手。分享烹饪心得，让同志们安心宅家，也是对抗疫情的贡献。天天贡献一道菜的做法，看上去是一件小事，关键是贵在坚持。真应了那句话："宅家也是做贡献""宅家也是在战斗"。

对于一个共产党员来说，疫情就是一把尺子，也是一面镜子。尺子量出了党性，镜子照出了忠诚。武志宏同志在这场疫情的考验中交出了满意的答卷：党性强，对党忠诚，灾难当前，有作为，敢担当，是位好党员！

其实，他不仅是一位好党员，还是一位好丈夫、好父亲、好爷爷。他爱人在去世前，身患重病20多年。为了减轻孩子们的压力，支持孩子们努力工作，他独自承担了大量的家务活。20多年来，他精心照顾爱人，接送爱人去医院做放、化疗，陪她散步，不厌其烦；接送小孩上学放学，买菜做饭。虽然家务劳动十分繁重，但他笑对人生，乐对困难，尽量抽出时间为大家服务、服好务。这种无私奉献的精神，值得大家为他点赞。

离而不休　夕阳生辉

——记优秀党支部书记、离休干部明玉清

明玉清同志，1932 年出生在辽宁省辽阳县高力成子村的一个农民家庭。自幼家境十分贫寒，经常衣不蔽体、食不果腹。直到 1948 年初家乡解放，家庭经济才稍稍有了改善。同年 4 月他报名参军成为一名解放军战士，随大部队南征北战。为了保家卫国，抗美援朝，他扛过枪，打过仗，立过功。现在他是一名离休老干部。2020 年，明玉清同志离休已有 28 个年头了，从事离休党支部工作也有十几年了。离休这 20 多年，他勤奋工作，积极奉献，使支部这些离休老同志获得的幸福感满满的。他平易近人，密切联系群众，低调做人，高调做事，特别注重联系实际，针对实际情况开展有特色的服务工作，取得了非常好的效果，深受大家欢迎。细微之处见精神，点点滴滴显真情，所以这些年支部工作多次受到表扬和奖励。2016 年，他所带领的支部荣获北航先进党支部称号，他本人荣获北航优秀党支部书记称号。

摸清家底　实施精准服务

明玉清同志任书记时离休六支部有 17 人，他们来自后勤各个部门。其中参加过抗日战争的有 11 人，参加过解放战争的有 6 人。明玉清同志

在任期间，先后送走了12位老同志。他们都是为中华民族复兴、人民解放、国家富强立下汗马功劳的人，转业后来到北航，为北航早期建设发挥了不可磨灭的作用。因此明玉清同志认为能为这些老同志服务是他的荣幸，他也因此更深知自己责任重大。为了让这些老同志在政治上受到尊重，生活上得到照顾，精神上得到关怀，他做了一系列的创新工作。

针对本支部人员因年事高而导致的腿脚不便，听力、视力、记忆力下降等问题，他提出了优化精准服务的方针，即在充分发挥支部作用的基础上，调动亲属的积极性。2018年他对支部七人做了摸底调查。调查结果显示：七人中，空巢家庭三人，单亲家庭四人；子女回家探望频率：一次/周四人，一次/月三人；夫妻关系：较好五人，亲密无间一人，特好一人；老夫妻矛盾处理方式：礼让三人，沟通三人，吵架一人；家务活分配：老伴干五人，合干两人；老夫妻日常采买分担：老伴干两人，合干两人，自己干三人；老夫妻称呼：叫名字三人，叫老伴四人。他摸清以上情况以后，便开始了挨家挨户地家访，核心内容是动员鼓励老同志们要继续守望相助，方式是夸老伴，让彼此回忆几十年来家庭的风风雨雨，意识到对方的珍贵，从而更加珍惜眼前人。面对面夸老伴的活动场面感人，有的老伴激动地流下泪水。夸老伴活动也把老同志们的积极性调动起来了，收到了比预想更好的效果。支部的老宋同志说，老伴就是他的救命恩人，有一次老宋犯病要去医院，老伴一个人弄不动，是老伴请楼下修鞋工帮忙才把他送到医院，捡回来一条命；支部的老吴同志生活不能自理，是老伴安排三个子女排班照顾；老孙经常夜里犯病需要按摩，老伴就专门去学习了一套按摩方法；老李同志需去医院看病，是老伴夜里3点去北医三院排队挂号。后来，随着时间的推移，老同志和老伴互相搀扶是越来越力不从心了，明玉清同志便从实际出发，提出发挥老同志子女们的作用，继续协助支部工作。因当时支部七人中有三人因病出不来，另两人住校外，所以支部正、副书记就把会议地点定在校外老同志的家附近，大家除了议国事，畅谈十九大之外，还约请了老同志的子女参加会议，并组织老同志当面夸子女活动，老同志都说孩子们能克服各自家庭的很多困难，专心来照顾自己。老同志和子女都感到温暖，心中热乎乎的。他们还把老同志的子女们组织起来开座谈会，开展夸子女工作，支部对子女进行奖励，以资鼓励。通过这个活动，进一步激发子女照顾老人的积极性。下面是明玉清同志撰写的《夸老伴》打油诗一首：

老伴好，出家门，访来友，手拉手，互关照。
老伴好，知心意，知温饱，有分享，不争吵。
老伴好，听呼唤，马上到，遇大事，互商量。
老伴好，句句话，不急躁，互关心，得病少。
老伴好，病伤后，护理好，暖人心，康复早。
老伴好，陪你说，陪你乐，再苦累，心欢笑。
老伴好，日相依，夜关照，体健康，寿更高。
老伴好，陪你吃，陪你喝，一路花，一路歌。

随着时间推移，老同志更需要关照，服务工作量加大，为了加强支部领导，明玉清同志提出了从退休人员中选一些志愿者充实离休支部的工作，提出“以老带新，以新促老”的工作思路。经领导同意，他找到魏凤琴同志作为志愿者参加离休支部服务。实践证明这个路子是对的。退休同志是充实离休支部工作，加强党的建设的一支重要力量。他开创了先例，后来得以推广，他们“以老带新，以新促老”配合得很好，使工作开展得有声有色，深受老同志赞扬。

关心下一代　传承红色基因

为了继承红色基因，发挥老同志特有的优势，力所能及地关心下一代，明玉清同志先后组织了本支部党员与幼儿园教师党员、后勤保障处各支部书记及大学生的座谈与交流活动。

在明玉清同志的提议下，离休干部第六党支部与离退休干部第一党支部联合参观了新建的幼儿园，并与幼儿园在职教师党员和毕业班小朋友进行座谈交流互动。在座谈交流中，离休干部马锁华老人介绍了战争时期在延安艰苦创办幼儿园的故事，非常受幼儿园教师和孩子们的欢迎。孩子们给老爷爷老奶奶们表演了节目，老少互相赠送了礼品。座谈交流后，老同志们参观新盖的幼儿园大楼，并对它赞不绝口。夸赞北航幼儿园在北京也是排名前十的幼儿园了。同时感慨校领导对北航一老一小的重视和关心。为老同志也盖了思源楼，配备了强有力的管理队伍，让老同志能够老有所学，老有所乐，发挥余热安度晚年。明玉清同志还即兴作诗一首：

一老一小是国宝，国家历来重视好。
一老一小真可爱，尊老爱幼传万代。
一老一小来结合，光荣传统传美德。
一老一小受鼓舞，老提希望小祝福。

两学一做　走出去　请进来

为了把组织生活过得更有意义，在开展“两学一做”学习教育中取得好的效果，明玉清同志提出走出去、请进来思路。办法实施后，收到非常好的效果。

走出去：2015 年 10 月 20 日，支部利用抗日战争胜利 70 周年之际，与离退休干部第一党支部联合，组织老同志去抗日战争纪念馆举行追思仪式和参观活动。在纪念馆前为王桂荣、李朴、刘宗汉、隋再民四位抗日老同志举行了佩戴纪念章的仪式。现场许多群众给老同志拍照，有几位男同志还行举手礼，向四位老人敬礼，场面非常感人。这次活动反响很好，是一次生动活泼的爱国主义教育。如刘宗汉老人说，今天的和平幸福生活是用 3500 万生命换来的，要百倍珍惜。王桂荣老人说，通过参观图片和实物，特别是举行隆重的追思仪式，自己很有感触。一方面怀念牺牲的战友，另一方面也感谢党和人民没有忘记我们，一直给我们无微不至的关怀和照顾。大家纷纷表示：要勿忘国耻，传承英烈，奋进新时代，缅怀战友，珍惜今天来之不易的和平幸福生活。

请进来：明玉清同志考虑到老同志在战争年代入党没有宣过誓，借“两学一做”学习教育时机举行入党宣誓很有必要，在他的倡议下约请了离退休干部第一党支部老党员、时任后勤党委书记的王梦丽同志及后勤各党支部书记共同参加这次“两学一做”学习会。会议前做了充分准备，写了横幅，悬挂党旗。会上明玉清书记做了“两学一做”学习总结，王梦丽同志谈了她参加学习的体会，会上为每一位党员佩戴党徽，最后全体党员在党旗面前举行了庄严的入党宣誓。会议开得庄严、隆重、热烈。大家一致认为“两学一做”主题教育是全面从严治党、做合格党员的重要举措。

明玉清同志热心从事为老同志服务工作，其实他自己身体很糟糕。他身患癌症，但依然坚守岗位。他一心想到的是如何奉献他人，如何照顾服务老同志。2018 年 5 月，已是 86 岁高龄的他作为优秀支部书记的典型，还做了以《与时俱进 探索适宜的支部精准服务方法》为主题的论坛演讲，赢得一致好评。这正是：耄耋之年，夕阳生辉。

饮水思源　积极奉献

——记离休干部第四党支部书记李新

李新同志2004年因北航劳动服务公司拆迁而内退，2005年应聘到思源楼从事管理员工作，2009年在劳动服务公司党支部加入中国共产党，实现了他追求27年的入党夙愿。一年后组织关系转到离退休工作处。

服从组织安排

有人问李新同志，在思源楼工作为什么那么高兴。他说："思源楼的名字来源于饮水思源，含义是不忘本，这是北航校领导对老同志为北航的发展建设所做出的历史性贡献的认同，是对离退休老同志晚年生活的关心，我能做管理员全心全意为老同志们工作是一件高兴的事。"

北航离退休职工队伍有几十个社团、协会组织，为了老同志们在思源楼有个好的活动环境，需进行场地登记、协调和大型会议场务布置，定期更新阅览室的期刊报纸，报修故障设备等等，这些都是管理员的工作。而且在假期，管理员也要轮流值班。在李新同志心里，管理员就是服务员，要以服务的心态去工作，服务好每一位老同志。

2015年底，离退休教职工党委决定让李新同志担任离休干部第四党支部（以下简称离休四支部）书记一职，接替年迈身体不好的刘廷俊老师的工作。这对于当时党龄只有六年的李新同志来说是一份考验，他感到压力重重，觉得自己除了党龄短的短板外，又毫无党务工作经验，怕胜任不了工作。后来李新同志得知离休四支部的12名老党员中,有在抗战期间参加新四军和当民兵的老党员,有在解放战争期间入伍并参加了淮海战役的老同志,他们为全国的解放和新中国的建立,为北航的发展做出了重要贡献。另外还有自己的中学老师,有原来工作单位同事和同学的父辈,他们都年事已高,急需年轻的同志服务。了解到这些情况后,李新同志愉快地服从了组织安排,他决心变压力为动力,为这些老同志们做好服务工作,不辜负领导、组织和老同志们的期望。

向老同志们学习

离休老同志都是在新中国成立前入党入团参加革命工作,都是有一定资历且符合规定的老干部。李新同志说,为这些老同志们工作服务是难得的学习机会。离休四支部的12名老党员中,年龄最大的90多岁,最小的81岁,他们不仅年迈体弱行动不便,有的还住在校外,所以到学校来过组织生活很不方便。但他们始终保持发扬共产党员的优秀品质,关心国家大事,关心党的事业,关心北航的发展,关心大学生的成长。每次处里举办大型活动他们都想尽办法积极参与,经常是让保姆阿姨或者家属推着轮椅送来。每当收党费通知发出后,他们都会在第一时间让儿女们前来交纳。李新同志接受支部书记工作后召开的第一次支部大会就来了六人,占党支部党员的一半,所以他非常高兴。

李新同志用火一般的热情开展党支部工作。凡是离退休工作处的重要通知,他都第一时间打电话通知大家;重大节日发放慰问品,他第一时间通知其家人来领取,或者亲自送到家中;除此之外他还定期到老同志家看望他们,和他们拉家常、收党费、送《北航校报》。

前任老书记刘廷俊老师腿脚不便,下不了楼但又非常想参加支部活动。李新同志便跟家属协商好,只要有活动他就蹬小三轮车来接刘老师前去参加。每次活动刘老师都很高兴,早早起床,提前做好准备,等李新同志来接。还有90多岁的王文秀老师,为参加迎新春游艺会活动,一大早一个人拄着拐杖来到学校。当李新同志发现他一个人过来时,就赶紧帮助他来到游艺室,带着他玩了套圈和投包,还帮他领了油和游艺会奖品。送他回家的路上，李新同志问他怎么自己过来的，家人为什么没来。王文秀老师回答说，原本说好两个女儿一起床就过来，但是他觉得自己行走没问题，不愿意过分依赖孩子，更不愿意麻烦组织，所以就自己一个人来了。老人来参加活动是为了见到自己过去的同事和朋友，和这些老朋友聊会儿天、说会儿话，这样就感觉这一天的生活很充实。

老党员们的党性修养常常从他们生活的一点一滴中流露出来。他们虽然离开工作岗位多年，但是他们没有忘记自己是一名共产党员。李新同志看在眼里，学在心里，他知道自己作为一名党内新人，党性修养远不及这些老党员，于是他在服务过程中把他们当作自己的老师，默默向他们学习。

2016 年 10 月，李新同志和离休四支部的六名党员参加了离退休一支部、离休三支部联合学习交流座谈会。该座谈会是由离退休教职工党委委员刘俊德、冯世安老师组织的，大家踊跃发言，座谈会取得了很好的效果。2016 年 4 月至 2017 年 4 月，李新同志还组织支部六名党员开会，三次学习党章党规，开展了学习习近平总书记系列重大讲话支部大讨论活动。通过一系列学习交流座谈会，李新同志从老同志身上学到了不少东西，受益匪浅，自己的政治思想觉悟和理论水平也有了新的提高。

颂扬信仰之光

老年是人生的秋天，是果实成熟收获的季节，老年对于工作来说已画上句号，但对生活来说只是逗号，是一个新的起点，更要提倡夕阳无限好，人间爱晚晴。为此要颂扬信仰之光，让离休老同志永不放弃童真、理想和希望。2017 年离退休工作处要为离休干部出书，名为《我与共和国的故事》，后更名为《信仰之光》。经过李新同志耐心细致地做工作，离休四支部共有五位老同志参加这一活动。孙松林、杨喜德、王修森积极配合大学生志愿者的采访工作，王君茹、赵征仪两位老师因身体不便，没有接受大学生采访，但他们委托子女在最短的时间内把老人过去写的回忆录整理后用电子版形式发给了李新同志。这让李新同志和大学生志愿者们深受教育，也被老人们的精神所感动，表示要向老前辈学习，坚定不移地颂扬信仰之光。

退休不退革命本色　努力为老同志做好服务

——记优秀共产党员刘尚明

刘尚明同志是机关三支部党支部书记、北航“三老”协会理事、“三老”协会机关一分会会长、北航关心下一代工作委员会委员，还是北航交谊舞协会会长。他身兼数职，这些年来始终兢兢业业地坚持为老同志们服务。

创新方式　组织多种形式的支部活动

刘尚明同志自当选党支部书记后，团结同志，出主意想办法，丰富支部活动内容，得到了支部全体党员的拥护。

他根据离退休教职工党委的工作计划，坚持组织机关三支部党员学习，带领大家积极参与“学党章党规、学系列讲话，做合格的共产党员”的活动。在学习会上，引导大家踊跃发言，回顾党的成长历史，回顾共和国的发展历史。通过学习，使大家深深感受到没有共产党，就没有中华人民共和国；没有改革开放，就没有今天的国富民强的幸福生活。通过学习，感受到中国共产党在发展过程中不断地进行自我改造，纠正错误，带领全党全国人民坚定不移地走社会主义道路。通过学习，坚定了大家对党的理想信念。尤其是习近平同志主持工作以来，大力开展反贪反腐，敢于碰硬，从揪贪腐大老虎到拍各种苍蝇，使大家看到了中国大有希望，更加坚定了对党的理想信念和做合格共产党员的愿望。

他组织退休老同志参观各类纪念馆，回忆往昔，珍惜现在的美好生活。在2017年4月24日中国航天日这一天，支部前往位于怀柔的中国科学院大学雁栖湖校区，参观“二弹一星”纪念馆。2018年5月24日，赴天津瞻仰周恩来邓颖超纪念馆和平津战役纪念馆。2018年9月26日，参观位于房山区十渡平西抗日战争纪念馆。2019年7月2日，参观白洋淀景区雁翎队抗日纪念馆和雄安新区。通过参观这些纪念馆，大家仿佛又回到了当时的艰苦年代。感受到不同时期中国共产党领导人的高瞻远瞩，高风亮节；共产党员们自力更生、发愤图强、敢为人先和无私奉献的精神；再次领略20世纪下半叶中华民族创建的辉煌伟业。忆昔日先辈征战，惜今日和平世界。进一步激发了大家对党、对祖国的热爱。老党员们感慨地说，我们一定要珍惜现在的大好形势，坚决拥护以习近平同志为核心的党中央，发挥党员的模范作用，顽强拼搏、发愤图强、锐意创新，为实现中华民族伟大复兴的中国梦贡献自己的绵薄之力。他还组织退休老同志到西山参观北航的火箭试验基地。该基地建于1958年，当时的西山还是一片荒山，北航在建基地的同时也对周边的荒山进行了绿化。经过半个多世纪几代北航人的努力，荒山变成了树木成林的森林公园。随着国家的发展，当初的火箭试验基地也变成了遗址，成为北航绿化基地。很多老同志只是听过，没有去过。参观后大家议论，这次党日活动收获很大，使大家重温、重拾了一种精神，这种精神就是中国的航天精神，是白手起家，艰苦创业，敢为人先，勇于创新，努力奋斗，无私奉献的精神。有的党员腿脚不好，拄着拐杖，兴致勃勃地在基地的山坡上走来走去，看了又看，呼吸着天然氧吧提供的浓浓的负离子气息。临走时，同志们纷纷提笔留言，为坚守在西山、为绿化祖国做出贡献的后勤同志们留言鼓励。

2016年10月16日，刘尚明同志组织策划了“忆光荣历史、扬青春风采”党日活动，带领支部老党员与年轻一代学生党员积极开展互动。生物医学工程学院组织了50多位学生党员和积极分子参加。在座谈会上，他引领大家重温入党誓词，重温做一个共产党员的理想和信念。老教师们向新同学们介绍了北航的发展历史，勉励同学们好好学习，珍惜现在的美好时光，将来为国家做出更大贡献。原校总会计师徐开祥同志结合自己的成长历程，向同学们讲述了自己怎么由一个贫穷家庭的苦孩子成长为一个国家干部，由不识字到由党保送上大学，从内心感谢党，感谢国家。他说通往革命的路不是一帆风顺的，总是会有曲折起伏，希望同学们将来走向工作岗位后继承航空前辈的遗志，克服困难，把国家建设好。原人事处副处长赵秉越老师讲了自己1959年到北航学习和工作的经历，认识到当前“两学一做”学习教育的重要性，希望同学们锤炼好自己的思想品德，锻炼好身体，学习好知识，为新的长征努力奋斗，把我们的国家建设得更强大。原校招生就业处副处长万钧老师回顾了自己的成长经历，向同学们讲述了在工作中要有认真负责、为同学服务的精神。

刘尚明同志向大家介绍了沙河校区的建设概况。从2004年到退休，他一直是学校基建指挥部成员，沙河校区从征地到一期完成学生入住，他参与了整个建设过程。会上他还请国家实验室建设项目部经理项小兵同志介绍了学校二期在建项目。通过这次学习和参观，大家对学校近十几年的发展感到由衷的高兴，学校规模扩大对提升学校整体实力起了至关重要的作用，大家都愿为北航成为国内一流、世界知名的学校而努力。

关心慰问老同志 为的是老有所养

刘尚明同志始终把支部党员和群众放在心上，关心他们的方方面面，全心全意地为老同志服务。他经常和其他委员一起到家走访及探望身体不好与生活困难的同志，并为他们申请了生活补助。

每年年底，他都和支部其他委员一起买一些食品慰问支部全体党员。钱花得不多，但体现出支部对老同志的关心和慰问。他亲自到医院看望生病的老同志，给他们带去党的温暖。有老同事去世，他热心协助家属办理后事，送老同志最后一程。

为了帮助老同志实现老有所养，更好地选择养老机构，刘尚明同志和其他支部联合组织了参观“大爱书院”的活动。活动有72位老同志参加。“大爱书院”养老机构是国家民政部定点的家庭养老示范基地，位于河北香河。西洋式高楼建筑前喷泉飞涌，四周绿树成荫，花草盛开，环境十分优美。楼内，琴棋书画皆有，教室、泳池、健身、医疗设备非常齐全，居室布局十分高雅。这里提供的模式有“机构养老”“社区养老”“居家养老”三种，包括“全屋精装，拎包入住”“可继承，可转让，三年可回购”等种种优惠。大家边参观边议论，有的同志还结合自身情况，开始分析思考、选择比较自己日后的养老模式。有几位老同志饶有兴趣地坐下来与养老院方面仔细商谈，有的是为儿女着想，有的是为朋友打听。大家反映这次活动组织得非常好，内容丰富，给大家晚年生活多了一个选择。

举办春节茶话会是离退休老同志的传统活动。由于机关三支部是由校机关财务、审计、人事、招就、国际合作交流等五个处的退休同志组成，每年年底，刘尚明同志都积极地和原单位的五个处的领导同志沟通，召开慰问离退休老同志的春节茶话会。参加春节茶话会人员一般有各处的处长、退休支部全体党员和群众，还有在其他退休支部的原单位退休的同志(在校外其他支部的成员和离休支部的同志)。迎新春茶话会上，各处现任处长分别介绍学校的发展情况，老同志们既了解了学校的发展，对学校的发展感到欢欣鼓舞，又看到了过去在一起工作的老同事身体健康，非常高兴。处领导代表各处看到很多老同志身体健康，也感到非常欣慰。祝愿老同志在新的一年中身体健康，生活美满，阖家幸福。老同志们对召开新春茶话会表示非常欢迎，在会上可以和老同志们畅谈，和现任处领导沟通，能知道学校的发展，感到非常高兴开心，要求这样好的座谈会年年搞，坚持下去。

组织“三老”协会和交谊舞活动　为的是老同志健康

由于各支部老同志年龄问题及身体原因，参加校外活动人员逐年减少，可身体好的同志要求活动的愿望比较强烈。在这种情况下，刘尚明同志发挥了他的组织才能，发挥“三老”协会机关分会长的作用，寻找好的题材和地点组织各支部进行联合支部活动，参加者既有党员，也有群众，既能进行党员的爱国主义教育，又能使参加的全体人员享受美好的自然景色。这也得到了机关八个支部的书记的支持。刘尚明同志从 2010 年被选为北航夕阳红艺术团交谊舞协会会长，至今已经 11 年了。在这 11 年中他自己编排音乐、刻光盘、录 U 盘，置办了架子鼓和音箱等设备，把一个曾经非常冷清的社团办得红红火火，成为北航离退休工作处最大的社团，在北京高校中享有一定的声誉。

刘尚明同志退休以来，始终以一个共产党员的标准严格要求自己，无论是做支部书记、做“三老”协会分会长，还是做交谊舞协会会长，他都是全身心投入，兢兢业业，不辞辛劳，表现了一个入党多年的共产党员的优秀风范。他用他的努力工作带给了大家快乐，这就是他的幸福感所在。

不忘初心　恪尽职守

——记优秀共产党员兰景义

2008年2月，兰景义同志离开自己心爱的工作岗位正式退休了。按说为学校和国家操劳了一辈子，终于到了能休息的时候，那就好好休息，颐养天年吧。但兰景义同志没有这样做，他记着中国共产党的恩情，决心继续为党组织服务，发挥自己的余热。几年后，他光荣地当选为机械工程及自动化学院退休教职工第三党支部（以下简称机械学院三支部）支委会委员，后任党支部副书记、书记，开始实现为退休支部老同志服务的梦想。

牢记党恩　做对党对人民有用的人

兰景义同志为什么对党有这么浓厚的感情？为什么这么执着地为老同志服务？这要从他的家世说起。1947年，兰景义同志出生在河北沧州的一个佃户家庭里，房无一间，地无一垄，祖辈们天天盼望能过上不愁吃喝、不愁穿的“好日子”。祖辈和父辈过了一辈子面朝黄土背朝天的农民生活，天天日出而作、日落而息，辛勤耕种但依然家徒四壁。兰景义同志赶上了好时候，虽生在旧社会，却长在了红旗下。1949年10月1日，毛主席在天安门城楼庄严宣告：“中华人民共和国，中央人民政府，今天成立了！”那一刻，无数像兰景义同志这样的襁褓婴孩迎来了新中国的曙光。

小时候，是共产党的土地改革让他吃饱了肚子，茁壮成长；再大一些，是共产党给了他上学工作的机会，在新中国建设中发挥了自己的光和热。所以兰景义同志从小就立志要做一个对党对人民有用的人。

尽心发挥余热　做优秀共产党员

兰景义同志为人谦虚，在机械学院三支部里他属于年轻人，年龄相对较小。他对老先生们都特别尊敬、爱戴。常说老先生都是他的老师，是他学习的榜样，要经常向老先生学习，努力做好支部工作。

自任支委以来，他对支部工作十分关心，经常提出一些好的建议，助力开展好支部活动，每次支部活动他都准时参加，积极发言。

他还担任“三老”协会机械学院分会的通讯员，工作十分主动。凡分会组织大型活动，他都立即写文章予以报道。2017 年 11 月份，分会组织与沙河校区新生报告会，请李象益教授讲科普知识，报告刚完，他就写出了长篇报道。2018 年 5 月离退休工作处办的刊物《老年工作》刊登了此篇文章。

兰景义同志还积极参加各项公益活动，多次代表学校表演太极拳等健身项目。他积极参加对灾区的捐助活动，不仅能主动捐赠，还积极参与收款、收物工作。在 5 月 5 日的支部主题党日活动中他获得了多次点赞。大家一致推荐他为优秀共产党员。

执着为老同志服务　无怨无悔

兰景义同志自担任支部委员以来，工作积极肯干，认真负责，待人热情，关心群众，关心同志。

每次体检，他都十分认真地把体检表发到每个退休人员手中。校庆六十周年时学校发给老先生们《群英荟萃》一书，对一些高龄的老教授如郭先生、王先生等，兰景义同志就亲自把书一本一本地送到他们家中。小组里的群众鲁教授半身不遂，兰景义同志十分关心他，经常到鲁教授家中看望，问寒问暖。

近些年机械学院每年都组织退休同志到郊外春秋游。如到通州大运河公园、北京世博园等地，他都热情地跑前跑后，照顾年长的老先生，生怕他们摔了、碰了，受到群众的赞扬。每次支部组织到校外活动，他都热情地关心身体残疾坐轮椅的王老先生，帮助他乘车，帮助他把轮椅放进出租车内。有时出租车司机不愿意载坐轮椅的乘客，兰景义同志就热情地、耐心地说服司机，最终使司机十分高兴地把人送走。

兰景义同志这么执着为老同志服务，其力量源泉来自从小受到的老一辈无产阶级革命家对党忠诚、不屈不挠的革命精神和新中国成立以来以焦裕禄同志等为代表的工人阶级的无私奉献精神！

积极应对疫情　同舟共济共克时艰

突如其来的新冠肺炎疫情，是近一个世纪以来人类遭遇的影响范围最广的全球性大流行病，对全世界来说都是一次严重危机和严峻考验。疫情的蔓延，使得每天都有许多鲜活的生命逝去，疫情牵动着每个人的心。党中央及各级政府把人民生命安全和身体健康放在第一位，果断采取“早发现、早报告、早预防、早治疗”的最彻底的防控措施，人民同舟共济，共克时艰，取得了一个又一个的重大战略成果。

面对疫情，兰景义同志想，作为党员就要积极响应党中央号召，疫情就是命令，防控就是责任。他作为机械工程及自动化学院退休教职工第三党支部书记，始终关注疫情、关心着支部的每一位同志。他经常打电话问候宅家的老同志们，询问他们有什么困难需要帮助。告诫老同志们能不出门就不出门，能在家办的就在家办，多保重。特别对那些年老体弱和重病在身的老同志更加关心备至，经常打电话询问他们的病情和身体情况，关切地叮嘱他们要安心养病，争取早日康复，增强信心、乐观生活。北航离退休工作处两次发放预防疫情口罩，兰景义同志都是立即骑上自行车迅速将口罩发放到每一位老同志的手里，把党的温暖及时传递到老同志心上。93 岁吴先生每次亲手接到口罩时，都非常激动地说：“感谢党和党组织的关怀！你们辛苦了！”

2020 年 3 月 5 日早上，兰景义同志听到 97 岁郭老先生去世的不幸消息，十分悲痛。他感觉未能与郭先生见上最后一面，非常遗憾……他询问其家人，郭先生留下什么话没有，问其丧事如何打算。郭先生儿子说："兰老师您经常打电话和到我们家，我们很是感谢！前几天您还到我们家来看望了我父亲。我父亲临终前表示，疫情非常期间一切从简。"郭先生为北航的建设与发展做出了很大的贡献，临终前还关心着北航。不少郭先生的同事和生前好友以微信或其他方式，对郭先生的不幸去世表示沉痛的哀悼！兰景义同志代表机械工程及自动化学院退休教职工第三党支部和郭先生的家属，通过北航的离退休工作处交流群网，对这些同志表示衷心的感谢，并预祝老同志们寿比南山、福如东海、健康长寿！此举得到了本支部同志们和郭先生家属的赞扬和感谢！

已到古稀之龄的兰景义同志晚年最快乐的事情就是为党组织服务、为老同志们服务，让大家满意是他最大的心愿。

享受晚年　健康人生

——记十佳健康老人郭淑贤

“郭淑贤同志是北航校医院退休的老同志，她拥护以习近平同志为核心的党中央，拥护党和国家的方针政策，热爱首都、热爱北航，积极主动参加北航离退休工作处和校医院退休职工党支部组织的社会活动和社会服务。关心北航的发展建设，自觉维护校园环境绿化和卫生。保持革命晚节，遵纪守法，关心国家大事，明辨是非，反对迷信，弘扬正能量，保持阳光心态。她友善睦邻、助人为乐、科学养生，积极参加北航离退休工作处和校医院退休职工党支部组织的参观学习、社会服务、红色旅游和健身娱乐活动。”这是党支部在推荐十佳健康老人的先进事迹里对郭淑贤老人的评价。那么在大家的眼里郭淑贤老人是什么样的呢？

家庭和谐

郭淑贤老人是 2001 年退休的，其退休前在北航校医院从事外科副主任医师工作，八小时内全心全意为病人服务，下班后还时不时有人找到家里来咨询或诊治。所以她刚退休时思想上还不太适应，忙忙碌碌几十年习惯了，一下闲下来了、生活节奏变慢了还真有点无所适从。但她很快就调整过来了，一切从头开始，重新安排今后几十年的老年生活。其实在家里还是大有可为的，有干不完的活儿。除了每日准备与老伴两人的一日三餐之外，还要每年一次奔赴外地伺候生病的耄耋之年的二老（在山东济南），每年去尽孝一个多月；另外平时还要帮助两个上班的女儿分别接送上幼儿园和上小学的第三代。除此之外，根据自己的身体条件和业余爱好积极参加离退休工作处和校医院退休职工党支部组织的一些适合老年人的运动，例如太极拳、剑扇、柔力球、瑜伽、健身舞和民族舞等文体活动。期间她不仅锻炼了身体，愉悦了心情，还广交了朋友，结交了好多校内外的新朋友。

行万里路

古人说："读万卷书，行万里路。"退休之后有了大把时间自己安排，郭淑贤每年都安排国内或国外旅游。近20年来，国内先后游过陕、甘、宁、青、新、云、浙、赣、闽、冀、蒙、辽、鲁、豫、琼和港澳及台湾等；国外先后游过泰国、日本（冲绳、东京、京都、大阪）、美国（夏威夷、塞班岛、美国本土中西部）、俄罗斯、丹麦、挪威、瑞典、芬兰、英国、爱尔兰、奥地利、匈牙利、斯洛伐克等，长了见识，开阔了眼界，广交了朋友。

科学养生

郭淑贤积极参加由北航离退休工作处和校医院退休职工党支部组织的红十字会老年志愿者服务，为离退休老同志开展健康咨询。运用自己多年积累的医学知识和临床经验，指导老年同志合理用药，规劝他们摒弃不良的生活方式和习惯，大力宣传健康的、科学的养生模式。

在思源楼一层开设的"健康小屋"，她每周利用两个半天为老同志做健康咨询和指导合理的运动方式。例如有的老同志反映说感觉颈肩部疼痛、活动受限，并伴有指麻，对此她则建议他们去北医运动医学科做进一步检查。再比如老年同志常发生的腰腿痛和膝关节痛，她则指导他们做一些增强腰肌和膝关节周围肌肉力量的相关运动，皆取得良好效果。

有时在咨询中能发现一些早期肿瘤病人，如甲状腺、乳腺肿块，还有尿血、便血者，她便建议他们抓紧去医院做进一步检查、治疗，以防延误病情。

有一次在她值班时，一位老先生在思源楼跳舞时突然感到心慌、气短、出冷汗。当她接到求救电话后，马上带上急救药箱和氧气袋，直奔二楼为这位老先生急救，因施救及时，老先生慢慢平复下来，转危为安，皆大欢喜，避免了一场惨剧（据说该老先生患有心脏病）。

郭淑贤也积极参加离退休工作处和校医院退休职工党支部组织的政治学习、红色旅游活动，以及老伴单位（可靠性与系统工程学院退休教职工党支部）组织的红色旅游活动。这几年先后参观学习的地方有：井冈山，河北唐县——晋察冀解放区首脑驻地、国际友人白求恩和柯棣华大夫战斗过的地方，平北抗日纪念馆——平北是老领导陆平（北大党委书记）、武光（北航院长）战斗过的地方，卢沟桥抗日战争纪念馆，香山双清别墅，国家博物馆等。通过参观学习深刻认识到新中国来之不易，建国 70 年的伟大成就来之不易，这些都是因为有中国共产党的英明领导和全国人民的艰苦卓绝奋斗。出生于 20 世纪三四十年代的人们，经历了新旧两重天，记忆深刻，终生不忘。结论是：只有跟着中国共产党，走社会主义道路，中国才能“站起来、富起来、强起来”！

郭淑贤老人说，80 岁左右的这一代人晚年赶上了好时候，中国“两个一百年”奋斗目标，其中第一个百年奋斗目标就像一艘即将驶入港湾的航船，其桅杆在望。中国下一个一百年奋斗目标的实现，要靠年青一代的努力奋斗，相信一定会实现！到 21 世纪中叶，一个强大、富裕、文明的中国一定会屹立于亚洲的东方！她衷心拥护习近平新时代中国特色社会主义路线、方针、政策，虽然已近耄耋之年，也要为实现“两个一百年”中国梦，为建设国内一流、世界知名的北京航空航天大学而贡献一份绵薄之力。

离休干部党磊的快乐晚年

——记优秀共产党员党磊

党磊同志于 1989 年离休。离休后，她离休不离岗，离岗不褪色，不断进步，继续发挥着共产党员的先锋模范作用。她曾连任四届中国延安精神研究会理事，在任 20 年，曾到北大、清华、军队、河北保定离休老干部活动中心、五洲大酒店等地讲解延安精神，受到了大家的热烈欢迎和赞扬。党磊家住在校外解放军原总装备部第二干休所大院，担任大院内某楼楼长、甘家口街道志愿者。她曾任北航离休干部第十党支部书记十余年。她努力提高自身水平，热心为群众服务，曾被北航离退休教职工党委两次评为优秀共产党员，两次被海淀区、甘家口街道评为十佳健康老人。

党员群众喜爱的好书记

党磊同志关心国家大事，坚持每天看中央新闻，定期看党报，及时学习习主席的重要讲话及党的文件。

作为党支部书记，她关心党员的政治学习情况。根据支部情况，以自学为主，采取各种办法、多种形式，让每位党员都能及时了解国家、党中央、党委对党员的要求和关爱。经常通过电话、微信交流重要信息，从报上剪下来放大字体，印发给党员自学，如“五位一体”“四个全面”“两个拥护”“四个自信”等，还把习主席在北大讲的社会主义核心价值观，放大字体后装订成册，发给支部每个党员在家自学，希望能加深他们对中国特色社会主义核心价值观的理解和认识，使党员们都能与时俱进，与党中央保持高度一致。管好自己，保持晚节，身心健康，欢度晚年。

她关心党员生活健康。经常去看望那些不能来参加活动的老党员，送学习资料及慰问品。支部潘老师生病住院时，她去北京福利院、解放军306医院看望，潘老师的老伴见到党磊像见到亲人一样，拉着她的手和她拉家常，有说不完的话；有一次党磊约支部老孔一起去看叶老师，叶老师听到党磊叫门，迫不及待地从床上下来，艰难地爬到门口开门，此情此景，使党磊和老孔感动万分，落泪，久久不能忘怀；去看支部老张时，他总不让党磊走，希望多陪他一会儿，他说党磊是不嫌弃他啰唆的好书记。

她组织的党支部大会，内容丰富、形式多样、生动活泼、实实在在，颇受党员同志们的欢迎。大家都踊跃参加，就是生病也不愿拉下。每次支部大会都是在党员自学的基础上有准备地召开。如讨论国内形势，就从具体的小问题说起：谁说说“两个一百年”是怎么回事？“五位一体”的总布局你知道吗？“两个拥护”谁说说？如果说不出来，就由支部的学习之星老孔来回答，或支部书记来回答；有时也做专题讨论，如讨论社会主义核心价值观的内容和重大意义；有时交流思想，每个人谈谈入党以来印象最深刻最难忘的一件事，大家分享。为了关心下一代，党磊同志会联系人文学院研究生支部的同学们一起参加。如在纪念第二次世界大战、抗日战争胜利70周年之际，邀请人文学院研究生党支部来参加支部大会，同学们和老同志一起学习第二次世界大战以及抗日战争胜利70周年的历史，从而提高思想认识，牢记历史，不忘战争，维护和平。会上，党磊讲了去波兰参观奥斯维辛集中营的感想，并播放她拍的受害者惨状的视频。这次支部大会受到学生及人文学院领导的赞扬和好评。有时在支部大会上，党磊同志还与大家交流个人作品——书法、绘画、摄影，也很受老同志们的欢迎。

党员奉献精神处处闪光

党磊同志住在校外解放军原总装备部第二干休所大院，在大院里她积极参加干休所内的活动和工作，努力发挥共产党员的先锋模范作用，密切联系群众，热心为群众服务，受到群众的爱戴和好评。她具有奉献精神，担当大院楼长至今已有 17 年，热心为邻里服务。做甘家口街道志愿者 13 年，被社区两次评为十佳健康老人和五好家庭。

她关心年轻战士，每当战士和工作人员的家属来京探亲时，她都会热情地提供帮助。同时她还是年轻战士的人生导师，经常可以听到她鼓励小战士上业余大学，学习专业知识，以备复员的谈话。除此之外，她还帮忙解决贫困县的复员战士在北京找工作的问题，战士们都亲切地称她为党阿姨。因为党磊同志的慷慨付出，战士们很感谢她，炊事班的小战士张明明在复员回家后，从家乡给党磊同志邮寄了两箱当地海鲜和土产。小苏回家探亲回来，送给党磊同志家乡参展博览会的小米及杂粮。礼轻情意重，党磊同志也很感谢他们。

她坚持上总装老年大学已十几年(2002 年至今)。所里胡政委逗趣说:“党阿姨不仅是优秀学员，也已经是优秀博士后了。”她在总装老年大学里任文学、诗词、摄影三个班的班长，热心为学员服务，年年被老年大学评为优秀学员。在中国人民抗日战争暨世界反法西斯战争胜利 70 周年之际，总装老年大学诗词班请党磊同志去讲参观波兰奥斯维辛集中营的感想和见闻，还放映了她拍的视频。很多学员都是抗日战争中的老干部和将军，都亲身经历过战争，党磊同志的讲解把他们的思绪带回到了自己青葱年少的时期，他们仿佛可以透过硝烟和战火，看到他们这些人用稚嫩的肩膀扛起了民族解放的重任。这一堂课受到了老年大学学员和领导的赞扬和好评。

身心健康地活动在各种平台上

党磊同志不仅是一名优秀党员，她还是一个活跃分子，常年在各种平台上出现，朋友戏称她是大院女一号，说她虽已耄耋，风采仍不减当年。80 岁的年龄、60 岁的形象、40 岁的心态，离休后工作生活可圈！可点！可喜！可贺！

她喜欢旅游，经常和大学同学集体旅游，欣赏了国内外许多名胜古迹，虽然大家都不复年轻时模样，但每次出游，大家还是像年轻时候一样欢欣雀跃。她也多次自己随团出游，曾随国际旅游团走过 50 多个国家和地区，去过 160 多个名城和小镇，看到了多姿多彩的大千世界，富丽堂皇的各式建筑，还体会到了不同的风土人情，这使她更爱祖国。旅途中她还结交了各行各业的老中青朋友，至今还经常来往。

她喜欢跳舞。党磊同志年轻时曾当过舞蹈演员，离休后常去解放军军事博物馆跳交谊舞。军博每周开放三至五次，舞者都是离休的军队老干部及将军们，舞厅中和老首长成舞友，受到老革命高尚品德的感染，受益匪浅。军博年年举行驻京部队交谊舞比赛，党磊同志参加过六次集体比赛，每次都能拿到前三名的好成绩。

她爱好摄影，作品曾多次参展。建军 90 周年时，她的摄影作品在解放军军博参展。总装备部摄影展年年都有她的作品。在第二干休所、甘家口街道、北航人文学院离退休教师座谈会、北航第十党支部、建国 70 周年解放军驻京部队摄影展中都可以看到党磊同志的作品。

党磊同志的晚年生活体现出老有所学、老有所为、老有所乐，内容充实又丰富多彩，是一个健康、幸福快乐的晚年。

淡泊名利　有所作为　做离休干部党建工作的使者

——记优秀党支部书记、离休干部冯士安

冯士安老人17岁在安徽屯溪市参加革命工作，在皖南军区军政干校学习期间，被评为劳动模范，毕业后到军区搞侦察情报，曾荣立三等功一次。后转入空军第四航空学校，在空军服役十几年的工作中，他与飞机器材结下了不解之缘，曾两次荣立三等功。

1977年，他从空军转业来到北京航空学院（现更名为北京航空航天大学），继而从事行政和党务工作，尽管工作单位不断变化，工作内容也有所变化，但解放军的优良传统和军人的优良品质始终没变。28年的部队工作、生活经历，使他在政治上打下了坚实的基础，形成了他此后一直坚持实事求是、稳抓实干的工作作风。在北航期间，他曾担任校医院副院长兼党支部书记、老干部处副处长、党总支书记。几十年的锤炼，使他身上体现出离休干部的鲜明特征：理想信念无比坚定，对党、对国家、对中国特色社会主义事业忠心耿耿。他离休不离党，离休伊始就担任离休干部第一党支部书记，一直干到87岁。2020年，冯士安同志已是88岁的耄耋老人，仍担任着北航离退休干部第一党支部副书记。

笨办法为离休干部注入精神食粮

冯士安同志在担任离休干部第一党支部书记的时候，每年在制定党

支部工作计划时，想得最多的是如何组织学习。特别是随着离休干部普遍进入“高年龄、高发病”的双高期之后，党支部应如何更好地开展工作，更成为他反复思考的问题。离休干部第一党支部，当时共有党员11名，其中有的党员曾担任过单位的党总支书记，有的当过副书记，还有的曾经是职能部处的处长，有的则是政治老师等。老党员们具有深厚的理论学习基础，长期养成了重视理论学习的良好习惯，因此对理论学习的需求比较强烈。冯士安同志认为，离休干部党员群体都是新中国成立前参加革命，经历过新旧社会的对比，亲眼目睹了新中国的巨大变化的老同志。他们政治立场坚定，革命理想信念高于天，党性观念强，学习热情高；他们把学习作为第一需要，作为工作乐趣，作为一种生活习惯，已养成了终身学习的习惯和自觉性。他们从主观上非常重视和热衷于参加党组织举办的各项活动，但他们无法摆脱生命的自然规律。进入双高期以后，他们年老、体弱、多病，甚至有些老党员还因身体原因无法走出家门。体力、精力、视力、听力、记忆力越来越差是普遍情况。因此从客观上看，采取集中学习的方式已不是最佳方法。考虑到这些情况，经过思考，冯士安同志提出以自学为主，活动方式采取“少集中、多分散，大多采用电话联系”的形式，即使组织集体活动，时间一般控制在一小时左右，活动内容也要少而精。通过采取这种方式，既满足了老同志的学习需求，又符合党中央关心爱护老同志，让老同志“颐养天年，健康长寿，幸福快乐地度过晚年”的初衷。为了方便老同志自学，冯士安同志还想出了一个办法，用他自己的话说是“笨办法”。他自己先反复学习中央领导人重要讲话、会议精神、《人民日报》重点文章，然后选摘其中的一部分，先抄写草稿，定稿后再正式用整齐、清晰的大字誊写一份，最后拿去复印，给每位党员送到家里。就是这个“笨办法”坚持了三年多，老党员们都称赞说好。大家说：“内容短，字号大，容易记，老冯为我们送来了‘精神食粮’。”他自2011年起开始采取这个方法，1000多天下来，他摘录的学习材料已达600来页，仅十八大的学习材料就有15页。

在采取“送‘精神食粮’上门”的方式后，又针对一些身体长期患病或行动不便的党员，入户交流学习体会。比如，83岁高龄的老党员罗老师，眼睛双目失明，老伴去世后，独自一个人生活，只有一个独生女儿远在美国定居。罗老师是政治老师，因此很关心国家大事和时事。但她双目失明，行动极为不便，她的学习只能通过听电视、听广播的方式进行。冯士安同志根据罗老师的身体实际情况，经常抽出时间到罗老师家里，给她念报纸、念材料，说一些国家、社会、学校的重要政策和会议精神。采取入户交流学习体会形式，及时通报学校及离退休工作处的大情小事。能够和支部书记交流自己的学习体会，及时了解学校的发展情况及离退休工作处的相关工作会议精神，罗老师感到非常高兴。又比如，离休党员何老师，已经病了二三十年，大小手术做过十余次。他非常关注社会经济发展问题，冯士安同志经常去家里看望他，开导他，给他念习近平总书记讲话的重要论述，与他交流学习体会心得，每次至少半个小时，多的时候两小时。当时，冯士安同志老伴身体不好，小女儿还患有重病，在照顾病人和忙碌家务的同时，只要有时间，他就为党员上门服务。这样做确实加重了自己的负担，但党员们身上的负担就减轻了。

上门服务作为支部工作重点

作为国家的宝贵的财富，我们党从关心、爱护老同志的角度出发，对离退休老同志的要求是“颐养天年，健康长寿，幸福快乐地度过晚年”。

多年来，冯士安同志不仅重视党支部的理论学习活动，同时还按照党中央的要求，认真关注本支部党员同志遇到的生活不便及困难，将党支部工作的关注点放在上门服务上。他当书记时，所在党支部的离休党员中，身患癌症的四人，严重耳聋的一人，失明的一人，住院长达九年的一人，其他四人也都患有多种慢性疾病。十一人中有三人全靠坐轮椅出行。支部的病号多、体弱多病的人多，绝大多数已不能出门，这就是党支部党员身体状况的具体实际。为了随时了解掌握老同志们的生活情况，冯士安同志就挨家挨户地走，定期到家里探望。有时聊天，有时谈心，有时了解情况，有时传达通报学校发展信息。大概半个月左右，每个人就能轮一圈。每年 5 月给每位党员送体检表，年底送油票，他都挨家挨户，风雨无阻地亲自跑。

本支部党员邓老师由于患有胃癌、关节炎等疾病，不能出屋，冯士安同志每次把学习材料和油票送到邓老师家中时，都要与他聊聊最近学校的发展变化情况。邓老师经常在家中写书法，冯士安同志就与他探讨书法技法，邓老师与老书记、老同志一起分享自己的艺术成果，精神上得到了很大满足。支部里的罗老师是独居老人，有时住在养老院，有时住在家里。2012 年的冬天，因为不习惯居住的养老院，向冯士安同志发出了求援的信号，请他帮忙找新的养老院。冯士安同志坐着公共汽车，往返三个多小时，独自去了北七家等两家养老院了解情况，后来带着罗老师一起，又看了温泉敬老院。当时也已 80 岁高龄的冯士安同志，在那个凛冽的冬天，不知疲倦地奔波在北航与养老院之间。由于罗老师双目失明，独生女儿又远居国外，身边能够托付帮助的人很少，正是出于对党支部的信任，她便委托支部书记冯士安同志替她到养老院交涉，在冯士安同志的多次奔波下，最终解决了罗老师的实际困难。

因为经常到支部党员的家里探望，发现离休干部家中遇到困难时，冯士安同志都会主动给予关注，协助解决。比如党员隋老师家里的暖气不热，冬天最冷时室内温度仅十来度，还比如，楼下出租户给党员任老师老两口带来生活上的困扰时，冯士安同志都会在第一时间出现，老同志向他直言不讳地倾诉生活中遇到的难处，冯士安同志听后都会记在心上。这些事情看起来都不算大事，但对于年老体弱的老同志来讲却又是很重要的事。经过冯士安同志及时向离退休工作处进行反馈，经过组织之间沟通协调，困扰老同志生活的事得以解决，老同志的情绪也得到了平复，更加信任和支持支部工作。

破旧汽车装动力　使命责任并担当

冯士安同志本人也身患多种疾病，脑血管硬化、心脏早搏，随着年龄越来越大，自身感觉到身体有些力不从心。那年他已经 83 岁了，仍担任着党支部书记。他根据自身的身体状况，多次向党组织提出，建议由年轻的党员同志接替他离退休干部第一党支部支部书记工作。在党组织没有做出最终决定时，他也有过思想斗争，曾经一度想过自己的体力和精力也越来越不如从前了，支部工作是不是能做多少就做多少吧。可是，作为一名有着几十年党龄的老党员，基本的党性和政治觉悟还是有的，不忍心看到支部工作受影响，更担心支部离休老同志遇到困难失去帮助。基于这种考虑，他坚持着“只要党组织未派新人接替，只要还在这个岗位上一天，就要对支部负责、对支部离休老同志负责，肩上的责任和担子就还在”。他半开玩笑似的把自己比作“已经行驶80年的破旧汽车，何时出现故障，很难预测”。

离休老干部党建问题是让他最为忧心的事情。离休党支部的支部书记，目前都进入了“高年龄，高发病”的双高时期，却没有合适的人选接任，仍坚守在岗位，对于这种情况，他很忧心。因此，他反复建议离退休教职工党委选派年龄小一点，身体好一点，热心，讲党性，自愿为离休干部党员服务的退休干部党员到年龄高、体弱多病的离休干部党支部担任书记。在他的呼吁下，目前离退休干部第一党支部书记已由退休党员刘长海同志担任。冯士安同志协助其工作，继续担任党支部副书记，也就是我们党一贯倡导的“扶上马、送一程”，做好传帮带，发挥余热。

冯士安同志认为自己的肩上使命与责任并重，不能因个人的事而耽误了支部工作。2014年2月，冯士安同志的老伴患心肌梗死突然去世，没有思想准备的他，内心十分悲痛。他与老伴结婚62年，从没吵过架，两人感情非常好。随后2014年5月，小女儿又因重病去世。2014年的三个月内，先后逝去了两位亲人，这对冯士安同志来讲，真是雪上加霜。但悲痛的情绪没有让冯士安同志倒下，更没有影响支部的正常工作，支部该做的工作，及时做。他仍定期到行动不便的党员家中探望，及时通知同志们参加学校为离退休干部举行的运动会和离退休干部体检。小女儿遗体告别的那一天，正巧学校主管离退休工作的副书记要与离退休干部座谈，听取离退休干部的意见和建议。冯士安同志经过反复考虑，认为这个座谈会很重要，他有支部党建的问题要向组织汇报，不仅是代表自己，更是代表更多的离休干部党员，自己不能请假。于是，他选择了顾大家，舍小家。

迎接新时代　永做革命人

为了迎接新时代，永做革命人，冯士安同志很重视自身的理论学习，直至现在他还坚持每天读书看报一至两个小时，早、中、晚看电视新闻共两个小时。《人民日报》《北京日报》《北京晚报》《新京报》《北京老干部》都是他书案上必备的读物。他关注《人民日报》的重点文章，每当有中央领导人讲话或国家重要会议的召开，他都要认真去听、去读。电视中的《新闻联播》《焦点访谈》《海峡两岸》和凤凰卫视新闻，也是他日常锁定的几个节目。

"长江后浪推前浪，一代更比一代强。"按照他的话讲，"党中央为我们党和国家勾画出了一个宏伟蓝图，那就是'两个一百年'。由于年事已高的原因，我个人虽然无法看到既定目标实现的那一天，但作为共产党员，我要利用有生之年，有一份热，就要发一份光，为之奋斗，做出贡献"。

他在理论学习交流会上谈到，作为一名共产党员，应该时刻"不忘初心、牢记使命"。无论年龄多大、身体状况如何，信仰不能有任何动摇。既然是一名共产党员，就应该做到"生命不息，使命不止"，始终保持乐观向上、积极进取的精神状态，才能更好地践行当年的入党誓言。我们有理由相信，通过中国共产党全体党员和中华儿女的不懈努力，中华民族"两个一百年"的规划蓝图一定能够实现，中国共产党人梦寐以求的共产主义大厦也一定能够建成。

冯士安同志谈到他自己的成长历程，动情地说："是党把我这个贫苦孩子培养成一名坚定的共产主义战士，我确实没有理由不为党努力工作，更没有理由放弃年轻时曾举起右手，庄严承诺的誓言——为共产主义奋斗终身。今天的幸福生活来之不易呀！比起那些为革命牺牲的先烈们，我已经很知足了。"至于个人荣誉，他从不放在心上，而对于集体荣誉，他却努力争取，因为那是代表党的荣誉，更是党员的集体荣誉。因此，离退休教职工党委评选先进个人、优秀共产党员、"十佳健康老人"等荣誉，他都主动推选支部的其他党员。他说自己毕竟是基层干部，做得还不够，自己所做的，是基层干部应该做的事。但对于评选先进党支部，冯士安同志却很积极。从 2011 年起，他所在的离休干部第一党支部作为"先进党支部"受到北航党委表彰一次，受到离退休教职工党委表彰两次。

做心态健康老人　传善良向上能量

——记十佳健康老人陈秀祖

陈秀祖老人今年 96 岁，是北航附小的一名退休老教师，出生在四川宜宾的一个教育世家。在家人心系国家需要、尊师重教、为人师表的人格风范的影响下，她从小就树立了教书育人、报效国家的理想志向。她在北航附小工作了 31 年，始终热爱学校、热爱孩子、热爱教育事业。退休后的这 30 年来，她积极参加了学校和退休教师党支部组织的各项活动，关心着学校的新发展，始终“为党的教育事业增添正能量”。

爱学校爱孩子　毕生钟爱教育事业

受家庭的影响，陈老师初中毕业后，就报考了专门培养小学教员的师范学校。来北航之前，她已经在成都、北京的几个小学当过老师。1954 年调到北航后，开始时陈老师在北航职工夜校任教，1955 年调到北航附小工作。从那时起直至 1986 年退休，她在北航附小工作了 31 年。期间，曾先后担任过五、六年级的语文、数学课老师兼班主任、教导处副主任等职务，改革开放后，主要任数学教师。

陈老师在北航附小工作的 30 多年里，始终热爱学校、热爱孩子、钟爱教育事业，矢志不渝，爱岗敬业，为学校的建设发展贡献了自己的力量。1987 年国家建立中小学教师职称评定制度后，她被评为了首批小学高级教师。

《孟子》有言:“天下之本在国,国之本在家,家之本在身。”在中国人的精神谱系里,家是国的基础,国是家的延伸。国家与家庭、社会与个人,都是密不可分的整体。家庭好,国家好,民族好,每一个人才会好。陈老师正是以这种家国情怀作为人生的立身养德之本,把自己的个人前途与国家命运同频共振、家庭情感与爱国情感融为一体,始终为教育人生而砥砺前行。

自立自强　再大的困难也不给组织添麻烦

陈老师最小的儿子(今年 66 岁),在 1968 年下乡插队时得了类风湿关节炎。1984 年,病情恶化,成为“重度二级肢体残疾人”,完全失去自理能力,一直在家靠父母服侍生活。2001 年老伴去世后,照顾儿子的重担全都压在了她一个人的肩上。面对家庭的不幸,陈老师曾经陷入了恐惧、悲伤、绝望的境地。然而自立自强的陈老师慢慢调整心态,回忆起年轻时父辈们教育在艰难中要自力更生、奋发图强的情景,更想到自己是在中国共产党的教育和培养下成长起来的,一个要教育别人的老师。想到这些,陈老师便转变心态,开始勇敢面对生活中的挑战,她毅然决然地挑起了独自照顾儿子的重任。幸运的是,国家出台了对残疾人利好的政策,减轻了陈老师的负担。2009 年 4 月,国家有关部门为陈老师小儿子做了“重度二级肢体残疾”鉴定,并由中国残疾人联合会颁发了《中华人民共和国残疾人证》。2010 年儿子满 60 岁时,国家又给他办理退休手续。每逢节日街道残联都会给他送些礼品表示慰问。北航离退休工作处和北航附小的在职领导与退休党支部也都很关心陈老师母子,节假日也常来慰问。而所有这些点点滴滴的关心举措,都让陈老师一家充满了温暖和感激之情。

陈老师退休早,工资较低,家里又有重病儿子需要照顾,致使家里的经济负担很重。然而,面对家庭经济状况的重重困难,陈老师从没向任何人诉过苦,也从不向单位申请补助。她说,这是我个人自家的困难,自己本来就没有为国家做过多大的贡献,不能再给国家增加负担。她也常说,家庭是社会的一个个细胞,每一个家庭的家风品行绝不是一件小事情。

家风不仅体现着一个家庭或家族的价值观，而且对于塑造家人个体人格、促进良好社会风气的形成也都具有重要意义。这种认识已经成为陈老师一家的家训和家风。

陈老师的晚年生活虽然辛苦，但却是充满正能量，阳光向上的。如今，历经了多年的磨难，陈老师母子二人结成了休戚与共的“生命共同体”。虽然未来的生活仍有困难，但在陈老师的鼓励和积极情绪及行为感召下，母子二人一定会坚强快乐地生活下去。

爱党爱国　珍惜幸福健康晚年生活

退休后这 30 年，陈老师一直是初心不改，想念着学校和孩子们。她经常参加学校和退休教师党支部组织的各项活动，关心着学校的最新发展。

作为北航“侨联”的成员，陈老师一生爱党爱国，听党的话，政治信念很坚定。她性格比较开朗、乐观、向上，能够以积极的心态、历史的眼光，看待国家和自己所遇到的各类问题、事情。

“文革”期间，陈老师和爱人都同时受到过冲击，关过牛棚、下过乡。那时孩子们年幼在家，无人照顾。小儿子在上山下乡中还身患重病、终身残疾。但陈老师和孩子们也都能比较平和地正确对待，从未因此而怨声载道、牢骚满腹，当时和之后都并未因此而动摇过对党和国家的信念。特别是看到国家在党的英明领导下，现在正从大国走向强国，每年国民经济增长率都居世界第一，各行各业都在为实现中国梦不断改革创新，成绩日新月异，国家的各项利民政策也越来越多、越来越好，更加地认识到了党的伟大和祖国的伟大，由此更加热爱党和国家。当地震洪涝灾害之时、国家人民遭遇困难之际，陈老师一家也曾捐款，尽自己的一点微薄之力。

在个人晚年生活方面，陈老师也一直坚持积极的生活态度，努力安排好自己和孩子的生活。每天尽量挤出时间参加北航绿园的“气功”锻炼，一早一晚自己也在家里搞点适宜的锻炼活动，为的是保持自己的身心健康，多照顾几年残疾儿子，让他不添病，少吃药，减轻国家和家庭的负担。

退休职工的楷模

——记优秀共产党员蔡旺

蔡旺同志是中国老工人的优秀典型。他今年 87 岁了，在任工训中心退休教职工党支部副书记、书记的 20 年中，为工训中心退休教职工党支部的建设费尽心血。2014 年他主动让位于年轻点的同志，再次“退休”，照顾多病的老伴。

退休换岗　不褪色

1949 年新中国成立时，蔡旺同志 16 岁，对于他来说，这不仅是国家的重生，也是他的重生。他永远不会忘记年幼时尸横遍野，逃荒、逃难、讨饭的景象。后来，这些都成了过去式，他进北航，成了一名光荣的学徒工，他发誓要用自己的满腔热情报答祖国。1958 年，北航发出“大干 100 昼夜，送三个号上天”的口号，全校师生挑灯夜战，其中就有蔡旺同志和他的工友们，他们夜以继日，没日没夜地干，终于造出共和国第一架民航飞机“北京一号”，飞行在中南海的上空！60 和 70 年代，他又和工友们参加了高空无人侦察机的制造工作，为国家和北航立下汗马功劳。

日月如梭，光阴似箭，1993 年他光荣退休了。退休是人生的转折点。如何在退休后仍能发挥余热，为国家、为北航做贡献呢？那天，他彻夜未眠。他想到父亲惨遭日本鬼子杀害，母亲带着他们讨饭的场景；又想起党帮助他这个文盲青年上夜校、入团、入党的历程；想起自己从学徒工到车间调度员的过程……他想，对于共产党员来说，退休只是换岗，不能褪色。

当楼长　鞠躬尽瘁

身为楼长，全栋95户的生活、健康状况都装在他心里。对于80岁以上的独居老人，只要一个电话，他就把热腾腾的饭菜送到家。谁有困难，他都竭尽全力帮助。有群众反映，楼沿常掉水泥块，他多次找有关部门、主管领导反映，以求得到解决。有人将自行车放在楼道里，严重地影响紧急情况时楼内人员的通行疏散，他苦口婆心，力劝车主将其搬到楼外停放。有位独居老人病危，他立即登门探视并拨打120紧急施救，直到病情缓解并送上救护车，他才离开。居住高层的老人下楼困难，他多次找上级部门反映，最终校领导决定给大家安装电梯。在2020年春季与新冠肺炎的抗疫斗争中，他是冲锋陷阵的战士，又是大家的主心骨。他既要做到上传下达，又要解决群众的实际问题。

挑重担　无私奉献

真是能人多劳、好人多干。早在1994年蔡旺同志就被选为支部副书记，一干就是20年。由于书记长期在国外，他作为副书记一直干着书记的工作。过去没有微信，甚至没有手机，上级有通知下来，他一天要打50多个电话，经常有一些电话两遍、三遍都打不通。他经常组织党员、群众学习习近平关于中国特色社会主义的理论，大力讲述十八大以来国家发生的巨大变化，反腐倡廉的巨大成就，提高了党员群众与以习近平同志为核心的党中央保持一致的自觉性。

他努力学习、认真落实习近平总书记关于老同志工作的论述。支部大会上，他深情地说："老同志是国家的功臣、宝贵的财富，党支部要爱老、敬老、用老。爱老就是关心他们的疾苦，年老体弱，关心他们的衣食住行。敬老就是要认识到他们是为国家奋斗一生的功臣，现在老了，说话有时多了，不中听了，不要嫌弃他们。用老就是他们有丰富的知识、经验，还要把他们找回来指导我们的教学及各方面的工作。"他是这样说的，也是这样做的。他给

“年轻”党员分工,分别联系一名老同志,定期讨论、检查、关心老同志工作。

再退岗　高风亮节

2012 年,80 岁的他当选为书记。2014 年再次换届,他坚决退下来,主动让位于“年轻”同志,再次表现出党的利益高于一切、党比天大的高风亮节。

但是他退岗不褪色,仍然勤奋学习,积极参与支部建设,参加支部“两学一做”的学习活动。由于下肢血栓,从家里到思源楼拄着拐杖还要歇四次,但是组织活动他从不迟到,也没请过假。党支部利用各种场合宣传了他和另几位老同志的事迹,大家说,这些老同志年轻的时候在党爱党,跟党打拼一辈子,退休后紧紧跟党绑在一起,深深地爱着我们的党、我们的国家和中国特色社会主义。这是多么纯洁的入党动机,多么崇高的思想境界。他们在我们身边上了一堂无声的最生动的党课。

在解兆宏同志当选支部书记后,他语重心长地说:“要想做事,需先做人”,还嘱咐他:“老同志的工作要做深做细,咱们离退休工作处的工作就做得非常严谨细致周全,要向他们学习。”

随着时间的推移,他们夫妻身体都变得很差,不能买菜做饭,行动不便,连吃饭都成了问题,但他有一个健康的心态,总是乐观地战胜一切困难。同事告诉他,有难处时打个电话,大家离得不远,但他从来没打过求助电话。

所有认识他的人都说:“蔡老是咱们退休人员的楷模,是个模范的共产党员。”

他现在担任楼长的职务,去年楼长改选时,他说自己年龄大,身体不好,另选别人吧。大家说,有您在,我们就有了主心骨,您老还是接着干吧,跑腿的事我们包了。

鉴于他行动不便,离退休工作处、党支部多次和他联系,告诉他,生活有困难,告诉他们一下,不要老忍着,他总是说:“没困难,忙你们的吧。”

大家都说蔡旺同志真是一位好楼长、好书记,是我们学习的好榜样。

不忘初心　全心全意为人民服务

——记优秀共产党员陆淑英

北航后勤保障处退休职工第四党支部是退休党支部中比较大的一个支部。这个支部有正式党员 40 人，群众 54 人，合计 94 人。在这个人员多、年老者多、病号多、老工人多、低收入者多的五多支部中，陆淑英同志任党支部书记，困难可想而知。但有着十年黑龙江兵团锻炼经历的她不怕困难，迎头而上。她说："让党支部活动成为凝聚人心的纽带，一个支部就是一个战斗堡垒。"

健全机制　服务群众

作为党支部书记，陆淑英同志为退休职工管理小组建立了"退休职工健康档案"，为每年春节前慰问和困难补助工作提供了主要依据。每年的困难补助人选都要在支部党员大会上决定，开会前，她通过多种渠道征求意见，并结合全年看望住院病人的实际情况，了解本支部/管理小组的困难人员，努力争取做到让群众满意。例如，2016 年的困难补助，管理小组有 17 个名额，在党员大会上，16 个人的名单确定以后，还有一个名额没能确定下来。支部提出的困难人选还有 3 个，她把这 3 个人各自的困难情况分别摆出来请大家进行比较，最后确定了这个人选。在这几年里，她自己三次住院，两次做手术，在这份名单上却始终没有出现过她的名字。

她先后为支部建立了两个微信群，即支部党员群和管理小组群众群。她还和那些不用智能手机的老同志的子女和家属建立了微信联系，这样便于了解他们的情况，可以更好地为他们服务，通知消息更加便捷。2020年初，国内突发新冠病毒疫情。她和支部副书记、支委克服很多困难，在较短时间内联系上支部/管理小组的94人，并把先前个别不愿意进群的同志也都拉进了微信群。

支部微信群是2016年建立的，不仅是转发各项通知和活动照片等，她还坚持每天转发三分钟新闻早餐，为党员和群众学习和关心国家大事提供最便捷的学习素材(三分钟新闻早餐有语音播放功能，还可以重复播放，特别适合老年人群)。微信群的建立取代了原有的党员联系网，党员联系群众网延续保留至今，为的是每位党员联系一至三名群众，更好地为群众服务。除了以上这些，经她提议，支委会决定把支部管理的所有退休人员按照单位分成三个大组，由支委会三名委员分别作为每个大组的负责人。这样做更加细化了管理工作，党员和群众对此都很满意。

多种形式　活跃支部

她带领的支部活动有特色，学习效果有成效，党员都热爱这个集体。丰富多彩的支部活动吸引着党员同志们，党支部的战斗力和凝聚力逐年递增。这些成绩的取得都与她的付出分不开。

在陆淑英同志的带领下，2018年党支部活动从学习十九大精神开始，有了比较大的新尝试。如在学习十九大报告时，根据老同志以及后勤退休人员文化程度的特点，支部选择了从“十九大报告关键词”开始学习，采取由多名党员自愿报名为大家诵读的方法，每位报名的党员抽取一个关键词为大家诵读。这次学习得到了多数党员的支持，收到了较好的效果。之后，支部又先后组织了“爱祖国、爱北航，歌颂伟大的中国共产党”“不忘初心，牢记使命，缅怀革命先烈，珍惜幸福生活，祝祖国繁荣富强”等党员主题诵读会。此外，支部还组织了红军长征胜利80周年展览、中国人民抗日战争纪念馆、周恩来邓颖超纪念馆等多次参观活动。支部还在年底召开年终总结会和小型联欢会。

陆淑英同志平日喜欢看报纸、看新闻联播。她在自己学习的同时，把在报纸上发现的适合党员学习的材料，如先进事迹和英雄事迹等都剪下来收好，留作支部学习备用。支部所有活动由支委会集体讨论决定。在每次朗读会前，陆淑英同志都要做很多准备工作。从报纸上找资料，到确定文稿，再到落实到每位党员……她怕字体小，大家看不清楚，她就在家把这些文章打成电子稿，然后放大字体打印出来，这些工作量相当大，但为了方便党员诵读，她每次都默默地付出。

牢记初心 心存大爱

陆淑英同志为人热情。她总是说："这是我的责任，这些都是我应该做的。"每年春节前夕，她都带领支部副书记和支部委员，挨家挨户走访探望支部里所有有困难补助和需要慰问的同志，她心里总是装着这些老人和病人。支部有一位退休困难职工在燕郊健康养护中心(老两口住养老院六年多了，老伴儿也是北航退休职工)。老人的儿子因病去世，两个女儿在国外，为了不让老人感到过年还那么孤独，陆淑英同志连续几年在正月初二那天，让爱人开车带她去那里探望，把慰问信和节前发放的过节粮油等物品给他们送去。还从自己家里带上做打卤面的全部面和料，亲自为老人做打卤面，饭后帮着老人收拾完碗筷后才离去。两位老人非常高兴，每次都热泪盈眶，拉着她的手不肯放，连声说谢谢！两位老人亲切地称呼陆淑英同志为"大闺女"。为了方便随时掌握老人在养老院的状况，她还与养老院的管理人员建立了微信联系。

2020 年 4 月的一天下午，管理小组一名同志来电话一边哭，一边说自己抑郁严重，并且有轻生的想法。知道这个情况以后，陆淑英同志很着急，她连续多天、多次打电话、发微信，苦口婆心地对她进行多次劝导。终于有一天，微信中传来了令人兴奋的消息："我从前天真正走出来了，拨出云雾见太阳，那种心情感觉无以言表，太高兴了。你是其中一个帮助我的朋友，我在群里说出了心里话，谢谢！你是我的救命恩人，谢谢！"她在管理小组群里说："谢谢陆书记的关心开导，使我在精神上身体上恢复正常，陆书记在此我谢谢您。"

2020年在疫情期间，有一位身在湖北的同志一直牵动着她的心。每天都要听到："陆姐你好，我今天一切正常，请您放心。"如果这个声音没有在上午出现，她一定会打长途电话联系到她。她说，这是我的责任。

作为支部书记的她，时刻把老同志的事情放在心上。2020年疫情期间，她和支部副书记多次站在寒风中把应急的口罩交到同志们的手中，对家住校内但自己又不能自取的同志，她就把口罩送到楼下，对住在校外的同志，她就到学校东南门发放。疫情期间，她的电话特别多，有时拿着手机正在通话，座机又响了起来。她总是耐心地回答着大家提出的各种问题和求助。这就是大家对她的信任。

关心他人　传递温暖

陆淑英同志的心里总是装着别人，有时会忘记自己。为了能够按原计划开党员会，她可以放弃个人和得失，哪怕是生病住院。2013年6月，她在北医三院做乳腺结节的手术，原本可以选择住院的她却偏偏没有住院，因为支部已决定在第二天召开党员大会。第二天早上9点，她准时参加和主持了在思源楼电视房召开的支部党员会。做手术这件事，连支部副书记都不知道。她心里想的就是怕那些住在校外的党员接不到通知白跑了一趟。

她的事迹有很多：她陪老同志到医院看过病、打过针；她把去超市买东西突感身体不适的老同志送回家；她帮助生病刚出院的同志报销住院费用；她和支委会同志一起多次看望生病住院或有病在家休养的老同志；遇到有老同志病故，她更是忙里忙外，联系原单位等；邻居有困难她也会毫不犹豫地伸出手来帮助。这些大家都看在眼里，她让大家信任、拥护。多年来，她带着支委们用各种方式传递着党的温暖。她常说："不忘初心，共产党员的初心就是全心全意为人民服务。"

2019年后勤保障处退休职工第四党支部全体党员一致推荐支部书记陆淑英同志为优秀共产党员。

其实，自入党以来，不论是在职时还是退休后，她都多次被评为"优秀共产党员"。她带领的后勤保障处退休职工第四党支部多次在优秀党日活动中获奖，党支部多次被评为"先进党支部"。

把青春献给篮球　把晚年献给老人

——记优秀共产党员、学习增智之星白淑媛

白淑媛同志1958年被北京体育学院（现北京体育大学）录取。在校期间被选为本校女子篮球代表队队员，代表学校参加每年举办的全国甲级篮球联赛，取得了比较好的成绩。但她自己也因当时的“三从一大”（从难、从严、从实战出发、大运动量）训练方法，而导致膝关节受伤。1965年毕业后被分配到北航体育教研组（现在的体育部），从事体育教学工作，从此她与体育教育结缘。

她在教学工作中遵循毛主席的指示“发展体育运动，增强人民体质”，严格要求自己，用心给学生做表率，以自己的言行让学生认识到从事体育锻炼的重要性。只有养成良好的锻炼习惯，有一个强健的身体，才能为祖国做更多的贡献。2001年初，白淑媛同志退休，正式离开教学一线，开启第二工作岗位，服务于退休老同志。

承担并支持退休党支部工作

白淑媛同志退休后，在教务处退休党支部担任支部副书记，后来离退休教职工党委成立，单独建立了体育部离退休教职工党支部，她便到体育

部离退休教职工党支部担任支部书记，对体育部支部的建立及初期建设做了大量工作。后来由于年轻时超负荷训练导致膝关节严重损伤的病痛复发，她担心会影响党支部工作而主动提出让其他同志担任党支部书记，她担任副书记。虽然不担任书记了，但在党支部工作中她并没有减轻自己各项具体工作，继续积极协助支部书记开展工作，积极热心与大家共同制定本支部的全部工作计划。在全年工作、学习和组织活动中，主动积极不厌其烦地通知本党支部的党员和管理小组的成员，动员大家积极参加各项活动和学习。

她热情指导积极申请入党的同志。退休的张富儒同志具有坚定的共产主义信念，已 78 岁了仍坚持积极申请加入中国共产党。白淑媛同志担任他的入党介绍人，在培养的两年多时间里，白淑媛同志热心指导张富儒同志学习党章、习近平总书记重要讲话精神，多次找张富儒同志谈话，帮他积极创造条件争取达到中国共产党员的要求。在离退休教职工党委的关怀和白淑媛同志的指导下，张富儒同志于 2016 年 5 月进行了入党宣誓，成为一名预备党员。白淑媛同志在关心指导张富儒同志在政治与思想上积极进步，最终被发展为光荣的中国共产党党员中做出重要的贡献。

主动关心有困难、有疾病的离退休老同志

白淑媛同志关心国家大事，关心学校的发展，认真完成支部交给的各项任务。她和与自己联系的同志经常保持联络，交流思想与生活学习等各方面情况，互相学习共同监督，并及时向党支部汇报。她热心为大家服务，为群众做好事、办实事。当发现同志们存在问题和困难时，就积极向党支部反映并上报领导帮助解决，起到了密切联系群众的作用。她谦虚谨慎，团结同志，协调同志间的关系。每年春节前夕，按照离退休工作处安排，她拖着重伤的腿积极参与慰问困难重病老同志，送去党和学校给予的温暖，在群众中享有较高威信。

退休不忘党员本色　做学习增智之星

白淑媛同志时刻以一名中共党员的先锋模范标准严格要求自己，不忘初心，牢记使命，与党中央保持高度一致，认真执行校党委的各项决策和部署。

她做到为人师表，弘扬正气，对离退休工作处全年活动及学习安排，“三老”协会、本支部组织的外出参观活动，她都忍受着重度创伤的痛苦积极热情参加。在党支部及管理小组成员中起到榜样作用，带动大家克服困难，积极热情地参加各种正能量活动。

她积极参与“两学一做”学习教育，坚持认真学习党章，学习马列主义、毛泽东思想，学习习近平总书记重要讲话内容，把讲政治贯穿读书看报活动全过程。学会运用正确的立场、观点、方法观察问题、分析问题、解决问题。从历史与现实、国内与国外的比较中体会党中央提出的“四个自信”。她认识到，要坚持学有所用、学以致用、学用相长，自觉把读书看报同实际相结合，努力把读书看报收获转化为履职尽责的工作成果。所以她每天坚持看书读报，了解国内外大事，提高自己的思想认识水平。在2018年被离退休教职工党委评选为“学习增智之星”。

现在，已进入耄耋之年的白淑媛同志仍然每天坚持读书看报，参加体育锻炼，与老同志保持联络。

成就航天梦　心系群众情

——记工信部离退休工作先进个人、优秀党支部书记王永尧

当你茶余饭后漫步北航校园时，经常会看到一位老者下班归来的身影，稍黑的面庞、质朴的衣着、慢慢地脚步，透着憨厚与忙碌。他，就是北航机械厂教授级高级工程师、总工程师王永尧同志。由于他是上海人，人们都亲切地称他“阿尧”。王老师始终以老实做人、踏实做事来自勉。

踏实严谨　精益求精　练就一身过硬本领

1960 年，王永尧同志从西安交大毕业后被分配到北航机械厂。从风华正茂的小伙子到古稀老人，时光匆逝，他却始终坚守在他深爱的这块热土上，和工人师傅打成一片，满腔热忱投入工艺事业。几十年如一日，总是第一个上班、最后一个下班。工艺理论方法计算相当复杂，要求具备扎实的基础理论、工艺理论知识和丰富的实际经验。他先后承担了学校为开展半工半读而批量车床生产的技术负责人工作、北航“无人机”“共轴式直升机”等项目的副总工艺师工作，负责“蜜蜂系列轻型飞机”等总工艺任务，将一架架“无人机”“直升机”和“蜜蜂轻型飞机”成功送上了蓝天。1971 年，荣立航空航天工业部三等功，1997 年荣立航空航天工业总公司三等功，多次被评为校先进工作者。

王永尧同志严谨好学、精益求精，时常和工人师傅一起探讨攻关技术难题，花费大量业余时间学习、查阅工艺资料。飞机、航空发动机工艺对技术要求相当严格。看似简单的一个小小螺丝钉，都需要极大的耐心、细心，必须制订出严格的工艺规程，从对原材料的检验到热处理，再到机械加工、性能检测检验，需要经过十几道工序，对每道工序他都一一精心设计、进行严格的操作检验，最终把设计师的图纸变成性能可靠的零件。他所有设计的工艺材料一直留存备检，精湛的工艺技术经得起历史的检验，至今尚没有一项工艺出现任何质量问题。

老当益壮　默默奉献祖国浩瀚的蓝天事业

随着国家对高校教育的不断改革，北航机械厂告别辉煌，已减缩为弹丸之地，随之而来的是人们各奔前程，而王永尧同志却丝毫没有动摇，死心塌地奋斗在工艺岗位上。退休后，王永尧同志似乎更加忙碌，始终奔波在科研生产第一线。工厂虽变小了，但多年生产飞机、航空发动机工艺的技术犹存。很多科研加工任务还急需王永尧同志的帮助，培养新人也成了他义不容辞的责任，他的全部时间基本在他的工作室度过。当你走进机械厂，总见他忙个不停，或是制定着工艺，或是给学生耐心地讲解着图纸。学生听得认真入神，眼中充满了对知识的渴求、对恩师的感激。很多毕业生寄来感谢信，感谢他的谆谆教诲和悉心栽培。

神舟七号载人航天飞行圆满成功，中国人民再次向世界展示了自己的能力。这其中，作为航空航天类院校，北航机器人研究所承担了“神七舱门”试验装配的设计与试验任务，北航机械厂自然被选用担任工艺设计，王永尧同志作为工艺技术主力，深知这项任务的重大和艰巨，带领年轻人坚定地表示，要攻坚克难，不计报酬也一定要把它高质量、高效率地完成！面对解决真空低温摄氏零下 100 度零件公差的制定问题、四段轴连接转动的同轴度保证问题等，一个又一个难题，王永尧同志和大家多次研讨，并肩鏖战，终于顺利完成了“神七”舱门试验装置的设计、制造和试验任务。直至听说“神七”发射成功的消息，王永尧同志才由衷地露出笑容。在他看来，别人有困难时，能帮忙就尽力帮助一把。2009 年初，一位老同志担任一个科研项目的技术顾问，遇到了工艺难题，急切地向他求助，他耐心地给予帮助，为这位老师讲材料牌号、制图标准、公差标准，乃至英制和公制螺纹标准，还有美制的螺纹标准，令这位老师感动不已。

倾心俯首　时刻心系群众情

王永尧同志在忙于工艺技术的同时，把所有的业余时间都花在了北航资产公司机械厂退休职工第一党支部（管理小组）的工作上。十几年前，在北航筹备党代会期间，资产公司 200 多名老同志高票推选王永尧同志担当党代表，从此，他便担任起为老同志服务的重要角色。2002 年，学校成立离退休教职工党委，他又高票当选了资产公司机械厂退休职工第一党支部/管理小组负责人，一直连任至今。王永尧同志深知这批老工人的贡献和分量。北航建校时，为支援国家建设，这批优秀青年从祖国的四面八方走来，当时有的已是高级工水平。到退休时，因学历等因素的影响，他们的工资成为学校最低的。生活条件比较艰苦，生病、困难情况自然也多些。多年来，王永尧同志带着对老工人们的深情厚谊，尽心尽力、默默地为他们服务，时时处处总在想着为大家多办好事、多办实事。王永尧同志把他做工艺的精细用到支部工作中，他关心每一位成员，口袋里随时揣着老同志的通讯录，以便第一时间与他们取得联系。走访慰问、生病看望，发放油票、体检表等等，一年数不清要跑多少趟、打多少次电话。重阳节时，王永尧同志协助机械厂领导把老同志们邀请到一起，共进团圆餐、共度老人节，这也是老同志们最欢乐的时刻。

对特别困难的老工人，他投入的心思和精力更多些。每年春节前夕，他都仔细摸底、一一填写慰问补助申请表，并挨家挨户把慰问品、困补款送到老同志家中。对空巢家庭，王永尧同志格外关注，一旦遇到紧急情况时，他总是第一时间出现。一位姓段的师傅当时身边无子女，一次段师傅上厕所时不慎摔倒，骨折无法站起来，于是打电话向王永尧同志求助。王永尧同志闻讯赶来，看到门锁着，立即想办法。一边联系居委会、保卫处、工厂，一边联系救护车。救援者从窗户跳进去打开门后，及时把段师傅送往清河急救站。出院后，段师傅又一次在春节前摔倒，大女儿把他送往北医三院观察室，由于床位紧张，王永尧同志和机械厂厂长几经周折，找关系、想办法，最终把段师傅安排入院，如同家人一样陪护段师傅。后来，段师傅住进了养老院，王永尧同志又多次亲自到养老院看望。一位肖师傅，是当时工厂的八级工，退休后多病困难，工资仅2000多元，子女生活条件也不太好，王永尧同志及时向原单位、离退休工作处反映了肖师傅的情况，两个单位的领导及时去慰问看望了肖师傅。正当王永尧同志积极想办法想为肖师傅解决更多难题时，肖师傅却离开了人世，王永尧同志至今内心还深感遗憾。最令他伤心的事便是处理老同志的丧事，他亲自跑前跑后，把每一位熟悉的老者送上最后一程，再不忍心地从通讯录中把逝者的名字慢慢划掉。

2014年，王永尧同志被评为工业和信息化部离退休工作先进个人。

人生各有志，终不为此移。每个人都在装点着自己的梦想。在王永尧同志看来，只要能为祖国的航空航天事业工作，能为党、为人民服务，切实为群众解决实际问题就是他最大的快乐和梦想，这就是一位普通老共产党员的信念和追求。

辛勤奉献　正直做人

——记道德模范、十佳健康老人刘学君

刘学君同志是一个正直、善良的退休老党员。他践行着爱党、爱国、爱北航的精神，用自己的言行润物细无声地影响着子女们。

1952 年 10 月北航建校时，刘学君同志进入北京航空学院财务科工作。在几十年的工作中，他积极肯干，吃苦耐劳，多次获得“先进工作者”称号。工作期间，他完成了入团、入党这一人生政治生命中的大事，如今已是有着 60 多年党龄的老党员。他严格按照党员的标准要求自己，哪怕退休后也没有放松对自己的要求。他认真学习党中央的各项方针政策，关心国家大事，以身作则，在思想上与党中央保持一致；他按时缴纳党费，积极响应参加各级党组织的号召和活动，在每次爱心捐款中，他总是捐款数额较多的人员之一，保持了一个永不褪色的党员的良好形象。

热爱北航　一生伴随学校的发展

1952 年，刘学君同志来到筹建中的北航，亲身经历了北航在柏彦庄地区的建设，亲身见证了第一代北航人在大片的农田、坟地里艰苦奋斗的景象。

从参加工作之初到退休之时，他一直在北航财务科工作。工作中，他始终坚持客观公正、实事求是的原则，严格遵守财务纪律，按照财务制度的要求做好财务工作。通过不断的学习和素质培养，1983年，刘学君被评为了会计师。之后担任了财务处会计科科长的职务，1991年被学校定为副处级调研员。

1986年6月，北航决定派刘学君同志兼管新成立的北航东方电脑技术服务公司的财务工作。北航东方电脑技术服务公司是一个中外合资企业。刘学君同志虽然在业务上比较专业，但他之前从来没有接触过外资企业的财务工作。这对他来说是一项挑战。为了完成学校、处领导交给的任务，刘学君同志在业余时间报名参加了财政部财务司组织的中外合资企业财务会计人员培训班。在这个培训班当中年轻人居多，而他当时已近中年，思维、记忆不能与年轻人相比，接受新知识也比同班同学进度慢，但他从不气馁，坚持完成了培训。在培训的这半年中，他同时还担任着财务处会计科科长职务。他克服种种困难，边工作边学习，不断提高外资企业财务工作的业务水平，较好地完成了财务处会计科的工作，并以优秀的成绩结束了培训班的学习，受到了各方和年轻人的好评。从1986年6月到1992年11月退休前这段时间，刘学君同志很好地完成了在东方电脑技术服务公司的工作。

退休后，刘学君同志依然时刻关注着北航的发展与建设。余热生辉，踏踏实实，愉快地过好退休生活，人老思想不老，知识时时更新，积极参与各项学习及活动，坚持力所能及的锻炼，保持旺盛的精力。

从昔日青春年少到如今须发苍苍，刘学君同志对他为之奉献了一生的北航，对一草一木、一砖一瓦的感情都是难以名状的，他说："回忆起从建校之初到如今，自己能为北航的发展做出过贡献，应该说是一种幸福。希望北航引领中国的航空航天事业不断向前，为国家的航空航天事业做贡献，争取更大辉煌。"

教育子女　弘扬正能量

他对党的热爱和对工作的热爱，多年来一直影响着子女和孙辈。积极、乐观、向上始终是他的小家庭的主旋律，在他润物细无声的影响下，子女们都在各自的岗位上做出了贡献。

他的两儿一女全都是中国共产党党员，大儿子在部队 20 岁入党，多次受到嘉奖，目前在北辰集团担任领导工作，由于突出的表现被评为全国劳模。小儿子在工作中发挥党员的作用，有良好的群众基础，工作积极肯干，是单位的骨干。女儿曾是海淀区第十届党代表，在妈妈瘫痪的 15 年间，对妈妈无微不至地照料，并培养了一对龙凤胎。受外公的影响，外孙成为北航宇航学院毕业的博士、博士后，并加入中国共产党。外孙女在中国银行工作。孙子从事 IT 行业，已是这一领域的专业人员，孙女从事医务工作，在大学期间就入了党。外孙和孙女是这个家庭中第三代的小共产党员。

儿女们受父亲的影响，秉承着做人正直善良、做事认真细心的传统。他说，为党工作了一辈子，人老了，最大的心愿，就是希望儿女像父辈一样，爱党爱国，能够有所作为，为国家有所贡献，成为正直、向上的人，在这一点上他感到自己还是十分欣慰的。

家庭和睦　营造温馨氛围

刘学君同志的老伴生前患有多种疾病，瘫痪在床 15 年。在这风风雨雨的 15 年中，他对老伴倾注了自己全部的爱心，对家庭付出了全身心的精力。2006 年的一天，刘学君同志不幸摔倒，头部严重受伤，脑网膜破裂，成了危重病人，住院进行治疗。幸好一个月后身体慢慢恢复，平安出院。就是在这样的情况下，他仍拖着病体，继续精心护理自己的老伴。同时他认识到，越是困难的家庭，越是要统一思想、团结一致，才能克服重重困难。在他的主持和努力下，孩子们都有爱心、有孝心，经常回家来看望父母，照顾老人。家庭成员之间相互理解、相互尊重。刘学君同志带着子女尽心尽力地照顾老伴，使老伴在病榻之上也感受到家的温馨和幸福。他经常陪老伴聊天，让她活络思维。在刘学君同志和全家的悉心照料下，长期瘫痪的老伴从来没有长过褥疮。他的妻妹是医生，每当来看望姐姐时都感叹说，没想到姐姐状态这样好，干干净净，思路清晰，这是瘫痪病人很难做到的。老伴因心脏衰竭去世后，全家没有遗憾，因为在生病期间，他和儿女们已经给予她最大的关爱和最好的治疗。由于精心照顾长年患病的老伴，他受到大家的赞扬，2010 年 10 月，他荣获退休教职工“道德模范”称号。2014 年 9 月被评为“十佳健康老人”。

刘学君同志朴实善良、积极乐观、充满爱心，他以自己的方式实现着自己的人生价值、社会价值。他虽然是一个普通党员，没有惊天动地的事迹，但他忠厚笃行的人格魅力让我们尊敬。

牢记初心　不忘使命

——记十佳健康老人赵景芬

赵景芬同志是我校校医院退休的老同志，赵景芬同志热爱党，热爱社会主义祖国，拥护党和国家的方针政策。她经常讲没有共产党就没有新中国；没有共产党就没有现在的幸福生活。她遵纪守法，组织纪律性强。经常主动和校医院退休职工党支部取得联系并积极参加单位组织的活动。虽然她已是82岁的老人，仍关注国家大事，响应学校号召关心和支持北航的建设，自觉维护校园环境。她保持革命晚节，明辨是非，反对迷信，弘扬正能量，保持阳光心态，被评为北航第八届十佳健康老人。

服从领导听指挥

赵景芬大夫于1998年60岁时退休。刚退休的那几年校医院忙时，领导多次请她回校医院帮忙，参加妇科和小儿科门诊诊治及妇科普查工作，并负责产后访视任务等工作。当时门诊工作量很大，她对工作认真负责，为了病人早来晚走，有时还要上门服务，去看没有出满月的产妇和新生儿，细心地告诉她们应该注意的事项，应该如何喂养婴儿，等等，受到广大患者的欢迎。直到现在她看过的病人还记得她，见面很是亲切。

在离退休教职工党委的关怀下，校医院退休职工党支部在思源楼建立了健康小屋。为离退休老人们进行健康咨询、义诊。赵景芬大夫是第一批参加值班的人员。她积极参加健康小屋咨询工作，早来晚走，耐心为老同志和前来咨询的同志解决实际问题。有一次，一位老同志服降压药后，血压还是控制得不好，就来咨询。当时老同志非常着急，赵大夫耐心地询问，老同志血压在什么时间高，在什么时间吃药，吃的什么降压药。问清楚后，赵大夫给这位老同志调节了服药时间和药量。经过一段时间服药，这位同志血压稳定下来了，老同志非常感谢赵大夫。

赵大夫的长项是妇科保健和儿科。在健康咨询工作中经常有老同志专门找赵大夫咨询。有一位老同志的孙女不好好吃饭，她专门找到赵大夫，因为她儿子，也就是孙女的爸爸小时候有病就是赵大夫看好的，所以孙女病了她还要找赵大夫看。老同志又没有能力把孙女带到思源楼，赵大夫下班后就专门到老同志家里给孩子看病。

她非常关心老同志，有时还专门到身体不好、不能出来活动的老同志家中探望慰问老同志。她对老同志关心关爱，老同志们都很感动。她响应校领导提倡的医疗互助爱心活动的号召，参加了第一批医疗互助献爱心活动。

她也热心为社区居民服务，帮助社区负责为 109 楼 17、18 层居民服务。这两层没有楼层组长，她就主动帮忙处理日常杂事，如发放社区的通知、材料及物品等。

积极参加社团活动　传播正能量

为了让晚年生活更充实有意义，赵大夫参加了北航夕阳红艺术团时装队。自从 2002 年参加时装队以来，她努力学习时装模特的基本功，认真向教练学习，在网上学习。真是功夫不负有心人，经过不断努力，她的时装秀技能提高得很快，有了很大的进步。至今，她参加时装队已近 18 年的时间了。

她曾多次参加北航时装队组织的校内外的时装表演、比赛活动。如 2016 年她随北航时装队去燕达养老院慰问演出，与老人们座谈、庆寿、合影，养老院的老人们非常高兴，说给他们带来了欢乐，感到无比幸福，希望北航时装队常来。2017 年燕达养老院的老人们在北航时装队的影响下，也成立了他们自己的时装队，由住在养老院的段老师担任队长。这些都体现了社会主义大家庭的文明与和谐，以及敬老爱老的光荣传统。又如 2017 年 11 月，她随北航时装队参加了北京科学表演大赛，北航的环保时装秀获得最佳科学表演奖，为北航赢得了荣誉。

除此外她还参加了北京海淀区康令时装队，经常参加北京市组织的展示中老年阳光心态的表演活动，多次去养老院为老人们慰问演出，如去北京市恭和苑养老院、通县九合养老公寓演出受到好评。

家庭和睦邻里友爱　做阳光老人

赵景芬热爱北航，关心北航。她总是保持积极向上、充满阳光的心态，不断学习新生事物。她与时俱进，经常上网学习，关心国内外大事并通过微信传播正能量。

她坚持参加离退休工作处组织的健身娱乐活动，崇尚科学，保持身心健康。每年都积极参加北航组织的老年运动会并得奖。

她家庭和睦，老两口一起参加时装队活动。她注重邻里关系，与周围同志友爱相处，相互帮助，举止文明，经常助人为乐。如经常为邻里进行医疗咨询，量血压等，受到群众好评。

晚年的赵大夫身患高血压、骨关节病、胃肠道等疾病。她的两个女儿又都没有在身边，但她处处为别人着想，不给同志们添麻烦，2018 年和 2019 年因肠道疾病和腰椎压缩性骨折二次住院，她都没有告诉党支部。她就是这样一个心中装着别人、没有自己的阳光老人。

全心全意为人民服务　兢兢业业为党工作

——记优秀共产党员李瑞云

人生短短数十寒暑，怎样看待人生？在时空纬度中渺小的个体，怎样将刹那化为永恒？这是李瑞云同志毕生都在找寻的答案。雷锋同志曾说，要把有限的生命投入到无限的为人民服务之中去，这种精神一直影响着李瑞云同志。作为一名共产党员，她深知，只有永远保持与时俱进的先进性，把党的宗旨作为自己所有工作的出发点和落脚点，即使离开工作岗位以后，仍然能够保持和发挥党的优良传统，退而不休，才能称得上是一名优秀的共产党员。

自参加工作以来，她一直在自己热爱的教育事业的岗位上兢兢业业，一丝不苟地工作，退休后仍然继续发挥余热。她担任了机关退休职工第五党支部副书记、“三老”协会常务理事副秘书长等职务；她一如既往地配合离退休教职工党委的中心工作，协助党支部书记发挥党支部的核心作用，做好宣传、动员和组织落实。她积极为退休老同志服务，兢兢业业为党和人民的事业而工作，2019 被离退休教职工党委评为“优秀共产党员”。

组织开展活动　益于身心健康

李瑞云把积极为退休老同志做好服务作为自己的工作目标。关心退休老同志的身心健康，组织他们参加各种有益活动。学习十八大，宣传十八大，参观“十一五规划成果展”“科学发展，成就辉煌”大型图片展览等。使他们退休后仍能继续学习党的理论知识，了解祖国的发展变化，体会人民主人翁的社会地位，身心受到极大的鼓舞和振奋。

2013 年 9 月 10 日，在这个“欢度第 29 个教师节”的日子里，她参与组织了北航“三老”协会校机关第一分会在思源楼多功能厅举办的“纪念北航建校的创业者们”报告会。北航校机关党委的领导、离退休教职工党委的领导、北航“三老”协会的领导都参加了报告会。机关退休职工第五党支部老党员很多，他们大部分都是北航建校就来到北航的老职工、老工人。她主动组织本单位的一些退休老同志来参加这次报告会，让他们重温北航创业者的故事。在报告会上，周自强教授为老同志们介绍了北航建校初期，北航创业者艰苦奋斗、敢为人先的先进事迹，生动地介绍了沈元、王俊奎、林士谔、王洪星、王绍曾、吴云书、饶国璋、张锡圣、陆士嘉和屠守锷等一批北航建校初期的学者专家。

参加报告会的 240 多位老同志共同重温了北航建校创业者的丰功伟绩以及高尚的精神风貌，认识到正是这些创业者淡泊名利、甘于奉献的优秀品质，才为北航的学科建设奠定了坚实基础，才使得我国航空航天事业取得卓越成就，他们是每一位北航人的榜样，值得敬仰和铭记。大家纷纷表示我们这些老北航人通过重温创业者们的艰苦奋斗的故事，深受鼓舞，退休了也要严于律己，不给党和国家添麻烦。报告会取得了很好的效果。

关爱服务老同志　奉献余热

李瑞云总是对大家说，我就是一个服务员，服务好照顾好大家，是我应该做的。她一门心思地投入到为老同志服务工作中，并主动把一些琐碎、跑腿的事情承担下来。机关退休职工第五党支部老同志多，80 岁以上的有 15 个，普遍年龄偏高。为了照顾好这些退休的老同志，每年比如发体检表、发食用油等，李瑞云都是帮助老同志送到家中，以解决高龄老同志行动不便，不能负重爬楼的难题。对身体不好行动不方便的老同志她也经常和他们电话聊天，及时了解他们的情况及需求，尽量地给予帮助。日常琐碎的平凡之中更体现了她对老同志的关爱之情。

支部每年组织退休职工出去旅游。去山里欣赏大自然美好景观，去乡下感受社会主义新农村建设取得的巨大成就，体验农家乐。很多老同志不顾年高体弱以极大的热情参加这一有益身心健康的活动。每次活动李瑞云都细心地安排好大家的起居，在游览途中照顾好每个人的安全，让大家高兴而去，平安而归。她热心参加学校离退休教职工党委组织的各种文艺、体育活动，各种健身比赛，主动为大家服务，既锻炼了身体，也让退休的老同志身心健康。

管好信息平台　做好宣传交流

在信息爆炸的时代，李瑞云知道做好宣传工作是很重要的。她作为“三老”协会的一名工作人员，除了完成日常的工作，还负责“三老”协会网站的管理，任务艰巨而重要。她及时了解并报道老同志的活动，报道协会工作动态，发表科技工作者建议（论坛）、科普知识，丰富老同志精神、文化生活。除了宣传老年活动外，李瑞云在宣传党的方针政策和普及科学知识发挥更广泛的作用方面也做了大量的工作。

她深入到各分会了解各分会的活动，及时约稿、整理、编辑、校对。同时向各分会宣传“三老”协会为老同志搭建的信息交流的平台——“三老”协会网站。她在网站上交流信息工作的重点，发布单位的工作动态，反映老同志老有所为、老有所乐、老有所养等先进事迹及经验交流，反映老同志的热点、难点问题以及他们的呼声和要求，对国家、社会、学校建言献策，老同志的学习心得、体会，游记、摄影作品，等等。她鼓励大家积极投稿，以保证“三老”协会信息平台网站的宣传工作，同时选出优秀稿件提供给离退休工作处网站做好宣传工作。为了配合好离退休教职工党委全面信息化管理的工作，“三老”协会网站面临着改版。她深知所面临的工作将更加繁重,作为一名共产党员她要努力,更努力地工作。为了更好地做好宣传工作,她古稀之年仍坚持学习党的先进思想以及新时期的方针政策,关心政治,关心国家大事。

她深知要把服务工作做好,必须得到上级领导的关心与支持,必须得到各支部书记和全体党员的支持与配合。因为大家有共同的出发点,那就是献爱心,为老同志服务,为下一代服务。团结、和谐、奋进才能做好服务工作,要在服务中努力学习和不断创新。

健康老人内涵的理解与实践

——记十佳健康老人欧阳长月

欧阳长月教授是一名有64年党龄的老共产党员，几十年来认真贯彻执行党的方针政策，保持共产党员本色。退休后，从2008年至2014年任党支部副书记，在支部双关工程活动中积极发挥老教授、老共产党员的作用，使支部双关工程活动开展的活泼有实效，受到学生和教职工的肯定，取得了较好效果。

关于健康老人的内涵有各种说法，而欧阳长月教授的理解是既要身体健康，又要精神健康，还要尽可能地量力而行，发挥点儿余热，为大家做点儿有益的事情。正是按照这种认识，欧阳长月教授合理地安排着他的退休生活。现在，欧阳教授虽然已经是86岁的高龄，但仍保持着良好的身体状况和精神状态，积极参加离退休工作处组织的各项活动，为大家做奉献。用他的话说，如果学校需要我现在再给本科生讲课，一周两次站着讲大班课，应该都没有问题。

感恩国家　开心工作

欧阳教授不管做什么工作，都以平和的心态、抱着感恩的心情去完成。他说，这是他身体能保持健康的重要原因。

欧阳教授1934年出生在湖南道县一个偏僻的小山村中,祖祖辈辈都是种田的农民。父亲对欧阳教授的期望是,读完小学能认字算数就行了,免得将来做事吃亏。若可能读到初中毕业并最终当上一个小学老师,那就是最好的出路了。但欧阳教授很幸运,当他读到初中时,家乡解放了,因此有机会继续读书,结果一直读到了北京的大学——北航。毕业后还留校当了老师,再后来被学校选派到莫斯科航空学院进修,读书读到了国外。

欧阳教授永远记得回老家探亲时,一个长辈对他说的话,“衍庆(欧阳教授的小名)呀,你的书读得够多了,可以说是读到头了。你家无钱,全靠国家培养,该好好工作,报答国家了。”他常想,读大学时,吃的、用的、穿的全是助学金解决的,没有国家的这些资助他是读不起大学的。对国家的报恩之心已深深地埋在他的心中,永不熄灭。

怀着为国家报恩的心,他对领导分配的任务从不讨价还价,都是坚决执行。无论是带领学生到农村参加四清运动,还是下放到“五七”干校劳动,他都是第一批参加,心中毫无怨言。

在校的这几十年来,他全身心地投入教学之中,讲授了本科和研究生总共七门课程,编著和翻译了七本公开出版的教材,当了23年的教研室主任。在培养学生、培养青年教师和学院的建设发展中发挥了骨干教师的作用。在教学和科研工作中取得一定成绩和奖励,做出了重要贡献。退休后还被学院返聘给本科生和研究生授课,同时聘为学院教学督导组组长和学校教学督导组成员多年,继续为学校和学院做贡献。

坚持锻炼　规划生活

退休前,因忙于工作,欧阳教授很少有时间锻炼。退休后,虽然还是被返聘,但这时的“工作”似乎与退休以前不太一样了。以前的工作是跟着任务跑,每天忙于应付,无多少空余时间。而退休后,虽然有课要上,但自己可支配的时间多了。欧阳教授首先想到的就是要加强锻炼,搞好身体,争取多活几年,看看中国与世界的变化。因此从退休之日起,他就把搞好身体作为第一任务来安排自己的生活。早年是热衷于爬香山、游颐和园和圆明园等地，几年之后改为校内快走，再后来就逐步改为慢走了。20多年来，坚持走路已成习惯。若因某种原因不能外出走路，他就感到全身不舒服。每天外出走路已成为欧阳教授生活中的一部分。

欧阳教授通过锻炼体会到，多人一起锻炼比独自锻炼更好。因为可以边走边说——即话聊，气氛活跃，轻松愉快，有利于防止老年痴呆，于是他加入了北航老人晨练队。这个老人晨练队由18位各院的老教授（其中有一位院士和高工）组成，他们自己戏称为18棵青松。由于组织者李鉴树教授和毛熙昌教授的热情负责和全体队员的积极参与，这个晨练队成立至今已有20多年，仍在坚持活动。初期是一起游园登山，随着年纪增大，改在校内走路。都在早晨走，故称晨练队。平时自由组合走，但到周六早晨，一定是大家一起走。除走路外，晨练队还组织春游秋游、参观博物馆和新技术实验室、节日聚餐、生日祝寿、慰问病友等多种活动，内容丰富多彩。这个晨练队还有一个特点，就是特别关心学校发展和国内外大事。由于这个队伍的成员身份多样，有共产党员、国民党员、民建党员等，其中有些还是民主党派的负责人，这样大家就可以从多个渠道了解到国内外大事。

家务劳动也是保持身体健康的重要手段。至今欧阳教授和老伴一直自己做家务，包括大扫除，都是自己干。他认为这对身体有好处。此外，抱着“能锻炼就锻炼”的思维，直到前几年，他们老两口外出还都尽量步行或坐公交地铁。

夫妻恩爱　家庭和睦

欧阳教授有一个和睦的家庭。夫妻恩爱，子女孝顺，晚年老两口还为培育第三代做贡献。

欧阳教授与老伴王业裕老师是同学，两人在大学相识相恋，在一个小班共同学习了四年。他们相互了解，性格互补，相互尊重、彼此关照，恩恩爱爱一起走过了58个年头。老两口有一双子女，都毕业于清华大学。女婿也毕业于清华大学，儿媳硕士毕业于北京大学。两个外孙，一个在美国密西根大学本科毕业后，去了美国凯斯西储(Case Western Reserve)大学医学院攻读医学博士；另一个正在哈佛大学读本科；孙子正在读小学。孩子们对老两口都特别关心孝顺。按照欧阳教授的老伴王老师的话说："我们老两口真是好福气，女婿和儿媳对我们这么好！女婿比女儿还好，儿媳比儿子还好。"在父母的榜样带动下，两个外孙对老人也特别关心和照顾。当然这也与他们小时候在欧阳教授身边生活过，和老人建立了深厚的感情分不开。

欧阳教授说，他生活在这样的家庭环境中，心情舒畅，身体也自然健康了。

性格直爽　利弊兼之

欧阳教授认为人的性格对人的健康也有很大的影响。若按表现来说，人的性格可分为外向型与内向型两大类。欧阳教授的性格是属于外向型一类的。他直爽、性急、喜欢有话说出来。他认为，有事摆在桌面上，既利于解决问题，又利于身体健康。否则有话不敢说，埋在心中发闷气，容易生病，对身体有害无益。他对同志真诚实在，主持正义，大家愿意同他交流思想，是大家的知心朋友。但任何事物都有两面性，外向性格的人也容易发火吵架，造成同事间的误会。久而久之，也会对身体健康不利。好在退休之后，工作少了，矛盾少了，心态平静多了，欧阳教授已经很少与人争吵了。

说声谢谢　表示尊重

欧阳教授60年代在俄罗斯(前苏联时期)学习时，因为中苏关系已经很紧张，所以在技术上难以学到新的东西。但两年的生活体验对欧阳教授来说，在人际关系的交往处理等方面的影响还是很大的。如在街上排队买东西，不会有人插队；坐地铁公交不会有人抢座位，进门时总是老人妇女优先；在商店买东西，售货员与顾客之间都要说一声谢谢，售货员说谢谢是感谢顾客来买了她的东西，顾客说谢谢是感谢售货员为他服务。说声谢谢，在国外非常普遍，人人都说，到处都说。看似随便说说，其实是表示了对对方劳动的尊重。人们经常互相说声谢谢给欧阳教授留下深刻印象，他将这两个字的含义牢记在心中，并且养成了习惯。当他回国后，也处处说谢谢二字。学校的老师同事们都感到奇怪，说欧阳教授像变了一个人似的。直到现在，凡是与欧阳教授打交道的人，完事后他一定会说一声谢谢。他到食堂买饭菜，会对炊事员说，吃饭后送碗筷给洗碗员时会说，坐公交车下车时，会对售票机员说……欧阳教授说，说完谢谢后，心里感到舒畅，这也会有利于身心健康。

后事安排　写好遗书

生老病死，是人生的自然规律。欧阳教授有着非常健康的生死观，淡然而平静地面对死亡。他说："我们这个年纪，已超过全国平均岁数，死而无憾了。若身体健康，生活有质量，继续生存下去，当然是件幸事，何乐不为呢？但人是迟早要离开这个世界的，这是一条不可抗拒的自然规律。天有不测风云，人有旦夕祸福。万一突然离世，为便于子女顺利处理后事，应尽早立好遗书。"他已有打算近期到公证处完成此事。他已同子女商量好，其遗书的主要内容包括：1. 逝世后，按三不处理，即不发讣告，不搞遗体告别，不开追悼会。因为他觉得人都不存在了，还发一个讣告，说说一生简历，摆摆一生成就，没有什么实际意义。至于搞遗体告别之事，能去参加的还是熟悉的同年龄段的老同学、老同事、老朋友，何必还要他们去触景生情而遭受一下刺激呢？2. 若得重病，治愈无望，就不要治疗了。若已成为植物人，生存毫无意义，更不要治疗了，以免浪费公共资源。欧阳教授是一位真正的唯物主义者。

享受晚年，健康人生。这就是大家看到的十佳健康老人欧阳长月教授。愿外向开朗的欧阳教授夕阳无限好。

中篇　老有所教　老有所为当益壮

莫道桑榆晚，晚霞亦生辉。多年来，北航离退休教职工积极应对老龄化挑战，发扬不用扬鞭自奋蹄的精神，不忘初心、牢记使命，继续以“我将无我、不负人民”自勉并践行老共产党员的铁骨誓言。他们退休不退岗，传播好声音，发出正能量，在促进学校建设发展、和谐校园建设中继续贡献绵薄之力，他们用亲身经历书写着老有所教、老有所为的精彩晚年。

发挥老同志独特优势　关心下一代健康成长

——记离休干部第三党支部

书　记：张仲伟　　副书记：崔锦河

2014 年 11 月 26 日，习近平同志在出席全国离退休干部先进集体和先进个人表彰大会（以下简称“双先”表彰大会）时对老同志做了高度评价。他指出，广大离退休干部是党和国家的宝贵财富。老同志对党中央的大政方针给予了普遍认可、高度评价，对党的领导和中国特色社会主义制度是坚定拥护的，对改进作风、坚决惩治腐败是坚定支持的。这充分体现了老同志对党的深厚感情和对党的事业的无比忠诚。

北航的离休干部和全国的老同志一样，时刻关心党和国家的方针政策、关心国家大事、关心学校的建设发展，表现出离休不离党、永远跟党走的坚定信念。他们像习近平总书记在“双先”表彰大会要求的那样，珍惜光荣历史、永葆政治本色，继续以身作则弘扬党的光荣传统和优良作风；

发挥老同志的政治优势、经验优势、威望优势，讲好中国故事、弘扬中国精神、传播中国好声音，推动全党全社会更好培育和践行社会主义核心价值观，为实现“两个一百年”奋斗目标、实现中华民族伟大复兴的中国梦做出自己的积极贡献。这里就讲一讲北航离休干部第三党支部如何发挥老同志的独特优势，关心下一代健康成长，敬终如始，走好“最后一公里”的故事。

认真开展政治学习　明确老党员的职责

北航离休干部第三党支部建于1984年，张仲伟同志1997年接任第四任党支部书记后，书记做了20年，政治学习抓了20年。从2012年开始，通过学习习总书记在2014年“双先”表彰大会上的讲话：“特别要鼓励广大老同志积极参与关心下一代工作”，引导老干部充分发挥好传帮带作用，向青少年讲历史讲传统、讲思想讲精神，“引导他们把经验智慧和独特优势发挥出来，把对党的事业的深厚情感释放出来”，支部全体党员深切感受到党对下一代健康成长高度重视和对老共产党员、对老同志的高度信任及发挥“独特优势”的殷切期望。增强了政治上的自信心，体会到了老同志的“独特优势”要“发挥出来”“释放出来”。通过对《如何让“红色基因”代代相传》的学习，支部全体党员对“红色基因”的形成和习总书记提出的“要把‘红色基因’代代相传”的重要性和深远意义理解得更具体、更深刻了。明确自己作为一名老党员要站在延续党的血脉、传承红色基因、巩固执政地位的高度来认识自己的责任，明确老党员对传承“红色基因”应发挥的作用。深刻认识到，把党支部打造成增添正能量的“发动机”，继续发挥党的优良传统，为党的事业增添一份正能量，让“红色基因”代代相传，努力为全面建成小康社会，实现“两个一百年”奋斗目标和中华民族伟大复兴的中国梦贡献智慧和力量，是一名老党员的职责所在。

帮智出力　搭建“四老四教”主题教育长效平台

那么如何实现上述职责呢？在对中央组织部、中央创先争优活动领导小组推广的长沙开展“五老四教”主题活动的做法、经验及习近平总书记的批示精神进行学习和热烈讨论后，大家一致认为，结合“长沙经验”和我校实际的最佳方案是：与附中党委联合开展“四老四教”主题教育党日活动，发挥我们支部老干部、老党员、老教师、老战士（四老）的政治、经验、亲情等优势，面向北航附中学生开展“形势政策、党的历史、思想道德、公民意识（四教）”思想政治教育活动。“向青少年讲历史讲传统、传思想传精神”，帮助青少年扣好人生的“第一粒扣子”、树立正确的世界观人生观价值观。

方向确定后，离休干部第三党支部积极与附中取得联系，自 2012 年以来组织开展了“时刻准备着”“争做合格接班人”“老少牵手访谈”等多次主题党日教育活动。每次活动都受到学员的欢迎，得到了上级党委和领导的肯定。获得离退休教职工党委优秀主题党日活动一等奖，获校党委优秀主题党日活动二等奖。时任校党委书记的胡凌云同志在北航召开纪念中国共产党成立 93 周年座谈会讲话中指出：“更令人感动和敬畏的是离休干部第三党支部为青少年学生成长所付出的心血和汗水。”并建议这项活动今后按“梯型”发展，不断扩大退休干部参加范围。

支部书记张仲伟同志为该项教育活动的形成和举办付出了大量心血。此项活动也得到一些资深老党员的大力支持，先后参加的同志有杨平、程彦生、陈忠、楼士礼、莫瑞庭、曾妙南、刘俊德、张仲伟和崔锦河等。此项活动的主讲成员基础基本形成。现在“四老四教”主题教育活动已成为附中业余党校的必修课，长期举办，“四老四教”主题教育长效平台基本形成。

精心组织 热心投入“四老四教”党日活动取得实效

离休干部第三党支部在组织活动中，从不因老同志年事已高、行动不便等原因而放松要求。本着“办真事、真办事”的理念，认真组织、精心策划、细心安排。真正为青年学生的健康成长起到正向的作用，为青年学生的梦想实现起到帮助的作用。

如 2014 年“争做合格接班人”的主题教育活动，离休干部第三党支部召开了多次会议研究，多次与附中联系，起草策划书，联系动员离休干部以及楼士礼、莫瑞庭、郑祺选、曾妙南等老领导参与活动，增强活动的影响力和实效性。

活动中，根据附中的需要，把35名入党积极分子分成六个小组，在六个会场分别进行座谈访谈，针对入党前的准备、怎样做一名共产党员；树立远大理想、如何成为一名合格的共产党员；青少年怎样体现“社会主义核心价值观”等问题进行了畅谈。老同志们结合自己的亲身经历、鲜活的历史故事，用通俗的语言对学生们进行了党的历史和知识的教育，寓教于乐中引导学生“知党史、感党恩、听党话、跟党走”，面对面、心贴心，讲理想、话人生，场面感人至深，取得了良好效果。在附中业余党校召开的学习访谈总结会上，访谈小组的同学们都动情地汇报了学习体会和心得。一位同学说，爷爷的讲话激励着我的人生时刻有方向、有目标、有信仰！还有一位同学说，爷爷奶奶的话语感染了我们，我们一定要以老党员为榜样，严格要求自己，明辨是非，弘扬正气，传递正能量。

青少年是祖国的未来，是民族的希望。当前，国际形势复杂，社会思想多元明显，意识形态面临挑战。特别是我国正处在经济发展转型期，社会上各种思想的侵袭对青少年也产生了巨大影响。党中央高度重视加强青少年的思想道德建设。离休干部第三党支部的老同志们表示：我们老干部、老党员是中国共产党的积极拥护者、捍卫者，我们愿意在有生之年围绕关心下一代健康成长工作等方面继续发挥优势，做出新的更大贡献。

附：附中业余党校学员的部分活动体会

党校活动体会与收获

2014年5月22日下午，我们小组五人有幸聆听了北航“关工委”副主任曾妙南老师的演讲。整个过程以访谈的形式开展，组员们每人都提出了一些问题。曾老师对这些问题一一解答后，还向我们介绍了北航附中、北航近些年入党情况以及自己的入党历程，等等。

曾老师与我们探讨时提道：很多党员在金钱与利益的冲击下，犯下巨大的错误，这是如今一部分党员利令智昏的结果。当今社会下，保证党的纯洁性与先进性是最关键的问题。能否时刻牢记党章对每位党员的基本要求，是对每位党员的终身考验。

曾老师重点向我们强调：学习理论和入党并非将精力投入到业余事情当中，而是对自己的一种激励。在一定条件下，能更好地领悟社会知识、党与国家的建设，还能切实地参与许多有意义、有价值的活动，这是漠不关心时事和仅仅将目光局限于学习中的同学们所缺失的。

通过这一个小时的访谈，曾老师向我们指明了前进的方向，但每个人的道路需要自己去摸索。最终，寄语我们让人生时刻有方向、有目标、有信仰！

（刘天任）

听老党员讲故事，与信仰对话

5 月 21 日，北航社区的老党员们为我们这些对共产党有着执着向往的共青团员讲述了他们追寻共产党足迹的一件件让人感叹的英雄事迹，其中也不乏很多他们对于共产党这个光荣组织几十年的故事积累以及他们对这个组织特殊的爱。杨平奶奶为我们讲述了她对中国现如今习近平主席提出的中国梦的独特的见解，同时也包含对中国现世存在的问题的分析，这让我们又一次受到了共产党这一引领中国走向繁荣富强的优秀组织的感染。虽然杨奶奶已经 88 岁高龄，但当她说起中国及中国共产党的每一个细节时都丝毫不苟，眼神里充满了骄傲与激动，那样的声音感染了在场的每一个人，奶奶从共产主义、为人们服务等方面向我们展现了一个老党员对党和国家的热爱，使我们每个人都收获颇多，受益匪浅。

党校感受

2014 年 5 月 21 日，我们高二年级六名区学生党校的学员跟随校党校的同学来到了思源楼，与老党员同志进行交流。同我们一组的老党员是原北航校党委副书记莫瑞庭老师，已经 78 岁高龄的莫爷爷精神饱满，饶有兴致地与我们谈起了他的经历。他讲述到自己正是因为解放才有机会走出大山，考入北航，心里对党组织充满了感激，之后求学的过程尽管经济情况拮据，但仍然过得满足，那时单纯的学生也不会像今天的我们奢求那么多。在大学里莫爷爷接触到党，出于心中对党的感激，更是由于一份为人民服务的理想追求，他加入了中国共产党。莫爷爷非常强调入党的初衷：在对党组织有了初步认识的基础上，有理想和追求来更好地发挥自身的作用，敢于担当国家和党兴亡的责任，而非随波逐流、把入党当作形式来看。接着莫爷爷讲到党的良性发展不可缺少党员的意见和建议，党员有权利反映问题，但需注意影响；过去党内形式主义的事务比较繁杂，但现在，国家经济情况大幅度改善，党内活动形式多样，各种精彩的社会实践活动得到党员们的一致赞许。最后，莫爷爷还不忘告诫我们：若成为党员，必须要严格要求自己，更要明辨是非，对事对人有自己的看法，坚持吃苦在前、享受在后的原则。

（谢语今）

和党员爷爷交流的感受

2014 年 5 月 22 日，北航附中第 16 期中学生业余党校学员怀着崇敬的心情，来到了北航思源楼，和老党员们一起进行交流。

参与交流的老党员们都有着感人的故事。北航原党委书记楼爷爷为我们讲述了他从交入党申请书到入党的 18 年经历，以及入党后被安排到贵州的艰苦生活。他说：“我们要时刻牢记，是党给了我们今天的幸福生活，所以我们要报党恩，为党增辉……”参与活动的几位老党员深情回顾了在党的培养教育下的革命生活经历，歌颂了现在的幸福生活，并号召同学们以实际行动回报党恩，为国家的经济发展和各项社会事业贡献力量。

几位老党员的真情表白深深感染着在座的青年团员。大家纷纷表示，要以老党员为榜样，严格要求自己，明辨是非，在各支部发挥模范带头作用，弘扬正气，坚持吃苦在前、享受在后的原则，积极帮助有困难的人，真正做集体的先锋模范。

全方位多渠道发挥优势　助力立德树人有为当先

——记北京航空航天大学关心下一代工作委员会

北航关心下一代工作委员会（“一室五组”部分成员）

北航关心下一代工作委员会（以下简称“关工委”）是一个以老同志为主体、发挥老同志优势作用的大阵营。组织带动老同志学习贯彻习近平新时代中国特色社会主义思想，以实际行动树牢“四个意识”、坚定“四个自信”、坚决做到“两个维护”，不忘初心、牢记使命，全方位多渠道助力“立德树人”根本任务，在团结友爱中传承家国情怀，在润物无声中培养大学生成长成才。

校党委高度重视 为“关工委”工作运行提供坚强的组织服务保障

加强党的领导，把好“关工委”工作方向。

校党委高度重视并做好关心下一代工作，校“关工委”主任由校党委书记兼任，主管离退休工作的校领导任常务副主任，主管学生、教学、人事、基础教育工作的校领导任副主任。校“关工委”成立秘书处，挂靠在离退休党委。学校将“关工委”工作与党建工作同研究、同部署、同检查、同考核、同表彰。在召开离退休工作领导小组会议的同时，研究解决关心下一代工作的重点和难点问题。

注重组织建设，加强“关工委”工作保障。

学校重视校院两级“关工委”领导班子和工作队伍建设，对“关工委”委员及时进行调整和补充。校“关工委”委员中，离退休党委、学工部、研工部、教师工作部、校团委、党政办、教务处、研究生院、组织部、宣传部、人事处、实验学校等有关部门负责人担任在职委员，占比 40%，老同志委员占比 60%。重视加强“关工委”队伍学习培训，每年与北航老年党校联合举办培训班，使“关工委”队伍能够很好地跟上新时代要求。为“关工委”配备了办公场所，返聘了两位老同志负责“关工委”日常工作。校“关工委”工作经费增加至 15 万元。不折不扣落实北京教育系统有关文件精神，为校“关工委”老同志委员每人每月发放 300—500 元补贴。

健全规章制度，提升“关工委”工作水平。

学校不断建立健全各项规章制度，制定了北航《关于加强关心下一代工作委员会工作的意见》《关心下一代工作委员会工作规程》。各级“关工委”年初制定工作要点，年终认真总结。定期召开“关工委”委员会议、“关工委”秘书处会议、工作交流会议。校“关工委”以座谈会、调查问卷等形式开展调研，了解老同志对关心下一代工作的意见和建议、了解青年师生的需求。全面实现关心下一代工作的科学化、制度化、规范化，确保工作常态化运行。

思想引领学习为先　筑牢政治建设的主阵地

把政治建设作为首要任务，夯实老同志思想根基。

“关工委”与离退休党委联合，依托老年党校，组织开展理论学习、社会实践、沙龙论坛，在学习培训中强心，在红色教育中铸魂，在言传身教中正行。“关工委”坚持走出去、请进来的开放形式，先后邀请金灿荣、王向明等十几位专家做形势报告，累计听报告达 3 万人次。组织“我看祖国变化”“我与祖国同行”“我眼中的改革开放 40 年”等近百场畅谈活动，刊发“我心中的党”“我和我的祖国”等征文 130 篇。组织老同志到“没有共产党就没有新中国”歌曲诞生地、全国先进基层党组织窦店村等地参观学习，与“中国生态农业第一村”留民营村开展“共话新农村发展　同创党支部建设”主题党日活动等，进一步使老同志从党的革命史、新中国建设史、改革开放史中汲取继续前进的强大力量。

信息化手段助力政治建设，打造立体化学习宣传教育体系。

以北京高校“互联网＋离退休工作”现场会在北航召开为契机，进一步推动信息化建设，“关工委”开辟北航思源网、微信公众号、线上思源讲堂、电子屏等新媒体理论学习载体，坚持每天推送学习文章。“关工委”活动采用刷卡、刷脸技术，形成信息大数据。2017 年人民网-舆情频道公布全国机关事业单位老干部微信公众号影响力排行榜，北航排名第 19 位，是唯一的高校系统有关老同志的微信公众号。

拓展政治建设新途径，凝聚老同志永远跟党走的信念和决心。

“关工委”开展“我心向党”“做年轻一代的好榜样”等沙龙论坛。组织青年教师、大学生观摩 90 岁离休干部王龙生教授加入中国共产党的活动在社会上引起强烈反响。与北航附中学生党校联合开展“理想信念”主题党课，成为北航附中培养入党积极分子的大熔炉。同学们在心得体会中写道：从北航爷爷奶奶身上，我们找到了信仰的答案……与北京新四军暨华中抗日根据地研究会等单位共建怀柔九公山铁军纪念园爱国主义教育基地，每年组织老同志、大学生到铁军纪念园祭祀扫墓，缅怀为人民幸福奋斗牺牲的英雄人物，使我党我军的光荣传统代代相传、永放光芒。

精准发挥优势作用　构建“654321”离退休工作与关心下一代工作融合体系

搭建“六个平台”，多维度向青年师生传播正能量。

“六个平台”包括“老年大学、思源讲堂、国粹课程、老少共建、展览展示、网络平台”等。老年大学不仅面向老同志授课，同时也对青年师生开放，每年有近百人次青年师生参加书画班学习。思源讲堂每年十期，吸纳近千名青年师生听取生命、生活、生存教育讲座。国粹课程面向青年留学生开展剪纸、太极、书画等中国传统文化普及教育。老少共建以“双关工程”为推手，在老同志与大学生中开展双向关爱活动，组织老同志与学生结对共建，为学生们购买图书并举办读书交流会，以书会友、分享心得。与学生联合举办“忆光荣历史 扬青春风采 做合格党员”“航人说古今”等活动。展览展示以老同志书画、摄影、手工艺作品展览为载体，现场展示创作技艺，成了大学生选修课、观摩实践课的最佳教学场所。

健全“五个工作组”、完善“四支团队”，全领域发挥老同志作用。

健全“远航—思想政治组、先锋—党建工作组、致真—科学文化组、春雨—教学督导组、求实—调研宣传组”等“关工委”“五个工作组”，整合资源，突出分工协作，围绕立德树人各领域发挥老同志作用。完善“老教授报告团、特邀党建组织员、教学督导组、老教授大学生人生导师”“四支团队”。加强团队自我建设，打造精品育人项目。老教授报告团围绕中华文化、党史、校史、学科专业做报告，每年对新生进行入学教育，面向校内外青少年普及航空航天知识，全年听报告人数超万人。特邀党建组织员深入学生党支部，参与入党积极分子、预备党员培养工作，为学生上党课、与学生谈心谈话，成为学生入党的领路者。教学督导组深入教学一线，每年听课 1300 余门次，收集整理师生对教学中的意见建议并及时向学校反馈，持续推动教学质量提升。老教授大学生人生导师团队中的老同志们长期作为沙河校区“驻校导师”，通过面对面全方位接触，为学生开展生涯辅导，先后有 160 名老同志指导过 2000 多名学生。

统筹“三类组织”，聚焦立德树人发挥涉老组织合力。

统筹“三老”协会、离退休党支部、老年社团等“三类组织”，聚焦立德树人定位，发挥涉老组织的合力。“三老”协会与学生蓝天志愿者协会联合举办“搭建桥梁，共促和谐，为学校双一流建设做贡献”活动，与团委联合举办“北航故事汇”活动。离退休党支部与大学生党支部联合举办“老教师对大学生最想说的一句箴言”活动，组建“追光之旅”实践队，拜望学习老前辈“敢为人先 空天报国”的北航精神。老年社团与大学生社团联合举办“老少乒乓球对抗赛”“老少书画笔会”“老少摄影展评”等活动。

编辑“两类丛书”，传承北航文化、北航精神、中国文化、中国精神。

“关工委”组织老同志以北航老故事系列丛书、正能量作品集的方式，以书言志、以画抒怀，把立德树人内化到身边的榜样中、鲜活的例子里。引导青年学生树立远大理想、热爱伟大祖国、担当时代责任。老同志讲述自己亲历的故事并编写出版《信仰之光》《一切献给党》《空天报国志》《晚霞映红》《家书传家风》《教书育人探索之路》等书籍。

建设“一个基地”，以劳育人支撑大学生社会实践教育。

“关工委”指导学生成立了思源记者团和思源实践团，打造的“文字录入、采访整理老故事、培训使用智能手机、送餐、挂号、叫车”等一批为老同志志愿服务项目赢得一致好评。2018 年“七一”前夕，离休干部马自天手捧着由中国作家出版社刚出版的 25 万字的中篇小说《老磨》，激动地说：“这本书以我的亲身经历反映了没有共产党就没有新中国，感谢‘关工委’这个平台，是北航学生帮我圆了‘倾诉共产党恩情’的梦想。”

家国情怀助教助学　争当社会主义核心价值观践行者

“关工委”一直把助教助学作为关爱、激励青年师生的方式之一。据统计，仅近几年老同志直接捐款上千万元。每年“七一”是老同志最期盼的集中捐款的日子，他们早早排起长队等候捐款，1 万元、5000 元、2000 元……老同志们纷纷慷慨解囊。育新花园小区北航退休教职工党支部连续多年资助困难新生从大一直至毕业，《北京晚报》对此进行了报道。很多老同志还以各种方式设立奖学金，陈光教授与陈懋章、刘大响两位院士捐款 150 万元建立了“航空强国中国心”教育基金；放弃高楼不住而蜗居在破旧的小房子里的高镇同院士，2017 年在他 90 岁寿辰时再次捐款 90 万元设立“高镇同基金”，2019 年又捐赠 30 多万元充实到该基金。高院士动情地说：“年轻学生来到北京读书，父母不在身边，教师自然就是他们的家长，应该像爱护自己的子女一样，关心他们的成长。”身体并不好的钱士湘教授全身心扑在北航高等工程学院学生的培养上，并继承父亲钱昌照遗志设立奖学金，30 多年来共奖励了 300 余名学生。仅 2015、2017 两年间，钱士湘夫妇连续捐资便达 400 万元。2019 年 6 月，还在病榻中的王天民教授捐出 100 万元设立“天民树人”奖学金。还有的老同志积极募捐、动员社会力量关心青年师生，郑琪选、郦正能夫妇向社会募捐了 1500 万元，设立“凡舟”奖教金，专门用于奖励青年教师……这些正是北航老同志向上向善、大爱家国情怀的写照和缩影。

突如其来的新冠肺炎疫情打乱了正常的开学开课。为了让学子们保持积极的学习态度，激励他们投入在线学习，“关工委”第一时间组织老教授和学生志愿者利用开学前的“空窗期”开展了“逐梦星空”线上系列讲座四次。首场讲座由 90 岁高龄的陈光老教授开启，人气近万，跻身直播平台视频聊天专区人气榜的第一名。中央人民广播电台抗疫特别节目《关键时刻》、北京卫视《特别关注》栏目、《经济日报》《北京日报》、学习强国“北京学习平台”等连续报道北航在疫情防控特殊时期老同志参与发挥作用的好做法。

标准规范自我管理　创建和谐向上关心下一代工作好团队

“关工委”以制度体系建设为切入点，着力抓好组织构建、工作运行、表扬激励等机制体制，制定了系列文件。倡导推动全校 27 个学院全部成立了二级“关工委”分会，二级“关工委”分会定期换届、补充新鲜血液。“关工委”始终坚持“围绕中心、配合补充”的工作方针，做到“到位不越位”“帮忙又添彩”，主动上门找学院领导，不断宣传做好关心下一代工作的重要性，各单位纷纷表示要为老同志搭建好“老有所为”的平台。每年“关工委”举办不同形式的慰问、座谈会，向热心参与关心下一代工作的老干部、老专家、老教授表示节日的问候，对生病住院、家里有困难的老同志及时送去温暖。为挖掘老同志典型，做到学有榜样、做有标杆，开展了正能量之星评选表彰活动、北航育才老园丁评选活动。经过多年的探索实践，总结撰写了30余万字的关心下一代工作纪事《双关工程的实践与探索》。积极组织参加教育部“关工委”开展的“读懂中国”专题展播活动，“关工委”报送的以“我和我的祖国”为中心的《一生只为航空报国》作品成功入选2019年“读懂中国”优秀作品展播，并由中国教育电视台录制后通过多种方式巡回展播。

莫道桑榆晚，晚霞亦生辉。北航“关工委”以及老同志们荣获了多项省部级以上的荣誉称号。他们发扬不用扬鞭自奋蹄的精神，不忘初心、牢记使命，继续以“我将无我、不负人民”自勉并践行老共产党员的铁骨誓言。

“三老”协会搭平台　夕阳生辉映晚霞

——记北京航空航天大学“三老”协会

北航“三老”协会是北航老教授协会、老科技工作者协会(以下简称老科协)和老教育工作者协会的统称。其中老科协成立于1992年,北航老教授协会与老教育工作者协会均成立于2009年。三个协会三块牌子,实行一套工作班子,这种组织结构在当时高校还是一种创新举措。在分别接受各协会上级部门业务指导的同时,将“三老”协会的工作纳入北航离退休整体工作之中,成为北航发挥老同志作用的重要平台和载体。

多年来,北航“三老”协会做了大量工作,有效发挥了学校3100多名老同志的作用,是学校联系离退休老同志的桥梁和纽带。分别作为三个上级协会下属的骨干单位,出色完成了各项任务,并荣获多项荣誉。如北航老科协多次获得“科普工作先进集体”称号;北航老教授协会2010年获“先进协会”奖、2016年获“先进集体奖”;北航老教育工作者协会2010年获“优秀三型社团”称号;“三老”协会2012被授予北京高校离退休干部

“老有所为先进集体”称号;老教授报告团 2018 年获评中国老教授协会“科教兴国优秀项目奖先进集体”。

加强制度和组织建设 使服务工作真正落地

制度建设和组织建设是拓展服务的重要抓手。只有制度完善,组织建设拓展到基层,服务工作才能真正落地。

加强制度建设,使各项工作有章可循。2018 年,“三老”协会借助协会换届选举的机会,梳理和起草了“三老”协会的三个章程和《“三老”协会组织管理试行条例》,有了制度性保障,使今后的协会工作和运行有章可循。

加强组织建设,使“三老”协会扎根基层。为了让更多老同志参与活动,“三老”协会发挥骨干力量、依托基层组织,本着成熟一个、发展一个的原则,组建二级分会。在离退休教职工党委、各原单位的大力支持下,目前已成立二级分会 15 个,吸收会员 2100 多人,覆盖面不断扩大。二级分会的成立,进一步完善和落实了学校对离退休老同志实行“统一管理、两级负责、多方支持、共同参与”的工作模式;加强了分会与所在院、系和部门之间的联系;把更多的离退休教职工更好地组织起来,走出家门、活动起来、快乐起来、健康起来。二级分会已成为离退休工作处服务老同志的得力助手,成为“三老”协会的重要抓手。比如:经管学院分会从成立至今已连续举办了十届有创意的“庆祝元宵节”活动;机械学院分会组织去密云白云峡观光的活动,享受大自然,热爱新北京;航空科学与工程学院分会、自动化科学与电气工程学院分会组织老教师参观“大型 3D 打印技术”;校机关第一分会举办了由老教授科普报告团作的“大飞机现状与发展”科普报告会;校医院分会组织为离退休老同志健康咨询与测血压等活动,内容丰富多彩!

搭建工作平台 为老同志实现老有所为

组织老同志建言献策。协会作为老同志建言献策的桥梁和纽带,积极帮助老同志通过上级协会或直接向北京市和教育部提出各类建议。历年来面向国家和北京市的发展，北航“三老”协会提交了众多科技和教育工作者的建议，多项建议获得奖励。2009 年向北京市提交的建议曾经被作为范例印发各单位参考。2010 年，针对《国家中长期教育改革和发展规划纲要(2010—2020 年)》草案，组织老教授认真讨论，形成书面建议材料上报，获得教育部有关单位热情表彰、感谢与鼓励。2010 年，积极参加北京老科协总会组织的老科技工作者需求调查，认真填写了 100 份调查表。2014—2017 年的三年中又提出了“大力宣传水足迹观念 积极倡导大节水观”“改革国企的几点建议”“关于解决交通拥堵建议”“关于宣传节目的建议”等若干建议。

北京老科协总会还于 2016 年和 2019 年两次推荐北航老科协参加了京津冀老科协以“养老服务”为主题的建言沙龙。在 2016 年沙龙论坛上，《北航养老服务模式的探讨》被选为大会发言稿。

助推校园文化建设。2012 年，校庆六十周年之际，“三老”协会充分发挥老同志的优势，发起手书寄语母校留言活动，编辑了《千人寄语北航》文集并交至校史馆保存；向老同志征集老照片、老物件交至校档案室保存，为丰富校史资料做出了贡献。离退休工作处举办的春季运动会和新年游艺会上，“三老”协会组织老同志积极承担项目裁判工作；根据每年国家大事，动脑筋制作“深化改革”“美丽中国梦”等趣味项目，每次活动都给老同志留下美好的记忆，促进了和谐校园建设。

组织编写纪念图书。2018 年，是北航“北京一号”“北京二号”“北京五号”三个型号上天 60 周年。“三老”协会策划并组织 77 位年龄在 80—101 岁的老先生完成了《空天报国志——纪念北航三个型号上天 60 周年》一书的编写。书中共收录文章 66 篇，其中北京一号 32 篇，北京二号 17 篇，北京五号 17 篇，共 300 多页。它为学校留下了宝贵史料，对空天报国、敢为人先的北航精神传承起到了重要作用。

策划“同龄人同话七十年”重点活动。2019 年，在庆祝新中国成立七十周年之际，“三老”协会组织了“同龄人同话七十年”座谈会。北航有 77 位新中国同龄人参加。座谈会后，近 50 位同龄人又参加了中央电视台的“我与祖国同框”节目的录制。此次活动策划与组织非常成功，收到了超出预期的传播效果。除 CCTV 三次播报外，新华社、中国教育电视台等主流媒体都进行了报道。“同龄人笑脸照”照片还出现在《今日北航》展览、《中国老教授协会庆祝中华人民共和国70周年特刊》上，成为《北航老年工作》的封面。

组建北航老教授科普报告团。老教授科普报告团和校研究生会联合主办了“北航‘夕华朝拾’双关工程系列活动”。通过召开专题座谈会，开展科普与科学人生系列活动，与本科生、研究生开展联谊活动等，把关心教育下一代工作落到实处；参加了中国老教授协会与教育部全国高校教师网络培训中心举办的，面向全国青年教师的《国情教育讲座》《杏坛大讲堂》网络直播讲座；参与了由中国科协主办、腾讯网承办的“科普中国科学为你解疑释惑——与专家面对面”系列讲座，与大学生展开互动式的交流与讨论；与北航科协、学生工作处联合举办了面向沙河校区一、二年级大学生的“北航科协大讲堂”；为本科生/研究生各个党校上党课、做讲座，进行“爱党、爱社会主义”和“爱祖国、爱航空、爱航天、爱北航”的教育。

北航老教授科普报告团还到北京市和外地的大学、中学、小学，甚至幼儿园开展丰富多彩、适合其需要的科普与敬业教育的活动。据不完全统计，从2014—2016年的三年中，做过34人次、123场科普报告，共有43518人听了报告；仅2019年，做报告/讲座79场次，直接听众达上万人次。

在抗击新冠肺炎病毒的特殊时刻，老教授科普报告团四名老教授于2020年2月10日—20日举办了“逐梦星空”线上系列讲座，每次都有近1500名北航师生及全国各地部分高校师生进入直播平台共同参与听课，直播人气都在七八千人左右。学习强国平台、中央人民广播电台、北京电视台、《北京日报》等媒体都做了充分报道，在社会上产生很大反响。

参与教学督导工作。“三老”协会积极参与学校教学督导工作。在学校和各学院本科/研究生教育督导组中，有不少退休老教授的身影，其中大部分组长、副组长工作都由他们担任。老教授们在教学咨询、督导及青年教师发展等方面发挥了骨干核心作用，从另一个侧面确保了人才培养的水平和质量。一些老教授还参加了学校“教学成果奖”“优秀主讲教师”“凡舟奖教金”评审；参与青年教师教学业务培训班培训、担任青年教师讲课比赛评审专家、参与研究生教学卓越奖评审、职称评审等工作。他们以教学的专业性、权威性和丰富的经验，有力支持了学校人才培养、立德树人工作。

承接上级协会任务。“三老”协会出色完成上级协会下达的各项任务。如承办北京老科协总会老年科技活动日启动仪式并获得成功；联系、落实中国老教授协会为北航大学生开设“国情教育”精品课；协助中国老教授协会完成筹办专升硕培训班的任务。承担北京老教育工作者协会总会的老同志文艺汇演，负责组织与协调一个地区的各个学校的文艺汇演，受到好评。

“三老”协会在为老同志实现老有所为的过程中，始终受到了上级及北航各级领导的高度重视和关怀。当“三老”协会向学校提出编写建校初期有关人物志的想法时，学校十分重视，责成相关部门做好服务并提供资金支持，顺利保障了《群师荟萃——北航建校初期师资人物志》一书的编印；在向后勤、离退休工作处提出在校园内设立“健身告示牌”的建议后，得到学校相关部门领导的热情支持并很快落实。“健身告示牌”设立后，鼓励了更多老同志参加到长走健身活动中。在各种会议、参观、培训、表彰中，离退休教职工党委总是给予“三老”协会关心和支持，把“三老”协会工作纳入离退休工作的总体计划中，同部署、同开展、同表彰。

搭建服务平台　为老同志实现老有所养　老有所乐

为老同志办实事。“三老”协会挂牌成立后，根据老年人关注的买菜、空巢帮扶、社区服务等问题，组建调研小组，广泛听取老同志意见、了解老同志需求，并及时向有关部门反映。在多方支持下，促成了建立北航西门菜市场、一刻钟生活服务圈、老楼加装电梯等等实际问题的解决。

组织会员参加各种活动。在离退休工作处的组织领导下，协会积极组织会员参加社团的各种文体活动，丰富了会员的精神文化生活。如春节联谊会、春季运动会、秋季的重阳登山、夏天的暑期消夏文化广场等活动，“三老”协会都承担具体的组织与服务工作。协会还积极组织老同志参观国家博物馆、科技馆、国际节能环保展览会、国家“十二五”科技创新成果展，等等；举办“保护眼睛”“远离老年痴呆”等讲座；为老同志发放应急联系卡，参观各类养老院等。

承办“教师节”、表彰“老园丁”。“三老”协会成功承办了三届“教师节”活动。召开庆祝大会，由大学生向为北航默默耕耘一辈子的老教授、老专家、老教育工作者献花、致敬和慰问。大家反映效果很好！为表彰、激励老教师在人才培养、立德树人工作中发挥作用，2018年由“三老”协会策划发起北航首届“育才老园丁”评选工作，在离退休教职工党委领导下，与校“关工委”配合共同实施。2019年11月共表彰了71名“育才老园丁”。上述这两项活动对在全校形成“尊师、重教”“爱老、敬老”的良好氛围发挥了积极作用。

搭建学习平台 为老同志实现老有所学

加强学习是老有所为的力量源泉。老同志虽退离岗位，但政治坚定，时刻关心国家大事、关心学校发展。

建制度、编材料。“三老”协会建立了学习会议制度，定期编印学习材料。组织广大会员认真学习了党中央的会议精神和习近平总书记系列讲话精神，以及《老年人权益保障法》《教育纲要》等。“三老”协会时刻注意用先进理论武装头脑、指导工作并付诸行动。

做报告、开讲座。“三老”协会每年坚持不定期的为会员做科普报告、形势讲座，让老同志们老有所学，及时了解当代最新科技发展，思想能跟上新时代步伐。近年来，所做的报告、讲座的内容很广，如：“我国发动机的现状与发展”“大飞机的发展与竞争”“钛合金激光快速成型技术”“话说云计算”“量子通讯”“朝核问题”“国家安全背景分析”等，这些报告都深受老同志们的欢迎与赞许。

建设网络平台。根据离退休老同志的特点，建设了“三老”协会网络平台。网络平台开辟了协会介绍、论坛、协会活动动态报道、教学科研服务、科普天地、金色时光、大师风范、往事回忆等栏目，并且在每一个栏目下面进一步设立了许多子栏目。如金色时光栏目下面就开辟了旅游、文艺、健身、保健、手工艺、书画与摄影等栏目。各栏目内容充实、不断更新，积累了大约700个文件夹、11000个文件、900兆字节的内容。多年来，网站面向学校离退休人员、面向社会普及科学知识。建立通讯员制度，及时报道协会活动、交流心得体会、丰富老同志的文化体育生活，受到校内外一致欢迎。2016 年北航老科协被北京老科协总会评为“信息工作先进集体”。

结束语

做好“三老”协会工作，制度建设是根本，组织建设是抓手，领导重视是关键。“三老”协会取得的每一项成绩，都得到了三个上级协会和校离退休教职工党委的支持和关怀，都得到了一批热爱协会工作、热心为大家服务的协会理事和积极分子的支持和参与。在新的形势下，“三老”协会将继续深入学习贯彻党的各项方针政策，学习习近平总书记的讲话，按照习近平总书记对做好老干部工作提出的新要求，以踏实的工作作风，组织引导老同志继续老有所为，传播好声音，发出正能量，积极应对老龄化挑战，在促进学校建设发展、和谐校园建设中继续贡献绵薄之力，努力把“三老”协会建成老同志的温馨家园。为建设面向老同志、面向青少年的学习型、服务型、创新型的老年社团，为服务学校人才培养、立德树人目标，做出新的更大贡献。

关心下一代　耄耋之年老有所为

——记北航老教授报告团

2019 年 3 月，部分报告团成员合影

（中间陈光捧的是中国老教授协会颁发的先进集体奖牌）

北航老教授科普报告团组建于 2010 年 6 月 30 日，2019 年 3 月 12 日改名为北航老教授报告团。由原北航老教授协会会长陈懋章院士任团长、王浚院士任顾问。常务副团长徐扬禾教授，副团长陈光教授，秘书长周自强教授。目前北航老教授报告团有 18 名成员，平均年龄 80 岁。

北航老教授报告团以立德树人、关心下一代、服务老同志为宗旨，以弘扬空天报国、敢为人先的北航精神为动力，致力于为广大青少年学生和社会公众普及科学知识。十余年来，他们立足北京，走南闯北，进新疆、赴宁夏，进学校、去社区，不辞辛劳，坚持站在科普报告第一线，做航空航天领域的引路人。老教授报告团平均每年做科普报告、讲座 50 场左右，听众可达 3 万余人。

立德树人 关心青少年健康成长

北航老教授报告团面向北航沙河校区一、二年级大学生开展系列讲座，传承北航精神。他们年年在全校和各院系举办一系列讲座，如“北航人的理想信念”“从景观文化看北航精神”“胸怀大局把握大势——十九大语境下的国家安全背景分析”“航空器及其发展方向”“北航的坚实基础和创新发展”“建设航天强国与北航人的使命”“不能忘却的北航记忆”等，这些讲座使刚入校的新北航人更加了解北航历史，更深刻体会到“空天报国，敢为人先”的深厚蕴意，激发他们树立传承北航优良传统，报效祖国和人民的远大志向。老教授报告团为北航精神薪火相传做出了不可替代的突出贡献。

北航老教授报告团还面向研究生群体，结合研究生需求，与北航研究生会联合举办了“夕华朝拾”系列活动，以专题座谈会形式进行。如“北航人如何做人做事做学问”“如何面对研究生阶段的学习和生活”“谱科技人生、奏华彩乐章”等。老教授们为各院系研究生讲北航故事、谈奋斗历史；极力倡导北航爱祖国、爱航空、爱航天、爱北航的“四爱”传统；鼓励研究生们脚踏实地、敢于创新、团队协作；坚持以问题为导向，直面社会需求，紧跟国家战略，牢固树立正确的科技价值观，把论文写在祖国大地上。

北航老教授报告团还结合时事开展专题报告。2011 年我国第四代战斗机歼 20 首飞成功，在社会各界热盼歼 20 能早日装上国产发动机的大背景下，2013 年 5 月陈懋章院士向北航老教师、研究生、本科生做了“我国航空发动机现状与发展”的专题报告，深入解析了歼 20 对我国国防安全的重要性及国产发动机研发的紧迫性。陈老师的讲解深入浅出，很多没有航空航天基础知识的参会人员也能听得明白，陈老师的讲座受到了大家的热烈欢迎，北京电视台的记者对此进行了采访和录像。

北航老教授报告团曾应邀参加由中国科协与腾讯网联合举办的“科普中国——与专家面对面”系列讲座。在北京航空航天大学沙河校区、北京理工大学良乡校区，面向大学生，老教授们完成了五场讲座，如“盛世亮剑”“北斗的新发展”“前进中的 C919”等，这些航空航天资深教授的精彩解读在网络视频中引起一片叫好声；在《杏坛大讲堂》节目中，报告团的五位教授做了高水准、深入浅出的专业讲座，受到好评；团长陈懋章院士还接受中国老教授协会的邀请，向参加“全国中学生基础知识与创新能力决赛”的优秀高中生做了“科学精神和科学思维是创新的灵魂”的科普报告。

郑彦良教授每年为北航本科生党校、研究生党校和校内外师生讲党课、做讲座近 30 次，直接听众 3000 多人。他还被聘为北航青年教师教学业务培训首席顾问，组织了 12 届青年教师教学业务基础班的培训和 11 届提高班的培训。在培训班上，他请名人名家传授教学经验，激励每位青年教师上台展示交流。培训班共 1500 余名青年教师顺利结业，郑彦良教授为北航青年师资教学水平的提升出了力。

弘扬科学精神　普及科学知识

北航老教授报告团应邀为北京市不少中小学学生（如广安门中学、酒仙桥二小、牛栏山中学、昌平四中、北航附小、中关村实验小学等）做航空科普讲座。儿童是祖国的花朵，是国家的未来，也是社会的希望，中华民族伟大复兴的接力棒将由他们接过，因此要从小培育他们志存高远、努力学习、奋发向上的高尚品质，老教授报告团就充当着这样的角色。老教授们教授小朋友们制作飞机模型，让他们从小耳濡目染地了解飞机结构。鼓励孩子们爱科学、爱航空，激励他们放飞理想。有四位教授还参加了由中科院科普报告团组织的为中小学学生做的科普报告会。

走出北京，为外省市中小学做科普报告也是老教授报告团常做的事情。应克拉玛依市邀请，由陈懋章院士带队，三位教授为十多个学校的中学生和小学生做了十场科普报告；老教授报告团还应邀为华中农业大学大学生和甘肃兰州、山东潍坊市一些中学做科普报告；还为新疆少年儿童夏令营到北航的活动提供航空科普服务，包括科普报告、参观和航模制作等。

他们还走进社区开展系列科普活动，曾两次走进酒仙桥红霞社区和东八里庄社区开展“心系祖国蓝天航模基地”的活动。

2014年北航老教授报告团制作了“我国航空航天最新科技成果”展板共22块，为开展科普活动增添了新的载体，多次在校内外配合大活动现场展览。这些航空航天重大成果的形象展出深受各界欢迎与好评。

陈光教授坚持以自己的发动机专业知识为基础，开展科普工作启蒙青少年，每年要做十多次航空科普报告，一直坚持到89岁高龄。

抗击疫情　线上系列讲座

2020年2月中旬，正值抗击新冠肺炎疫情防控的特殊时刻，北航举办“逐梦星空”线上系列讲座，全部由老教授报告团四名老教授(陈光、申功璋、周自强、郑彦良)精心准备，每次听课群内有近1500名北航师生及全国各地部分高校师生进入直播平台共同参与，直播人气都在七八千人左右，尤其是90岁高龄的陈光老教授的讲演，人气近万，跻身直播平台视频聊天专区的人气榜第一名；录播视频上传网站后，播放量至今已累计达2300余人次。

此外，老教授科普报告团顾问——85岁高龄的王浚院士还在《环境模拟大讲堂》以“环境模拟技术发展”为题做线上公益直播。陈志英教授也在线上给四川高考考生做了“国产大飞机研制”的科普报告。

夕阳生辉　誉满天下

北航老教授报告团组建以来，老教授们忠实地践行建团宗旨，他们不顾年事已高，以平均80岁的高龄，孜孜不倦，在关心下一代的成长中做出了巨大的贡献，由此也得到了各方面的赞扬。下面仅列出部分获奖清单。

北航老教授报告团2018年被中国老教授协会评为“科教兴国优秀项目奖”先进集体。2019年荣获北京航空航天大学“关心下一代工作先进集体”荣誉称号。

陈懋章团长2010年获中国老教授协会颁发的“科教兴国贡献奖”；副团长陈光教授2012年被中国老教授协会评为“老教授科教工作优秀奖”、

2016 年获中国老科协“突出贡献奖”；常务副团长徐扬禾教授 2017 年被北京老教育工作者总会评为“融入社区、服务社区”先进工作者；郑彦良教授 2016 年获评“北京市教育系统优秀党建特邀组织员”，他组织举办的青年教师教学业务基础班培训项目，2017 年获评“校优秀教学成果”一等奖。

2019 年，陈光、周自强、何麟书、申功璋、田莳等教授荣获北京航空航天大学“关心下一代工作先进个人”荣誉称号。徐扬禾、郑彦良、陈志英等教授荣获北京航空航天大学“关心下一代工作先进工作者”荣誉称号。

正可谓是：夕阳生辉，誉满天下。

凝心聚智　携手联合开展支部工作

——记航空科学与工程学院退休教职工第一、二、三党支部

书　记：杨乃宾　戴桂芬　陈晏清

副书记：阎和平　王胜英　薛启智　　支　委：汪恩松

航空科学与工程学院有三个退休党支部。各支部年龄结构偏高，人员层次不同，要求不同，单独开展工作，组织活动有一定难度。现党支部联合，有分有合，各支部各自负责本支部的具体工作，根据党委要求，布置工作，群策群力，共同商议，安排计划，共同开展工作，组织活动，共同争取原单位的支持、配合。学院有专人分工负责老同志的工作，联合支部积极配合。三个支部组成的领导班子团结协作，工作中耐心协调不同的意见和建议，营造出了令人心情舒畅、愉快宽松的气氛。虽然班子成员年龄偏大，但工作有热情，肯付出，无怨言。每位支委都能做到互相体谅，勇于承担工作，并注意发挥各人特长。联合党支部的形式有利于统一思想，更好地体现基层组织的凝聚力和战斗力。

凝共识　聚合力　形成支部联合

航空科学与工程学院退休教职工联合党支部(以下简称联合党支部)的三个党支部共有党员近100人、退休教职工200多人。其中,最大95岁,平均74.6岁。为老同志服务这项工作,靠各支部单枪匹马组织活动,往往出现人力、财力不足,活动受限等不利因素。于是,从2000年各支部成立之初就开始了联合行动,即支部书记联合、支部活动联合,与党员群众联合、与原单位联合,实现资源的最优化组合。

联合党支部与原单位积极联系,争得原单位领导的大力支持。年初,结合学校及离退休教职工党委计划,制定出党支部联合活动的工作计划,做预算并上报给原单位,每年原单位从院长基金中划拨出专款用于支持退休教职工支部的工作。每半年至少开一次全体党员大会,上党课、学习中央文件、开展优秀党日活动,通报学校发展近况,每年至少搞一次党建社会实践活动。支部有宣传通讯员,及时报道支部活动情况。全院全体退休教职工每年一次外出参观,每年举行一次新春茶话会,书记、院长介绍全院全年工作概况、所取得的成绩。

支部班子成员之间精诚团结、互相谦让,既有合作、又有分工,做好各项活动准备工作,如在组织到通州大运河、世界园艺博览会等活动前,支部书记都要亲自踩点。考虑到老同志年龄大等因素,支部还达成共识,为确保安全,允许家属陪同参加外出活动。

讲四心　暖人心　创造温馨和谐大家庭

联合党支部充分发挥党支部的战斗堡垒作用,用爱心、热心、细心和恒心做好工作,齐心努力把支部创办成老同志的温馨家园。在工作中,既考虑每位同志的选择,也接受不同意见的发表;既心系困难党员,又主动帮扶困难群众。对住校外或空巢家庭的老同志给予更多的关爱,帮助他们排忧解难,报销医药费等,当有人住院或动手术,不管路有多远、天气怎样,党支部总会带去组织的关爱和同志们的关心。

以人为本，将各项关心退休教职工的工作制度化、经常化。如运动会、新春联欢会、座谈、发慰问金、重点慰问特殊困难职工、体检、看望病号等。精准服务，关心群众，慰问重病、困难群众，把党的温暖送到老同志的心坎上已成日常工作。主动关心，问寒问暖，党员和群众形成一个和谐大家庭。

为老同志服务，书记们的体会是要肯花时间、有奉献精神。只要心里装着老同志，再大的困难也能克服。自1999年起至今，几位支部书记已连任20年。说实话，担任这个差使确实很累，但当看到大家信任的眼神、满意的笑容时，再苦再累，也化作了甘甜。

有所为　讲奉献　夕阳无限谱光辉

支部成员中不论是支部书记还是老同志，虽已退休多年，但都继续在不同岗位上发挥余热，在原单位的教学、科研、管理中奉献着。其中，有的同志担任学院本科教学督导工作十多年，每年还参与完成一项教学改革课题；有的同志编写出版专著和书籍；有的同志继续为学生授课；有的同志担任学生班主任，等等。

关心下一代工作也是支部老有所为的一个重要方面。联合党支部积极与原单位学生党支部结对共建，共同推进党建工作，传承北航精神。支部共建是航空学院退休党支部与学院本科生、研究生党支部联合开展的立德树人的主要工作。在党的建设，本科生、研究生思想政治工作，北航精神，文化传承，编辑北航志史等方面做了大量工作。支部还与学生党支部联合举办老党员讲述在北航学习、党组织培养成长、入党的亲身经历以及传承北航精神的主题党日活动。2018年与学院本科生、研究生党支部联合举办“讲北京一号故事，传承北航精神”优秀主题党日活动。支部把学习党的十九大精神，不忘初心、牢记使命主题教育，习近平在北京大学师生座谈会上的讲话精神学习和空天报国、敢为人先的北航精神以及“北京一号”研制首飞中奋斗、奉献、实现理想的感人事迹融合在一起，请当年参加“北京一号”研制的教师、学生和工人讲述大战一百天的动人事迹，展现了新时代四新老人的阳光心态，取得“立德树人”的良好效果。

联合党支部还把关爱延伸到社会各个角落，除参与离退休教职工党委组织的各类捐助活动外，还为北京顺义区“太阳村”奉献爱心。“太阳村”收养的是服刑人员的未成年子女。每次捐物活动，校内外的同志都早早来到思源楼，送来被子、衣物和学习用具。

一分耕耘一分收获。在离退休教职工党委、离退休工作处和原单位的领导、支持下，在支部全体党员和群众的配合下，联合党支部连续多年荣获多项荣誉和表彰，相信未来支部工作会做得更好。

凝心聚力办实事　积极服务老同志

——记柏儒苑小区北航离退休教职工第一、二党支部

书　记：孙玉珍　孙岩　　副书记：费玉华　唐仁林

支　委：范秀珍　张玉珠　邢金华

柏儒苑小区北航离退休党组织是由柏儒苑小区北航退休教职工第一党支部和柏儒苑小区北航离退休教职工第二党支部两个党支部组成，平时以联合党支部形式组织活动(以下简称柏儒苑联合党支部)。党支部目前管理着93名离退休教职工，其中党员54名，党员人数占离退休教职工总数的近60%，且大多数党员都是有着多年党龄的老同志，所以都有着较强的党员意识、立场和很坚定的信念。

对于一个生活在北航校园外的离退休教职工群体，柏儒苑联合党支

部/管理小组的工作理念就是：通过党支部的各项工作，把党中央的声音、各级党委的信息及学校的情况能够及时传达给老同志；把学校及离退休工作处的关心、温暖和福利能够及时送达到老同志；把生活在校外的老同志凝聚起来，让老同志们感到没有脱离北航这个集体，生活踏实快乐。

党支部凝心聚力　讲团结促和谐

柏儒苑联合党支部/管理小组管理的离退休教职工离退休前分别在北航的各个单位工作，相互认识的不多，退休后才集中在同一个小区，同一个管理小组。对于这样一个比较特殊的离退休群体，党支部的首要任务就是发挥好战斗堡垒作用，组织团结好这些党员同志，让他们继续发挥好党员的先锋模范作用，积极主动地传播好声音和正能量，为小区的和谐发展做贡献。

把居住在柏儒苑小区的所有北航离退休人员组织起来，建成一个和谐的大家庭，是柏儒苑联合党支部的工作目标。为着这一目标，两个支部的支委们在政治上始终坚持为人民服务的理念；工作中团结合作，互相支持，相互补台；平时坚持为教职工办实事，全心全意为大家服务，关键时刻能够勇于维护本小区离退休教职工的合法权益。党支部定期召开党员会，组织学习党中央的各种文件精神及学校离退休教职工党委的工作部署，对小区内居住人员的身体情况及家庭情况进行交流和沟通；经常对年龄较大、行动不太方便的职工走访慰问，力所能及地帮助他们解决一些生活中的困难；多年来坚持每年年底或春节前，召开一次党员春节茶话会，在党支部精心准备下，由支部书记把一年的工作情况进行一次全面的总结，同时也会把学校的工作情况、教学科研成果及时传达给党员同志，让他们及时了解学校的情况，为学校的发展传递积极的正能量，共享学校的发展成果。

随着科学技术的发展，微信的出现把现代技术用于支部工作，既方便了党支部的工作，也方便了离退休人员之间的相互沟通。为此柏儒苑联合党支部分别建了三个微信群，一个"柏儒苑我们的家"群，服务于所有离退休教职工；一个"柏儒苑党支部"群，服务于全体党员；另外建了"柏儒苑支委”群，便于支部委员之间工作的及时沟通和交流。通过“柏儒苑党支部”和“柏儒苑我们的家”两个群，传播好声音，传递正能量，使党内和学校的信息能够更快地传达到每个教职工和党员，也便于老师们尽快了解学校及离退休工作处的一些工作情况，更便于老师们相互之间情况的沟通和了解。

党支部能够按照校离退休教职工党委的要求，坚持三会一课制度，定期召开支部会议，支部的组织生活主要是向党员同志传达党中央及习总书记的各种重要讲话精神，组织全体党员学习党内文件及党中央精神；及时传达学校情况及校党委的各项决策和部署，让大家及时了解学校的情况，与校党委保持高度一致并积极支持学校的各项工作，积极落实离退休教职工党委布置的各项工作任务，同时不断要求党员发挥模范带头作用。

柏儒苑联合党支部已经成立十几年了，离退休的教职工和党员人数也在逐年增多，党支部领导班子也经过了几次改选，但十几年来，党支部的工作理念一直没变，使柏儒苑联合党支部和离退休教职工这个群体始终保持了团结和谐的生活状态。

党员模范带头　老有所乐老有所为

老有所乐、老有所为是居住在柏儒苑小区离退休人员及党员的共同特点。小区50多名党员中，老党员较多，他们党性强，积极交纳党费并参加支部活动，并乐于为学校的工作尽自己的所能。小区内大部分党员在岗时都承担过教学管理或单位的党务和行政管理及领导工作，有着较强的责任心和工作经验。他们善于了解老同志的情况，并及时与党支部沟通，协助党支部做好群众的思想政治工作。他们积极带头参与社区及居委会组织的各项活动，彰显了北航人的高素质；他们退而不休，老有所为，尽力为学校的改革发展尽自己的一份力量。几年来，一些老同志退而不休，继续坚持在教学一线给学生上课；多名同志作为学校教学督察组成员，仍为学校的教学工作做着贡献；还有的老同志在学校的“三老”协会或“关工委”工作中发挥着作用；还有一部分党员同志作为学校党委组织部聘任的“党建组织员”，参与了对学校各院系青年及学生积极分子的培养和发展工作，为积极分子讲党课，培训学生支部书记等活动，为学校基层党建做出贡献，等等。这些都充分说明柏儒苑联合党支部的党员同志的大局和责任意识、党性意识强，退休后仍老有所为，老有所乐，积极发挥着党员的模范带头作用。

积极参与社区活动　维护小区文明和睦

北航 200 多户教职工和林业大学（以下简称林大）的教职工共住一个小区，团结、和谐和安宁是我们这个社会大家庭中每位成员都十分关注的大事。凝聚人心，促进和谐，积极为离退休教职工做好服务，做离退休教职工的主心骨，保证北航柏儒苑近百名离退休人员的身心健康和快乐生活，是柏儒苑联合党支部/管理小组的主要任务。

为维护小区的和谐，避免一些不必要的矛盾产生，党支部对居住在本小区的离退休老同志精心管理，注重团结和处理好邻里与社区及物业之间的关系。党支部要求每位党员以身作则，团结和处理好各种关系；邻里之间有些小摩擦，党支部会出面协调。老师们如果反映出来小区有什么问题，比如停车位的问题，小区环境的治理，安全问题等，党支部领导和党员骨干首先广泛听取党内外群众的反映和呼声，然后主动出面与小区物业沟通和协商，在坚持原则的前提下，尽量争取使问题得到圆满解决。

几年来，结合小区存在的安全、停车、卫生、娱乐、健康以及养犬等环境问题，支部通过主动协助和配合当地居委会及物业管理人员，参与相关工作，实现精心管理显见成效。小区内，日常发生的各种矛盾都能得到及时妥善的处理和解决，整个小区风清气正，秩序井然。居住在柏儒苑小区的教职工感觉到心情舒畅，生活和谐稳定。党支部在关心党内外群众的生活、帮助解决部分教职工临时困难方面，在积极维护小区的和谐和稳定方面做了很多工作，得到了小区内各方人员的认可。

为了加强与林大教职工之间的联系，增进融合与团结，维护好小区秩序，支部还密切联系林大居委会，积极支持并配合社区居委会及物业搞好各项活动。如组织北航教职工参与社区人民代表的选举；参加社区每年组织的居民健身运动会、健步走和一些手工艺活动等；参加“平安海淀”治安志愿者活动;还有林大社区居委会每年组织的迎新年文艺汇演,支部都会鼓励北航教职工积极参与并不定期地给予少量经费支持。这些活动都受到了林大社区居委会的肯定和鼓励,同时也增进了与林大社区居委会的联系。对于小区物业每年组织的乒乓球比赛、书画展等活动,也都有北航离退休教职工参加。如近几年来,在小区物业组织的乒乓球比赛中,北航教工一直保持冠军纪录;支部内的绘画及书法爱好者也坚持为小区的文化活动挥毫泼墨。

入住柏儒苑小区 19 年来,小区内北航教职工从来没有过邻里之间或是小区同事之间闹不团结的现象,邻里之间的关系也是团结融洽的。特别是生活在校园外的这些北航离退休教职工,感觉到随时有学校离退休工作处领导的关心和关怀,有党支部的支持和陪伴,自己并没有远离北航,柏儒苑这个集体是很温暖的,生活是和谐稳定的。应该说柏儒苑联合党支部/管理小组在积极维护小区团结和谐和稳定方面做了很好的工作,得到了大家的积极支持和认可。

战疫情联防联控　做公益责任担当

2020 年的春天注定是一个不平凡的春天,突如其来的新冠肺炎疫情打乱了人们的正常生活。为阻击新冠肺炎病毒在小区的传播,配合社区居委会和物业的联防联控,自 2020 年 3 月份以来,北航柏儒苑联合党支部就在党员群内发出通知,希望党员积极参与小区的疫情巡查工作。通知一经发出,柏儒苑联合党支部多名党员报名,作为志愿者积极参加到小区疫情联防联控的巡查工作中。随着工作的开展,带动了很多非党群众也积极参与其中,为小区的抗疫工作做出了贡献。现在随着北京疫情的逐步好转,小区的工作重点又转移到垃圾分类工作上,支部的党员志愿者也把工作重点转移到宣传指导小区内居民的垃圾分类上。近几个月以来,党支部委员带头参加志愿北京活动,柏儒苑小区内每天都有北航离退休教职工党员佩戴袖标巡查、宣传指导垃圾分类的身影。可以说北航柏儒苑联合党支部和全体党员在北京垃圾分类这项工作中表现出了极大的责任担当,为小区的文明环境,为社会的公益事业做出了贡献,得到林大社区和柏儒苑广大住户的高度评价和赞赏。

总之，在北航离退休教职工党委的领导和支持下，柏儒苑联合党支部成员分工明确，各司其职，团结协作，是一个有战斗力、有凝聚力的党支部，在落实中央和学校的各项工作中都充分发挥了党支部的战斗堡垒与党员的先锋模范作用，多次被北航离退休教职工党委评选为先进党支部。

坚持党支部职能　保持退休不褪色

——记机关离退休职工第二党支部

书记：马　军　　副书记：刘武英　　支委：候宝忠　于克非

机关离退休职工第二党支部(以下简称机关二支部)由学校机关十个单位的离退休同志组成。现有离退休人员 51 人，其中党员 42 人，群众 9 人。在学校党委和离退休教职工党委的领导下，支部成员围绕中心服务大局，不断强化服务意识，开展丰富多彩和有益于老同志身心健康的文化体育活动，并积极发挥老同志的政治优势和在学校发展建设中的重要作用，为他们的晚年能够老有所养、老有所医、老有所教、老有所学、老有所乐、老有所为创造良好条件。

加强学习　巩固党建成果

机关二支部在离退休教职工党委的领导下，按照《中组部关于进一步加强和改进离退休干部党支部建设的意见》，坚持组织党员学习，紧跟时代的步伐，进一步加强老同志的党建和思想政治工作。根据老党员的实际情况，着力加强对老党员的人文关怀和心理沟通，使老同志思想跟上新形势，真正做到离岗不离党，永远跟党走。机关二支部在保持巩固和发扬党建工作成果中做出了不懈的努力。

2014 年，党的十八届四中全会于 10 月 20 日—23 日召开，支部在 10 月 28 日就及时组织党员学习讨论。学习中，大家都积极发言，谈到这次会议推动了我国新的改革大潮，改革已进入深水区，作为党员就要身体力行，做执行法规的模范。支部多次组织党员学习习近平主席的讲话，大家都是争着谈体会，共同探讨，充分反映了同志们关心国家大事、平时注重自我学习的良好风貌。

2016 年支部重点组织围绕党的十八大，习总书记的各项新政、讲话精神及“两学一做”进行学习讨论。在重温党章、学习十八大文件及习总书记讲话时，支部都会提前做好精心地准备。除了离退休工作处统一发放的学习材料之外，还摘录一些好的文章及兄弟单位的学习经验，在会上给大家宣讲。大家认真学习，深入思考，撰写了心得体会。如莫瑞庭老师在心得体会中写到，“作为一个退休了的普通党员，学习党章、党规、党的文件和习近平同志的重要讲话，感到十分亲切，很受教育和鼓舞，我要牢记入党誓言，不忘初心，坚定理想信念，学以致用，从一点一滴做起，以实际行动为党增光添彩，发挥共产党员的先锋模范作用”。

2017 年支部着重组织学习了党的十九大文件精神。在学习讨论的发言中，曾妙南同志说：“要不忘初心，牢记使命。这个初心和使命，是最能激励我们离退休老党员不断前进的强大动力。我们离退休老党员为党、为国家、为人民服务了一辈子，做出了积极的贡献，尽管现在退休了，但这个初心和使命永远不能忘。在新的时代，我们也应该有新的作为，跟上新时代，踏上新征程，不忘初心跟党走，牢记使命谱新篇。继续发挥我们的政治优势，积极为社会增添正能量，为实现中国梦做出新的贡献。”莫瑞庭同志说：“通过学习十九大报告和修改后的党的章程，使我深刻地感到，习近平同志提出的新时代中国特色社会主义思想已写入党章，作为党的指导思想，这是马克思主义中国化的新发展；十九大报告中做出的我国社会主要矛盾已经转化为人民日益增长的美好生活需要和不平衡不充分的发展之间的矛盾的重大政治论断，反映了我国社会发展的客观实际；我国“两个一百年”的发展目标更加具体明了；我国的大国外交指导思想结出了丰硕成果。”吕建新同志说：“使命呼唤担当，使命引领未来。我们作为退休人员虽然退休了，但作为共产党员要永不褪色，在习近平新时代中国特色社会主义思想的鼓舞下更要老有所为，开启新征程，继续做一点力所能及的实事，为实现教育现代化，实现中华民族伟大复兴的中国梦，要不忘初心，牢记使命，认真学习好、宣传好、贯彻好党的十九大精神。”王春熙同志从他的家乡有很多农民都盖起了别墅小楼这样的实例说明：在我党全面建成小康社会的决胜阶段，广大农村发生了翻天覆地的变化。他说：“党的十九大把人民对美好生活的向往作为我党的奋斗目标，真是鼓舞了人心，使人增强了信心，看到了希望。”

此外，支部还积极鼓励党员将学习体会撰文向《北航老年工作》投稿；帮助党员注册“学习强国”APP平台，为党员在线学习提供条件。

健康的细胞　健壮的肌体

机关二支部由42名党员组成。每一名党员就像一个细胞，共同构成机关二支部这个肌体。健康的细胞多了，支部这个肌体就会健壮。机关二支部是学校机关党群口退休的党员，领导干部多，政治觉悟高，基本素质好。虽然支部成员来自学校多个党群部门，但是经过支部不断的组织学习活动，每个细胞在这个过程中越聚越紧，使机关二支部这个肌体一直健壮而结实。

支部有团结协作的支委班子。于克非同志担任支部书记工作十年，在腰部刚刚做完手术还在恢复时，听到本支部有人生病时就坚持去探望。支委刘武英的老妈年纪大身体不好两次手术，在这种情况下还抽出大量时间做好支部工作，为本支部建立了微信群，加强了支部宣传报道，使支部工作上了一个台阶。侯保忠同志当选为支委后也是一边照顾老妈，一边为支部的宣传活动及时写出报道。支部委员们在工作上互通信息，相互支持，有工作不推诿，都积极为支部工作出谋划策。尤其是支部书记更是以身作则对老同志的生老病死关怀备至，对所有病号都亲自上门送温暖。

支部有无私奉献的曾妙南同志。他原是校级领导，退休后仍担任很多工作，但他处处以身作则起模范带头作用，从来没有耽误过支部的学习和组织生活。他积极帮助支部联系活动项目，在关心下一代工作中他多次利用休息时间为学生们上党课，被学校党委组织部聘为组织员，他还担任沙河校区的驻校导师。曾老师也已到了耄耋之年，为了能继续完成党的工作，他经常锻炼身体，始终保持一个良好的体魄，在退休的道路上以顽强的革命斗志为党的事业无私奉献着。支部有奋斗不止的王春熙同志。他曾担任过支部两届的支部书记，在支部活动创新上做了大量的工作，带领全体党员取得了一次又一次的荣誉称号。他退休后一直未停止广泛的社会工作，在支部共建中他多次为航空学院等五个学院的学生们讲党课。他不追求名利，在党员中起到了带头作用。支部有忠心耿耿的田连骧同志。他是有着64年党龄的老党员，今年已是86岁的高龄。在职时他曾患过重大疾病，但退休后他坚持锻炼身体，保持积极乐观的革命精神，到现在身体状况良好。多年来他一直积极参加组织活动，在支部共建中他以一个老党员的身份与同学们座谈，帮助他们排解学习、生活中的问题。他对党忠心耿耿，不计个人得失，默默做着一个老党员应该做的事。支部还有爱学习的马吉锁同志。他关心时事政治，注重理论学习，他每天坚持阅报，在学习讨论中积极发言。他撰写了近6000字的《关于保持共产党员先进性教育活动的几点思考》，被党委宣传部选编在文集中。他是《延安精神》一书的编委会成员，参加北航老年党校共同编写该书。他退休后发表文章12篇，共计4万多字。还有住校外的80多岁的老党员洪丽琴、张锦溶同志，她们从不提要求、摆条件，按时参加组织的活动。杨惠华同志曾因病做过手术，健康状况受到影响，但她克服困难，积极支持支部工作。遇曲江同志一度身体欠佳，但她顽强面对困难，积极坚持参加社团活动。支部年龄最大的孙忆心同志，为了不忘记组织活动时间，每次接到通知都写个小条放在家中明显的位置，所以组织活动从来没有迟到过。正是由于有着这么多优秀的党员巩固支撑着支部这个整体，机关二支部才能始终保持着鲜活的生命力。

关心下一代　老有所为

机关二支部利用本支部离退休人员领导干部多，政治觉悟高，基本素质好，有过多年党群工作经验的优势，比较早地开展了与学生党支部共建支部的工作，并多年来一直坚持无断线，在关心大学生的成长方面做了大量工作。

2013 年“五四”青年节，支部和航空学院 1005 党支部联合组织参观中国人民抗日战争纪念馆。进一步了解了中华民族受屈辱的过去和革命先烈英勇牺牲的光荣事迹，加强了对中国抗日战争的认识。同学们深深感到今天的幸福来之不易，要倍加珍惜，要努力学习科学文化，决不让“落后就要挨打”在中国重演。2014 年，两个支部又共同参加了北京市爱国主义教育基地、北京铁军纪念园举办的第四届公祭活动。大家聆听了老战士们唱新四军军歌，并向烈士纪念碑敬献了鲜花，参观了铁军纪念馆。两代党员驻足在有众多烈士的人像墙前，回忆着英雄们前仆后继、百折不挠、流血牺牲、英勇奋斗、为中华民族的独立解放和世界反法西斯的胜利立下的不朽功绩。大家还有幸和 90 岁高龄的当年铁军团长焦润坤进行了座谈，他的亲身经历让大家动容。这次活动对于即将毕业的 1005 党支部的同学们有着更深远的意义。他们有的要继续深造，有的要踏上工作岗位。他们说，我们不能让烈士们的鲜血白流，要铭记历史，缅怀先烈，珍视和平，为实现中华民族复兴的中国梦而贡献自己的力量。送走了航空学院的毕业生，2015 年党支部又联系了高等工程学院的学生党支部进行共建，曾妙南、王春熙老师分别担任了驻校导师和党建组织委员。高等工程学院是一个年轻的学院，他们学院没有离退休老师。这样的结合填补了老少共建支部这块空白。2015 年 4 月，支部的部分党员参加了高等工程学院学生党支部党校的开班仪式，继而支部的曾妙南、王春熙两位老党员分期去沙河校区给学生们上了党课，代表支部给每位听党课的同学们赠送了党章。几年来，曾妙南、王春熙老师一直坚持给高等工程学院的学生党校上党课，形成两个支部的互帮互助。在“两学一做”学习教育中，曾妙南和王春熙两位老师主动邀请学生召开座谈会。在会上，曾老师语重心长地向学生们谈到，“两学一做”是全党每个党员都要参与的。学是基础，做是关键，现在学生党员看过党章的很少，学习原版党章的几乎没有，没有学、谈不上做。他鼓励那些学生党员和入党积极分子参与党史知识竞赛，要学进去，落在实处。

党支部还组织支部成员积极参与“三老”协会组织的卢沟桥抗日战争纪念馆和首都博物馆的参观活动。参观着展馆，离退休老同志们的心不时为之震撼，心生感触。勿忘国耻，振兴中华。在国家危急存亡时刻，无数英雄的无畏壮举令人感动；无数的抗日先烈抛头颅洒热血，充分地展现了中华儿女的爱国精神和不屈不挠的奉献精神。今天和平环境下过着幸福生活的老党员们，有理由有责任担负着教育好年青一代的重任。振兴中华，强国强军，为我国空间、空中科技发展进步发挥余热，他们义不容辞。

关心群众生活　做好暖心工作

老同志离退休后，身体和心理都会越来越脆弱，衰老是不可抗拒的自然现象。支部老同志较多，70 岁以上的老人占 57%。针对支部成员平均年龄偏大、病号多、人员之间大多不太熟悉、组织活动困难较多的特点，支部成立了“信息互通小组”，每组五至六人，指定一名党员同志为组长，确保支部能在第一时间了解本支部的每一个成员的信息及生活状况，使得支部成员中党员关系、党群关系更加融洽。

年龄大了身体都处于多事之秋，时有老同志不幸去世。每当有这样的事情发生，支部总在第一时间联系几位和本人熟悉的老同志去家中看望、安慰，遇到有些问题需要解决，支部也积极帮助落实。对受丧偶打击的同志到家进行安慰和精神疏导，帮助他们解决实际问题。对于病重和长期卧床的同志，支部会多次到家里、到医院去看望，鼓励病人和家属，让他们感到组织的温暖。有一位老同志在临去世之前叮嘱儿子一定不要忘了谢谢支部的同志。另一位老同志因为长期生病，导致认知能力差，无法表达，但当支部看望人员拉着她的手时，她却久久不愿松开。

此外，支部还考虑到老年人怕摔，只要骨折卧床，生活质量就会受到严重影响这一情况。从关心和爱护老同志的健康出发，2016 年 4 月，支部联系了长寿俱乐部为支部离退休老同志做了“骨密度测试”，使大家对自己的骨质情况有所了解，做好防范。此项活动有近 40 人参加，深受大家的欢迎。

支部还针对长年卧床病号，老年病号，多年老病号，长期住远郊，长年在国外，住校外并家务繁重的老同志分别实施精准服务。每次开会学习、做活动和离退休工作处发放慰问品时，均给予他们特别关照。对他们保证上传下达信息传递及时，让他们感受到支部党组织的关怀，尽最大可能改善老同志晚年的精神生活。

机关二支部多年来充分利用本支部老领导同志政治觉悟高、奉献精神好、遇到荣誉互相谦让、正能量强的优势，充分发挥支部的战斗堡垒作用和党员的先锋模范作用。其关爱老同志，确保老同志们离岗不离党，永远跟党走，在关心下一代等方面做了大量工作，实现了老同志们的老有所养和老有所为，多次被离退休教职工党委评为先进党支部。

古稀之年　为霞满天

——记奉献有为之星曾妙南

曾妙南，1940 年广东省五华县生人。如今已是 80 岁高龄，回顾曾老的一生，像是一部励志的诗篇，一章一节都激励着北航学子们奋进。

作为学子，求学之路上砥砺前行，一步步从贫困山村考入首都、扎根北航；作为干部，一直以组织的需要作为自己的选择，几十年以来忠于党的教育事业，工作勤奋，任劳任怨；作为教育工作者，他对于学生的关心不亚于对工作的热情，几十年来北航生活和工作的点滴早已让他融入这个大集体中，与其他师生成为一家人。

曾妙南的事迹成为流传在北航师生间的感人、励志的故事。大家在感受到曾老教书育人热情的同时，也领悟到了老一辈北航人苦干实干的精神。

峥嵘岁月　砥节励行

曾妙南，1940 年出生于广东省五华县水寨镇员瑾村。恰同学少年，风华正茂，立志自强。求学生涯伊始便砥砺前行，一步步从贫困小山村，通过勤奋学习，考入首都、扎根北航。1965 年从北京航空学院毕业后留校任教，历任专业教研室副主任、系党总支副书记、系党委书记、党委青年学生工作部部长、校党委办公室主任、党委组织部部长、校党委副书记等职务。每次他都以组织的需要作为自己的选择，几十年以来一直忠于党的教育事业，工作勤奋，任劳任怨。

秉承着北航人艰苦奋斗的拓新精神，他通过不懈努力来完成崇高的理想志向。曾妙南服从工作需要，从教学、科研工作转投身于学校中党的建设事业，他结合工作实践，撰写、发表了《高校基层党支部建设必须紧紧围绕学校中心工作》《加强教育苦练内功建设高素质干部队伍》等十多篇论文并获奖。此外，作为北京航空学院飞行器专业的毕业生，曾妙南充分利用其扎实的专业基础，不仅从事过教学工作，还先后参加过学校几个型号的研制工作并取得成功。他荣获诸多荣誉称号，先后被评为校先进工作者、北京市优秀党务工作者、北京市优秀组织部部长等，为学校党的建设和思想政治工作做出了贡献。

如今年近耄耋，回望往昔峥嵘岁月，曾老深情地告白："我一直很感谢党，我的一切都是党给予的。"

硕老耆儒　不辍耕耘

退休后的曾妙南并不满足于颐养天年的安逸生活，而是坚持着"为祖国健康工作 50 年"的信念，继续在关心下一代的工作岗位上发挥着作用。

他从 2007 年开始担任北航"关工委"副主任工作，积极作为，通过多种平台为学校关心下一代工作做出新的贡献。他认真落实上级的文件精神，积极筹划各项活动，推进北航关心下一代工作的开展。他为保证北航"关工委"组织健全、人员落实做了大量工作。他本着以老同志为主体、在职人员为主导的工作原则，通过北航"三老"协会、社团、离退休党支部等涉老组织开展工作，使北航"关工委"工作更加主动、更加全面。在他的积极促进下，北航各院系分别成立了二级"关工委"分会，通过会议传达学习了中央领导关于对关心下一代工作的重要批示以及教育部、北京教育系统关心下一代工作会议精神，为北航"关工委"工作的科学化、制度化、规范化、常态化做出了积极贡献。北航"关工委"被评为北京市教育系统"关工委"、全国教育系统"关工委"、工信部及中国"关工委"先进单位。

除了为学校所做出的杰出贡献外，曾妙南退休后仍心系北京整体教育事业的发展。

2001 年北航继续教育学院廊坊分院成立，第二年已经退休的曾妙南老师应学校要求被返聘为分院院长，全面主管分院的工作。他认真贯彻执行党的教育方针，把握办学方向，负责全院2000多名师生的管理、思想教育以及组织教学等工作。

2004年至2016年，曾妙南被北京市教育工委聘任为北京高校联络员、党建专家。围绕北京市教育工委中心工作，他联系高校领导班子，了解情况、沟通信息、督促检查、调查研究，发挥了桥梁、参谋和助手的作用，为市委教育工委领导决策提供意见和建议。

2005年，曾妙南还兼任北京梅州人海外联谊会扶贫助学基金管理委员会常务副理事长，这是经北京市民政部门批准的群众性社团组织，自2005年成立后，由曾妙南担任常务副理事长，全面负责主持基金管理委员会的工作，包括：制定基金管理委员会的条例和实施办法；基金的筹集及管理；面向在京的梅州籍大学生，组织申请、评审和发放助（奖）学金。该活动从2005年开始，每年进行一次，共组织了六次，筹集资金20多万元，受助大学生近200名，得到家长和学生的好评。

春风化雨　育人桃李

曾妙南在职工作期间负责学校党建工作，退休后还坚持每年为党校学生入党积极分子上党课，对学生们进行党的基本知识和党的优良传统的教育。他认为，入党是学生们政治生涯开始的第一步，也是最重要的一步，要帮助学生们树立正确的入党动机，牢固树立正确的政治信仰和思想观念，党课这样重要的事情是不容耽误的。他积极组织离退休党支部与大学生党支部结对子工作，他所在的机关离退休职工第二党支部与北航航空学院的学生党支部结对子，已经送走了一批批优秀的学子，又迎来了一批批年轻稚嫩的孩子。在他的带领下，机关离退休职工第二党支部结对共建工作业绩十分突出，事迹被选入北京市教育工委老干部处网站“老有所为　乐在晚年——典型事迹专栏”。

北航校党委根据中央关于在全体党员中开展“学党章党规、学系列讲话，做合格党员”学习教育的要求，对学校“两学一做”学习教育活动进行了整体部署。为了扎实推进“两学一做”教育活动，将党内教育由集中性教育向经常性教育延伸,学校规定,每个月的第一个星期五为学生党员学习日,全校各学生党支部组织专题学习会,围绕“两学一做”进行专题学习与计划讨论。其中经常可见曾老积极投入的身影。

老骥伏枥　甘为人梯

作为校党委组织部的特邀党建组织员,曾妙南老师经常参与“与老党员面对面”专题活动。曾老师结合自己的人生经历,围绕“两学一做”的意义和党员应该努力的方向对学生党员展开讲解,让学生党员对“两学一做”有了更深刻的认识。

曾老在学生入党积极分子的党课中、同学生新党员的对话中,表达了自己的殷切期望和祝福,并对入党积极分子及新发展的党员提出了中肯的意见:希望他们随时与党组织保持一致,为同学服务,做学生表率,加强自我要求。曾老师还指出中国共产党肩负着中国梦的神圣使命,党员身上的责任更重,入党意味着要有更多奉献和吃苦精神,要将自己融入群众中去,真正为大家服务。曾老师尤其注重学生党员志愿精神的培养,鼓励学生以支教、敬老、助残等形式参与志愿服务。有 60 多年党龄的曾老师的谆谆教诲让入党积极分子和新党员受益匪浅。通过专题学习会,为党支部注入了新鲜的血液,进一步扩大了党员队伍,党支部建设迈向新的台阶。全体党员将以他们良好的风貌更好地发挥党员的先锋模范作用。

已 80 岁的曾妙南同志依然不知疲倦,在关心下一代的工作岗位上孜孜不倦,勤勤恳恳。经常可以看到他健步如飞的身影在校园匆匆而过,有学生打招呼他一定停下来与人聊上两句。曾妙南老师经常说:“作为一名教师,我干了一辈子教书育人的工作,现在虽然退下来了,但关心学生,帮助他们健康成长依然是我义不容辞的责任。”

“恪尽职守,义不容辞”的褒奖曾老当之无愧!尤其是在艰难的环境下,舍小义而取大义的精神更显得难能可贵。

2016 年暑假,曾老师的夫人突然因病离世,这一突发事件并未阻断曾老师对于学生的关怀。在处理完夫人的后事后,曾老毅然奔赴工作岗位。不顾颠簸,以高龄之躯乘校车前往沙河校区,为学生入党积极分子讲党课,进行党的基本知识教育,塑造高尚人格!

老有所为修史志　无私奉献创新业

——记奉献有为之星张祖善

张祖善同志是北航创业人之一，是一名有着60年党龄的老党员，入校后他曾在政治辅导处、学生工作部、宣传部、社会科学系、校史编审室、校党委办公室等处工作，是中国航空史研究会理事。1987年至1997年，在任校史编审室兼校友会办公室副主任、校党委办公室主任的十年间，张祖善同志参与了北航大事记、校史、校志的编撰工作。1997年退休以后，被返聘进行北航校志编撰及出版工作。之后，又受北京高等教育志编纂委员会之邀，参加《北京普通高等教育志》(综览篇)的编撰工作，继而又受命北京市教委承担《北京志・教育卷・高等教育志》的统稿及编写北京高等教育丛书之一《北京普通高等学校教学改革史述》的任务。他在晚年花了20余年时间投入到北航校志、北京高等学校的史志和校友事迹等的编撰和报道中，累计撰写与出版480余万字，为北航校史和北京高校史志等建设做出突出贡献。

学史撰志多有奉献

校志的编撰是一项系统工程，一所高校办校时间越长，涉及的部门越多，方面越广，内涵就越丰富。北航校志成书前先后有300余人参与史料的收集整理工作。由于参与者收集的资料很难完全达到修志要求，因此编书写内容的准确性较难得到充分保证。而校志编写要求必须真实、准确、系统、连贯地陈述历史进程，这一要求给编写工作带来很大难度。张祖善同志迎难而上，从成稿到最终交付出版社，他都一丝不苟地查找、核实档案资料，进行修改与补充，并认真调整篇章的结构与次序，力求做到真实完善。历经八年本书才正式出版，内容由总述和按学校各个方面的工作史实划分的19篇84章组成，记载了北航1952—1992年校志并附录了1988年5月至1998年12月十年间的大事记，共计113万字，工作量之大可想而知。2000年10月在《北京航空航天大学校志》的出版发行仪式上，因“在校志编辑工作中做出突出贡献”，张祖善同志获得学校颁发的奖状。

1988年，张祖善同志受北京市高教局局长兼主编陈忠之邀参加《北京普通高等教育志》(综览编)的编纂。这是第一部记录北京高等教育发展历史与现状的志书。鉴于北京高等教育历史地位之重要，时间跨度之长，涉及面之广，张祖善同志在七年的时间中，先后认真研读了上百册各个时期各高校和教育主管部门的史实及文档，力求做到求真存实，反映全面。为了对历史负责，张祖善同志在初稿完成后，反复对此篇的各章节进行核实和校正，部分重要章节做了十余次的修改，一些新增的章节甚至在定稿付印前才撰写完成。2004年7月《北京普通高等教育志》(1898—1992年)出版(全书共360万字，其中综览篇50万字)。张祖善因此被评为先进个人，受到表扬。

在完成北京市普通高校志综览篇的编纂工作后，张祖善向北京高教丛书编委会毛遂自荐，提出编修北京普通高等学校教学改革历史的建议。该建议被编委会采纳后，他于2005年启动了此书的编写工作。该书以1949—2000年期间北京各普通高校教学改革的历史轨迹为主线，采用边写边发表的办法，在《北京教育史志丛刊》(季刊)上分十期(2005年第4期—2013年第4期)连载。之后，统稿成书，送丛书编委会审查。出书前又按丛书编委会的要求，将编写的年限提前到1862年。为此张祖善同志又参阅了《北京高等教育史》，并研读了1862年到1948年间的相关史料，包括从京师同文馆以及之后的京师大学堂、清华、北大、西南联大、燕京大学、华北大学工学院等院校的史料，进行编修。2019年9月由张祖善同志主编的《北京普通高等学校教学改革史述》(1862—2000年)正式出版。能在耄耋之年出版史书，他由衷地感到欣慰。

2005年，北京市地方志向市教育委员会提出编撰出版《北京志·教育卷·高等教育志》的要求后，市教委特邀张祖善执笔统稿。在市地方志办公室的指导下，经反复研讨，确定了篇目。以《北京普通高等教育志》为基础，在几经编修的基础上，统稿完成分志的任务，报北京地方志办公室终审，经审阅该室认为此志“各部分体例统一、语言流畅，体现了总纂者的实力和水平。从内容来看，比较丰富，可读性强，读后对北京地区重点高校的发展脉络及其发生在其中的事件有了清晰的了解与认识”。2014年8月《北京高等教育志》（1898—1992年）正式出版，因张祖善同志“在第一轮地方志编修工作中，担任《北京志》分志副主编，做出突出贡献”，北京市地方志编纂委员会为他颁发了荣誉证书。

2012年10月是北航建校60周年，怀着感恩之心，张祖善于当年3月向党政办公室提出编纂《北京航空航天大学60年记事》的建议，以此书得以审视学校60年建设与发展的基本脉络，提炼与把握北航的办学特色和发展规律，激励北航人奋发向前，向60周年校庆献礼。获批后，张祖善立即与陈颖同志在校志、大事记、年报和有关史料文件中收集资料。经大量整理、汇编、研究后形成送审稿。经现任和历任校领导、老教师和档案馆等主管部门的认真审阅后，编者又多次对百万字的书稿进行修改和审校，并在此书中刊载的逝世的23名老领导、老教授的条款中增添了他们的生平事迹，以让北航后人知悉他们的经历和光辉业绩。《北京航空航天大学60年纪事》（1952—2012年）终于在校庆前顺利出版，慰藉了编者心愿。

此外，他还担任了《北航自动化科学与电气工程学院60年记事》和《空天报国志——纪念北航三个型号上天60周年》两本书的撰写顾问，为书中的历史事实把关、护航。

笔耕不辍立传奠基人

为我校创始人、奠基者等老前辈立传是张祖善同志多年的心愿。北航建校元老中的老领导都是在革命年代中为民族复兴不怕牺牲努力奋斗的革命者。他们之中的老教授、老学者大多数都有远涉重洋、留学异域的经历，他们在航空救国的滚滚洪流中冲破封锁，学成归国，投身于祖国航空航天高等教育事业。为他们树碑立传，宣扬他们的爱国热情和空天报国、敢为人先、精心育人的崇高精神是后来者的重要使命。为此张祖善同志参与了《基石——北航创业者的荟萃》的编写工作，承担了周天行、王大昌、杨待甫、陆士嘉、林士谔、张桂联、赵震炎、王裕齐等 13 名北航老师长事迹的编写。此书于 2002 年 10 月校庆 40 周年前出版。

除《基石》一书外，张祖善还在《北航校友通讯》《北航校志》《北京普通高等教育志》《中国科学技术专家传略》《航空史研究》《北航 60 年纪事》及校刊上撰写发表人物传记、事迹和报道，总计 69 人次。为使内容真实可靠，他认真查阅了他们的档案及现有资料，还采访了本人的亲属和同事，使得人物形象尽可能准确具体。

在撰写《我国航空航天高等教育开拓者——武光同志办学思想及实践探析》(合著)一文时，张祖善不仅采访本人五次，还查找了武光院长在北航十年间的报告、讲话和各类文件，引原文阐述他的办学思想，使文字的可靠性大大提高。王大昌院长的事迹也是在采访了四次后编写成文的。为较深入地了解陆士嘉教授的情况，还两次访问了他的爱人——张维院士。一些逝去的老领导，有不少其家人都不太了解亲人的经历和所做的贡献。如在“文革”中受迫害致死的程九柯副书记，撰写其生平时缺少现存资料，张祖善便去档案馆查找“文革”中程九柯受迫害时写的“检查”，在他几十份交代材料中找到了他亲手写的自传。后又查找到《新疆冤狱始末》一书，才写出了《时穷节乃见，名实垂青史》一文，抚慰了他亲人的心灵，笔者也从中受到很大的教育。

携《校友通讯》加深与校友情怀

1985 年，张祖善同志担任过校友会办公室副主任，之后又担任了校友总会理事、副秘书长，《北航校友通讯》副主编、顾问，校友文艺协会顾问。校友会是母校与校友联系的情怀纽带，《北航校友通讯》更是凝聚校友们关怀与了解母校、感恩师长、梦绕同窗、眷恋校园、抒发情感的载体和桥梁。为此，他以很高的热情，积极认真着力于《北航校友通讯》的撰稿和编辑工作。在1995年总第一期至2009年总16期的《北航校友通讯》上，他撰写了20多篇文稿，记载了为把北航建成我国高层次人才培养和科研创新基地做出重大贡献的武光、周天行、王大昌、马文、沈元、程九柯、陆士嘉、林士谔等老领导和老教授的事迹，书写了我校在长期办学过程中凝练出的具有北航特色的办学理念、教改经验和优良传统，刊载了《十六字校风是北航宝贵的精神财富》《与新中国同命运、共奋进——北航本科教育教学改革史述》(1952—2000年)等文稿，还撰写了我校一些校友在各自工作岗位上发扬我校传统做出重要贡献的事迹，如《北航校友为上海的航空航天事业做出重要贡献》《六年发表译作53部的"业余翻译快手"邱仲潘》等报道。

张祖善还受编辑部的委托，承担多期《北航校友通讯》付印前的统审工作，每期均需用两至三天的时间对全书进行审阅和校正，以保证其高质量面向读者。

退休后，张祖善同志除了把大多数时间投入到校史、校友和市高校的史志撰写的工作外，他的生活也是丰富多彩的。年少在沪念中学时他曾参加校合唱团为宣传抗美援朝保家卫国到工厂街道宣唱，振奋了精神的同时也受到合唱的初步启蒙。五六十年代曾参与校、市群众性合唱团，并在校内指挥过"反美风暴大合唱"（组曲）及小歌剧《一秒钟》，进一步引发了对合唱艺术的钟爱。1988年受老校友之邀加入了"中国科协科学之声合唱团"和中国合唱协会，在长达30余年的时间里，极大地丰富了业余生活。仅在他退休后的20几年里，就为高校、科研院所及各电视台演出上百次，其中在北航校本部与沙河校区专场演出三次，并多次和北航学生合唱团同台演唱。他还向《人民音乐》《人物》《合唱艺术》《合唱通讯》《音乐周报》《中国科协报》《无锡日报》《无锡文化报》等报刊投稿，发表了《合唱艺术的美学思考》《轶群超伦—杰出的合唱指挥大师聂中明》《音符上的记忆》《科技园中的奇葩》等作品。他还受中国合唱协会理事长聂中明的委托撰写了《关于期望国家大力支持国家级专业合唱团建设的提案》提交全国政协十届一次会议。他深刻体会到常年参加合唱艺术活动，既提高了艺术修养，增进了审美情趣，结交了良师益友，也有益于身体健康。

他关心党和国家大事，自觉在思想上、政治上和行动上与以习近平同志为核心的党中央保持一致，坚持学习党和国家的方针政策，坚持读书看报的良好习惯，关注电视微信的新闻时政等内容，关心学校的动态和发展，支持党支部的各项活动，时刻以共产党员的标准严格要求自己。2019年他被离退休教职工党委授予优秀共产党员的荣誉称号。

附：部分张祖善作品目录

1.《北京航空航天大学校志》(113万字)副主编张祖善，2000年3月，北航出版社出版

2.《基石——北航创业者荟萃》(29万字)副主编张祖善，2002年10月，北航出版社出版

3.《瓦嘎司令——陈玉生传》(20万字)主编张祖善，2010年9月，北航出版社出版

4.《北京航空航天大学60年纪事》(105万字)主编张祖善，2012年10月，北航出版社出版

5.《北航校友通讯》总第四期至总第十六期，副主编、顾问张祖善，北航出版社出版

6.《北京普通高等学校志》(综览篇)(50万字)(编者)北京市教委高教志编委会，2004年，华艺出版社出版

7.《北京志·教育卷·北京高等教育志》(1898—1992年)(60万字)副主编张祖善，北京地方志编委会，2014年8月，北京出版社出版

8.《北京普通高等学校教学改革史述》(1862—2000年)(35万字)主编张祖善，2019年，北京高等教育丛书编委会出版

9.《北京老故事》(北航三个型号上天60周年纪念)顾问张祖善，2019年，光明日报出版社出版

10.《北航自动化科学与电气工程学院六十年纪事》顾问张祖善，2014年10月出版

11.《我国航空高等工程教育专业设置的历史变迁》(0.7万字)，《航空史研究》1998年第二期

12.《坚持和健全民主集中制是高校党的建设的重大课题》(1.06万字)(执笔)，《教育论丛》1997年第二期

13.《北京普通高等学校教学改革纪实》(时限1949—2000年)(23万

字),《北京教育史志丛刊》2005 年第四期至 2013 年第四期

14.《与新中国同命运、共奋进——北航本科教育教学改革史述》(3.6 万字),《北航校友通讯》总第十六期

15.《我国航空航天高等教育开拓者——武光办学思想及实践探析》(1.2 万字)合著,《北京教育史志丛刊》2004 年第四期

16. 其撰写的人物小传、事迹报道、特写等文稿,有周天行、程九柯、陆士嘉、林士谔、武光、沈元、王大昌、赵震炎、张桂联、马文等老领导和老教授,分别刊载在《航空工业人物》《北京教育史志丛刊》《北航校友通讯》《人物》《师范之光》《中国科学家传略》《航空史研究》《师范群英光耀中华》等书刊上。

大爱传递润无声　倾心教育筑英才

——记优秀共产党员钱士湘

在他心中，始终牢记着铮铮铁骨的誓言，从 18 岁加入中国共产党那一时刻起，64 年始终如一，潜心教育，无私奉献，他用自己的言行诠释着对党的无限忠诚。

在他心中，始终涌动着满腔的大爱，传承父亲致力教育事业的遗志。1987 年以他父亲个人名义设立的“钱昌照沈性元奖学金”一直延续至今。82 岁高龄时，他依然坚守在教育管理前线，成为学生最可亲、可信的忘年朋友。

他就是担任北航高等工程学院资深顾问、两届“感动北航人物”之一的钱士湘教授。

赤子情怀　大爱传承

钱士湘是全国政协原副主席钱昌照之子。钱老先生是著名爱国民主人士，一生关注教育、致力于振兴祖国教育事业和培养优秀人才。身为名门之子，钱士湘没有世家子弟的那种傲慢，有的是对国家事业的关心，对教育事业的热爱，多年来，他继承着钱昌照老先生与北航的渊源。

1952 年，钱士湘有幸成为北航的第一批学子，毕业后在工厂工作 20 余年，1979 年回到北航工作至今，将毕生心血贡献给北航。1985 年，香港邵氏影业创始人邵逸夫在中国大陆持续捐资办学，钱士湘与父亲一起，几经努力，促成邵逸夫为北航捐赠 1000 万港元建造了逸夫科学馆，这也是北航获得的第一笔大笔捐款。1988年，北京航空学院准备更名为北京航空航天大学时，钱士湘恳求父亲邀请时任全国政协副主席赵朴初题写“北京航空航天大学”的校名，在更名庆典仪式上，钱昌照亲临现场并为北航送上了最真挚的祝福，提出了更高的期待。

1987年，钱昌照在北航设立了第一个私人奖学金，用于奖励优秀学生。父母过世后，钱士湘继承了遗志，在用完遗留的积蓄后，他捐献自己的部分工资并在子女、亲朋好友、以往的学生中募集经费，使这项在北航第一个以个人名义设立的奖学金坚持了29年，共奖励了300余名学生。据粗略统计，90％以上获奖学生攻读了硕士以上学位，约20％获奖学生在国外求学或工作，约5％获奖学生毕业后留校。2015年，钱士湘与夫人杨宗智又捐资300万元，设立了“钱士湘杨宗智”奖励基金以及充实“钱昌照沈性元”奖励基金，为北航教师和校友捐资助学做出了新的表率。“我已80多岁了，只希望靠自己的微薄力量帮助学生们长大成才，让他们将来更好地报效国家。”钱士湘老人感慨地说。

钱家几代人关爱北航学子的善举感动并激励着每一位师生。曾经的获奖学生雒力旭，研究生毕业后到国家外汇管理局工作，由其领导开发的许多软件和系统已在全国外汇分局和境外上市公司应用。谈到曾获得的“钱昌照沈性元”奖励基金，雒力旭说：“当时被评为获奖学生，除了物质上的帮助外，更重要的是那份荣誉，极大地鼓舞我奋发向上的斗志，我为能获奖而感到自豪。”时任北航副校长魏志敏谈到，钱老先生一家持续多年对学校和学院的捐赠行为，既是跨越时空的高尚人生境界，更是值得后辈崇尚和学习的榜样，是构建北航优秀捐赠文化的重要基础。

他不仅继承父亲的大爱之举，还发扬父亲爱国爱党情怀。他长期积极做好统战工作，努力争取了两届台湾杰出青年代表团到北航举行学生联欢，促进了两岸青年的交流了解。1989年，他经中共中央统战部特批参加中国国民党革命委员会（民革），曾任两届民革中央祖国统一委员会委员，民革北航支部副主委。为促进故乡文化事业的振兴与繁荣，他编辑出版了钱昌照回忆录及诗词集。在重庆民主党派纪念馆成立时，他捐出36件价值不菲的珍贵文物。在钱氏名人馆创建时，他不遗余力，多次到鹿苑指导工作，积极联系海内外钱氏后裔，向展馆捐赠了一批珍贵的文物。他无偿捐赠父亲生前所用物品，包括印章、手表、砚台、屏风、明清时期的家具等，希望把钱氏名人馆、张家港市博物馆建成市民、青少年社会主义核心价值观教育的基地。

晚霞情深　浇筑英才

2002 年，北航为创建高素质人才培养基地和教学改革试验基地，决定成立高等工程学院，校领导把筹建创办学院的重担交给了时年 68 岁的钱士湘。他不负众望，筹办仅两个月，于当年 10 月底就实现了首届学生的开课。

建院之初，他以资深顾问的身份，既代行学院党政领导的职责，又兼管部分行政人员的业务。从办学宗旨的确立、课程设置、教学大纲与教学计划的制定到选择、聘请讲课教师；从学生的选拔入学到日常学习、生活、思想管理，他都亲力亲为。

高等工程学院建立后，钱士湘认为，个性化培养对精英化教育是很必要的。通过他的努力，为学生配备了一对一的院士、博导级导师，独具匠心地设计了学生们的课程，另外请高校中最优秀的老师，用最好的教材，给学生提供了一块营养丰富的沃土。

钱士湘也意识到“交叉出成果”的重要性，在为学生打下较好数理基础的同时，又开设了一些新课程，比如基础生命科学、中国哲学史、大学语文讲座等，这为高等工程学院的全面发展树立了一个指引性的路标。

从无到有、从弱到强，钱士湘作为高等工程学院的创建元老，亲历了学院快速发展的全过程。迄今为止，高等工程学院已培养了十余届学生，他们都与钱士湘情同父子，很多学生把他当成学校的“大家长”，亲切称呼他“钱老”或爷爷。在 2012 年建院十周年庆典上，全场欢声雷动，有的学生甚至在感言时潸然泪下、痛哭不已。

那时，已是耄耋老人的他，仍然奋战在他热爱一生的教育事业上，继续参与学生的培养，探索高素质人才培养的客观规律，创新因材施教以及精英教育的模式。每天上下班时，总能见到这位白发苍苍、拄着拐杖一步一步向主南五楼拾级而上的老者。

良师益友　真情至深

一贯以来，钱士湘和学生有着不同寻常的师生关系，亦师亦友，亲如家人。他常说，对学生要关爱、关心、关注。其中关爱是基础、是出发点。他的办公室全天向学生开放，学生经常找他探讨学习、生活中的各种问题，向他倾诉在家庭、恋爱以及同学关系中发生的矛盾、困惑，听他释疑解惑。

在创办高等工程学院前，他曾担任班主任工作，他费尽心血，努力把班级带成一个优秀的集体，全班 32 名同学团结互助，学习风气浓郁，毕业时有 23 人考上研究生或保研或直博，另有 3 人出国留学，这样的成绩在北航乃至全国，都为少见。他关心同学的全面发展，课堂之外，和同学们打成一片，结成深厚的友情。清明时，亲自带领学生祭扫革命公墓；学生运动会时，为运动员呐喊助威。十余年过去了，不少学生还和他保持联系，时而聚会畅谈。

他教给学生的不只是怎么做学问，更多的是如何做人。他说，做人，不仅要学好，更要记住，要身体力行去“济困解难”“关怀他人”和“回馈社会”，并将这些卓越品质和关爱扶助精神传承下去。他不仅是这样说的，也是这样做的。他经常对困难学生直接提供经济或物质的帮助。比如，他争取到一位校友为三名困难生提供全额学费补助；当了解到有位学生因经济困难、平时伙食费十分节省时，就不定期地把这位学生带到自己家中改善伙食；当得知一位残疾新生上厕所有困难，他亲自到学生楼进行察看、调查，并向后勤部门申请，不到一周时间，学校在其所住的学生公寓楼专为该生安装了坐便器。

他对学生的爱心和无私奉献，换来的是学生对他无限的尊敬与爱戴。2002 级的学生李陟在毕业纪念册上写道：“钱老，我们马上要离开校园了，我们会想起您亲切慈祥的笑容、想起您关怀鼓励的话语，您是亦师亦友的长者，伴随着我们每一个人成长，我们会用更大的成就来回馈您的恩情。”受过“钱昌照沈性元”奖励基金资助的 2013 级学生辅导员李艳茹谈道：“钱老的心里时刻都想着学生，只要是学生的事儿，每一件他都会认真对待。在未来的日子里，我们将谨遵钱老的谆谆教诲，认真对待每一名学生、每一份工作。”

“年过八旬不自衰，尚思为国育英才。问君哪得健如许，桃李芬芳扑面来。”这是钱士湘老人的人生抒怀。他用自己的实际行动诠释着一名老共产党员对祖国教育事业的无限忠诚。一分耕耘，一分收获。2011 年、2015 年，他分别被评为“感动北航”人物，曾获北航“十佳健康老人”称号、北航“民革先进个人”称号、北航“共产党员十杰”称号，被授予“北京高校 2010—2012 年创先争优优秀共产党员”称号。

老骥伏枥　为霞满天

——记优秀共产党员陈光

陈光同志是一名有着35年党龄的老党员。他1955年毕业于北京航空学院，是我国著名的航空发动机专家，享受国务院政府特殊津贴。退休后，他一直关心国家大事，积极学习时事政治，主动参加有关时事政策的报告会，他一直不忘发挥余热，多年来仍长期工作在教学科研岗位上，为学校的建设、为我国航空发动机事业发展奉献一名老党员应尽的力量。

老有所为　贡献光热

陈光教授十分关心对下一代年轻人的培养，为关心下一代贡献着一位老教授的光和热。作为老教授科普报告演讲团成员，他长年为大学生、研究生、科研院所的青年科研人员做专题报告。如为飞行学院学员做有关飞行员素质培养的报告；为能源与动力工程学院大学生与研究生做专题报告；为航空发动机研究院、所和空、海军研究所的青年科研人员做专题报告等。他在为学生与研究生做报告时，经常用学校突出的科研成果如北京1号、2号、5号，无人侦察机，沙丘火焰稳定器等作为事例，详细讲解其中的科研原理与故事，鼓励学生在学习中发扬北航勇于攀登科技高峰的优良传统。陈光教授在88岁高龄时还为中国科学院工程热物理所做了十次(每次两小时)有关航空发动机发展的专题讲座。

筑梦蓝天 培育英才

陈光教授从事航空发动机教学科研生产 60 余年，十分关心我国航空航天事业的发展，对我国航空发动机的发展仍然处于国际落后状态感到揪心之痛。为此，在 2013 年由他发起，建立了“航空强国中国心”教育基金，此举得到陈懋章、刘大响两位院士的积极响应。他们每人捐资 50 万元，共 150 万元作为启动资金。这是我国第一个由教授、院士参与捐赠的航空发动机领域的教育基金。它面向全国高校航空发动机专业的优秀本科生、研究生与青年教师，用以奖励立志献身航空发动机事业并有卓越表现的青年教师与优秀学生。该基金自启动以来，得到了广大校友和社会各界的积极响应和支持，目前已筹集到的捐款近 1400 余万元。2016、2018 年分别举行了第一、二届颁奖大会，两届均颁发了突出贡献特等奖一名，奖金 20 万元，突出贡献一等奖两名，每名奖金 10 万元，创新奖学金获得者 20 名，每名奖金两万元。

热心助人 情深义重

陈光教授的老伴长期卧病在床，需要专人照顾。自家的病人和家务事本已让他负担沉重、自顾不暇，但他仍然尽自己所能，积极关心老同事的生活，帮助处理几十年老同事的身后事。在老同事洪教授临终前，陈光教授不仅与其他同志去探视慰问，而且在他临终的那个严冬深夜(洪教授当时孤身一人在北京)还送走了他。当时，护工打电话给陈光教授求助(当夜支部书记身体不适，已服安眠药入睡了)，86 岁高龄的陈光教授是第一次遇到这种事，又是深更半夜无法找人商量，只得硬着头皮想对策，后来打 120 招来救护车，他代替家属签字将遗体移送到北医三院太平间，还代家属选择寿衣等善后事宜，一个晚上基本没睡。虽然第二天头昏眼花，但是想到能将共同工作了 59 年的老同志很体面地送走，陈光教授还是感到很欣慰。

科普航空　播撒种子

1979 年中国科学院组织了一个“中国科学院老科学家科普演讲团”，为青少年学子进行科学知识的普及教育，陈光教授被聘为演讲团首批团员。从此开始了长达 20 余年的航空知识科普宣传活动。除北京外，他还随演讲团去过重庆、云南、深圳、上海、南京、天津、唐山、洛阳、郑州等地。后来我校老教授协会组织了北航老教授科普报告团，陈光教授担任了该团的副团长。陈光教授主要是在大、中、小学做航空科普报告，但是也在陆军航空兵学院、坦克兵学院、警察学院等国防院校做过航空科普报告。另外还为社区的居民及幼儿园的小朋友，美国大学生暑假访华团的美国大学生等做过科普报告。每次科普报告前，陈光教授都要根据听众的水平、年龄的大小、讲课规定的时间等对讲课内容做必要的调整。他为每次讲课所做的 PPT，均是配有精心挑选的精美插图以及经过剪裁的能与讲课内容相匹配的视频，再加上讲课时带有一定幽默感的生动语言，使干燥乏味的科学内容变成人人喜听的新知识。难怪不同年龄段的听众都反映听陈光教授所作的科普报告是一种精神上的享受，在享受的同时学到了许多新的知识。

学到老　奉献到老

陈光教授今年已经 90 岁了。他在奔向 90 岁的过程中，一直坚持不断学习新知识，并且笔耕不断，90 岁高龄仍撰写出版巨著。

陈光教授讲，他从事航空发动机结构设计的教学、科研与生产工作几十年，已深深地爱上了这个行业。他十分关心国家航空发动机事业的发展，当看到或听到航空发动机取得某些进展时，从内心深处感到高兴，而看到或听到航空发动机发展遇到某些挫折时，真是打心里感到难受。陈光教授讲，由于在航空发动机事业发展中的跌打滚爬，几十年来还是积累了许多经验与心得，这些都铭刻在心头，趁现在身体还算健壮，头脑还清醒，应该发挥余热，继续为航空发动机事业发展做点贡献，立点新功。因此，近年来他不断收集航空发动机发展中的最新动态，进行认真分析，撰写有关航空发动机发展的文章。仅在2018、2019年两年，他就在航空刊物中，发表了近20篇文章。另外，他还多次为有关单位在发动机研制、试验中出现的某些故障提供解决建议。

2006年陈光教授编写出版了《航空发动机结构设计分析》一书。当时，陈光教授的老师，我校前校长曹传钧教授为该书写了热情洋溢的序言，在序言中曹教授指出："我相信，本书的出版将填补我国专业图书中航空发动机结构设计、分析专著的空白。"此书出版后受到高等院校、航空发动机研制厂所、空军工程部门等单位的欢迎，2500本书很快就销售一空。

由于航空发动机是一种发展迅速、性能不断提高的高、精、尖产品，为了做到与时俱进，陈光老师在补充了许多新内容后，于第一版出版的八年后即2014年4月又出版了《航空发动机结构设计分析》第二版。第二版出版后，由于需求量较大，出版社增印了两次，共印了7500册。

陈光教授感到在《航空发动机结构设计分析》第二版出版后的几年中，航空发动机又有澎湃发展的劲头，出现了一些很有特点的大涵道比涡扇发动机。而且由于追求高的性能以满足21世纪绿色航空的要求，在新发动机结构设计中出现了一些不应该有的疵点，造成了一些不应该发生的重大故障。为此，陈教授写了多篇介绍并分析一些新的发动机结构设计特点以及一些结构故障的分析文章，再加上近几年写的其他有关发动机发展的文章，加入《航空发动机结构设计分析》第二版中，并删除一些过时的文章，组成《航空发动机结构设计分析》第三版，与第二版相比，内容增加了1/3还多，字数将达到230多万，堪称"巨著"。陈光教授称，第三版的出版也是献给自己90大寿的寿礼。

疫情宅家　逐梦星空

在2020年元宵节前后新冠肺炎疫情肆虐的严峻日子里，陈光教授遵守防疫条例一直宅在家中，连楼都不敢下。元宵节（2月8日）那天，陈光教授接到"三老"协会郑彦良常务副会长电话，说学校离退休工作处、"三老"协会与"关工委"已经与有关学生联系，将组织在网上进行"逐梦星空"

的网课，由资深的老教授对宅在家中的广大同学进行热爱航空航天事业、共度疫情难关的系列讲座，共五讲，要求陈光教授承担第一讲的任务，讲课的题目定为《活到老 学到老 奉献到老》。听到这个安排后，陈光教授毫不犹豫地、愉快地接受了这一任务。

在疫情极端严峻的形势下，讲课人不能出家门，录像转播的同学也各个宅在自己家中不得外出，怎么完成这个讲课任务成为陈光教授最大的心病。

当陈光教授与负责组织这次“逐梦星空”讲座的同学在手机微信中交流后，商定通过手机中的视频通话的方式来进行，即陈光老师与该同学的手机调到“视频通话”中，陈光老师对着手机宣讲，同学再将他接收到的视频转发出去。陈光教授讲，以前讲课都是先定下大纲，然后制作 PPT，在 PPT 中配上插图与表格等，讲课时则是对着一张张的 PPT 来讲。现在则是对着手机讲，根本用不上 PPT，所以陈光教授后来对来访的同志讲：“我讲过几十年的课，还从未空对空地讲过课。这样讲真是‘老革命遇到了新问题’。”

讲课方式定下并确定两天后即 2 月 10 日 9 点开讲，在一天的准备时间中，陈光教授全盘考虑后写了一个包括九个内容的提纲，没有 PPT，只得挑选必要的且能说明问题的图片扫描后打印成照片，在讲课时，当需要用图片说明问题时，一只手将照片对着手机屏幕拿到胸前，另一只手则指点图片中所需之处。

2 月 10 日上午 9 点，讲座正式开讲。虽然没有 PPT 及讲稿，但是由于讲的内容按陈光教授的话讲：“那都是亲历的事物，因此历历在目”，所以陈光教授用亲切的语调、幽默的语言像讲故事似的娓娓道来，不知不觉竟然讲了近两小时，中间既没有饮水，也没有休息。出乎陈光教授意料的是讲课取得非常好的效果，正像北航新闻报道标题《北航 90 岁老教授 b 站开直播，人气榜排名第一！网友：“全家一起看，感动！”》说的一样。陈光教授戏称：“没有想到活到九十岁竟然成了网红！”。陈光教授这次网上讲课是在疫情期间高校中举办的第一个，影响较大，因此事后他接受了多家媒体包括“学习强国”的记者采访及报道。陈光教授后来讲，在严峻的疫情中，只是做了教师该做的事，却得到那么多的赞誉，真是感到不安。

谦谨求实　献身祖国蓝天的忠诚卫士

——记奉献有为之星吴大方

在北京航空航天大学的校园里，你会碰到这样一位平凡的教授，他有着慈祥的面容，渊博的学识，严谨的科研态度。报国，他无私奉献；行事，他勤耕不辍；为人，他低调谦逊；育人，他呕心沥血。他是北航数千名默默无闻耕耘教师的代表，是多项试验能力超过美国 NASA 技术指标，坚守时间逾 8400 天零事故的科研干将，也是 2016 年度国家技术发明二等奖的获得者，他就是航空科学与工程学院教授——吴大方。

持谦谨而成大器

在 2016 年度国家科学技术奖励大会上，吴大方教授凭借他主持完成的"高超声速飞行器极端热环境试验关键技术及应用"项目，一举夺得国家技术发明二等奖，其研究成果为我国高超声速飞行器等新型武器装备的研制工作提供了非常重要的技术支撑，为我国国防武器装备建设、提高国防实力做出了重要贡献。

对于获奖这件事，吴教授一再强调："这是国家的需要，没有好的时代背景，没有学校提供的良好平台，我不可能投入其中。能为国家做些实实在在的事情，这是我的幸运，能不报道，就不要报道我。"

1992 年，吴大方于日本获得工学博士学位后毅然回国，投入到高超声速飞行器的研制工作中。“国家交给我的任务，是国家对我们的绝对信任，我做不好无法交代。”这位 66 岁的教授用这句朴实平淡的话语，诠释了他无私奉献的报国精神、谦虚严谨的治学态度。除了承担大量的高超声速飞行器热强度研究的工程项目之外，作为一名学者，吴大方教授还担任过北京航空航天大学固体力学研究所副所长、中国力学学会理事、《实验力学》学报副主编、“APCSMS - 96”国际会议组织委员会委员、中国力学学会实验应力分析专业委员会委员、中国宇航学会结构强度与环境工程专业委员会委员、《强度与环境》编委等社会职务。在学术上也是硕果累累，在国内、外学术刊物和国际学术会议上发表了学术论文 70 余篇，其中大部分被 SCI、EI 检索，获发明专利 20 件。主持和参加过国家自然科学基金、教育部留学基金、航空基金、航天科技创新基金、985、863、973 等研究项目。此外，他还获中华人民共和国教育部科技进步一等奖一项（排名第一），获部级二等奖一项，获航空部优秀留学归国人员奖。

讷于言而敏于行

在接受采访时，吴大方话很少，但他的工作能力却得到同行们的信任和称赞，学生纷纷评价“话不多，可是每天来堵着门做实验的型号单位巨多”。在 2017 年 1 月 9 日接受完表彰后由人民大会堂返回学校的路上，吴教授的手机响个不停，一通通电话不是祝贺，而是不同型号单位在向他确认当天下午的实验时间。他冷静思考，迅速联系并有条不紊地做好了安排。

“我的实验不允许失败”，因为实验条件的特殊性，他必须确保每次实验都要做到万无一失，近 2000 次的反复试验，极端的试验环境，这些常人看来不可思议的工作，在吴大方眼中变成了及时服务国家战略需要的行动，变成了 23 年孜孜不倦的坚守。

66 年终成大器，吴大方的研究紧密结合我国高超声速飞行器极端热环境下热防护研究的国防重大需求，承担着 80 多项近 20 多个型号的有关我国战略导弹、高速巡航导弹、反舰导弹、高速无人机、弹道导弹、新型隐身战机、防空导弹、空天飞行器、反辐射导弹、新型航空发动机、空一空导弹、高超声速远程机动飞行器等热结构强度和热防护方面的军事工程研究项目。历经20余年的艰苦努力和积累创新,建立了具有自主知识产权和北航特色的高超声速飞行器极端热环境试验系统,取得了多项赶超国际先进水平的研究成果,并在大量的国防武器型号研制项目中得到了实际应用。

尚于德而躬身教

"学为人师,行为世范",吴大方在科研上硕果累累,但他更看重教育,培养后来人才。在此次的获奖团队中,吴教授的一名博士生王岳武赫然在列,作为学生而成为奖项的完成人,谈及于此,王岳武骄傲地说:"吴老师的以身作则和在实验室对所有人一以贯之的要求,造就了我们的'小幸运'"。在吴老师掌舵的北京航空航天大学固体力学研究所结构热强度实验室,还有许许多多"王岳武"这样的人。因为吴大方坚信:强国富民关键就是培养高素质的人才,只有多培养这样的人,才能发挥更大的作用。吴老师坚持培养一批热强度试验团队的理念,对学生的指导,他兢兢业业,严格要求,毫无保留。虽然实验室的学生不断在变化,实验室的环境不断在更新,研究涉及的多项重大关键技术瓶颈不断在突破,但吴大方23年如一日的坚守和教导永远不变,学生的赞誉和感恩之心永远不变。多年以来,吴老师培养过近20名博士研究生、博士后和硕士研究生。

对待课题组不断流动的学生,吴大方少见的动情:"青年学生要努力,老师更要努力!"简单的一句话,吴大方用20余年的时光不断践行着:没有周末寒暑假,一年当中可能只有除夕那天他会暂时不工作,他唯一的爱好就是待在实验室里,稍有危险性的试验从来都是自己上而不让学生做……在老师的以身作则下,学生们也练就了踏实严谨、刻苦钻研的作风。"研制过程中会不断遇到新的挑战,不断解决新问题,并且必须极为谨慎,动辄数万、数十万的高温或超高温破坏性试验,岂能出现闪失?"王岳武的话就是吴老师学生们的心声。这个略显"沉闷"的实验室也因此诞生了一批批科研精英,有国家技术发明奖学生完成人,有北航十佳研究生等。

"二十三年如一日,六十六岁成正果",吴大方教授用自己近乎苛刻的治事理念、严谨扎实的工作作风为老一辈科研工作者做出了最好的诠释。如今,吴大方教授已步入古稀之年,仍在老有所为的路上不停歇。

阳光心态　奉献有为

——记十佳健康老人、奉献有为之星佟国治

佟国治教授是一位基础课教师，他一生为教书育人而奉献，40 年来培养了一大批学子走上工作岗位，成为国家的有用之才。在职期间，佟老师始终把培养能力放在首位，不断提高教学水平。他曾任北航制图教研室教学与科研主任，获得过北京市优秀教师称号；编写了高质量的《机械制图》和《现代工程设计图学》等教材；多次获北京市国家级教学成果奖，于 1995 年赴日本参加日中第五届图学教育国际会议。退休以来，特别是自担任"'三老'协会机械学院分会"会长以来，他服务于老同志的健康和青年学生的成长，做了大量的工作，得到了老同志的肯定，也受到了青年学生的赞扬。2013 年荣获北京市老科学技术者协会总会授予的优秀老科技工作者称号，2016 年获北航十佳健康老人称号，2018 年获北航离退休工作处奉献有为之星称号。

关心老一代　奋发老年风采

佟老师十分关心老同志的身心健康，积极出面组织各种有益活动，奋发老年风采。自 2010 年起至 2016 年，他先后组织机械学院离退休教职工参加各种郊游、参观、访问等活动十余次，如到通州大运河、密云白云峡、天津"新一代火箭产业基地"、古北口北镇等地参观游览。这些活动使老同志们愉悦了身心，交流了思想，沟通了情感，增进了友谊，舒展了

个性。

2010 年 9 月，他组织离退休教职工去通州游览我国历史闻名的大运河，乘船前往漕运码头，在欣赏两岸美好景观后，又参观了韩美城钦艺术馆。这是一次高雅的艺术享受，很多老同志不顾年高体弱，以极大的热情参加这次有益身心健康的活动。

2011 年 9 月，他组织全院离退休教职工去密云白云峡风景区观光旅游，享受大自然的清新，畅游京城新景观，亲身体验改革开放带来的农村巨大变化。为此，他学写了一篇题为《享受大自然、热爱新北京》的通讯报道。

2012 年 9 月，他组织全院离退休教职工参观天津滨海地区“新一代火箭产业基地”。老同志们在这里开阔了眼界，受到了一次高科技的洗礼。同时又参观了天津王家大院旧址“反腐倡廉教育”基地，在此受到一次反腐倡廉教育。此外还游览文化古迹、了解板画等民族风俗，看到了农村新变化。

2013 年 10 月，他组织全院离退休教职工参观游览“第九届中国（北京）国际园林博览会”。通过参观，老同志们开阔了视野，了解了祖国各地风情和秀美的家园。

2013 年 9 月 10 日，全院近 200 名离退休教职工积极参加了有意义的第 29 届教师节活动。他组织了“机械学院‘三老’协会庆祝教师节座谈会”，感受了一种辛勤园丁的深厚“桃李情”。

提携下一代　芬芳桃李争艳

习近平总书记讲过要“热情关心青年、严格要求青年，为青年驰骋思想打开更浩瀚的天空，为青年实践创新搭建更广阔的舞台”。“各级领导干部要关注青年愿望、帮助青年发展、支持青年创业”。

佟老师严格践行习总书记讲话，坚持做青年朋友的知心人，做青年工作的热心人。自他担任“三老”协会机械学院分会会长以来，就十分关心下一代青年学子的成长。先后十余次组织北航新生座谈会，请知名专家、教授、学者为新生做“科学报告”，教育学生们立志为祖国的航天事业做贡献。

2011 年 11 月 22 日，佟老师特别邀请李东升、徐冰清、柯明杨、尚风武四位教授在北航沙河校区与新生一起举行座谈会，有 2011 级指导员和 100 多名机械学院新生参会。在举办座谈会的教室里，讲台上，高高悬挂的一条红色横幅上写着非常醒目的大字："机械学院'三老'协会与大一新生座谈会"。同学们以热情洋溢的掌声欢迎这些老师的到来，这次座谈会是以四位老教授主讲的形式，讲述新生所关心的有关问题。李东升老师图文并茂、系统地、由浅入深地讲解"飞机制造技术发展的趋势"，精辟地分析了飞机结构与材料研发的挑战以及先进的自动化装配技术、大部件运输与测量技术等等。徐冰清老师从培养目标出发，用自己的亲身经历讲述了过去与现在的教学计划、教学内容上的不同，改进与发展，同学们产生了极大的兴趣。柯明杨老师已 80 岁高龄，非常关心青年学生的成长，他说机械制造的应用是比较广泛的，希望寄托在你们年轻人身上，从现在起就要好好学习。尚风武老师谈了自己的成长经历，从尚风武老师的成长经历，同学们深刻体会到加强基础学习的重要性。通过这次座谈会，同学们获益匪浅，老教授的讲座给新同学们打开了通向知识顶峰的大门。

2012 年 12 月 12 日在沙河校区"博雅"大课堂，佟老师组织了一场高科技专家讲座，受到与会同学的热烈欢迎。2012 届和部分 2011 届学生近 400 人踊跃参加，分别倾听了张德远教授主讲的"先进加工技术"和李东生教授主讲的"现代飞机制造高科技"课程，使每个学生体会到自己肩负着今后科技发展的重任。

2013 年 11 月 6 日，"有朋说"首讲——南极科考之旅在北航沙河校区成功举办。北航"三老"协会机械学院分会佟老师一行五人，机械学院有关领导和沙河校区 300 余名学生参加了讲座。佟老师特邀请机械工程及自动化学院知名教授王田苗老师担任本次的主讲。王老师讲述了南极的艰苦环境及科学家的奉献精神，激发起新学员奋发图强、刻苦学习、为祖国繁荣富强贡献一切的热情。

2014 年的"新生座谈会"，佟老师邀请到李象益教授与新同学座谈。李象益教授是"2013 年度联合国教科文组织卡林伽奖"获得者，他是获此奖项的中国第一人，同时他还是一名北航校友。李教授讲到从信息时代迈进创意时代，又到移动互联网时代，靠的是科学技术创新。新兴技术带来科学发展，靠的是理念、论断、目标、好奇心、创造力和想象力。平时要学好基础知识，进行知识积累，勇于进行科学实践。他说"千里之行，始于足下"，大家要做创业的"解题人"而不只是做"命题人"。他还用数学家华罗庚科普思想来激发学生们。新同学就自己关心的问题与李教授进行互动，都得到了满意的回答。最后，李教授预祝大家迎接航空航天事业跨越式发展，做有理想、有抱负、有社会责任与担当的全新思维的北航人！

近几年，佟老师因成功举办"新生座谈会"而名声在外，开始有新同学慕名而来，主动找到佟老师，邀请他为新生讲校史，讲北航的人才培养计划。

多年来，佟教授上关心老一代，下关注下一代，奉献出自己的全部精力和爱心。只有团结、和谐、奋进才能做好服务工作，这是佟老师多年服务于老同志和青年学子的宝贵经验与体会。

退而不休为航模　老骥伏枥为育才

——记十佳健康老人、奉献有为之星孙景桥

1997 年，孙景桥年满 60 周岁光荣退休后，继续被校教务处聘为“航模技术公选课”教师；同时被校团委聘为北航航模协会的指导教师（退休前是会长）；在北航老年航模协会（以下称老航协）成立后又兼任了老航协会长。孙老师在繁忙的工作中为自己立下规矩：粗茶淡饭八分饱，每天活动头到脚，乐观向上好睡眠，工作学习不言老。他健康向上的工作和生活态度得到大家的好评，2016 年被评为“北航十佳健康老人”。由于孙老师在退休后的多年间仍然站在讲台上向青年学生传授航模知识和技术，孜孜不倦地辅导学生的课余航模活动，2018 年被北京市“三老”协会评为“科技教育融入社区先进工作者”，2019 年又被评为首届北航“育才老园丁”。

呕心沥血　一生钟爱航模事业

担任“航模技术”公共选修课的任课教师。1984 年，经学校教务部审批设立了面向本科生的航模技术公共选修课，该课分初级班、中级班和高级班，三个班的课程皆由孙老师任教。为了在课程中能展示多种飞机模型及悠久的历史传统，校教务部门把主楼 608 教室分配给孙老师专门做

模型陈列室进行生动的现场教学。

1997 年 7 月，随着孙老师的退休，“航模技术”只单独开设初级班课程。孙老师凭借丰富的专业知识和多年实践经验，始终充满热情地授课，使这门公共选修课以航空理论与实际密切联系，专业实践性强为特色一直受到学生的普遍欢迎。每次选课人数大大超出教室可容纳的人数，不得不在每学期开课前强制限定报名人数。北京大学力学系也专程来北航邀请了孙老师为该系学生讲授“航模技术”课。

受命筹建航模协会新基地，培训全校航模活动骨干力量。1997 年校长办公会决定，学校为进一步发展北航航模活动，航模协会从狭窄潮湿的老主楼地下室搬出，重新选址，在田径场主席台上方开辟新的航模工作室，并在主 M 楼地下室开辟了储存多年积累的航模飞机和器材的专用库房。

孙老师在校团委委托下于 2000 年负责扩大重建了学生航模协会活动基地，并于 2001 年加大力度集中培训全校的航模技术骨干力量，促使全校的航模活动进一步蓬勃开展起来。

他热心带领航模协会学生开展技术创新活动，认真指导学生参加展示校科技作品的“冯如杯”竞赛。参赛作品中有六个项目获奖，航模协会因此被评为科技明星社团、品牌社团。在“冯如杯”比赛后，参赛作品中的一项被选出参加了全国大学生“挑战杯”竞赛并荣获一等奖，孙景桥老师被评为优秀指导教师。这次获奖事迹和照片被刊登在《航空航天报》上。

参与重建北航航模队。自 1966 年以后，北航航模工作重点转型“为工农兵服务，为教学科研生产服务”，不再参加比赛。直到 2004 年才再次开始参加比赛。2004 年，国家体育总局面向全国大专院校举办首届全国航模科技创新类比赛。为了参加这次比赛，2003 年航空学院（原五系）和校团委联合组建了北航航模队，孙景桥也被聘为技术顾问。为适应第二年即将开赛的需要，时任航模协会指导教师的孙景桥从航模协会抽调出最成熟的技术骨干，将四名会员充实到新组建的航模队中，同时孙老师把与校外航空专家合作研发成功的最新机型的资料和样机无偿交给航模队参考使用。这四名会员经过进一步训练和严格的选拔，不负孙老师期望，成了航模队主力队员，全部上场代表北航夺得载重项目的冠军。在以后几年的比赛中他们一直以出色的表现卫冕，为北航争得了极大的荣誉。

他参加并协助组织北航老年航模协会。2013 年 4 月在校离退休工作处领导和安排下成立了“北航老年航模协会”。大家选出孙景桥老师担任会长。他和协会会员一起为北京市“三老”协会编纂了一本普及航模的书籍，并设计了多种普及初级航模训练用航模飞机。他积极招募热爱航模活动的老同志加入老航协，并组织航模技术培训。经过近八年的努力，老航协队伍充实壮大了，会员从成立初期的八人扩大到目前的 22 人。他还注意吸收技术经验丰富和活动能力强的成员，来加强协会的总体技术水平和凝聚力。

他多次和老航协会员一起深入社区和学校，举办培训班，辅导模型制作与放飞。在飞行表演的同时注意带动和培训青少年航模爱好者。多次邀请这些青少年航模爱好者一起参与在重阳节、夏令营等大型活动场合举办的航空模型飞行表演。

他组织北航老年航模队和学生航模爱好者在学校一年一度的离退休职工春季运动会上进行航模飞行表演，展示了老年人带领年轻人老当益壮、老有所为的精神风貌。

退而不休　应聘参与多项重要工作和重要活动

1997—2000 年他继续受聘为北航轻型飞机研究室 815 工程型号的试飞员，出场飞行 300 多架次。在定型飞机只有一架，试飞不能发生任何闪失的前提下，时任型号总指挥的黄副校长亲自找到富有飞行经验的孙老师，说明了这次试飞的重要性，建议放下其他工作，担任定型试飞员。孙老师随试飞队去广东某机场定型试飞成功，被工信部（原航空航天部）荣记三等功，并获得立功奖章。在最后进行定型试飞期间，还曾为中国人民解放军总参谋长曹刚川将军成功进行了飞行演示。

2001 年，校无人机研究所为研制航空部下达的型号任务，把孙老师从轻机室调至无人机所任模型试验组组长。在 2001—2005 年五年间，模型试验组共研制试飞成功三种遥控无人机，同时培养和凝聚了一批年轻的技术力量。因为这些试飞都是从未有过的新机试飞，受到了校领导的极大关注。当时，党委书记、校长及副校长都曾亲临外场观看孙老师试飞。每当孙老师熟练地操控新机并平稳地降落到跑道上时，在场的参试人员和观众都会因为试飞的成功而充满喜悦之情，试飞场地无不洋溢着欢乐的气氛。

在准备北航建校50周年大庆期间，学校决定把大型航模飞行表演作为校庆的一项重要活动。任命孙景桥组织表演队并担任教练兼现场总指挥。为了完成这次在航空专业的高等学府的精彩飞行表演，他不仅选拔了全校的航模骨干，还邀请了多位全国有名的航模飞行高手参加。为了选择合适的训练场地，保证应急训练，有时孙老师亲自开车运送表演队员和飞机。经过长达一年的刻苦训练，最终在预定的校庆日，圆满完成了表演任务，校庆组委会为孙老师颁发了奖状、奖品和奖金。紧接着，在2006—2008年孙老师被北航机器人研究所聘为技术顾问，其间他又研制成功用于电力寻线遥控伞翼机并参与设计赴南极考察使用的进行环境勘测的遥控无人机。

在此期间，勤者多劳、名声在外的孙老师还分别应解放军某部和北京卫戍区人武部模拟军事演练的需要，组织了多名学生携带多种遥控飞机、直升机、模型火箭和小型无人机分别配合部队和人武部进行了多项实地演练，飞行结束后分别受到时任市委书记刘淇和解放军副总参谋长张震的接见。

经校外事部门安排，孙老师还在学校多次接待外宾的活动中进行独特新颖的航模飞行表演。这些外宾有国际航联主席、法国国家航模队、香港航模队、德国援华的航空专家组等。

普及航模　促成北航航模文化走廊建设

2017年，孙老师带领老航协的老师们受聘于中国儿童活动中心，担任航模培训指导教师，辅导少年儿童的航模活动；组织“中国儿童航模夏令营北航站”，举办培训制作和飞行等大型活动；辅导慕名而来的深圳明德中学学员；接待东莞市中心小学航模教师在北航接受航模技术培训等。

2018年底孙景桥会长和盛焕鸣副会长共同正式书面报告校领导，提出为传承航模事业，建设“北航航模文化走廊”的建议。离退休工作处领导附上中肯的意见：建设航模文化走廊有利于讲好北航故事，传承北航精神，营造爱航空的文化氛围，彰显北航育人特色……在离退休工作处主持下，经与航空馆共同协商，这一建议终于在 2020 年 6 月初有了结果。孙老师呵护数十年的百架飞机、百台发动机、数十套遥控设备以及无数奖品、资料、照片及图纸，全部交由校史馆航空馆接收，用于筹建“北航航模文化走廊暨“关工委”领导下的青少年航模活动基地”。孙老师无限感慨地说，这比历年来获得的奖章奖状以及众多的荣誉更让他激动兴奋！因为这是对他坚守航模数十年不离不弃的最高奖赏。这些孙老师从 1957—1997 年 40 年工作在狭窄潮湿的老主楼地下室制作而成的飞机和器材，都是每年雨季用脸盆往外排水保护下来的，1997 年被孙老师抢救至主 M 楼地库，但他经常会接到以易燃品、危险品为由要准备清除它们的通知。2016 年孙老师无奈之下专门给校长打了紧急报告这些飞机和器材才得到了暂时的保护。谁料想 2020 年要翻修改造老主楼，这批航模器材又面临全部被从库内清除的命运。孙老师疫情下冒酷暑紧急奔走，求助教务处、团委、无人机所以及离退休工作处，功夫不负有心的老人，最终在被清库前一天，获得了学校各方支持，而且是以最为理想的方式解决了困扰孙老师多年的难题。

追根溯源　寻找航模事业梦想的起点

孙老师放飞航模追梦蓝天的脚步从幼年开始，至今长达 70 年，从未停下。为究其原因，北航文理学院三名研究生利用社会实践课题专门采访了退而不休的孙老师。他们从孙老师口中找到的答案是：这源于学校的多年教育和个人不变的浓厚志趣。正是国家的长期培养与个人坚定不移的报国信念和志向，成就了他的今天。

孙老师的梦想最早可追溯到 1951 年，当年孙景桥入学寄宿北京大同中学（现北京 24 中）。在校期间，他热爱集体、热心服务的表现非常突出。在入学第二年即 1952 年，北京市为了开展国防体育运动，决定举办第一届航空模型辅导员训练班。学校就选派了当时正在担任少先队大队长的孙景桥去参加培训班的学习，准备在他学成回来时组建航模小组，开展航模活动。孙景桥在培训班里表现出了对航模的浓厚兴趣和突出的动手能力，他制作出来的第一架牵引滑翔机就表现出优良的飞行性能，受到老师和同学的赞扬。结业返校后，在中学的那几年航模活动中，他热心组织组员们活动，刻苦钻研技术。他创作的双发动机线纵模型飞机获市中学生科技作品二等奖，还被北京开始组建的航模代表队选中，去参加城际比赛。高中毕业前夕，他被学校评为优秀辅导员，校长还亲自为他颁发了“航模工作成绩显著”的奖状。此后“考入北航”就成为酷爱航模的孙景桥的必由之路。

1957 年，也就是在他进北航的第二年，即被选拔为航模协会会长。他积极组织全校的航模活动，通过刻苦钻研技术，加上课堂专业知识的助力，他在历次竞赛中获冠军、破全国纪录，乃至 1960 年一举打破世界纪录！由于表现突出，他被国家体委授予最高体育荣誉奖章和运动健将称号。

结束语

孙景桥曾在北航建校 60 周年纪念册上深情地写道：自己正如奋进中的北航激流中的一滴水，是北航大绿园花团锦簇中的一片绿叶。他感恩学校多年的培养，退休了仍不停歇；他与时俱进，以更加热情饱满的精神投入工作，不断努力出色地完成学校的各项教学科研生产工作；他自动放弃教学课时报酬，多次为北航教育基金会捐款，用于发展北航的航模事业；直到今天，他追逐放飞蓝天梦想的脚步也没有停顿下来。

不忘初心，方得始终！孙景桥正是坚持自己的初心，追逐着自己随心驾驭航模的理想。今年 83 岁高龄依然神采奕奕，健步在飞行场地的他，正以一种老骥伏枥志在千里、不用扬鞭自奋蹄的精神面貌活跃在祖国的蓝天下，疾步前行在这夕阳的晚霞里。

老骥伏枥　初心永驻

——记十佳健康老人卢树森

谈起卢树森教授，他在北航原离休九支部人们的心中是一位不计名利、工作任劳任怨、待人谦和热情，对别人关怀备至的好同志。他1992年离休，在离休前，曾担任过北航制图教研室副主任、主任职务，曾任北京市工程图学会副理事长职务。他对自己生活无所求，但对专业精益求精，在其专业领域贡献了他的全部精力。

特殊的成长经历

卢树森教授30年代初出生在河南信阳。当时他的家乡正处在日本侵略者的野蛮奴役、国民党的黑暗统治期，是早期共产党新四军领导的革命力量的积极活动地。当地青少年渴望着光明、和平、安定的新社会的到来。

1949年春，高中毕业的他在姐姐的带领下，参加了解放军前线财经部队，紧随人民解放军的先头部队，历经艰险于1949年5月16日（即武汉解放日）进入武汉重镇。接着就加入了宣传党的经济政策的宣传工作队，宣传“废除旧币流通，建立使用人民币的新制度”等党的经济政策。当时党急需新的经济工作人才，于是两个月后，组织上调他到武昌党创办的中原大学学习新政策和新的财经业务知识。当时第一阶段是政治思想教育四个月，第二个阶段是一年的金融专业知识学习。由于刚刚解放，百废待兴，学习环境很简陋。教室食堂合二为一，没有课桌仅有一个马扎，完全是军事化的学习与生活环境，堪称革命圣地延安的模式！难能可贵的是毕业证书上有时任校长范文澜和副校长潘梓年的大印章，这是十分珍贵的纪念品，他保存至今。

毕业后他被分配到中国人民银行武汉分行会计科工作。1952 年随着国家的发展，教育部扩招大学生，但因为当时高中毕业生数量不够，决定抽调在职具有高中学历的干部，经过入学考试合格者进入大学学习。他有幸被录取到广西大学，作为调干生进入大学学习。后来全国院系调整，他被调到武汉华中工学院（现在的华中科技大学）机械系学习四年，于 1956 年 8 月毕业分配到北京航空学院。

愿当一辈子人民教师

1956 年 9 月，卢树森同志来到北航基础课部制图教研室任助教。当时由于专业不对口有所不快，然而到单位后，逐步对新的环境、新的任务有了新的认识。这是一个师资力量和教学水平相当不错的单位，在北航甚至全国工科院校中位于前茅。于是他暗下决心要好好向同行学习，踏实钻研教材，学习教学方法，学习语言表达及板书技巧，在培养学生分析与解决问题能力上下功夫。多年来他的教学深受各届学生的好评，有的学生甚至毕业到工作岗位后还会牢牢记住卢老师的讲课风格。

在 70 年代，卢老师还曾经被北京电视台教育频道聘去讲“画法几何与制图”课。

他不仅自己教学好，而且为教研室学科建设、教材探讨与教学方法教学水平整体提高、研究生培养计划做出了积极贡献，为教研室的扩充和发展打下了坚实的基础。由于他和全室工作人员的努力奋斗，北航制图教研室在北京市工科院校中被公认为是名列前茅的教研室，以至于北京市的工程图学学会和全国工程图学学会都挂靠在北航，为提高北航的声誉做出了贡献。

老骥伏枥　志存高远

他发挥业务专长，协助并参加教材编写工作。卢教授于 1992 年离休后参加了中国工程图学学会与台湾文京图书有限公司合作的为台湾大专院校编写基础课与基础技术课教材的工作。当时，在北航、清华大学、北京理工大学、北方交通大学、北京科技大学、北京邮电大学选拔了 21 位教授承担了 21 门课程教材的编写工作。他是其中一员，承担了书名为《图学》的教材编写工作。本教材 600 多页，历时三年完成，于 1996 年由台湾著名的文京图书有限公司出版社出版，供台湾部分大专院校使用，并在台湾各大书店上市供应以满足社会需求。

1996 年、1997 年他先后两次参加了中国工程图学学会应台湾文京图书有限公司的邀请赴台参观访问。

他服从组织安排，从事党支部管理工作。他离休后连续多年工作在党支部副书记这个岗位上，工作认真负责，勤勤恳恳。虽然支部书记频繁换人，他本人年龄也大、身体又欠佳，但是他看到支部工作确实需要有人来承担时，努力克服自身的不利因素一直坚持到 2014 年春季。

他在党支部工作期间，先后与韩先耀、冷启元、康广等支部书记合作。他密切配合支部书记的工作，是书记的好助手和好参谋，在书记外出期间他尽全力做好党支部的各项工作，受到各位书记的好评。

他对支部工作积极，认真负责。在政治思想上他坚定地与党中央保持一致，在支部学习讨论中，能用正确的观点和意见循循诱导其他同志。

在支委会的领导下，在支部全体党员的参与下，卢教授所在支部工作很活跃。2011 年，支部用实际行动参加庆祝党的 90 岁生日的活动，积极排练演唱革命歌曲，出演的曲目是《没有共产党就没有新中国》，在演唱中由马自天同志指挥、文益民同志诗朗诵。参演的同志一次又一次的反复排练，使演唱获得成功，受到参会党员的一致好评。为此支部获得了一等奖，同时还获得了优秀组织奖。

2008 年，支部去延庆百果园参观度假，度假期间还组织了学习，学习内容是胡锦涛同志在纪念改革开放 30 周年大会上的讲话，学习方式是边学习边讨论。其中学到“不倒退，不折腾，不懈怠，我们的伟大宏伟目标一定能实现”这一段，支部全体党员深受鼓舞。因为当时社会上刮起两股风，一是要走回头路，二是要向西方学习。胡锦涛同志的讲话给我们指明了方向和道路，通过学习全体党员深受教育，做到了方向明，心坚定，跟党走，一辈子！

延庆短暂的度假既愉悦了党员的心情，使其精神面貌得到了很大改观，又提高了大家的理论水平，使大家认清了形势、坚定了信念。

汶川大地震时，在卢树森同志和支委们的带动下，支部党员积极缴纳特殊党费。

卢树森同志密切联系群众，对工作认真负责，每次组织活动他都提前通知大家，尽管这样，他在会议的前一天晚上还要再通知一遍，以确保无误。当同志患病时，他主动探望给予关怀；当过年过节学校给离休干部发放慰问品时，他及时想方设法把慰问品送到不能来领的同志家中；当同志遇到困难时，他总是送去殷切的问候与帮助；他收缴党费从来未出现过差错。大家一致认为：“老卢是我们的好同志，是称职的党支部副书记。”

做时尚老人　享快乐晚年

卢树森同志积极参加老年社团活动和旅游。为了克服年龄大、身体上的不适，他积极参加社会活动，以良好的心态乐观健康的生活。他爱好摄影、象棋和台球，是学校夕阳红摄影协会、台球协会、象棋协会的会员。在协会里他与棋友、球友、摄影影友一起切磋，相互学习，取长补短，关系十分和谐，大家都夸老卢的人缘好。他的摄影作品多次参加学校和北京市教育系统举办的摄影展览。他还代表学校参加了北京市教育系统组织的老干部台球比赛。

卢树森同志是一名时尚老人，勇于学习探索新知识，对电脑等现代化工具能熟练地掌握和应用。

他爱好旅游，和家人亲属多次参加国内外的旅游。说到旅游，其中印象最深的莫过于加拿大的一次旅游。那是在加拿大落基山脉景点旅游，缆车升到两三千米高度时突然失灵，挂在原始森林的上空，历经数小时后由加拿大森林抢险队派直升机把每个人从缆车上一个个吊下来，此景至今回忆起来历历在目，那真是有惊无险、前所未有的一次国外旅游。

他多年坚持不懈地参加各项活动，既圆了青年时期爱好的美梦，又改善了他的身体状况，让他从“重度焦虑及抑郁综合征”中走出来，恢复了正常生活，当然这也离不开他家人的精心照顾与陪伴。

卢树森同志看起来沉默寡言，但他的心是火热的。不管是对人还是对事业，他都是那么的爱，那么的投入，尤其是他离休后带病坚持做好各项工作，这种坚韧不拔的精神值得大家学习！

莫道桑榆晚　为霞尚满天

——记奉献有为之星郦吉臣

他曾是国内惯性技术开创者林士谔先生的学生；他曾在80年代初在国内率先开始半球谐振陀螺研究；他见证了国内磁悬浮技术的发展并参与指导了磁悬浮控制力矩陀螺、磁悬浮飞轮和高速磁悬浮电机的研制；他退而不休，毕生的精力都投注到热爱的科研事业，现在依然奋战在科研第一线，孜孜不倦地指导着一代又一代的年轻学子。他就是北京航空航天大学仪器与光电学院的郦吉臣教授。

洗尽铅华　倾注一生

1958年，刚刚毕业的郦吉臣老师留校工作，进入由林士谔先生牵头组建的国内第一个惯性陀螺研究室工作（该实验室于2010年获批成为我国惯性技术领域唯一的国家级重点实验室），从此开始了54年的科研生涯。在此期间，郦老师主要主持和参与研究了框架陀螺、挠性陀螺、半球谐振陀螺、磁悬浮飞轮和控制力矩陀螺等一系列科研项目。惯性技术在石油测井的应用分别在2006年获得教育部科学技术奖一等奖，在2007年获得国家科技进步二等奖，他作为第二完成人于2008年1月在人民大会堂接受国家领导人颁奖。80年代初郦老师在国内率先开始半球谐振陀螺研究，开创了国内半球陀螺研究的先河，填补了国内空白。此外，郦老师几乎参与了课题组所有项目的研究工作，20 世纪 50 年代林士谔先生带领团队研制成功国内第一个液浮陀螺，60 年代研制成功国内第一个气浮陀螺，70 年代研制成功国内第一个挠性陀螺，80 年代研制成功国内第一台半球谐振陀螺……横跨半个世纪的倾注，郦吉臣老师见证了中国陀螺研究事业的诞生、成长、发展、壮大。在一次次的试验中感受着其中的挫折和喜悦，夜晚，在实验室长久不熄的灯光下埋头攻克一个个技术难题，抬头时，郦吉臣老师已经由英姿勃勃的年轻学者变成了白发苍苍的老人，2002 年，郦吉臣老师满载荣誉光荣退休了。

老骥伏枥　勤耕不辍

退休之后的郦老教授从未离开过热爱的陀螺研究事业。进入到新世纪，以房建成教授等年轻学者为主的研究团队进入飞速发展期，课题组在国内率先研究空间站用大型磁悬浮控制力矩陀螺；2001 年率先开展了国内第一个磁悬浮姿控储能两用飞轮的研制；2004 年在国内率先进行了高精度磁悬浮反作用飞轮的研制；2006 年在国际上率先开展了双框架磁悬浮控制力矩陀螺的研制；2007 年更是获得了象征国家科技最高荣誉的科技发明一等奖，但郦老师却坚持拒绝在获奖名单中出现自己的名字，而是让年轻的博士生们获此殊荣，自己默默甘为铺路石。

作为实验室的老前辈，郦老教授是实验室所有年轻老师和同学的榜样和导师。精密仪器及机械是一个交叉学科，实验室中所取得的任何一个成果无不是多个学科的相互交融、相互渗透的结果，所涉及的知识不但广而且深，对于刚进实验室的学生来说，所遇到的困难是可想而知的，脑中疑问也是接连不断。实验室的老师和同学经常会看到郦老教授活跃在各个实验室，他总是极富耐心地给学生讲解相关知识，解答同学们各种各样的疑问，深入浅出的讲解使得同学们豁然开朗、茅塞顿开。郦老教授不仅在学术研究方面给予学生无私的指导，在工作方面还依然垂范于学生，丝毫没有因为自己已经是一个年逾古稀的老人而降低热情。陀螺组的很多同学还记得，在磁悬浮控制力矩陀螺进入攻坚阶段的那个寒冷的冬天，郦老教授和工人师傅抱着30多公斤的陀螺，顶着寒风、骑着三轮车去工厂加工的情景，看着累得满头大汗却面带笑容的老教授，团队成员都被深深打动。飞轮组的老师同学都还记得，在磁悬浮飞轮进入卫星型号搭载阶段，每一次面临工程技术难题时，郦老教授总是将毕生科研、工程型号经验拿出来和大家一起分享，为型号产品的研制献策献力。郦老教授经常和年轻教师南上北下，到全国各地的各个协作厂所进行技术调研和协调工作，每次出差回来，他经常是熬了一夜的火车，早上一到北京都顾不上休息片刻就召集老师同学一起探讨工作。飞轮组的老师同学经常开玩笑说，郦老教授那里有一个宝藏，他的百宝箱里有着无限的工程技术积累和型号经验。磁悬浮电机组的同学也没有忘记，项目伊始时由于时间紧迫，没有考虑到的问题很多，动手做时困难重重，在每一个加班加点讨论方案修改设计的夜晚一定少不了郦老教授的身影，课题组的老师和同学们无不为之感动。这样的例子数不胜数，如果你来到课题组随便找一个同学聊起郦老教授的话，他都能给你讲上好一会儿。因为郦老教授扎实的专业知识、一丝不苟的治学态度以及乐观积极的生活态度无时无刻不在潜移默化地影响和感染着年轻学生，也正是老教授的敬业精神点燃了年轻人对科研工作的热情，课题组才能在这种积极向上严谨活泼的氛围中不断攀登高峰，登上一个又一个科研的顶峰。

团队带头人房建成教授在谈到郦吉臣老教授时动情地说："我们团队里的老教授70多岁了，每天和我们一样在实验室作研究，不求名、不求利。每天一样熬到深夜，一样没有节假日，为项目的研制付出了大量的心血。"房建成教授的一席话是对郦老教授的最真实的写照，正是郦老教授的不求名不求利和为科研献身的精神鼓舞着团队的每一个成员！

老有所为　绚烂夕阳

如今的郦老教授已是八旬老人，虽已退休多年，但是我们依然可以看到他像年轻小伙子一样每天坚持到实验室上班。2007年，房建成教授带领第三代科研团队又开始了国际上第三代陀螺仪——原子陀螺的研究攻关，该研究进入国际前沿的竞争行列，郦老教授多次参与创新技术的研究和指导工作，依然以自己的一言一行时刻影响着团队的同学们。郦老说："我研究了一辈子的陀螺，陀螺就像我的孩子一样。现在这些年轻人在做新领域的研制，困难很多，我有责任为年轻人做一些辅助性工作，带动他们成长，如果能帮助年轻人有一点提高，让他们在科研的道路上少走一点弯路，我就感到很欣慰了。"朴实无华的话语道出了郦吉臣老教授的心声。2009 年 5 月 6 日，时任国家副主席习近平视察了北航惯性技术国家级重点实验室，高度评价了实验室所取得的自主创新研究成果，在习近平同志的鼓舞下，团队瞄准国家战略新兴产业的发展方向，开始了国家重大科技成果转化项目的研制，发展以高速磁悬浮永磁电动机为核心的"绿色节能高速动力机械"技术，郦老教授为该项目的主要技术顾问。

"莫道桑榆晚，为霞尚满天"，郦老教授依然坚守着对科研事业的无限热爱，继续在科研一线发挥着一个老教授、老教师的作用，绽放着第二度青春的绚烂光华！

退而不休　乐于奉献

——记优秀共产党员郑彦良

郑彦良，一位共和国同龄人，1975年毕业于北京航空学院五系导弹弹体设计专业，曾任学生辅导员、五系团总支书记、教务科长、五系党总支副书记，后来先后担任过七年的校体育部主任，七年半的校党委宣传部部长（其中三年兼任统战部部长），八年的人文社会科学学院（公共管理学院）常务副院长、院长、院党总支书记，于2009年退休。

由于他工科出身，从事过教务、管过体育、搞过宣传、还当过文科学院院长，这种主持过学校德智体三方面工作的独特经历，使他谈吐与见解常常与众不同。他退休后，学校多个部门都纷纷请他出山帮忙。这一干就是11年，至今，他还在继续为学校的人才培养和立德树人而努力工作着。

立德树人做贡献

自20世纪末至今，郑彦良老师一直任校党建特邀组织员，参与指导经管学院、人文学院基层本科和研究生党建工作。2011年被评为北京市教育系统优秀特邀党建组织员。2019年5月，他被聘为北京市教育系统“关工委”“五老”报告团首批成员。

为了宣传正能量，立德树人，郑彦良充分发挥自己的写作与演讲专长，做了大量的工作。

自1997年做《当前国际形势与我国对外政策》报告获得北京市灵山杯优秀报告一等奖后，至今23年再没间断过，共做各类报告、讲座、党课500余场次，直接听众超过10万人。其中仅2019年全年讲党课、做报告、做讲座就达37场次，直接听众4100多人。他的报告大都以宣传正能量为主题，如“从景观文化看北航精神”“十九大语境下的国家安全背景分析”“北航人的理想信念”“罗阳——一个北航普通学生的璀璨人生”“不忘初心——从党旗诞生的苦难与辉煌讲起”“制度建设是根本建设——以香港问题为例”等，讲座均获在场听课师生、党员和入党积极分子的广泛好评。近几年，他还应邀为校博士生思政课做“我的人生感悟”专题讲座，为文科硕士生思政课做“从北航景观文化讲起”的专题讲座，深受好评；也曾应校招生办要求，连续几年为学校优秀考生夏令营做“从景观看北航——北航历史文化的若干片段”专题讲座。他还到荆门航空605研究院、北航青岛研究院、山西中阳县、北京建筑大学等单位，为这些单位的党员干部解读十八大、十九大报告，宣讲北航精神。特别是他对北航历史与北航精神的概括与凝练，让人印象深刻。

2012年11月25日，航空报国英模罗阳突发心脏病逝世，作为熟悉学生罗阳的老师，郑彦良在多次接受媒体记者采访的基础上，连续奋战四昼夜撰写了《一个北航普通学生的璀璨人生——悼念我们的学生罗阳》的长篇通讯，整版刊登在2012年12月11日的《中国组织人事报》和《北航校报》上，引起广泛关注和好评，这篇文章至今仍能从新华网、人民网、求是网、光明网上看到。后来学校排演音乐剧《罗阳》，他还两次应邀为剧组创作团队介绍罗阳在校期间的点点滴滴；2020年2月4日，在新冠病毒疫情关键期，他还婉拒了有关部门的好意劝阻，让新华社客户端的记者直接到自己家里采访，介绍罗阳当年在大年三十晚上还坚持上晚自习的事迹。2020年3月25日新华社客户端播发了《习近平讲述的故事/航空报国的赤子心》短视频，弘扬罗阳的航空报国精神，其中就有采访郑彦良老师的视频镜头。

2016年4月28日是沈元老校长诞辰100周年，学校举行了一系列的纪念活动。郑彦良应校团委邀请，创作了《百年海棠红——纪念沈元老校长诞辰 100 周年》的歌词，在短短一周的时间内，他两易其稿，一气呵成。其歌词作为诗稿先发表在 2016 年 5 月 11 日的《北航校报》上，后来经词作家修改、曲作家配曲，定名为《百年海棠》，在 2016 年 6 月本科生毕业典礼上首次唱响，受到普遍好评。此后每年的 4 月 28 日，北航人都能听到这首由郑彦良作词的《百年海棠》。

郑彦良还特别关心北航青年教师的成长。从 2007 年起，由他提出、策划设计和组织的北航青年教师教学业务基础培训和提高培训，在教务处教师发展中心的具体操作下，至今已分别举办了 13 届和 12 届。最初的培训手册，也是他参照加拿大教师培训、法国公务员培训和国内 MBA 培训的经验，由北航自主设计的。十几年来，他一直担任北航青年教师教学业务培训顾问。这 13 年中，千余人获青年教师教学业务基础培训结业证书；600 余人获提高班培训结业证书。2010 年 6 月他的论文《青年教师培养专题调研报告》在“北京航空航天大学研究生教育创新论坛”被作为大会发言稿并收录在《北京航空航天大学研究生教育创新论坛论文集》中；他参与的“青年教师教学能力系统化培养的十年探索与实践”项目于 2018 年 5 月获北航教学成果一等奖。

教学督导下功夫

退休后，郑彦良作为校教学指导委员会委员，继续每年参加学校年度工作会和暑期工作会。近十多年来，他担任第三、四、五届校研究生教学督导评估组副组长，通过深入听课和调查研究，主笔完成多个学院教学质量评价报告和专题调查报告。他常为马克思主义学院青年教师讲北航历史与精神，并就听课情况与青年教师认真交流，反馈听课评价意见。郑彦良的严厉和真诚，深得青年教师信赖与好评。如网红教师高宁教授，郑彦良连续听了他十年课，给他比较大的帮助。高宁认为，“有这样的督导专家在，我在课堂上特别踏实”。

多年来，他和研究生教学督导专家一起，先后去南京大学、清华大学、北京大学开展调研交流。通过调研研究，他整理写出《大学生要养成阅读经典名著的良好习惯》的文章，发表在 2015 年 9 月 11 日的《北航校报》上，提示大学生们要多读书、读经典。2016 年应学校要求，他参与了北航青岛研究院研究生教学质量现场调研并受考察组委托，执笔完成了《北航青岛研究院研究生人才培养质量考察报告》。这个报告对北航异地培养研究生质量的把控，发挥了指导性作用。

近四年来，他还参与策划、组织了“教学研究性示范研究生课程”项目。该项目，督导组专家按照大家研讨的研究性教学评价标准，跟踪研究生精品课程，从 40 多门课程中经过三轮研讨，筛选出五门示范性课程。这五门示范性课程的研究性教学经验文章从 2019 年 3 月开始陆续在《北航校报》上整版推出。这在全国高校率先总结出了一流研究生课程的教学经验，在校内外引起较大反响。对这五篇研究性教学经验文章，郑彦良都参与了从一二级标题到内容的字斟句酌的多次文字修改。

近十多年来，他还先后任第二届校本科教学督导组副组长和第三届校本科教学督导组文科组组长，通过听课和信息反馈，帮助青年教师改进教学，完成多个关于学生学风和教学质量的调研报告；2016 年还应邀为北航学院年轻教务员、辅导员等做听课的专题培训讲座；2011 年 5 月初，他随同北航本科督导专家考察团一行十人，到华东的浙大、上交大、复旦、同济、东南和南大六所高校进行了本科教学的深入调研，回来后受考察调研组委托，他执笔完成了《华东六高校本科教学考察调研报告》。该报告共 1.3 万字，用翔实数据和事实进行比较分析，提出了发挥北航优势和特色的相关建议。该《考察报告》对推进北航本科教学改革与发展，发挥了非常突出的作用。

退休后，他还曾出任过几届校西飞奖教金评审专家组组长，十几年来一直参与校优秀主讲教师的评审；参与过学校教师职称专家评审和宝钢奖教金、教学成果奖、研究生精品课的立项/中检/验收、研究生教育与发展研究专项基金、研究生卓越教学奖、青年教师课堂教学比赛等多项评审工作。

“三老”协会抓创新

郑彦良 2016 年进入北航“三老”协会工作，任常务理事，2017 年担任副会长；2018 年 6 月经过换届选举担任校“三老”协会常务副会长至今。2018 年 4 月，当选为学校离退休教职工党委委员。

两年来，郑彦良团结“三老”协会常务理事和全体理事，本着帮忙添彩不添乱的原则，丰富和活跃北航老同志们的离退休生活；加强制度建设，从工作策划入手，突出理念创新、途径创新、方法创新，在服务人才培养和服务老同志两方面都取得了很好的成效。

2018 年初，他提出并策划了育才老园丁的评选表彰意见，拿出了具体的评选办法，得到了离退休教职工党委和学校关工委的高度认同。由离退休教职工党委、学校“关工委”和“三老”协会三家协同配合，最终在 2019 年 11 月，在纪念北航“关工委”成立 25 周年大会上，隆重表彰了 71 位 75 岁以上、在北航人才培养/立德树人方面做出突出贡献的老同志，弘扬了正气。

2018 年北航隆重纪念三个型号上天 60 周年，郑彦良作为《空天报国志——纪念北航三个型号上天 60 周年》一书的主编之一，组织 66 位 80—100 岁的当年参与三个型号研制的老同志，写当年自己经历的事儿，并实事求是地多次组织研讨论证，为历史史实把关。这本书将图文并茂的给北航留下一笔精神财富和史料。

2019 年是中华人民共和国成立 70 周年，郑彦良通过大数据了解到北航有 70 多位新中国同龄人。通过策划、协商，并与学校宣传部联系，在国庆前组织开展“同龄人同话七十年”活动，并设计制作了 4 米×3 米的标志旗。9 月 3 日上午先召开“同龄人同话七十年”座谈会，再组织同龄人赶赴主楼前参加 CCTV 主办的“我与祖国同框”活动。在主楼前台阶上，同龄人聚拢在“七十周年大庆”标志旗周围，拍下了“同龄人笑脸照”。还临时组织老少同台，请老同志和刚报到的新生同台拍照。这个成功的活动，在中央电视台三次播出。教师节当晚，新闻联播作了突出报道，同时，新华社、中国教育电视台、《北京日报》等主流媒体都做了报道，产生了非常好的效果。

为老同志服务，必须办实事，必须把实事办好。“三老”协会充分利用北京老科协科研经费的支持条件，2019 年初由郑彦良和徐杨禾俩人牵头，分别申报了“京城大院老年人生活现状与养老需求调研——以北航为例”

和“人工智能、机器人与养老服务”两项省部级科研课题项目,并组织强有力的课题班子开展工作。目前两个项目进展顺利,已完成课题总量的60%左右。

北航老教授报告团,立足于人才培养,立德树人,是一个非常有责任心的团队。报告团 2010 年 6 月成立,已工作十年,18 位成员平均年龄 80.6 岁。十年来,他们平均每年做讲座、报告 50 余场次,现场听众共有二三十万人。在换届之际,郑彦良和“三老”协会办公室主任段桂芬联系西城邮局,设计制作了精美大气的《北航老教授报告团工作十年》纪念邮折,报告团每个人的彩照也印制在邮品中,将在换届大会上颁赠给这 18 位报告团老同志,这个纪念邮折,与以往的奖杯、证书等奖品不同,很有北航特色,看过的人都很喜欢。

由于北航“三老”协会的突出业绩,在 2020 年 1 月 7 日召开的中国老教授协会新春联谊会上,北航被指定为唯一高校代表在会上发言。郑彦良老师简要汇报了北航“三老”协会近年工作的新思路、新举措和抓实效的概况,受到各理事单位的普遍好评。

2019 年 11 月,郑彦良被评为北航关心下一代“先进工作者”。

2020 年 2 月,新冠病毒来袭。在北航志愿者的启发下,郑彦良和学生志愿者一拍即合,决定利用在线开学前的十天空窗期,组织老教授报告团成员举办在线系列讲座,为在抗疫特殊时期的同学们鼓鼓劲、打打气。在北航学生志愿者、离退休教职工党委和老教授报告团的共同努力下,2 月 10 日—20 日短短十天时间,“逐梦星空”系列讲座共四讲,取得圆满成功和出乎意料的传播效果。由于时机抓得巧、策划创意新、实效比较好,学习强国平台、中央人民广播电台、北京电视台、《北京日报》等主流媒体都作了及时报道。郑彦良是这次系列讲座的主要组织者,他策划分工讲座主题,协商确定主讲人,反复在主讲人、志愿者和北航离退休教职工党委郭永秀副书记之间沟通协调,同时他自己还做了最后一讲《谈谈北航人和北航精神》的讲座,使系列讲座圆满收官,在校内外产生很好的影响。5 月初他接受了志愿者团队的邀请,担任“逐梦星空”项目跨学科学生团队申报北航“冯如杯”课外科技比赛的项目指导老师,配合学生志愿者团队,角逐“冯如杯”;还接受了校体育部邀请,准备和录制 MOOC 课程,为 2020

级学生解读北航的体育文化。

退休之后这十来年，郑彦良承担着七八个头绪繁多的工作项目，几乎处于满负荷的工作状态；他还忙里偷闲，几十次迈开双腿去旅游，走遍祖国的山山水水，进过西藏、去过新疆，亲眼见证了祖国翻天覆地的巨大变化；他和北航老同志们去游历世界，足迹已遍及五大洲几十个国家。通过旅游，在国家与国家间发展的反复比较中，他们更清晰地看到，中国共产党人是怎样改变了中国，又深刻影响了世界。更加深刻地体会到，生活在社会主义中国是多么的安全与幸福。他把这些旅途见闻和感悟都融入他的一次次讲座、报告中，向年轻人传递着他对中国的道路自信、文化自信。

这么多年，忙并快乐着，这就是郑彦良老师的退休生活。

老有所为育学子　夕阳更红映春晖

——记优秀共产党员王春熙

“我把青春年华、毕生精力都献给了北航，我热爱北航，为自己是一个北航人而自豪，在我的有生之年，我将继续为关心下一代事业贡献力量……”这是发自耄耋之年的王春熙老人的肺腑之声。王老师1953年来北航工作，1956年入党，先后担任过院长办公室秘书、后勤办公室主任和机关党委书记。1996年退休至今，一直为党的教育事业默默工作。

一个闲不住的人

退休后本可颐养天年，但王老师觉得身体还好，一天也没休息，就被受聘到电教中心。天有不测风云，王老师爱人突患脑血栓，生活不能自理，王老师不得不辞去工作，全身心照顾爱人，爱人离世后，王老师一时陷入痛苦迷茫之中。为减轻压力，王老师时而到老干部处找人聊天。一天，时任老干部处书记的陈军同志对王老师说：“后勤处要聘两位老同志当校园环境巡查员，大家都知道，你对工作认真负责，你愿意干吗？”王老师爽快地回应：“工作无高低贵贱之分，只要能为学校做点事，我都愿意。”第二天，王老师就上岗了，并被定为负责人，一干就是十几年。这项工作虽不复杂，但每天上午、下午都要在校园各个角落巡查，以便及时发现并反映问题，保持校园的美化和净化。多年来，王老师向学校反映并提出了很多有意义的治理校园环境的合理化意见和建议，赢得校领导以及群众的好评。由于工作突出，2008 年，王老师还被学校推荐到海淀区花园路街道当奥运环保志愿者。

2008 年初，离退休教职工党委开展党支部换届工作，王老师被选为机关离退休职工第二党支部书记。担任两届支部书记期间，他以高度的责任感，把支部工作开展得有声有色，组织党员群众举办丰富多彩的活动。他关心每位成员，遇有哪位同志生病住院，王老师都第一时间去看望。期间，王老师还先后被聘请为校"关工委"委员和学生思想政治教育报告员。2013 年 5 月，他又被聘为学校特邀党建组织员。王老师还担任北京嘉定学友会理事、北航社区居民代表以及 107 楼组长等职。多年来，王老师发扬马不扬鞭自奋蹄的精神，以充沛的精力、满腔的热忱投入党支部、关心下一代以及为群众服务的各项工作中。"不求名利，只求老有所为、乐在其中。"王老师表示。

支部共建的探路者

王老师接任支部书记后，首先认真分析支部的人员组成，支部成员涉及校党委各部门、校工会和校团委的离退休党员。王老师在思考：支部工作不仅要完成支部基础性的任务，还要不断向外延伸、拓展。大学生富有朝气，但他们缺少社会阅历和解决实际问题的能力。而我们老同志，具有广泛的阅历和人文资源，有艰苦奋斗的优良传统。如果两个基层党支部结对共建，可以取长补短，优势互补。王老师向学校"关工委"以及离退休教职工党委汇报了自己的想法。没多久，王老师就接到支部与航空学院本科生党支部建立结对共建的任务，从此拉开了老少两个支部结对共建的序幕。没有成型的共建经验照搬使用，只能摸着石头过河，边干边思考。

2008 年，根据当时形势，王老师和学生干部商量从举办座谈会开始。他们共同组织了"纪念改革开放三十年""回顾 2008 感悟与责任同行"两次座谈会，起到了意想不到的效果，不论老同志还是青年学生，都觉得形式非常好、收获很大，也给王老师增添了继续举办座谈活动的信心。后来，又相继组织了"学习科学发展观""弘扬革命传统 实现人生价值""发扬北航优良校风”“传承北航精神 树立远大理想”“新时期下如何为人民服务”“继承光荣传统 争当时代先锋”等多个不同主题的座谈活动。每次座谈会，王老师都精心组织，安排支部内阅历丰富、威信较高的老党员参加。座谈现场，学生们敞开思想，积极发言、提问。根据主题和学生的特点，老党员们充分表述自己的切身体会、立场观点并加以引导。同学们激动地说，这是多么难得的学习机会啊！一定要牢记老师们的教诲，发扬北航的优良校风，克服各种不良心态，不辜负党和前辈的期望。通过座谈交流，老同志们说，我们从青年身上看到了他们富有理想、朝气蓬勃的精神，由此对国家的未来充满希望。每次参加座谈的学生多时达 80 多人，少则也有 40 多人，学生人数多的情况下，要分成多个小组分别座谈。

王老师不满足于室内的相互交流，思考着是否可以走出校门、走向社会，于是提出共同参加社会实践的新思路，得到学生们的热烈赞同。2008 年 3 月拉萨暴力事件后，王老师邀请学生党员一起参观了《西藏今昔对比展》，使同学们全面了解西藏的情况，西藏历来是中国领土不可分割的一部分，分裂西藏的阴谋不可能得逞；新生入学时，邀请新生入党积极分子一同参观首都博物馆，使青年学子对北京的历史文化、风俗人情有全面的了解，从而增加学生对首都的热爱；2009 年正值全党开展学习科学发展观的活动，两个支部一起前往昌平花果山村与村干部座谈，并参观了当地的山水村貌，使大家对“三农”问题有了感性认识；2010 年是抗战胜利 65 周年，为缅怀为国牺牲的抗日将士，了解抗战的历史，组织学生党员前往抗战纪念馆、卢沟桥、宛平城参观；在国庆 60 周年之际，组织学生一起参观《新中国 60 年成就展》，使大家看到中华人民共和国成立 60 年来所取得的巨大成就，进一步增强了爱党爱国的热情；在十一个五年计划总结之年，组织学生前往参观《“十一五”成果展》，通过大量的图片、数据和文字说明，学生们看到了我国经济发展的高速度，更充满了对未来的信心；2012 年，组织学生党员前往香山参观了双清别墅和碧云寺，深切缅怀了孙中山和毛泽东两位伟人及他们在中国历史上的丰功伟绩。同学们说，这是他们毕业前的一个企盼，终于实现了。在参观访问过程中，老党员和同学们交融成一片，边看边谈，互相关爱，亲如家人。

每年的元旦或春节，王老师主动找学生一起商量，策划安排老少支部联欢活动。老少欢聚一堂，表演文艺节目，互送贺年卡，舞台上下充满欢乐，场面感人。在王老师的笔记中记录着这样的描述：一个个演员，就像璀璨的星星在闪耀；一个个节目，像温暖的春风驱散了寒意；一阵阵掌声，像夏天的雷鸣震撼人心；一张张笑脸，像朝日彩霞代表着光明。会场就像一个大家庭，彰显了尊老爱幼，缩短了年代差距，增加了师生感情。王老师应邀参加航空学院的学生毕业典礼和颁奖晚会，看到一个个学子圆满完成学业，王老师捧着被授予的"春华秋实"的大奖状，脸上露出欣慰而灿烂的笑容。

在北京市高校离退休干部党建工作座谈会上，王老师做了典型发言，介绍了老少支部共建的体会。王老师谈道：我深爱着每位青年学生，时刻坚持以心爱人、以德育人、以理服人、以情感人，在增强自身责任的同时，也产生了成就感。

耐心严格的思想政治导师

为学生党支部党员以及入党积极分子上党课，是王老师一项经常性的工作。这样的课每个学期都要安排一两次，除了王老师本人给学生主讲外，根据学生实际需求，他还邀请支部的原校党委副书记曾妙南、原北航党校副校长吴光宗等同志上党课，端正学生的入党动机，帮助他们树立正确的人生观、世界观和价值观，坚定他们的理想信念。学生们普遍反映，王老师讲党课真切感人，生动实际，对提高他们的政治思想觉悟帮助很大。目前，已有近百名听过王老师党课的学生加入了党、团组织。王老师在给学生讲党课的体会中写道：我们都是入党几十年的老同志，对党有深厚的感情，对党的历史和基础知识有全面的了解，对党的优良传统有切身的体悟，我们要以严格的态度教育关心青年学生，尽己所能，严格把好学生入党前的关口。

担任学校特邀党建组织员后，王老师接触学生党员、入党积极分子的机会更多了。能源与动力工程学院是王老师的联系单位，王老师主动上门，与学院负责学生组织发展的黄老师接洽，说明来意。黄老师被王老师的认真热情所感染，欣然接受并表示：今后王老师监督指导学院的组织发展，对学院的学生党员发展质量一定会起到积极的促进作用。王老师小心翼翼地把学生入党的相关材料带回家中认真查阅，每份材料里装有的入党申请书、思想汇报、入党介绍人意见等，王老师都逐一仔细阅读、查看，发现材料中有问题的，分别认真记录下来，以便今后代表党组织有针对性地与学生们进行谈话。担任特邀党建组织员一年来，王老师共查阅了 22 位学生的入党材料，并先后与 22 位学生党员进行了一对一谈话。因学生白天上课，谈话环节一般安排在晚上进行，王老师虽然年事已高，但每次都如约而来，和学生们进行长达近两个小时的交谈，有时候谈到很晚才回家。谈话过程中，王老师结合学生思想上存在的实际问题，循循善诱地向学生们认真地剖析阐述，端正学生的入党动机，增强学生们入党的信念。学生们纷纷表示，聆听了王老师的谈话后，感到人生目标更加明确，入党心愿更加强烈了。

叩开学生心灵的“知己”

“我非常愿意接触青年学生，与青年学生聊天是我最大的快乐，我可以变得永远年轻。”王老师如是说。不管认识不认识，不管在校内还是校外，王老师遇到年轻人，总是主动打招呼，关心他们的生活学习情况，学生们很容易被王老师的真诚所打动，攀谈几句话彼此就成了知己，敞开心扉，开始找话题聊起来，王老师认真听取学生的倾诉，给予他们耐心的思想疏导，帮他们出主意，想办法。

一次，在校园里，王老师与一位女大学生交谈得知，她是山东临沂人，父母靠做小买卖挣钱供她上学。她告诉王老师，她衣服要穿名牌，手机要两部，对所学的计算机专业不感兴趣，还说要与正在清华大学读博士的男友分手，原因是那位男友忙，没时间请她下馆子吃饭，她觉得男友不会享受，没有出息。王老师开诚布公地劝导：“第一，父母供你上学不容易，你要懂得节约，年轻人吃点苦不要紧，对你的将来是一种财富；第二，你考上北航不简单，要抓住这个机会把专业知识学好，知识是财富，可以改变一家人的命运，将来工作后要孝敬父母；第三，你的男友能在清华认真读博士，说明他的事业心很强，很有出息，你要慎重考虑……”女学生与王老师谈了很多,分别时她说:“王老师,今天听了您的一席话,对我教育很大,下次见到您,还要和您谈心。”

一个夏日的夜晚,王老师在老主楼前纳凉,看到一位小伙子手中什么东西也没带,转来转去,不断地唉声叹气,王老师意识到这位学生一定遇到了什么困难,便主动上前问候并了解他有什么心事,学生比较戒备,避而不谈,只是叹气。王老师耐心地说,小伙子,我是退休的老年人,与你没有任何利益之争,也不会给你的老师打小报告,有什么想不开的,尽管与我说说,我们可以做个知心朋友。经过王老师多次诚恳开导,小伙子终于开口道出了一句:“我不想活了,想死,死后再不做人,宁愿做一块石头。”接着,学生告诉王老师,社会坏人太多,带东西怕坏人抢,出校门怕被坏人杀……王老师很震惊,感觉到小伙子思想有些偏激,于是结合自身体会,耐心讲解社会良好的一面,并劝他,考上北航研究生很了不起,他的父母远在家乡在期盼着他,国家的未来要靠他去努力、去奋斗……小伙子被素不相识的老人的好心相劝深深打动。“现在,我想开了,马上我就去教室上自习。谢谢您!”王老师目送着小伙子远离而去的身影,开心地笑了。

聊天中,还有两位同学让王老师记忆犹新。他们都是班干部,又是预备党员,一位是思想活跃、性格开朗,参加活动多,组织能力强,但近来学习成绩有所下降,担心转不了正;另一位是学习刻苦、成绩很好,但性格内向,不善于交际,感到孤独,心中苦恼。针对两种不同的情况,王老师从关爱他们出发,给他们不少心理上、方法上的开导,对他们很有帮助。分别时,他们说,王老师的话像一剂良药,增强了他们的信心,让他们感到了关心的温暖。

但得一片夕阳红,何须惆怅近黄昏。多年来,王老师时常以“业精于勤,荒于嬉;行成于思,毁于随”来自勉,以一颗乐观的平常心参与各项工作和活动,实现着“俯首甘为孺子牛”“春蚕到死丝方尽”的人生价值。

古稀不辍　秉烛生辉

——记奉献有为之星田莳

田莳，原北航材料学院教授，1963年参加工作，2004年5月退休。退休后这十几年，他笔耕不辍，积极参与教学科研，发表论文；他求知若渴，积极关注科研新进展，致力科普；他不忘初心，主动践行终身学习，老有所为，释放正能量，体会退休后的老有所乐。

教学督导　无悔选择

2004年5月，田老师在65岁退休又被返聘三年送最后一位博士生毕业后，开始思考退休后怎样老有所为，为学校的发展和建设做贡献。经过深思熟虑，最后他选择了本科教学督导这一教学老本行，积极参加学院和学校两级教学督导组，继续关心学校本科教学工作。从参加学校第一届督导组开始，这一干就是十几年。他在听课、听学生论文答辩，评选优秀主讲教师，协助学校做好教育部本科的教育教学评估，网上评选校级本科生优秀论文等方面做了大量工作。在2006年教育部对北航本科教学工作水平评估中荣获“先进个人”奖。

他每天奔走于学院路校区和沙河校区之间，老师讲课如何、学生听课如何、教室设备如何，时时处处都浮现在他的脑海。他把掌握的情况如实反馈给教务部门，为学校改进教学工作提供第一手资料。在听课过程中，他发现许多年轻老师上课比较拘谨，就耐心地开导老师们。他提出，老师不仅是一位主讲人，更要成为课堂的主持人，活跃课堂气氛，调动学生主动学习的积极性，这是提高本科教育质量的基础之一。

2016年，听说有几位年轻同事想要编写教材，田老师还结合自己编写教材的经历和多年来具体教学内容的变化给这些年轻同事做"编写教材的点滴体会"的报告。

田老师还经常会与研究生进行座谈，鼓励同学们不要因循守旧，尤其是在看待未知事物时，要勇于创新，敢于发表自己的新观点，并叮嘱同学们"师傅领进门，修行靠个人"，一定要勤奋学习，不要荒废大好青春。

田老师说："我深爱这份工作，从来没有感到枯燥，记得我老伴去世三天后，我便返回课堂继续听课。看到一个个年轻教师逐渐成熟起来、看到同学们认真听讲的场景，我由衷地感到这份事业的价值所在。"

致力科普　终身学习

2012年，在北航离退休工作处指导下，由北航老科技工作者协会组织成立了北航老教授科普报告团，田老师成为其中一员。科普工作要求人人都是知识和技能的多面手，当时科普团里有很多人都是做科普报告的"老手"，田老师尽管有40多年的教龄，但在做科普报告方面还是"新手"。科普团提供了一个很好的学习和交流的机会，有的教授还专门谈及制作PPT特有的软件和经验，田老师从中学到了很多，经过"实战"训练，也可以把课件做得有声有色，图文并茂。

2013年，随着北航材料学院王华明教授的课题荣获2012年度国家技术发明一等奖，全民学习3D打印的热情高涨，刚加入北航老科普团的田莳老师感动于王华明教授苦干到大年三十都不休息，用自己的钱补助科研费的不足等事迹，也想向大家分享王教授的喜悦和奋斗的事迹，这点燃田老师学习这项新技术知识的激情。虽然田老师退休前是材料学院的教授，但他在岗时，3D打印还没有流行，自身也没有钛合金快速成形系统的知识。于是，古稀之年的他查阅各种资料，认真学习了解有关快速成型技术及有关进展，并结合王教授在科学院介绍增材制造（3D打印）钛合金大型构件的报告，制作了钛合金快速成形与3D打印的PPT课件。充分准备之后，田老师向离退休人员及想了解3D打印的听众做了一次宣讲，其后又以“3D打印引爆航空航天工业技术革命”为题在教育部国情教育网络平台上以及其他场合做了宣讲，介绍了该项成果内容以及对我国国防和航空工业发展的巨大意义。看到大家为我国航空制造业取得的巨大成就欢欣鼓舞，田老师也乐在心中。

在此之后，田老师密切关注航空材料和工艺的进展，结合积累的资料，还准备了先进航空材料发展史和珍爱稀土等PPT题材，在北航材料学院60年院庆时为部分本科生作了题为“材料/工艺创新与空天工程关系”的报告。

古稀之年的田老师谈及“终身学习”时说：“参加老教授科普报告团让我更加体会到终身学习的意义。人老了，但心态不能老；心态老了，那就真老了。”田老师曾经在美国访问过两年，英语也一直不错，由于周围环境的变化，近年来英语口语听力能力有所下降。但是田老师觉得不能连跟外国人交流能力都忘了吧，所以现在田老师闲暇之时也重新练练英语，老而好学，不甘落后。

2016年7月田老师作为“登峰杯”全国中学生学术科技创新竞赛专家评委去重庆赛区初选中学生的优秀科技作品，同组还有清华大学前副校长，中科院电子所退休人员等，由于评选的是中学生作品，作品中不乏新知识新玩意儿，但是这些退休人员对于新知识的熟悉掌握表明，他们虽然已退休，但仍然坚持学习，紧跟时代潮流，文化养老。

田老师认为，应该在“老有所学，老有所为”中寻求“老有所乐”。学习、做事就是他最大的快乐。古稀之年的他，实践着“终身学习”的初心，在科教、科普、社会活动等方面做到了“老有所学、老有所为”，并因此“老有所乐”。

由于关心材料科学前沿进展，坚持学习和更新知识，田老师退休后还为《硅酸盐学报》评审金刚石及其相关文章16篇；积极响应征文号召，田老师所写题为《深化培养模式改革，提升高教育人质量》的文章刊登在2009年《中国高等教育》第22期；所写《老教授科普报告团激励我老有所学、所为、所乐》一文刊登在《京华烛心》2015年第4期等。《我爱老教授科普报告团》一文被市委教育工委出版的《霞辉乐章》文集收录。

老骥伏枥　丹心育才

田老师1958年迎着“欢迎你，未来的红色工程师”的巨幅标题来到北航。毕业后虽没有当上工程师，却有幸留校做了一名教师，加入了中国共产党，改革开放后又去美国进修访问两年。他感恩祖国人民的培养，记得当年进行劳卫制锻炼经常说的一句话“要为祖国健康工作50年！”2019年11月，田老师应邀在“北航纪念‘关工委’成立25周年暨关心下一代工作会议”上发言。他在发言中说：“不仅为祖国工作还要为党工作，这是我永远牢记的使命。虽然退休了，但使命不能忘，只要身体允许，我愿意为党为祖国为北航多做些力所能及的工作，助力于立德树人根本任务，为培养青年学子健康成长成才贡献绵薄之力。”

身退心不退　为育才添砖加瓦

——记老有所为先进个人申功璋

申功璋同志于2010年9月退休。但他"退休不褪色，身退心不退"，仍然心系祖国的教育事业，坚持为人才培养添砖加瓦。

发挥余热　助力年轻一代成长

退休后，申功璋同志继续指导还没有毕业的研究生，参与和指导了其研究团队中重大科研项目的研究等工作。

作为指导教师，他指导的研究生杨晓科和李亦楠的论文分别荣获2011年度"校会议类十佳研究生发表优秀学术论文奖"和2012届"校级优秀硕士论文"。

他所在研究团队的青年教师在参加某重大科研项目论证时，提出的其控制新方案获得了主持单位的高度认可，但鉴于对该项目中课题负责人职称的要求，研究团队仍要求他担任课题负责人，同时，他也明确表示不需要任何课题经费，只希望研究团队内青年教师尽快成长。随后，他联合其他研究团队，组织了由三名教授领衔的研究团队，按照项目"顶天立地"要求，充分发挥中青年教师与研究生的作用，建立了该课题定期汇报制度，亲自参加所有重要技术方案的研讨，所有的技术报告和总结都认真审阅批改，并亲自带队参加每年的课题定期检查与验收活动。该课题培养了一批优秀的博士和硕士研究生，获得了一批高水平的研究成果，并成功推广应用于相关研究所的型号研究中，其中两名青年教师代表北航获 2018 年部级科技进步一等奖。

他积极鼓励和培养青年教师潜心钻研学术与工程科学。他主动带领青年教师去研究所做学术报告，向学界介绍这些年轻人的研究方向与成果，为他们搭建学术交流的平台，争取相关的国家预研课题，助力他们早日挑大梁。从退休至今，他一直坚持参加每周一次的研究团队研究生学术汇报活动。他说这既是向研究生学习的好机会，又能对其报告给予力所能及的指导，发挥自己的余热。同时，他也对研究团队中的年轻教师在科研基金的申请和实施等工作方面都给予及时的帮助和指导。

注重调查研究　为研究生培养建言献策

退休前，申功璋同志就长期担任学校研究生教学督导组的常务副组长，退休后也没有立即卸任。2015 年他受命担任学校教学指导委员会副主任，兼任学校研究生教学督导评估组的常务副组长。在前任组长夏人伟副校长、后任组长郑志明副校长的领导与努力下，逐渐改变了学校督导组与学院督导组分工不明晰的现状，工作重心由原先单纯检查课程环节转移到了就影响学校研究生培养质量的核心问题开展专题调查研究、提供咨询建议上，并在核心课程的督导中注重了“导”的作用。由于前任组长较长时间出国探亲，后任组长工作日理万机，督导组的具体工作基本上由他和郑彦良副组长负责。他身体力行，认真学习和领会党的教育方针和政策，不定期给每位专家通过邮箱发送党中央、国务院及教育部有关研究生教育的重要文件，落实组长对专家与日俱进的要求。近年来，督导组根据学校教学指导委员会的要求，配合研究生院，先后完成了“关于对北京航空航天大学青岛研究院研究生培养质量的现场调研报告”“关于北航 2012 版研究生培养方案执行情况的调研报告”“博士生研究生分流退出机制调研报告”等重要课题项目。

在举国关注的 2018 年 9 月全国教育大会召开之际，研究生院和党委宣传部在《北航校报》联合推出由督导组具体实施的“教学‘研究性’示范研究生课程”系列报道，慎重地选取了第一批五门教学“研究性”示范研究生课程。他组织相关专家与作者及记者一起，坚持实事求是，严格把关每一门示范课程教学“研究性”的特色，并指出其课程未来持续改进的方向，力图为任课教师提供身边可信的、可学习、可参考的课程教学研究性成功的方案。

督导组的上述工作得到了学校和研究生院的高度肯定。

心系工程学子　为其走向国际尽力

申功璋同志曾长期担任教育部电子信息与电气学科教学指导委员会委员、自动化专业教学指导分委员会的副主任委员(2001—2013 年)。退休后，在主任委员吴澄院士的领导下，他与秘书长——清华大学王雄教授一起，组织召开全国会议，推广自动化专业卓越工程师计划。他作为竞赛委员会副主任委员，与竞赛秘书处一起，贯彻“立足培养，重在参与，鼓励探索，追求卓越”的竞赛指导思想，借鉴“CDIO”的理念，共同策划了一年一度的“全国大学生智能车竞赛”活动(2006 年第一届)的顶层设计及其准备工作，并亲力亲为奔走于各地的赛场，保障竞赛“公开、公平、公正”。换届后，他受聘于全国大学生智能车竞赛秘书处任顾问。由于他参与创办了该竞赛项目，与之感情非常深厚，所以仍然根据需要出席相关会议或比赛现场，提供咨询建议。参与该项竞赛的学生在创新意识、工程实践能力、团队合作等方面得到了全面的成长，大都成为继续深造或公司就业的抢手人才。该项目也因此得到了教育部领导的高度肯定，其成果于 2012 年获北京市教学成果一等奖(北航排名第二，个人排名第四)。

从 2006 年开始，我国开始工程教育专业认证试点工作，经过多年的不懈探索，已于 2016 年正式成为《华盛顿协议》第 18 个成员国。凡通过认证的专业，其学生获得的学士学位可在缔约国内互认。他长期从事这项认证工作的研究，担任评审专家，现任中国工程教育专业认证协会认证结论评审委员会委员、电子信息与电气工程专业类认证委员会秘书处副秘书长及学术委员会委员。退休后，他继续受聘参加对全国工程教育专业认证专家的培训，参加工程教育专业认证申请书及自评报告的评审和现场考查。作为志愿者，他始终对认证工作充满了激情，多年来一直受邀赴高校进行专业认证培训及交流，培训场次已难以计数。常常是飞来飞去，一个活动接着一个活动；每去一地，为了不影响学校正常工作，他往往周五晚上到，周六上午连续讲四小时课，下午交流和参观实验室三个多小时，于半夜就飞回了北京。即使近两年因家事远在美国，也常常通过 QQ 视频在线进行交流。仅这次“疫情”期间，开学至 6 月初，采用腾讯会议的方式，他为哈工大等高校专业培训和交流 20 余次，每次短则半天，长则全天。

立足分会工作　弘扬北航文化

多年来，由于没有聘到合适的人选，校“三老”协会自动化学院分会一直没有成立。申功璋同志退休后，校“三老”协会与学院领导协商聘请他负责时，他毫无迟疑地就答应了，并立即着手开展筹备工作。他紧紧依靠老领导李行善主任及各党支部，并及时向学院汇报筹备情况及工作总体思路，群策群力于 2013 年年底成立了学院分会。分会的工作离不开党的领导，他倡导了“关工委”、各党支部及分会三位一体的运行模式，共同制订分会的年度活动计划，争取学院在经费上的支持。他社会活动繁忙，充分发挥了分会班子段桂芬与石合云等骨干的作用，每年至少组织一次学习参观活动；至少组织一次由学院主办、“关工委”、各党支部及分会协办，有学院与系主要领导参加的国庆重阳座谈会，学院向老同志汇报一年来的工作，老同志为学院日新月异的变化高兴和自豪。分会大力支持自动化学院的工作，在他的组织下，学院退休教职工参与了学院成立 60 周年、学校“北京五号试飞成功六十周年暨文先生一百华诞庆祝大会”等重大活动；学院十分关心老同志，每年元旦春节对每一位老同志发放慰问金。

2013 年年底自动化学院筹备院庆 60 周年，他受命参加了院庆筹备小组，并成为骨干成员，直接负责组织《北京航空航天大学自动化科学与电气工程学院 60 年纪事（1954 年 8 月—2014 年 8 月）》的编撰工作。他积极组织和动员广大退休教职工提供历史素材，亲自带领分会骨干人员到档案馆查阅历史档案资料三周，由学院学生志愿者完成近 2000 份的拍照任务，并走访学校的相关部门，获得了珍贵的原始数据。在吸取了学校与相关学院编写校/院史的有益经验及教训的基础上，原党总支书记马军等老领导和他共同制订了该纪事的编写指导思想与原则，即“以客观事实为主线”“让每一位校友对文集有亲切感”。他亲自动手选取、撰写了1952—2010年每一年的学院大事记，学院机关与退休骨干共同负责编撰了2010年后大事记及附录，并由他负责全书统稿。初稿形成后，他组织召开离退休教职工会议，请学院领导亲自动员对初稿提出意见，并召开了多次不同主题的座谈会，广泛听取老同志的意见，反复修改，最后请研究我校校史的专家张祖善审查，直至院庆前半个月，终于完成了一本内容丰富、系统、翔实的《北京航空航天大学自动化科学与电气工程学院60年纪事（1954年8月—2014年8月）》。该纪事是学院在岗和退休教职员工及学生与学校相关部门大协作的产物，受到了普遍的好评，成为北航各学院院庆资料的典本。

2017年年底，自动化学院筹备“北京五号试飞成功六十周年暨文传源先生一百华诞”庆祝活动，要求学院自动控制系组织班子具体制订工作方案。他受命编写文先生一百华诞剧本，配合校党委宣传部下属的专业制作公司制片。他改编了李伯虎院士在文先生九十华诞时评价的文稿，广泛联系文先生弟子提供素材，配合校史馆对其弟子访谈，请与文先生共事的老同志及文先生的家属提供拍摄素材及照片，终于在4月初与专业制作公司完成了剧本的顶层设计及最终方案，确定了该片不是对文先生的一般宣传报道，而是以事实为依据，传承北航三代“长鹰志”精神，老先生一生科研与教学成就及经验的历史片。他一丝不苟，尊重历史，不放过发现的任何一个小问题，不断修改，直至2018年5月20日凌晨1点才与制作公司最后定稿，并于当天上午学校举办的庆祝大会上正式播放“不忘初心、牢记使命，庆祝北京五号试飞成功六十周年暨文先生一百华诞”专题片，得到了参会人员的高度评价。

2020年2月，在突发的疫情下，北航离退休工作处在学生团队的支持下，推出了老少共战“疫”，举办“逐梦星空”系列讲座。他应邀参加并精心准备，通过主持人了解学生的需求，提前撰写5000余字的文字稿征求意见，制作了图文并茂的PPT，主题为“伴随我成长的同学和老师们——兼谈北航精神传承”的线上直播讲座,现场热度直达 8000 人次。随后又应学生的要求,用录音的方式回答了他们在学习生活成长过程中疑惑的多个问题,时长近 75 分钟。

申功璋同志对待工作,简言之,就是以“认真”和“拼命三郎”的精神去完成。他家住校外,但不管春夏秋冬,几乎每天七点半之前一定会骑着电动车赶到学校,而常常要到晚上八九点钟才回家。周六和周日,节假日或寒暑假,他经常像工作日那样照常到学校,去完成他承担的繁重的工作。这种紧张的工作安排,让与他一起工作的同志既敬佩又担心他的身体。他常说,他没有什么豪言壮语,只是他这一辈子常被身边的老师、工人和农民兄弟所感动,他们是他身边的榜样。作为一名教师必须对得起学生,他们是国家的未来;必须对得起共事的老师及同事,才能团结一致,共同完成教师的使命。

意气风发献身老年工作　老当益壮不辍老有所为

——记优秀共产党员、文体活动之星陈述先

“大陈”，这是同志们对陈述先同志的亲切称呼。他是出了名的热爱工作，在职时是，退休后仍然是。他除担任离退休党支部书记外，还担任“三老”协会机关二分会的会长，是北航老年气排球队发起人之一。他虽然兼职多，但每项工作都干得很出色。同志们都说“大陈”是“意气风发献身老年工作，老当益壮不辍老有所为”。

努力探索退休支部工作　全心全意为老同志服务

“大陈”自担任体育部离退休教职工党支部书记以来，就带领着体育部离退休教职工党支部的党员同志充分发挥党员的先锋模范作用，积极团结本小组的群众，认真学习贯彻党的十八大精神，认真学习习近平总书记重要讲话精神，与党中央保持高度一致，营造了全体党员与群众和谐相处，共享健康幸福晚年的氛围。

他认真组织党员活动，每次活动都争取通知到每个党员。他关心老同志在政治上的进步，建立党员与群众的联系。在他的关心下，张富儒同志和王龙生同志分别在 78 岁和 90 岁的高龄光荣加入中国共产党，实现自己为共产主义奋斗终身的夙愿。这两位老同志对党的执着追求和锲而不舍的精神，为大家上了一堂关于党的信念和人生追求的生动党课。

他带领老同志们尽可能发挥余热，在不影响自身休息的前提下参加

原单位组织的座谈会，为原单位领导建言献策，观摩青年教师上课等。

他把离退休工作处为老同志安排的丰富多彩的各项活动，如春季运动会、嘉年华活动、健身走、秋季游艺活动、庆祝七一表彰大会、校庆活动、参观游览、体育艺术社团、航模活动、祝寿、婚庆活动等，作为支部的工作重点，根据老年人的特点，利用电话、微信等方式，通过较细致的动员和通知工作，保证大家能够积极热情地参加离退休工作处组织的各次活动，享受金色晚年生活的乐趣。

他主动且不厌其烦地与原工作单位党支部和行政领导联系沟通，争取原单位领导对离退休同志的关心，让他们了解并关注曾为学校体育教育事业辛勤耕耘，现在年老离退休的"功臣"们的生活状况、健康状况，对年老或病重的同志给予关照，安排专人为重病老师解决困难。

他对生病的老同志，亲自到家探访、到医院看望。想办法为医药费花销大、有困难的病号争取补助。对已经痊愈的同志，他就发动本支部成员以微信或电话的形式予以祝贺。春节等节日专门去看望及慰问年老病重的同志，使得老同志感到党组织的温暖。

每一位同事离世，他都主动配合离世同志的家属安排丧事，认真组织告别仪式，送老同志走好最后一程。他认为这是代表学校对去世同志生前勤劳工作、奉献终身的肯定。因此他动员本管理小组的全体同志，报原单位领导，通知在职的老师克服困难参加遗体告别仪式。亲人的离世是一件悲痛的事情，逝者及其家属一般都不愿出讣告通知亲友，这就增加了组织告别仪式的难度。"大陈"和党员们就印发悼词，一个一个地分头通知。会场布置费用就由原单位和亲朋好友、学生运动员主动捐献。经过大家的努力，几位老同志的告别活动都做得非常圆满，受到家属们的感谢和参与者的好评，也受到各方面的赞扬。大家觉得不多花国家一分钱，在节约原则下，把丧事办得体面一点，是对逝者最好的追思，是对家属极大的安慰，是人性化最好的体现，大家都夸"大陈"同志领导有方。

退休后的"大陈"除担任体育部离退休教职工党支部书记外，还同时担任北航"三老"协会机关二分会会长。几年来他与几位副会长、秘书长和谐共事，一起为机关二分会的200余名会员热心服务。组织大家参观卢沟桥抗日纪念馆、平津战役纪念馆、周恩来总理纪念馆、北航沙河分校、白家大院反腐展览，游览八大处公园，进行健康座谈等活动，丰富了分会会员晚年幸福生活。每次活动从争取活动经费、策划日程到当天组织、后期报销等工作都相当辛苦，但他们从不抱怨，任劳任怨地为大家奉献。

发挥余热退而不休 心心念念都是北航体育

“大陈”作为北航的体育人，退休后，继续为北航的体育事业做贡献。他参与筹建北航新体育馆的工作并担任第一任体育馆馆长，在担任体育馆长期间，先后主办（承办）了全国大学生“兴华杯”排球赛、北航男排全国排球甲级队联赛、第 21 届世界大学生运动会（北京）排球赛、北京市老年气排球比赛、2002 年世界男排联赛（北航赛区）、2006 年中国国际女排精英赛（北京航空航天大学赛区）、北航羽毛球大赛等多次高水平赛事活动。各次比赛活动圆满成功，受到国家体育局、北京市体育局以及各兄弟院校的好评。特别是第 21 届世界大学生运动会的成功承办，充分展示了“大陈”老师团队的奉献精神及出色工作能力，受到了各级领导和国际参赛队的赞扬，向世界充分展示了北京市在举办国际体育大赛高水平的组织能力、高级别接待条件、完美的比赛场馆、文明礼貌热情的观众等方面都具有无与伦比的超高水平，为北京 2008 年办好奥运会奠定了坚实的基础。

他积极促进北航老年气排球运动的开展，引导离退休教职工坚持锻炼。气排球运动是由中国民间新创的。气排球球体稍大但重量轻，运动场地小（约为羽毛球场的大小）、运动技术容易掌握、运动量适中，因此深受广大群众喜爱从而在全国风行。北航是发展排球运动的传统高校，有广泛的群众基础，作为发起人之一，“大陈”于 2007 年初，在校离退休工作处领导和学校主管体育领导的关怀与支持下，聚集了 20 余名气排球的爱好者开展气排球锻炼活动，每周两次，长年坚持不懈直到现在。北航气排球队曾参加全国比赛和北京市比赛，2018 年、2019 年连续两次获北京市第一名。由此北航又增加了一个老年人喜爱的运动项目，现在参加锻炼者不断发展壮大。正是在“大陈”的引导下，北航的气排球爱好者们共同分享了本项目的运动乐趣，收获了身体健康。

老有所为不辍耕耘　倾情弘扬北航排球文化

北航大学生的排球运动从50年代开始就是北航的一个名招牌。在学校历届党委和学校领导的关怀与支持下，在一代又一代教练员及大学生排球优秀队员艰苦奋斗下，球队始终保持着强盛不衰。在历届北京市、全国级大学生排球比赛中都曾名列前茅。

北航男女排各届运动员，珍爱学校，为北航争光的精神是北航排球文化的核心。为了“不忘初心，弘扬北航排球文化”，“大陈”作为发起人之一，曾在校庆期间举办“北航排球精英校友聚会”，至今已举办四届，每届出席约160人，很多外地及国外校友发来祝贺。

同时为弘扬北航排球文化，纪念一代代北航排球人顽强拼搏的精神，在校离退休工作处大力支持下，“大陈”动员了67位北航离退休教师、历届排球校友积极提供资料、照片等，共同编写了《北航排球文化》纪念册。内容包含从北航建校到2014年的北航排球文化发展概况，北航排球运动发展历程和取得的辉煌成绩，以及为北航排球运动做出贡献的各届运动员。全册1万余字、300余张照片，于2016年9月校庆期间正式出版。并在校庆期间通过各种方式赠送给北航的老校友，在北航校友中传承北航排球文化内涵。为校庆增添一道亮丽的风景线，也为北航校史增添了独具特色的一笔。

“大陈”为体育部老同志服务做出了积极的奉献，他带领的体育部离退休教职工党支部被离退休教职工党委评为“先进党支部”。他自己也被评为“优秀共产党员”，在校离退休教职工党委的推荐下，他还被工业和信息化部离退休干部局评选为“文体活动之星”。

党的利益高于一切

——记优秀共产党员刘桂兰

退休不褪色，为党献余热，工训中心退休教职工党支部刘桂兰同志被大家推选为退休支部委员；她严于律己，时时处处带头，堪称模范，被大家推选为越剧团副团长；她以身作则，无私奉献，无愧于一位优秀共产党员的光荣称号。

牢记誓言再扬帆

刘桂兰同志从事党的教育事业30多年，2004年光荣退休。但是，她牢记入党誓言，退休不退志，用共产党员的标准严格要求自己。2012年11月8日具有里程碑意义的党的十八次全国代表大会胜利召开，刘桂兰同志和全国人民一样无比的欢欣鼓舞，大会吹响反腐败的战斗号角，做出经济转型、创新发展、振兴中华的战略决策。在习主席英明领导下，不到十年，反腐硕果累累，创新经济蒸蒸日上，科学发展日新月异，全面小康指日可待。刘桂兰同志看在眼里，喜上眉梢，在党支部学习讨论会上，她表示：认真学习习近平新时代中国特色社会主义理论，坚决维护习近平总书记的核心地位，坚定维护党中央权威和集中统一领导。她每天看新闻联播和上级转发微信，对于不健康的微信，不阅读、不转发。积极参加各级组织的学习会议，在党员和群众中起表率作用。一次党支部通知她第二日参加支部学习，发现她全家都在西安，计划当晚回京，如果参加学习可谓疲劳至极。但第二天一早，大家发现刘桂兰同志早早来到了教室，准备开会。学习强国 APP 的安装犹如让她乘上学习的高速列车，一有空就打开手机学了起来。她最喜欢“推荐”栏目，她说，“推荐”这个栏目对学习习近平治国理论的新思想更新快，每次打开都能接受到最新的理论知识，她看完了每次还发表自己的感想，有的文章发到群里，和大家分享。

努力工作再登攀

刘桂兰同志早年做过腰椎间盘大手术，脊椎骨多处打了不锈钢钉，加了骨膜垫，但她顽强和疾病做斗争，注重保养，仍保持好的精神状态，从不耽误工作。一次发体检表，同志们看她腰扭来扭去，脸上露出难受的表情，知道她又患了腰病，让她赶紧回家休息，但是她仍然坚持把所有的表都发完。她担任支部委员，工作非常出色，严格要求自己，带头参加支部组织的各项活动，理论学习会带头发言，离退休工作处组织的运动会、春游、体检，党支部书记还没说，她就主动地通知到每一个群众，她常给党支部书记出谋划策，是支部书记的左膀右臂。

刘桂兰同志作为党支部委员十分重视关爱老同志。上级党委开展关于“关爱老同志工作年”的活动，党支部在落实讨论时，她主动承担联系的老同志比别人多一倍。她经常电话慰问老同志，节日看望老同志，问寒问暖，帮助他们解决生活上的困难。有一次傍晚看到一位老人即将晕倒，她急忙上前把她扶住，拨打 120，并给老人的女儿打通电话。经了解，这位老人是从校外来幼儿园接外孙的，由于糖尿病严重，才差点晕倒。由于离幼儿园很近，刘桂兰同志就把这位老人扶到幼儿园里面，让幼儿园的领导、医生照顾了她。

无私亲民再奉献

刘桂兰同志退休后积极参加了北航夕阳红艺术团越剧社团的活动，并担任副团长的职务。她苦练越剧艺术，占用了很多个人时间。一次，团长通知她第二天节目组排练，当时她在天津女儿家照顾，女儿生产刚满月。接到通知，她毅然第二天回到北京，精心排练。在上级组织的各项演出活动中，她也受到广泛的赞颂。

还有一次，几个老姐妹一起乘公交车外出，当时正是上班时段，她看到一位老者满头银发，颤颤巍巍，在人满为患的公交车上寻找座位。几个年轻人把脸扭向车窗外，刘桂兰同志见状，赶紧起来，让老人坐下。身边的同志事后对她说，你也是拿了老年优待证的人啦，还有腰伤……老刘说，我看着他更需要坐下，再找不着座，会摔倒。年终的时候，党支部书记看她工资很低，想给她补助，她总是说，“我不要，给更困难的老同志吧”。毛泽东说：“我们共产党人好比种子，人民好比土地。我们到了一个地方，就要同那里的人民结合起来，在人民中间生根、开花。”老刘同志就是这样一颗种子。她的左邻右舍一提起刘桂兰同志，人人称颂。就在最近，她早上起床开门，发现许多屎蛋堆在门口，气上心头。她想这是怎么回事？若是人，出于何目的？若是狗，没见过谁家养狗。她取出手机拍完照，又经过激烈的思想斗争，到楼外找了个破锹和笤帚，把屎蛋清扫干净。过了几天，家人发现楼梯上也有屎蛋，同一天晚上 9 点半有人看见一人带着大黑狗下楼，她经过分析，明白了，就动手写了告示，让养狗的人管好自己的宠物，不要造成不良影响。不久养狗人登门道歉，保证今后不再出现类似问题。这种容易激火的事，她总是处理得平平和和。去年，邻居男士生重病，妻子在医院守护，孩子二年级，没人照看，老刘同志又是帮忙接送，又是照顾孩子吃喝。大家说，她做的好事举不胜举。刘桂兰同志说，这都是她应该做的小事，不值一提。

刘桂兰同志牢记入党誓言，坚持党的利益高于一切，是一位优秀共产党员。一个党员一面旗帜，她做到了。

人老心红意志坚　为教育事业做奉献

——记优秀共产党员孔凡精

孔凡精同志于1934年出生，1954年考入北航学习，1958年提前毕业留校工作，1959年入党。留校后从事教学科研工作，同时兼任教研室党支部书记、学生政治辅导员等，曾筹办系生产车间并任车间主任，筹办雷达站器件设计与制造工艺新专业（因“文革”停止招生），后因身体原因，调二系办公室任主任和工会主席。1962年被评为北京航空学院建校十周年先进工作者。1984年在系领导支持下，创办了二系新实公司，任总经理。1986年创办了北京应用技术大学，任校长至2006年，1994年从北航退休。2006—2016年任北京应用技术大学创校校长和董事会董事。

高标准严要求做合格党员

孔凡精同志坚持时事政治学习，关心国家大事。学习贯彻习近平特色社会主义思想、政策。信念坚定，自觉维护改革开放大局。在“两学一做”活动中表现突出。孔凡精同志已经86岁了，是一名有着50年党龄的老党员，即使自己身体不太好也仍然坚持高标准严格要求自己，努力做一名合格的共产党员。他思想活跃，带头抵制各种错误思潮及歪理邪说，弘扬正气，传递正能量，紧跟形势，与党中央保持一致，与党同行。维护以习近平同志为核心的党中央的绝对权威，与党同心同德，步调一致。他积极参加支部组织的学习和各项活动，发挥着共产党员先锋模范和桥梁纽带作用。在“两学一做”活动中他表示一定要从严治党，他对周永康等腐败分子深恶痛绝，表示对腐败分子一定要严处。只有这样才能使我们党不忘初心，永远领导中国人民从胜利走向新的胜利，完成党的伟大历史使命。

他大力支持支部各项工作，在支部组织的活动中，他发挥着很好的骨干带头作用。支部组织参观的庆祝共产党进驻北平 68 周年、毛主席指挥渡江战役遗址、解放南京和筹备建国大略等展览及伟大的变革展览，他都积极参加，这在相对年轻一些的党员中也起到了鼓舞和带动作用。大家称赞他老当益壮，真是大家的好榜样。

创办北京应用技术大学

孔凡精同志因机缘巧合之下了解到很多高考落榜生面临着无学可上的尴尬境地，也感受到很多家长因为孩子落榜而寝食难安的心情，于是他在科教兴国精神的引领下，萌发了自己办学的念头，以解决落榜生的就学问题。首先他花了两年的业余时间进行调研、探索，学习国内外的民办大学的经验。在此基础上，他于 1986 年开始办起了北京应用技术大学。为了办好北京应用技术大学，他重点抓了以下几项工作：

培养方向：从大学名称就明确了是培养应用技术型人才。

学生来源：招收落榜学生，为他们提供学习和就业的平台，为了保证教学质量，他提出宽进严出等措施。

建立一支兼专结合的办学团队：教师全部兼职，他充分利用社会资源，因地制宜聘请周边高校教师。其中大部分任课教师和班主任是退休教师。他们积极性高，责任心强，管得严，教得好，深受学生欢迎。管理人员以专职为主，选择志同道合、有能力、有积极性的同志参加领导班子和学习管理工作。孔凡精同志说，教师水平高，管理队伍强，才能保证学生素质高。

严格做好学生的思想教育：孔凡精同志首先从自己做起，要求教职工言传身教，做学生的榜样，定期组织学生参加政治学习。尤其是狠抓入学教育，使学生增强信心、努力学习。狠抓学生毕业教育，让学生知道如何面对工作，怎样做人。

根据社会需求进行专业设置：孔凡精同志说，社会需要什么专业，我们就办什么专业，先后开办了“食品营养”“饭店管理”“旅游”“医疗仪器”“外贸英语”“中医”等30多个专业。学校规模曾达9000余人，累计5万多名毕业生。学生就业面宽，深受社会欢迎。

由于他的学生总体素质高，适应市场需求，基本上均得到就业机会，得到社会肯定，同时在相关部门鼓励下授予北京应用技术大学多种奖项：“北京市民满意的民办大学”“中国十佳民办大学”“民办教育百强学校”。孔凡精同志本人也被授予“优秀创业者”“优秀教育家”称号。

孔凡精同志一直说：“北京应用技术大学得到社会认可不是我个人的成绩，是北京航空航天大学各级领导支持，是参与办学的领导、教师和管理人员共同努力的结果，我应该感谢大家成全了我的办学梦。”

以顽强的意志战胜疾病

孔凡精同志以革命乐观主义的顽强的精神、毅力和平和的心态战胜了病魔。他曾六次住院，四次手术，尤其是在1978年和2009年两次癌症手术，他都没有告诉单位和同志们，怕给领导和同志们增添麻烦。他积极配合医生治疗，他坚信现代医疗技术一定能战胜病魔。通过积极治疗，癌症基本上没有影响他工作和正常的生活。现在有些同志说，孔凡精同志精神状态好，注意锻炼身体，保持健康的生活方式，有强烈的幸福感和归属感，对家庭和社会有责任感。

孔凡精同志经常说：“目前我有这样的健康状态应该感谢党组织给的多年教育和同志们的关怀。我要继续努力，过好快乐幸福的晚年。”

老骥伏枥　退而不休

——记优秀党支部书记、育才老园丁贾荣珍

北航自动化学院贾荣珍研究员退休20年来，一直退而不休。前十年被单位返聘，继续参加科研、教学工作，后十年担任自动化科学与电气工程学院退休教职工第五党支部副书记、书记，为老同志服务，在党员和群众中享有较高威信。她领导的自动化科学与电气工程学院退休教职工第五党支部在党员心目中具有很重要的地位和凝聚力。

退而不休继续从事教学科研

贾荣珍同志退休后被原单位返聘，继续从事科研、教学工作。参加并完成国防预研课题“武器装备虚拟样机协同开发环境及仿真演示系统”和“分布交互仿真研制在虚拟战场中的应用”以及“综合航空多武器平台”的研究。在教学方面，她继续讲授研究生课程“飞行实时仿真系统及技术”，指导两名硕士研究生和八名工程硕士研究生顺利毕业。讲授六个工程硕士研究生班“先进仿真技术”课程，随时关注仿真技术的新发展，不断修改完善讲课内容，并在计算机上学习制作课件幻灯片，提高讲课效果。贾荣珍同志还担任两个工程硕士研究生班的班主任。所培养的研究生都已成为航空航天单位、空军院所的技术骨干，有总师、所长、总经理等，在航空航天领域发挥着重要作用。贾荣珍同志还曾应邀到空军航空大学、航空

航天院所等八个单位进行“飞行模拟器发展与现状”以及“先进仿真技术”的讲座。她关心所在研究室的发展，协助青年教师指导研究生和完成国防基金项目“基于虚拟样机的虚拟试验及虚拟试飞技术研究”。她发挥自己的专业特长为仿真技术的发展做了大量工作。

认真负责地做好党支部工作

返聘结束后，贾荣珍同志担任了自动化科学与电气工程学院退休教职工第五党支部书记。她对党忠诚，具有坚定的共产主义理想信念和党性修养，注意发挥共产党员的先锋模范作用。在政治上、思想上严格要求自己，始终与党中央保持高度一致。她关心政治、关心时事，积极参与各项学习和活动。她对党的各项政策法规，学习理解，融会贯通。她不仅自己坚持学习，还积极组织党员学习。作为党支部书记，她按照离退休教职工党委部署，认真安排支部活动，每次支部活动前要安排专人进行相关的专题发言，使得支部会开得有准备、有成效，达到了教育大家和自我教育的目的。在她的领导下，支委会团结协作，支部工作做到年初有计划，年底有总结，同时及时做到上情下达、下情上报。在开展“两学一做”学习教育活动中，从学习“贯彻习近平新时代中国特色社会主义思想和十九大精神、系列讲话、党章党规”到组织党员重温入党誓词、在党旗下宣誓，她认真安排每一次支部活动，每次都有不同的议题和收获。通过学习使得党员们党性进一步强化，增强了在新时期做一个合格党员的坚定决心，也增强了党支部的凝聚力和战斗力。

贾荣珍同志根据大家关注的热点和需求，抓住时机，开动脑筋，积极挖掘资源，精心策划切合实际、丰富多彩的“主题党日”活动。例如，组织大家参观“中国航天员科研训练中心”，组织题为“3D打印引爆航空航天工业技术革命，为北航点赞”以及“群策群力认真学习习近平系列讲话入脑入心”等集体学习活动；组织“见证国家发展、探寻人生价值”和“喜迎十九大阔步健康行”等活动。通过这些活动调动了大家关心支部工作的积极性，也生动地教育了党员和群众，并且加强了党员与群众的联系，体现了党支部的战斗堡垒作用。在党支部多次“主题党日”活动中，她还吸收自动化学院研究生、博士生和青年教师党员参加，使他们从中受教育，把“关心下一代”工作落到实处。她还带领研究生、大学生对本支部的两位离休老党员进行采访，听他们讲述了一生参加革命的历程。听后同学们都很受教育，纷纷表示：不仅要对前辈们心怀崇敬与感恩，更要学习、继承前辈们的奋斗精神。这些“主题党日”活动多次获得离退休教职工党委和学校党委的表扬和奖励。

在离退休工作处每次“七一”表彰“双先”活动中，自动化科学与电气工程学院退休教职工第五党支部都被评选为“先进党支部”，2018 年还被评为学校“先进党支部”和“五星党支部”。

积极为建设和谐北航出力

贾荣珍同志身患多种慢性疾病，患有腰椎间盘突出、椎管狭窄和严重的膝关节炎，行动困难，近年不幸两次感染肺炎，身体比较虚弱。尽管如此，她仍然努力工作，密切联系群众，关心老同志的身体健康和思想状况，热心为群众办实事，把自动化科学与电气工程学院退休教职工第五党支部建设成一个和谐温暖的大家庭，积极为建设和谐北航出力。她关心每一个党员和群众，组织党支部/管理小组开展“一对一结对子”活动，落实每个党员与身体不好的老党员及群众的一帮一，使得那些年纪大、身体不好的老师都有对应的党员专门去关心和联系，对退休和住院的老师身体状况做到了及时了解、及时汇报和持续关注。她担任支部书记八年来，党支部（管理小组）曾有 15 位老师去世、数十人次住院，她都会前去探望和慰问，并协助料理有关事宜，既减轻了他们的痛苦，又让他们体会到党组织的温暖。

在北航校庆及自动化学院院庆之时，贾荣珍同志积极为校史馆和自动化学院提供珍贵的老照片和历史资料，参与编写《自动化学院六十年纪事》和《珍藏的记忆》等纪念文集。在 2018 年北航成功举行的“庆祝北京五号试飞成功六十周年和祝贺文传源先生一百年华诞”的双庆活动中，带领党员积极参与自动化学院对“北京五号”和曾获国家科技进步一等奖的“歼六飞行模拟机”研制过程的资料查询及汇总。在制作《不忘初心牢记使命——向著名的教育家和科学家文传源教授学习》的专题片及纪念册等方面做了大量工作。

贾荣珍同志退休 20 年，科研和育人双丰收，多次被评为“优秀共产党员”，2018 年被评为学校“优秀党支部书记”，2019 年被评为“关心下一代工作先进个人”和“育才老园丁”。贾荣珍同志已经 80 岁了，目前仍然认真负责地做着支部书记工作，不辜负大家的信任，全心全意为老同志服务。生活上贾荣珍同志也是保持积极健康的心态，学习摄影、唱歌和弹钢琴，参加并支持离退休工作处组织的各项活动，是一个健康、快乐、认真生活和工作的模范老党员。

为北航增光　为北航添彩

——记老有所为先进个人何麟书

何麟书，1938 年 9 月出生，1955 年从长沙雅礼中学考入北航，1960 年毕业后留校任教，在原火箭系 601(1960—1968 年)、飞机系 503(1969—1988 年)、宇航学院运载火箭(1989—2006 年)等教研室工作，2006 年退休，退休后被国际学院返聘，继续从事航空航天领域的教学和科研工作。

心系北航　敢于担当

心系北航、敢于担当是何老师多年的信守。1982 年，何老师经教育部出国考试选派去美国新泽西州工学院做了两年访问学者。他的联系教授叫 Papas，其祖父是沙皇俄国的公爵，十月革命后逃往美国。虽然 Papas 让何老师做科研助手，可他并不相信北航也能搞好航空航天。但是有一天，一件事情改变了 Papas 的看法。Papas 的几个美国研究生为课题编的程序老是算不对某个数据，可结题时间已到，于是 Papas 有意叫何老师帮忙试试，没想到何老师很快算出了结果。从此，Papas 对北航访问学者刮目相看，同时认识到科学和技术是人类共享的财富，高校之间应该多交流。1984 年秋回国前，何老师便拷贝不少资料，回来后都交给了北航。

1993 年，北航开始招外国留学生，航空航天领域是重点。1994 年宇航学院就来了一大批(主要是巴基斯坦的)留学生。当时要用英语讲课,又没有适用的英文教材,加之留学生课时费少,还不能介入保密的科研课题,所以少有老师愿意承担。何老师当时是宇航学院教学副院长,他主动承担了这一工作,这一干就是20多年。他承担了三门留学生课的课程教学,分别是“Ballistic Missiles and Launch Vehicles Design”“Solid Ballistic Missiles Design、Space Environment”和“Orbits and Spacecraft Systems”。针对上述三门课程还写了三本同名英文教材。其中《Ballistic Missiles and Launch Vehicles Design》已正式出版,并被巴基斯坦和伊朗翻译成了该国文字用作大学教材。除此之外,还写了另外三本英文教材是《Launch Vehicles Design》《New Launch Vehicles Design》和《Solid Ballistic Missilesn and Launch Vehicles Conceptual Design》。20多年来何老师共带了外国硕士、博士研究生20多人,应邀去巴基斯坦、法国、埃及、韩国、日本、乌克兰、俄罗斯、伊朗等多个国家上课和讲学多次。其博士研究生巴基斯坦的马丁(Mateen-ud-Din Qazi)毕业回国后因工作出色受到该国总统的接见和嘉奖,埃及的叶海亚(Yehia Mourad Abdolla)毕业回国后也因工作成绩显著晋升为海军上校。

为国家增光、为北航添彩是何老师的坚定信念。曾有人劝他说,你是博导,带过的博士生如曹建国、吴燕生等都在航天部门任领导,很有条件搞大课题,可以名利双收,没必要花大力气培养外国留学生啊。但当听到留学生反映从欧美国家学不到的东西却从中国学到了的声音时,何老师便觉得没有任何后悔与遗憾。尤其是当他多次到发展中国家讲学受到热烈欢迎和听到对我国的赞誉时,他更感到做留学生工作很值得,为国家增了光,为北航争取做到国际知名和国际一流大学尽了力,发挥了作用。

不图名利　默默坚守

不图名利、默默坚守是共产党员的风尚。2004年,何老师开始参与北航争取在联合国挂牌亚太空间技术教育中心的工作。该工作的主要目的是在发展中国家推广遥感、气象、通讯、导航四大类卫星的应用技术。从筹备到2014年正式通过联合国外空委验收,何老师一直参与其中并白手起家,建立了北航也缺乏的卫星应用专业。专业建设的十年中,开头最难，学校只在办公楼提供了一间空的办公室，是何老师用自筹的科研课题经费添置了办公桌椅、计算机等设备。他还承担了制作完整的教学计划、安排合适的课程、聘任合格的教师等工作。而这些工作都不会计入工作量，更没有报酬可谈。如今"联合国附属空间科学技术教育亚太区域中心（中国）RCSSTEAP-Regional Centre for Space Science and Technology Education in Asia and the Pacific（China）（Affiliated to the United Nations）"已成为北航对外的一块品牌（该中心现在又增添了微小卫星群的应用），受到联合国外空委、教育部、工信部、外交部、亚太空间合作组织的支持。卫星应用专业每年有50多人入学，在国际上有了一定影响。

老骥伏枥　退而不休

何老师退休后继续参与了学校一些工作。他是北航研究生教学督导组成员、宇航学院教学督导组组长、北航"关工委"成员、RCSSTEAP首席专家。作为北航"三老"协会老教授报告团成员，他多次为国内大、中、小学校青少年学生做航天方面的科普报告，着重介绍我国的航天成就，引发青少年对航天的兴趣，激励青少年投身我国的航天事业。科普报告的内容涉及中国航天事业的进展：包括长征运载火箭系列、东风导弹系列、神舟载人航天、嫦娥登月工程、北斗导航系列等。同学们最感兴趣的是我国航天在世界上排名第几，航天员在太空怎样生活。另外，还有几次为美国大学生暑期访华团做过有关中国航天事业进展的科普报告，也还被腾讯邀请做过录像报告等。针对美国大学生们提出的挑衅性问题，何老师都做出了恰当回答，令国家陪同的外交人员都交口称赞。例如，中国如此努力地发展航天事业，是否有侵略别国的企图？何老师回答说，中国是爱好和平的国家，自古以来从不侵略别的国家。你们不是去爬过长城吗？中国自古代以来建长城和历代朝廷不断地修补长城是为了防御，而不是为了侵略。抗美援朝是为了保家卫国，也不是侵略。中国从来不去外国建军事基地，也从不出兵打别人！

十九大吹响了前进的号角，我国特色社会主义已进入新时代，各项工作大有可为。何老师退休不褪色，不忘初心，继续前行，为助推北航"双一流"建设发挥余热、增添正能量。

不忘初心　心系教学度晚年

——记老有所为先进个人高金源

高金源教授是北航导航、制导与控制学科博士生导师。1960年从北航毕业留校从事教学工作，多年来除致力于大学本科和研究生的教学工作外，还参与一定的科研工作。2004年退休后，仍不忘初心，心系教学工作。除继续将两名博士生培养毕业外，又主持和参与了有关课程教材的编写。2009年，高老师受聘参加了校研究生教学督导组，并担任电类小组组长，多年来专心致力于研究生教学督导检查、研究生培养现状及教育理念的研究，做了大量的调研工作。调查结果数据翔实、结论严谨，为学校研究生教学建设做出了自己的贡献。高老师在教书育人、著书立说、关心下一代工作中做出了显著成绩，获得研究生院及北航高度肯定与赞赏。

承担研究生培养教育现状的调查研究

研究生督导组的工作规则规定，每学期每个学科小组都要根据研究生院提出的课程进行多门课程的督导检查，但除了一般的督导检查外，督导组经常还需要对某些专题进行深入调查研究。在参与督导组工作的九年间，高老师依研究生院要求，带领电类小组，勇挑重担，针对北航研究生培养教育状况，完成了多项专题调查研究，由高老师主笔或合作撰写了多份调查研究报告近30万字。

2012年，研究生院要求督导组对北航全日制工程硕士培养状况进行调研，为进一步提高全日制工程硕士培养质量提出建议。督导组专门成立了调研小组，由高老师担任组长。专题调研小组通过研究，决定在全校选择七个典型学院，通过听课，参加论文开题与答辩会议，审评工程实践报告和召开学生与教师座谈会等方式进行深入调研。同时，团队在北航高教研究所协助下对全校全日制工程硕士进行了问卷调查。通过近一年的调查和研究讨论，最后由高老师主笔撰写了《全日制工程硕士研究生培养现状与对策》的调研报告。2013年春，研究生院专门召开了有关学院教学副主任会议，由高老师介绍了报告主要内容，并进行了讨论，引起了与会者共鸣。

北航软件学院在全国软件学科中位于前列，其中单证软件工程硕士培养在全国也是有名气的。2013年研究生院希望深入了解软件学院单证软件工程硕士的培养质量和培养过程中的经验与问题，要求电类小组对其培养质量进行全面调查。在高老师安排组织下，采用对不同年级的学生、校内外教师的主客观问卷调查，选择三个重点专业，通过重点课程全程听课，参加论文开题报告和毕业论文答辩，抽查毕业论文，召开不同年级学生和校内外教师座谈会等多种方式进行了全面深入调查，最后在研究生院安排下，还拜访了北大、清华、北交大等校的软件学院。在近一年的调研基础上，通过认真讨论研究，最后由高老师主笔撰写了《软件学院单证软件工程硕士研究生培养质量》的调研报告。完成报告后，在研究生院主持下，高老师与软件学院负责教学的主要领导和教师交换了意见，得到了他们的认同与肯定。

2014年，依研究生院的要求，督导组决定全年分学科门类对主要课程及精品课进行深入听课和教学过程检查。高老师负责的电类小组承担了四个信息类学院七门重点课和两门精品课的听课督导检查。为了保证对教学过程各环节能全面跟踪检查，电类小组又分为两个小组分别进行，并根据检查结果分别写出报告，由高老师最后合成，撰写出《信息类研究生课程教学调研》总报告，报告中不仅介绍了课程的进展状况，同时也帮助授课教师对教学方法进行了总结，并提出了改进建议。高老师就调研结果分别与各课程教学组进行了交流，受到教师的欢迎。调研报告除了帮助研究生院了解和掌握各学院课程的教学状况外，也有助于研究生院选拔优秀精品课程为全校树立典范。

开展研究生培养教育理念的调查研究

2009年秋，高老师受督导组委托，组织小组人员进行“大学交叉学科研究生培养国内外现状”调查研究。高老师用了半年多的时间，和同事们一起收集资料、广泛调查、组织校内归国教师座谈，最终由高金源老师主笔撰写了《关于加强交叉学科研究生培养》的调研报告。报告详细论述了发展交叉学科培养的意义和国内外交叉学科发展状况，提出了一些发展研究生交叉学科培养的看法和建议。该报告引起了校领导的高度重视，先后出台一系列有利于交叉学科研究与研究生培养的政策与措施。

2009年，全国开始了全日制工程硕士研究生的培养，这是一种新的培养模式。为了提高全日制工程硕士研究生培养质量，2012年，研究生院要求督导组开展全日制工程硕士培养现状及对策的调查研究，前述专门成立的工程硕士培养质量调查小组在高老师组织安排下，学习了教委的有关文件，查阅了大量文献资料，对国内外一些大学培养全日制工程硕士方案有了一定的了解，在讨论分析和研究的基础上，高老师负责撰写了《全日制工程硕士研究生培养文献综述》的教学论文，针对发展全日制工程硕士培养的意义及国内外发展和提高培养质量的有关问题提出了看法和建议，为研究生院加强全日制工程硕士研究生培养提供了参考。

2014年秋，针对国内外的“研究生课程研究性教学”的发展，督导组安排电类小组开展了有关“研究生课程研究性教学”的调查研究，通过对国内外相关文献资料的学习研究和讨论，高老师撰写了《研究生课程研究性教学文献综述》的教学论文，对研究性教学发展及特点进行了总结，提出了开展研究性教学的看法与建议。该论文受到《北航校报》的关注，并在2015年9月21日出版的一期上刊登了论文主要内容的摘编。

投身教材建设　主持和参与教材编写

高金源老师退休前，曾多次为飞行控制专业研究生和本科生讲授计算机控制及飞行控制等课程，主持编写过相关教材，退休后高老师仍时刻关注着这些教材的发展和建设。

2004 年，国家教委开展普通高等教育“十一五”国家级自动化专业系列规划教材的招标，高老师与教学组老师一起参加了《计算机控制系统》教材的投标并被选中。高老师心系中青年教师培养，在教材编写中，力邀青年教师参加。通过两年多的努力，高老师主编完成了教材编写，2007 年由清华大学出版社出版。这本教材的编写，使得年轻教师获益匪浅，在该教材基础上，计算机控制系统课程获得了北京精品课称号。

2006 年，教研室飞机综合控制课题组承接了国防科工委规划专著《飞机综合控制与飞行管理》一书编著的任务，高老师为课题组原成员，受邀作为主编之一参与了部分章节的编写，该书于 2008 年由北航出版社出版。

2014 年，教研室飞行控制课题组承接了大飞机出版工程中英文专著《飞行控制系统设计和实现中的问题》的翻译出版任务，高金源老师受邀为该书译文进行校阅。

高老师从 1997 年秋到 2008 年春一直为北航飞行学院飞行技术专业讲授“民机飞行控制系统”课程，并与南方航空公司的特级飞行员合编了相应课程讲义，并沿用至今。2016 年飞行学院开展飞行技术专业系列教材的建设工作，高老师又受邀编写《民机飞行控制系统》的正式教材。与原合作者一起，经过两年的努力，更新了原讲义的全部内容，完成了该教材的全新编写，并于 2018 年由北航出版社出版。

高金源老师现在已到了耄耋之年。他说：“在退休的 16 年间，我无暇顾及身体多种慢性疾病，始终保持旺盛活力，不忘初心，心系教学，努力认真地为北航的教学事业做了点工作，也算不辜负北航对我的培养和教育，尽到了一名共产党员应尽的一点责任和义务。”

牢记空天报国使命　甘当国防育才园丁

——记优秀共产党员、育才老园丁周自强

周自强教授退休后曾任北航“三老”协会常务理事、秘书长、副会长，现任顾问。作为北航老教授报告团成员、北航“关工委”委员，周自强教授长期坚持开展理想信念教育和科普讲座，以关心下一代为己任。2010 年，北航组建“老教授科普报告团”，周自强教授担任秘书长，是报告团的骨干。该报告团后更名为“老教授报告团”。通过报告、撰写科普文章和主编科学家文集等多种方式，周教授全面和系统地宣讲我国航空航天教育事业的发展历史、北航校史和院系史；宣讲以钱学森、陆士嘉、朱光亚为代表的优秀科学家留学报国的模范事迹和丰功伟绩；对大学生进行立德树人的理想信念教育。这在青年学子和全国院校教师中产生了深远影响，为科教兴国、强国强军做出了重要贡献。2019 年，周自强教授被北航离退休教职工党委授予“优秀共产党员”的荣誉称号，被学校“关工委”评为“先进个人”和“育才老园丁”。

笔耕不辍的育才老园丁

退休多年来，周自强教授退休不褪色，辛勤笔耕，编辑出版多本传承北航优良传统和奋斗精神的书籍并撰写多篇与此相关的文稿，这些书籍和文稿在鼓励师生传承北航的优良传统、树立航空航天报国壮志方面发

挥了重要作用。

北航 1952 年建校，在纪念北航建校 60 周年时，周自强教授负责主编了《群师荟萃》一书（北京航空航天大学出版社，2012 年），这本书介绍了 112 位北航老教授的奉献精神，鼓励师生传承北航的优良传统。该书作为北航建校 60 周年的献礼，获得北航“校庆特殊贡献奖”。

为了纪念林士谔先生诞辰 100 周年，周自强教授应北航光电学院邀请，主编了《永恒的陀螺精神》一书（北京航空航天大学出版社，2013 年）。北航光电学院每年用这本书作为新生的入学教材，鼓励他们树立航空航天报国壮志。在此期间，周自强教授撰写了文章《高风亮节的力学巨擘——纪念陆士嘉教授诞辰 100 周年》，刊登在《北航校报》2011 年 4 月 1 日第 3 版，宣传流体力学专家陆士嘉教授留学报国的模范事迹。随后，周自强教授撰写了《春华秋实尽硕果，蓝天玉宇皆桃李——忆北航建校初期的十位元老》（北航《精神的见证》丛书，北京航空航天大学出版社，2012 年 8 月），弘扬了老一代北航人的空天报国壮志。2018 年，周自强教授参加了《北航老故事》丛书编委会征集稿件和修改文稿的工作。现已编辑《空天报国志——纪念北航三个型号上天 60 周年》，该书弘扬北航勇于创新和敢为人先的奋斗精神。

周自强教授为开发利用校友的教育资源，服务于培养在校学生立德成才，先后邀请多位杰出校友回母校为在校学生做讲座，激励学生全面发展。其中校友文艺协会的王祖同、杨文瑛经过校友会牵线搭桥，向母校北航捐款 2000 多万元，随后建立了“晨兴音乐厅”，为大学文化建设做出贡献。2008 年，周自强教授主编《高校校友工作成功案例》（清华大学出版社出版），该书旨在推动广大校友为我国高等教育事业的改革和发展贡献力量。2014 年周自强荣获北京航空航天大学颁发的“校友工作突出贡献奖”。

宣讲报告的育才老园丁

除了编辑出书，周自强教授还多次为北航的老师和青年学子们做报告，宣讲十九大精神和党的理想信念，宣传航空航天教育事业的伟大成就，从而坚定同学们空天报国的远大志向。

在庆祝改革开放40周年之际，经北航离退休工作处推荐，周自强教授于2018年9月27日在工信部举办的“纪念改革开放40周年——工信银铃正能量宣讲”活动中，在北航“博雅讲座”主讲了《航空航天教育事业40年的伟大变革——回顾北航66年办学的辉煌历程》，全面总结了改革开放以来高等教育的伟大成就，受到各级领导和师生们的赞扬。在此之前，周自强教授应北航科技工作者协会的邀请，于2017年11月29日去沙河新校区的《北航科协大讲堂》做了《北航的坚实基础和创新发展——胸怀航空航天报国壮志，实现中华民族伟大复兴》的报告，共300多名师生出席，更加坚定了他们空天报国的志向，获得高度赞扬。

党的十九大胜利召开之后，周自强教授作为一名老党员，遵照党支部安排，在机关退休职工第一党支部宣讲十九大精神，与老同志共勉，要不忘初心、牢记使命，发挥余热，为把北航建设成为扎根中国大地的世界一流大学而努力奋斗。

周自强教授先后应邀给北航材料学院、自动化学院、计算机学院、制造工程学院、法学院等院系本科学生、研究生和中青年教师做专题报告、讲理想信念党课、讲北航历史和各院系史、讲模范人物的先进事迹，鼓励师生为我国航空航天教育事业贡献力量。2017年周自强教授被聘为北京航空航天大学校史馆顾问、校史专家。两次应邀进行“口述历史”，后经整理成书面文稿出版，旨在促进航空航天教育事业的蓬勃发展。

服务社会的育才老园丁

为宣传航空人留学报国、建功立业的爱国情怀，经北航老教授协会推荐，周自强教授走出北航、服务社会。在中国老教授协会安排下，周自强教授于2015年应邀去教育部全国高校教师网络培训中心“杏坛大讲堂”做现场直播报告，主讲“钱学森留学报国的灿烂人生”。2018年又一次被邀请去国家教育部全国高校教师网络培训中心“杏坛大讲堂”做现场直播报告，主题是“钱学森的爱国情怀和丰功伟绩”。这两场面向全国高校教师的报告，鼓励高校青年教师弘扬爱国主义和科技报国精神。听众达数千人，取得了很好的效果，受到了教育部网络培训中心的赞扬。2018 年奉中国老教授协会的派遣，周教授再次应邀去民办吉利大学给学生做题为“钱学森的成才之路”的报告，使学生深受启发和教育，受到学生的好评，校方给周自强教授颁发了“吉利大讲堂”的荣誉证书。为纪念钱学森先生诞辰 108 周年，应约稿要求，周自强教授撰写的长篇文章《钱学森留学报国》，整版刊登于 2019 年 12 月 5 日的《人民政协报》，弘扬了钱学森先生留学报国的爱国情怀和丰功伟绩。经北航老科协推荐，为国杰研究院“钱学森教育思想研究会”撰写了《钱学森留学报国的灿烂人生》，旨在立德树人，弘扬留学报国精神。周自强教授作为欧美同学会理事，应邀去央视 CCTV1 由朱军主持的《信·中国》节目中现场直播，追忆朱光亚先生 1950 年在美国写信动员留学生回国参加新中国建设的感人事迹，宣讲朱光亚先生等“两弹一星”功臣们的留学报国、建功立业的爱国情怀。直播之后，许多同志称赞这个节目令人感奋。周自强教授本人曾于 1982 年经国家考试公派赴美做访问学者。在两年半的访学时间内，他选修了十门课程，完成了两项科研课题，在材料科学的权威刊物发表了研究论文。之后，他秉持学成报国的坚定意志，如期回国，回到北航材料科学与工程系继续任教，履行学成报国的实际行动。

抗击疫情中的育才老园丁

2020 年伊始，忙碌的人们因为一场疫情停下脚步，武汉封城，多地的防疫进入一级响应。面对严峻而复杂的疫情形势，为丰富北航学子的居家学习，周自强教授不忘育才老园丁的职责，参加了北航举办的“逐梦星空”系列讲座活动，通过网络平台，面向全国各地的北航学生，主讲了“钱学森的留学报国之路”专题讲座，鼓励学生全面发展、立德成才，受到同学们的热烈欢迎，为全国军民团结一致、战胜疫情增添了正能量。周教授在讲座中深情地说：“同学们，虽然疫情阻隔了我们来学校上课的步伐，但我们在家积极学习也是为战胜疫情做贡献。即使身为蜉蝣之躯，我们也能竭尽所能为祖国发展奉献绵薄之力！”系列讲座受到“学习强国”平台、中央人民广播电台、北京电视台、《北京日报》等媒体广泛报道，在社会上产生了积极反响。讲座中,同学们积极互动,提出了许多问题,周教授都逐一做了及时回答。讲座之后,还收到同学们关于当前学习和未来发展的一系列问题,周教授都认真逐一地做了答疑和解惑,同学们非常满意。在疫情蔓延,全国军民众志成城奋起抗击之际,特别是白衣战士和部队军医驰援武汉的决战决胜时刻,周自强教授满怀豪情撰写了一系列诗篇,为鼓舞前方战斗和后方声援发挥了积极作用。

周自强教授说,在完成上述的那些讲座报告、著作文章和抗击疫情活动的同时,本人也深受教育和鞭策,更加坚定了自己的理想信念宗旨,一定要牢记空天报国使命,奋发向上,砥砺前行。

已过耄耋之年的周自强教授依然不知疲倦,在关心关爱青年教师和学生方面,他通过自己的一言一行默默地影响着身边的每一个人,用大爱传递着北航精神。

传承蓝天梦　夕阳分外红

——记优秀共产党员、奉献有为之星徐扬禾

北航老教授协会、老科技工作者协会、老教育工作者协会(简称“三老”协会)前常务副会长(2009—2018 年)、离退休教职工党委委员——徐扬禾教授,以时不待我的精神,忘我奉献,始终坚持“三个”面向,投身教学、科技、服务等,传承文化、营造和谐,既关心老同志、又关爱青少年,他的高尚品格和服务热情深深感染着身边的每个人。

筑梦者——筑北航学子航空理论之基

徐老师退休初期,担任了航空学院人机环境工程系课程设计和毕业

设计组长，认真参与学生两个设计的各个环节，及时发现每位学生的问题，并一一给予指导帮助。

徐老师承担了飞行学院“飞机构造与系统”专业基础课的教学任务(2006—2012 年)，并根据学生毕业后工作能力需要，为航空维修专业开了一门“A320”的新课。徐老师说：“教学是教师的天职、是学生的生命，来不得一点马虎。”于是每次上课他总是认真备课，不断查阅最新信息，捕捉学生的兴趣点，让课堂变得有趣起来。

2004—2014 年期间，对于从澳大利亚和加拿大航校学成回北航，需做毕业论文的学员，徐老师手把手教他们如何查阅资料、如何利用所学知识总结提升能力、如何严格按毕设手册要求来写论文等。一篇论文他总要改好几遍，不厌其烦，严格要求。

2006—2018 年，徐老师还被聘为航空学院本科教学督导组成员，参与听课、教学重要环节检查、优秀教师评选等工作。徐老师经常坐在教室的最后一排，认真听讲，认真记笔记，像是教室里的“新学生”，为“同学们”树立好榜样。徐老师听课相当严格，不管哪位老师的课，只要存在问题，他都认真指出，并提出改进意见。

年逾八旬的徐老师常年坚持听课，每学期平均听课 20 门左右。为提高效率，他还常常自己驾车到沙河校区去听课。

他所在的航空学院督导组 2016 年被推荐为“感动北航”先进集体，他个人获北航“凡舟奖教金”。

圆梦者——圆科研学子科技创新之梦

在北航，以“中国航空先驱第一人”冯如先生命名的“冯如杯”竞赛从 1991 年举办以来，成为培养学生创新思维、涌现创新成果的大舞台。徐老师一直担任航空学院学生课外科技制作顾问，为同学们参加“冯如杯”立项、审核、推荐、把关、“护航”，真是呕心沥血，毫无怨言。在 1997—2012 年间，徐老师还担任过北航“冯如杯”评委、机械制作类评审组组长，精心为学生指点辅导科技创新作品。徐老师说，“冯如杯”成就了学生科技创新志向蓝天的梦想，一定要认真对待。只要有需要，徐老师总是有求必应，只要有空还参加我校“飞豹杯”知识竞赛的现场仲裁工作。

北航建校初期就组建成立了学生航模队，但由于种种原因，截至 2004 年已有 20 多年未参加全国航模比赛。当青年教师准备组织北航大学生参加时，徐老师和老航模运动健将陈肇和知道后，就联名向学校领导写信，表示支持。几经努力，终于成行。北航航模队参加了在大同举行的第一届全国科研类航空航天模型锦标赛，经集体拼搏，一举夺得了冠军。徐老师和陈老师以航模队科技顾问的身份参加了这次锦标赛。

从 2006 年起至今，徐老师先后被中国航空运动协会聘为锦标赛创新评委会副主任、主任、资深主任。参与研讨航模比赛的改革，借助“冯如杯”评审经验，积极建言献策，壮大航模队伍。十几年来，比赛从起初的四所高校、40 多名队员，增加到 2019 年的 100 多所高校 1800 多名运动员参加，可谓发生了翻天覆地的变化。徐老师在推动全国大学生航空航天模型锦标赛创新发展中发挥了积极作用。

凝聚者——聚沙成塔老当益壮

北航有 3100 多名老同志，如何把全校老同志凝聚起来，发挥在构建和谐校园中的积极作用，实现老有所为？徐老师带着这种思考，积极投入到北航“三老”协会的组建工作中，起草筹备工作报告、修订协会章程、发展会员等，事无巨细，做了大量工作。“三老”协会成立后，徐老师连续两届任常务副会长，团结理事一班人把“三老”协会工作开展得有声有色。他积极推进“三老”协会院系 14 个分会的成立，涵盖了全校 50%以上的老同志；他创办“教师节”庆祝活动、开展钱学森诞辰 100 周年纪念活动，举办科普报告、养生讲座……组织他们走出家门，快乐起来、活动起来、健康起来；他关爱青年学生健康成长，组织老教师与大学生、研究生开展“夕华朝拾”系列活动，增添正能量；他成功搭建了关心老同志和关注大学生活动的平台，落实“双关”工程。倡导和落实“千人寄语”、参与主编《群师荟萃》一书，传承北航精神，为北航的 60 岁生日添彩。

“三老”协会的工作得到上级协会的表扬与肯定，先后被评为“先进协会”“先进集体”“优秀三型社团”。

奉献者——立足北航奉献社会

2012 年喜逢北航 60 年华诞，徐老师充分发挥老同志了解北航、深爱北航的优势，动员老同志讲述并撰写北航故事，主动请缨承揽了学校《群师荟萃》一书的编写（主编之一）。在暑假期间，徐老师及众多理事不顾年事已高、天气炎热等困难，认真完成了这部 25 万字的北航建校初期师资人物志的起草、编辑、校稿等工作，确保该书在校庆前如期问世。徐老师还组织了“千人寄语”，动员老同志提供校史文物、资料等活动，为北航的 60 岁生日添彩。为此，徐老师荣获北航校庆 60 周年“积极奉献奖”称号。

作为北航老年体育协会会长，为鼓励老同志积极锻炼身体，徐老师倡议并参与完成了“北航绿园健身道”，成为和谐校园文化一角。

为了有充足的资金服务老同志，徐老师在校友的大力支持下，筹集北航老教师专用款并取得了很好的效果。

徐老师提出并组建了北航老教授科普报告团，任常务副团长；还联络健在的国家老航模健将，组建北航老年航模协会。徐老师积极组织老教授科普报告团在全国网络中心“杏坛大讲堂”、面向大学生的腾讯“专家面对面”专题讲座中发挥传帮带作用；亲自为北航附小、广安门中学等做科普报告；利用暑假带领老航模队走进酒仙桥二小、红霞社区进行航空科普宣传、航模制作。

2013 年徐老师获北京市教育系统离退休干部“乐为之星”和北航校优秀共产党员。

2015 年在北京高校离退休工作会上，徐教授代表“三老”协会做了“在老有所为中助推和谐校园建设”的主题发言。

2017 年徐老师被工业和信息化部评为“奉献有为之星”，并在表彰大会上发言；被北京老教育工作者总会评为“融入社区 服务社区先进个人”。

2019 年徐老师被中国老科协评为“中国老科学技术工作者协会 30 周年先进个人”，并颁发奖状和奖章。

花开芳香，只为奉献。在徐老师眼里，乐为自愿，能多尽一份力，能多给别人行个方便就是他最大的快乐。

身老心不老　晚霞漫天照

——记优秀共产党员陈良猷

陈良猷同志已是85岁高龄的老人，是一位具有64年党龄的老党员，是国务院突出贡献和享受政府特殊津贴的专家，是桃李满天下的资深教授和博士生导师。由于工作需要，退休后的前几年，他仍积极奋战在教学科研第一线，继续教课和指导研究生。在完全从教学科研第一线退下来后，仍保持极大的工作热情，积极参与学院、退休支部及社会组织的各项工作，发挥余热。

热心学习

陈老师关心时事政治、关心党和国家大事、坚持理论和党中央重要方针政策精神的学习，坚持在政治和思想上与党中央保持一致。在陈老师和其他几位退休老师的倡导下，他们自愿组成了理论学习小组，定期开展学习，特别是在党和国家重要会议召开、重要政策决定发布时，他们都要及时组织学习、深入研讨、总结成文。数年来，陈老师所在这个小组一直坚持不懈的学习，很好地理解和把握了党的路线方针政策、改革和发展精神、积累了比较深入和系统的体会，真正做到了在政治和思想上与党中央保持一致。

陈老师不仅自己坚持理论学习，还能利用机会积极宣传党的路线方针政策。近年来，在党的十八大、十九大和几次中央全会召开之际，他都通过认真学习和研究，将自己的体会形成书面材料，利用支部党员学习的机会，将自己的理解和体会以生动和简洁易懂的方式，全面和系统地介绍给大家，受到了与会党员的好评。在陈老师和其他几位理论小组老师的带动下，党员的学习越来越深入，他们引导和促进大家积极参与讨论，大大推动了支部政治学习活动的开展，并收到了很好的学习效果。此外，他还积极参与其他活动，例如在"谈信心、庆元宵"党日活动中，他以"看数据、树信心"为主题，深入浅出、旁征博引，阐述了从改革开放、经济发展到产业结构调整的历程，并用大量数据说明问题，反响很好。他还撰写了相关文章，发表在《北航老年工作》期刊上，文章通俗易懂、有事实和数据支持，受到好评。

陈老师的特点是：重视数据和实例的积累和分析，运用案例和事实提高说服力。

坚持奉献

陈老师坚持老有所为，以极大的热情积极参与各项工作。在刚退休的几年中，他仍积极投身在教学、科研战线。具体包括：指导研究生数名；承担课程（MBA 和工程硕士课程）讲授工作；受聘于清华大学成为客座教授，多次为其 MBA 班讲授"生产运作管理"硕士课程，受到学生们的好评；一直担任《管理工程学报》《航空工业经济研究》《北航学报》《北航学报（社科版）》的编委；为在京航天系统所属厂所领导及华北电力系统厂所领导授课，共 20 多期，反响良好。

陈老师被北京国资委聘为北京市企业管理现代化创新成果评审委员，每年有两个月深入企业调研、了解情况、总结经验，帮助企业改进管理，共评审了 50 多个企业，先后参加了六届评审，还将其编成案例纳入教案中。

陈老师还积极参加"关心下一代"工作。在退休支部与学生支部举行的"八荣八耻"教育活动中，他作为老党员为学生写了寄语，并接受学生关于社会主义核心价值观的体会访谈。

他给新党员上党课，使新党员受到一次革命传统教育，还代表上级党委与入党前的学生谈话。

在“知识造就人才”的优秀党日活动中，他作了“知识是成才的基础，创新造就人才”的主题演讲，并担任《知识造就人才》论文集主编，对 70 篇文章进行了审稿、修改、编辑和定稿。

他对贫困学生进行资助，代表老党员为中学生写赠言；在情景剧《师生情》中，他参与了编剧和演出工作，加深了师生感情。

他参加“老有所为”论文比赛，撰写的论文获北京市“老有所为”论文比赛二等奖。

党建模范

陈良猷同志一直以共产党员的标准严格要求自己，遵守党的纪律，发挥先锋模范作用，组织观念强，群众反映好。退休后，他曾两次被评为优秀共产党员，并获得为学校的“立德树人”做出突出贡献的“育才老园丁”奖。

陈老师家住校外，虽年事已高，但仍积极参加支部组织活动，从不缺席。他积极参与各项捐款活动，支持支部搞好各项工作，从不计报酬。他为优秀党日活动付出很多劳动，支部想给他奖励，他坚决不收，表示“我是一名共产党员，为党支部做一点工作是理所应当的”。作为一名老党员，他是大家学习的榜样。

数年来，陈老师坚持锻炼身体，保持健康的体魄，在北航游泳馆经常能看到陈老师的身影。作为高龄老人，他还经常坚持骑自行车外出办事。健康的身体为陈老师积极参加各项活动提供了保证。

总之，陈良猷同志不仅在学术上造诣颇深、德高望重；在政治上也发挥党员的表率使用，倍受尊重。

无私奉献好书记　辛勤耕耘老园丁

——记优秀共产党员陈晏清

81岁的陈晏清老师是航空科学与工程学院教授，1999年退休。退休20多年来，她一直担任航空科学与工程学院退休教职工第三党支部（以下简称航空学院三支部）支部书记兼管理小组组长的工作。她始终怀着一颗爱心，全心全意为大家服务。同时，她还继续战斗在教学第一线，为飞行学院学生讲授“专业英语”课程、指导毕业论文，并参加航空科学与工程学院本科教学督导组工作。

支部书记工作

陈晏清按上级党组织要求，认真履行职责，出色地完成各项任务，表现了在政治上、思想上与“以习近平同志为核心的党中央”保持高度一致的党性。工作上她任劳任怨，以热心、细心、耐心、爱心为大家服务。航空学院三支部/管理小组由原五系流体力学研究所、飞行力学教研室及加工间的退休教职工组成，共有退休教师56人，其中共有党员26人，是航空学院退休党支部中人数较多、年龄较大的支部之一。年龄分布从60多岁到90多岁，80岁以上老同志有38人，占了68%。年老体弱的人多且年龄差距较大。空巢家庭有9个，失偶单独一人生活的有10人。成员的结构包括院士、资深老教授、博导、高级工程师、教辅人员和工人等。一部分同志子女在国外，需经常赴国外探亲，一部分同志子女虽在国内但身边无人照顾，一部分同志家住校外。每次通知开会、每年发体检表、组织各种活动等，陈老师都要一一打电话通知到本人。有时人不在家，经常要打多次电话才能通知到。她工作认真负责，从无怨言。有同志生病、住院，她都会和离退休工作处、航空学院的同志一起去探望，及时解决他们的困难。如有老同志去世，她会协助离退休工作处做好后事安排、慰问家属、发放抚恤金等，使老同志们和他们的家属感受到组织的温暖与关怀。

有一党员（现已去世）家住南苑，不仅自己身体多病，爱人身体也不好，子女都在国外，陈晏清同志经常去医院或家中看望他，并主动承担起每月为他报销医药费的工作。去年一位定居在加拿大的同志在国外去世，陈晏清同志通过微信与她爱人联系，到离退休工作处、人事处、财务处等办理繁琐手续，后来她爱人趁回国机会，专程来北航对陈晏清同志表示感谢。陈晏清同志心中永远怀着一颗为大家服务的爱心，无私奉献，深受大家爱戴。

该支部有一部分工人是参加北航建校的老工人，工资水平相对较低，当离退休工作处发放困难补助和慰问时，她就尽量向这些老同志倾斜，把党的关怀和温暖送到他们心中。

在这次疫情防控期间，陈晏清关心每一位老同志，将口罩挨家挨户送到他们手中，帮助校外同志取药送药，经常通过电话或微信对老同志表示问候，尤其是对单独居家生活的老人更是关怀有加，使他们感到组织一直在关心他们。

陈晏清同志按上级党委要求，在离退休教职工党委直接领导和航空学院党委的大力支持下，与航空学院其他退休党支部密切配合，积极组织适合老年人的集体活动，让更多老同志都能参加。她认真组织“热爱祖国，祝福祖国”“不忘初心，牢记使命”等主题党日教育活动，这些活动多次受到离退休教职工党委、校党委、工信部党委的表彰和奖励。在组织诸如参观世园会等这样的全院退休教职工的集体活动时，每次活动她都做了大量准备工作，付出了辛勤的劳动。

对于离退休教职工党委召开的支部书记会或校长一年一度向老同志

的情况通报会，她总是提前到会，坐在前面，认真记笔记。所以在航空学院三个支部联合召开的支部大会或民主生活会上，甚至在航空学院的新年联欢会上，她都能紧跟形势，按离退休教职工党委和离退休工作处的工作计划，结合航空学院各支部情况，向党员、群众通报学校近况，传达党委工作部署，做到上情下达，下情上报，使大家对学校工作有所了解，深受大家欢迎。

陈晏清作为学校16次党代会代表，在党代会上能积极反映广大党员和群众的要求和意见，会后能及时向党员和群众传达党代会的精神，使广大党员和群众深受鼓舞。

陈晏清能与时俱进，接受新生事物，跟上时代前进的步伐。进入网络发展的新年代，她积极学习智能手机的应用，利用微信加强与大家的沟通，她在微信中建立了航空学院退休群和支部书记群。有的老工人不会使用智能手机，她不怕麻烦，多次打电话与其子女或家属沟通将她们加入微信群中，以便能及时通报和交流信息。这次疫情防控工作中，微信群发挥了很大作用。陈晏清每天通过微信群将离退休教职工党委的工作安排和对老同志的要求传达给大家。

教学工作

退休20多年来，陈晏清同志一直在教学一线辛勤耕耘。她多年担任飞行学院和航空学院毕业设计领导小组组长，指导毕业论文，在飞行学院讲授"专业英语"课程和为国外实习回国的学生讲解国内航线飞行驾驶执照课程，直到2018年。由于是双语教学，既要求有专业知识，又要有一定的英语水平，所以陈晏清课前都认真准备，有纸质教材和电子版教材。教学中她既爱护学生，又严格要求学生，受到学生的爱戴和好评。2013年在评选第十二届"我爱我师——评选我心中最爱戴的老师"中被评为"优秀教师"奖(飞行学院)。2018年陈老师正式退出讲台。飞行学院在2017年年底的师生新年联欢会上，正式授予她飞行学院"终身教授"称号，时任校党委副书记李军锋教授亲自为她颁发证书。2019年她被评为"育才老园丁"。2006—2018年参加航空科学与工程学院本科生教学督导组工作，每学期听课30多门，参与课程设计与毕业设计的开题、期中考核和答辩等教学活动。

目前，她虽已年过八旬，仍关心着院系教学工作，参与学院流体所的教学活动，在这次新冠肺炎疫情期间，她还通过腾讯会议线上进行了毕设开题、期中考核和毕业答辩。

关心下一代工作

陈晏清积极组织航空科学与工程学院沙河校区、学院路校区学生党支部和研究生党支部的共建活动，成功举办了"坚定革命理想，献身航空事业"座谈会和优秀主题党日活动。她曾多次组织赴"太阳村"（为服刑人员子女建立的机构，在北京郊区）的捐赠活动，从联系、捐赠物品再到落实，付出了大量时间和精力。她指导学生课外科技创新实践活动，参与知识竞赛出题与仲裁工作，在为大学生科研训练项目（SRTP）评选、检查等方面做了大量工作。

陈晏清同志晚年始终精神饱满，生活充实。她满腔热情地为大家服务，得到群众的认可，多次被离退休教职工党委评为优秀共产党员，所带领的党支部也被评为先进党支部。

从空天到海疆　科技创新不停步

——记优秀共产党员郑天亮

郑天亮教授与共和国同龄，科技创新是他至今不渝的人生追求。在临近退休之年，他带领团队相继完成了国家 863 项目子课题微纳米吸波隐身涂料和航天复合材料隐身计算机模拟与优化设计软件攻关任务，成果已应用在“九三”大阅兵两种最新导弹型号上，以此成绩告别科研生涯是相当圆满的谢幕。然而国家需要解决的难题，使他谢幕后仍旧继续奋战在科技舞台上。科技难题攻关从空天到海疆，跨越多个领域。他既做科技创新的实践者，也做科技活动的参与者。

解决“天宫 1 号”技术难题

2011 年 2 月，“天宫 1 号”目标飞行器某系统关键部件在地面试验中再次发生严重漏压，而中国载人航天网早已向世界发布“天宫 1 号”将于当年夏秋之际发射。尽快解决复杂结构关键部件的长寿命问题成为团队最重要、最紧急、最迫切的任务。经航天航空和高校专家们的会诊，原因找到了，但两轮解决方案试验均告失利。紧急之中，航天城某部总工查到郑天亮有一项涂料成果达到美国军用飞机的标准，打电话问他能否一试，面对挑战，郑天亮果断应允，迎难而上是他的一贯作风。

第三轮共有 14 个方案参加竞选试验。按最佳性能排序，排在第一、第二的两种方案样件都是北航郑天亮教授的。在最后的正式样机竞选中，航天、航空两个军工单位和郑教授各做一个样机检测，经专家组和总装领导评审，结果郑教授的方案再次胜出，他的技术方案和涂装工艺被最后选用。当评审结果宣布后，郑教授当场立下军令状：“国家利益，人命关天，一定精益求精完成任务。”

2011 年 9 月 29 日，“天宫 1 号”如期发射，交会对接成功。郑天亮教授的技术方案和工艺先后应用在“天宫 1、2 号”“神舟 8、9、10、11、12 号”飞船上，他亲临军工厂一线指导各批次关键部件生产。

当“天宫 1 号”发射对接成功后，解放军某部给郑天亮教授和北航发来表彰函和感谢信。在给郑天亮教授的表彰函中说：“在载人航天交会对接任务某关键产品研制试验中，您的防护技术方案和实施工艺在解决复杂环境下金属防腐蚀问题方面发挥了重要作用，确保了该产品的长寿命和高可靠指标的实现。”在给北京航空航天大学的感谢信中说：“郑天亮教授多次下厂亲力亲为，以其敬业精神和专业素养攻克了该项技术难题，为载人航天事业做出突出贡献。”

2018 年 7 月—2019 年 4 月，郑天亮又担任了天宫空间站长寿命及在轨维修独立评估组的专家，围绕空间站长寿命高可靠性目标，识别各系统重大技术风险和薄弱环节，提出风险防控措施和建议，为空间站技术把关，为确保空间站长寿命运行和在轨维修成功提供决策支持。

创新岛礁军事设施设备综合防腐技术

在杭州湾跨海大桥防护工程鉴定会上，评审专家郑天亮提出混凝土表面使用刚性防护涂层会随混凝土裂缝而开裂，重要工程防护要用弹性涂层。为使国家重要混凝土工程成为百年工程，他带领团队从树脂合成做起，研制出前沿材料系列产品，获两项发明专利。

数年磨一剑，郑天亮首战毅然选择了祖国最南海域的南沙岛礁工程。2015 年初他向工程建设方和海军领导递上新技术项目建议书。经海军专家对接技术论证和公开招标，郑天亮团队参研军委总部重点科研项目岛礁军事设施设备综合防腐技术研究，他率团队完成了高耐候全醚氟碳/聚脲防护涂层系统等项目研究。

2015 年 10 月，1 号、2 号灯塔竣工亮灯仪式上发现航标灯笼锈蚀，郑天亮应邀到相关机构做学术讲座和交流，当场确定由他负责后继 5、6、7 号灯塔航标灯防护方案、工艺设计及涂料生产。

2016 年 3—5 月，他主持完成了 7 号灯塔、5 号灯塔防护涂层的方案、工艺设计及材料提供，并指导两个岛礁灯塔现场施工。2017 年他完成了岛礁第四个工程项目合同，即 6 号南沙海域航海安全信息发射塔双铁塔的防护方案、施工工艺设计及材料提供，并技术指导工程实施。

2019 年 7 月军委总部重点科研项目结题验收通过评审。

2019 年 8 月海事部门立项“南沙海域防护材料实验与研究”科研课题，郑天亮及团队与南沙航标处合作，共同对表现优异的全醚氟碳/聚脲防护涂层系统跟踪观测对比实验室加速试验研究，为南海海洋环境百年工程提出科学的防护依据与措施。

2020 年郑教授及团队参与海军主持的南沙岛礁国家军用标准起草工作。高耐候功能性防护涂层系统获一项发明专利和一项实用新型专利。科技部所属报纸对他进行了报道，混凝土防护新技术信息引来不同行业的关注与合作。

研发铁路桥梁混凝土裂纹整治新技术

2016 年，郑天亮应邀考察大秦重载铁路桥梁和大西高铁无砟轨道忻州试验段现场裂纹情况，精心设计了注浆加固、涂层方案、施工工艺，经实验室低温试验验证后，同年 10—11 月在大秦线三座 32 米跨度桥梁和在大西高铁铁总忻州试验段成功实施。

《重载铁路桥梁裂缝病害整治新技术》论文在中国铁道学会重载委员会“2017铁路重载运输建设与装备安全学术研讨会”获得优秀论文奖。2018年7月高铁无砟轨道混凝土裂纹整治新技术新工艺科研项目在太原铁路局集团通过成果评审。国家图书馆科技查新报告评价:定量化耐候性功能涂层系统在国际范围具有新颖性。2018年12月,该技术获发明专利。

朔黄重载铁路桥梁裂纹整治防护工程设计方案采用了该项新技术,2019年年底已开始启动。

这一创新成果不仅提高了裂纹加固性能,还能精准显示涂层下混凝土新生超标裂缝宽度、走向,使高铁无砟轨道和重载铁路桥梁安全运行,而且建立了与人工智能直接对接的基础平台。

探讨攻关水电高性能新材料

水电大坝泄洪高速含砂水流对泄洪通道的磨蚀空蚀防护是国内外一个难题。长江、黄河等主要水系的降水几乎都集中在七八月份,年年要泄洪,年年需要维修。

在分析研究长江电力有关资料后,2018年,郑天亮应邀到宜昌为长江电力科技人员做学术讲座和交流,并考察了葛洲坝和三峡大坝,就新材料应用试验合作达成共识。

2019年春,团队在葛洲坝泄洪闸室试用新型聚脲涂层系统做试验段实施,汛期泄洪后检验,聚脲涂层整体结合较好,继续试验观察。几年前其他机构在葛洲坝和三峡大坝泄洪过流面试验的喷涂聚脲涂层因附着力弱汛期泄洪后均被冲掉了。水电泄洪建筑磨蚀和空蚀防护材料的攻关研究还在继续进行中,性能更优异的新一代聚脲又研制成功,期待着“以柔克刚”新理念、高性能新材料经过不断试验最后成功。

投身社会科技活动

郑天亮还参与了许多工程项目与标准评审、科技展览策划、科普教育、育人讲座等活动。

在2017年3月港珠澳大桥主体工程CB01合同段涂层开裂修复专项施工方案评审会和次年1月的修复施工总结评审会上，他任特邀专家，现场考察、判定责任、方案研究、修复评审。

2013—2016年参加四项国军标《舰船导弹发射系统耐高温涂料环氧有机硅涂料规范》《飞行甲板防滑涂料规范》《火炮炮管用有机硅耐热漆规范》《防霉氨基烘漆规范》和一项国标《民用建筑氡防治技术规程》的审定。

在"诺贝尔奖北京论坛"（发改委、中科院、北京市政府主办，市科协协办）中，作为主要专家参与策划了"能源与环境""信息与创新""创新与发展""新材料与新能源"四个年度主题的科技展览。

在2015年全国科普剧科学秀创作与表演培训中，郑天亮教授作了"渊源、传承、创新——从我国传统文化、古代科学技术成就中汲取营养元素"的主题讲座。在全国第三届科普剧科学秀大赛中，任评委会主席、评审，并做总结发言；在2016年新疆维吾尔自治区科学表演大赛中，任评委会副主任、评审，做编剧制作培训讲座；2016年参与"新材料在线"《大国之材》电视片的策划，对编创人员进行咨询指导；2016年在太原铁路局作科技学术讲座"重载铁路和高铁混凝土耐候性功能性防护材料"；2017年在铁道科学研究院研究生部给博士、硕士研究生做讲座"机会、修行与成才之路"；在北京工商大学材料与机械学院给硕士研究生、本科生做讲座"机会、修行与成才之路"；2018年在湖北宜昌给长江电力公司科技人员做讲座"混凝土结构防护新技术"；2019年在铁道科学研究院研究生部给博士、硕士研究生做讲座"信念、理想、科技成才之路"。

结束语

"与共和国一同成长"已让家国情怀成为郑教授这代人身上的深刻烙

印，为国家效力已成为他抹不去的情怀。在建国 70 周年央视新闻“我和国旗同框”北航校园行采访中，郑天亮教授深情表述：“能够跟着共和国的前进步伐同步发展，我感到非常荣幸。我非常珍惜我现在依然还能够站在科技最前沿为国效力的机会。我希望我们的学子们立下为国奋斗的远大志向，让祖国的明天更加美好。”

我们期待着郑教授和他的团队为国家再创辉煌业绩。

余热生辉　多彩夕阳

——记优秀共产党员、育才老园丁杨乃宾

杨乃宾教授 1997 年退休，正式开启老年生活。时逢国家改革开放经济蓬勃发展之时，多项重大项目启动，形势喜人，催人奋进的时期，百废俱兴。杨老师“老有所为，做点实事，回报国家”的想法油然而生。

航空科学与工程学院退休教职工第一、二、三党支部于 2000 年 3 月建立。支部负责基层党组织各项工作，还要负责原单位退休教职工的管理服务工作，一套班子两项任务。杨乃宾同志退休前是原单位的党支部书记，退休后在航空科学与工程学院退休教职工第一党支部，经选举成为党支部书记。他踏实认真，尽职尽责地工作，用爱心、热心、细心、恒心为老同志做好服务工作，大家对他都很满意，至今连选连任，已在任 20 年。

联合党建探索者

为适应老龄化工作现状，在杨乃宾提议下，航空科学与工程学院退休教职工第一、二、三党支部共同探索、创新以联合活动方式开展党的工作。各退休党支部在各自负责做好本支部工作和管理小组工作的基础上，三个退休党支部联合开展离退休教职工党委要求和布置的各项工作，以及联合举办理论学习、党课、主题党日活动。这不仅体现了基层党组织的凝

聚力、战斗力，也为党内统一思想，发挥老党员积极性，提升退休教职工党支部建设质量、争当先进党支部营造了环境，奠定了基础。党支部联合开展活动在发挥退休教职工党支部的战斗堡垒作用，开展理论学习和主题党日活动中，结合党委中心工作任务，将理论学习和社会实践教育相结合，做到内容丰富、形式多样、讲求实效而受到好评。

喜迎党的十九大胜利召开，党支部联合举办了“重温誓词，不忘初心，牢记使命”主题党日活动，在庄严党旗下重温入党誓词；制定了党的十九大精神学习计划，做到学习有内容，活动有特色；结合亲身经历和身边榜样，使学习不断深入，认识到习近平新时代中国特色社会主义思想是全党和全国人民为实现中华民族伟大复兴而奋斗的行动指南。建国70周年“热爱祖国，祝福祖国”主题党日活动结合参观“伟大历程 光辉成就”大型展览，持续深化了“不忘初心，牢记使命”的学习，取得实效。

教学督导奉献者

杨乃宾教授积极参与党支部“关心下一代”工作，与本科生、研究生党支部共建，共同举办“坚定革命理想，献身航空事业”“讲北京一号故事，传承北航精神”等主题党日活动，收到立德树人、党组织建设、党员培养、思想政治工作、北航精神文化传承等方面的实效。

杨乃宾教授是一位热爱党的教育事业的育才老园丁，在航空学院本科生教学督导组成立不久就受聘为成员，负责飞行器设计系本科教学督导工作。他教学经验丰富、善于思考、认真负责、热心助人，并且关注探讨教学督导工作创新，以适应航空科技发展对人才培养的要求和本科教学授课形式与载体方式的发展变化。他在督导组逾十年的工作中始终摆正位置，以导为主、督导并重，正确发挥育才参谋作用；他深入课堂听课，检查课堂教学内容、教学方法、教学手段、教学进度以及教学纪律、学习情况；他参加师生座谈会，评教评学，实现教风、学风、本科教学质量稳中提高；他在每次听课后，经常主动与主讲教师交换意见，探讨改进之处；他检查实践教学活动、课程设计、毕业论文，推荐优秀论文；他参与航空学院各专业培养方案、教学计划制定以及卓越人才培养实验班教学计划制定、实施等活动，提出了修订、完善意见。

为适应21世纪航空科技发展对人才培养要求，航空学院通过开设新课程、编写新教材、双语教学等扩大学生视野、认识，增强才干，与时俱进。杨乃宾教授参与学院新设置课程“航空工程大型通用软件应用”“航空科学技术发展概论”的建设工作，包括教学目的、教学大纲、教师、教材等的确定、实施以及听课、总结。

针对学院必修课程“飞机总体设计”教学与教材建设新要求，督导组全体成员轮流听课，每周一次。举办专题讨论会，与教学团队成员面对面交换意见。杨乃宾教授还多次提出个人书面意见。

杨乃宾教授热心帮助课程新颖的主讲教师授课，编写教材。孙康文、邓志诚主讲的“航空器适航基础”是适应我国大型民用客机发展人才培养需求开设的专业选修课，大家共同讨论，分析民用航空规章要求、技术内涵、符合性证明方法，共同提高认知，并从2015—2019年历经4年12次修改，完善教材，送审出版。

科技研究实干者

杨乃宾教授是国内知名复合材料专家，1976年起从事先进复合材料研究，在复合材料力学性能表征与测试、结构力学、疲劳、损伤容限以及结构设计和安全性评估等方面颇有造诣。在职20年的研究工作，为他退休后老有所为打下基础。

1997年他应西北工业大学科技处邀请在该校讲授复合材料力学两周，参加中国-意大利科技合作课题（复合材料疲劳）研究。1985年他赴意大利米兰大学学术交流和短期工作。他是复合材料性能试验方法（国家标准GB、军用标准GJB、航空工业标准HB）标准13项主要起草人，参与中国航空研究院编著《复合材料设计手册》（1990年出版）、《复合材料飞机结构耐久性/损伤容限设计指南》（1995年出版）、《复合材料结构设计手册》（2001年出版）、《中国材料工程大会》第十卷第七篇《先进树脂茎复合材料》（主编，2005年），应聘全国材料科学技术名词审定委员会特聘专家，撰写复合材料结构设计及表征、测试词条131条，编写10部手册。

在重大项目“高强碳纤维国产化及应用研究”“直升机国产复合材料应用研究”(712项目)担任咨询、评审专家,持续数年。

2011—2012年承担商飞项目合同,2017—2019年参与上海适航审定中心项目合同。

杨乃宾教授退休20年,勤于思考,笔耕不辍。编著不为立说,不图名利,收集资料,仅供参考。他主笔编著的作品得到航空出版基金和国防基金资助,编辑出版的专著有《复合材料飞机结构设计》(2002年)、《直升机复合材料结构设计》(2008年)、《大飞机复合材料结构设计导论》(2009年)、《飞机复合材料结构适航符合性证明概论》(2015年),累计约150万字。《直升机复合材料结构设计》被评为国防工业出版社2007—2008年度优秀图书二等奖,受到好评。

《新一代大型客机复合材料结构》于2008年在《航空学报》发表,并被评为中国科学技术信息研究所领跑者5000【F5000】中国精品科技期刊顶尖学术论文。

国家富强、人民安康,杨老师20余年退休生活幸福快乐。他老有所为,余热生辉,生活充实多彩。他感恩党组织,感恩同志们。他说,这些成绩都是在离退休教职工党委、原单位领导的关心支持下,航空学院退休党支部、本科教学督导组集体努力以及广大退休老同志的积极参与下取得的。他热爱祖国,祝福祖国,愿新时代让生活更加美好。

老有所教 继续为教育事业做贡献

——记优秀共产党员于凤仙

于凤仙老师入党60多年来，牢记自己是一名共产党员，时时事事想着一名党员在群众中的先锋模范作用，保持本色不变。1999年6月她从北航自动化学院光荣退休，但她退休不退岗，继续保持共产党员的本色，服从组织需要，积极参加了学院的工程硕士教学和管理工作。这一坚持就是十年，为国家培养科技人才做出了卓越贡献，获得了院校表扬、奖励，也受到了工程硕士来源单位的好评，为北航争得了荣誉。

热情承担 工程硕士教务管理工作

20世纪末，正值国家大发展，各部门急需各种高级技术人才的时期。但当时毕业学生的就业方向大都奔向外资公司。而一些国企，尤其是国防工业口根本就招不到大学毕业生，招到研究生更是难之又难。根据这一实际情况，教委做出由企业单位自己就地招收研究生，委托有关大学培养，以解决人才严重短缺问题的决定。这就是工程硕士的由来。北航积极响应教委这一决定，重点招收航空航天院、所、企业相关单位的在职有资格人员，按工程硕士培养。自动化学院1999年招收了第一批工程硕士共两个班，分别是来自于沈阳飞机制造公司和景德镇602所的在职人员。

工程硕士的管理不同于在校研究生，其培养周期长达三至五年，有大量繁琐工作要做。当时院里教务人员少，急需聘请他人来担任此项工作。

而当时于老师刚刚退休，她既有丰富的教学科研经验和较强的组织管理能力、责任心，又对航空航天部门的各厂院所较熟悉。院里领导经研究一致认为她是不二人选。当院领导征求她意见时，她满腔热情地答应并很快投入工作。

协助院领导　制定教学计划　选配老师

根据教委招收工程硕士的精神，学校教务处制定了教学大纲。于老师首先展开的工作就是配合院领导按照教学大纲制定工程硕士教学计划，选教材，聘请上课老师和论文指导老师。因为工程硕士是不脱产学习，上半年在本单位上课，下半年安排两个月到两个半月回学校上课，之后再回本单位上两年课。在此期间，于老师要与单位领导协调上课时间，请老师、排课表和准备教材。其中，最麻烦的是学生回校上课那段时间的问题，特别是外省市的学生要安排好教室、食宿等生活事宜。这些事情，于老师都能井井有条地予以解决，使每个班上课有条不紊地进行。

创造良好条件　激发学生在校学习热情

工程硕士在本单位上半年课后，要回校上课。而这些学生大多是本单位的技术骨干，甚至还有科室领导，如何让他们抽出两个月时间放下工作来校学习就成了一个难题。为此于老师事先与原单位领导进行细致协商，使他们能全心全意回校投入紧张的学习。

每年都有一两个班来校学习，每个班都有几十名学生。时间一般确定在每年5月1日至7月15日，因为此时正是本届在校研究生毕业，下届研究生还未到校的窗口时间，研究生学生宿舍11号楼有空闲床位。而这两个月正好北京进入夏季，由于所定的房间都在学11号楼最高层，加上房间无空调，房间温度很高，尤其北方来的学生受不了。于老师就协同院里负责行政的老师在院里收纳多台电风扇，给每个宿舍一至两台，解决了房间热的问题，学生非常满意。有一届一个学生来上课前不慎在单位摔伤，出行很是困难，于老师就临时给他请了一个本科勤工俭学学生，每天给他送饭、接他上下楼，解决了他上课的难题。

学校的一切都使这些工程硕士学生极为兴奋，特别是北航的学习氛围大大感染熏陶了他们，使他们感受到了北航教学严谨认真的精神，大家都夜以继日地抓紧学习。这两个月课安排得很紧，上午下午都有课，还有答疑、考试。同时，于老师还特别提醒同学们要分别和指导老师见面，明确论文题目，以及利用在校时间找好参考资料。因为于老师的细心安排，在北航学习的两个多月，学生们都觉得收获很大。

每届学生在完成这两个月的学习后都满载而归，十分高兴地回到单位。于老师还邀请单位有关领导来检查，双方都十分满意。

教书育人　严格要求　为国家培养人才

虽然工程硕士不脱产，但既然挂上了北航研究生的名头，对他们的要求与北航研究生是一样的。特别体现在上课上，不管他是普通职工还是领导，一视同仁。有事请假，允许后才能缺课，且缺课要及时找老师补课。考试要求严格，与学校一样。答辩来学校进行，还有期中检查。各个环节于老师都亲自参与，并一直承担每个班的控制理论课教学。不论在学校还是在单位上课，单位领导和学生们都明显感到北航与别的学校不同。“动真格的，十分认真，一点不得马虎”，这是学生们结业后对北航最多的评价。

于老师还经常出差到各单位与单位领导密切配合共同检查，这些工程硕士教育是否严格执行了教学计划，以保证他们确实学到了东西。如沈飞有一学生，在答辩时有些地方不够充分严谨，当时参加答辩的老师拒绝其通过。这是第一例未通过答辩的学生。本人十分着急、吃惊，甚至有些接受不了，此事也震动了其他未答辩的同学，给他们敲起了警钟。于老师私下找他谈话，耐心做思想工作。谈话后，该学生认识到自己论文的不足，对论文进行了重新修改，半年后又回来答辩，最终以优秀成绩顺利通过论文答辩。事后他感慨地说：“通过这次答辩失败的教训，我又对论文题目涉及的内容进行了深入的研究，自己收获不小，也确实感到又深入学到了东西，好处多多，同时还帮我解决了以前在苏 27 课题中遇到的问题。

感谢北航老师的严格要求，不但使我更好地完成了论文，还促进了我在原单位工作更上一层楼。”

在这期间由于学校的学习气氛的熏陶，还有两名学生脱颖而出，当年考取了北航的博士生。其中有一名学生，在原单位有点个性，不好管理。但自从上了研究生，特别是来到北航上课后，十分努力，不但完成上课任务，还到图书馆找资料，找有关老师答疑。从北航回原单位后，一切大变样。连他父亲都亲自找于老师说：“他上了工程硕士后，像变了个人一样，学习工作主动努力，而且脾气也好了。”他博士毕业后，留在航空部北京某研究所工作。可以说上了工硕，改变了他的人生，使他真正成为国家栋梁之材。另一博士生回了原单位，当时是所里唯一的博士生，为所里赢得了声誉。

于老师对学生论文选题非常重视，针对每个学生的实际科研工作需要确定论文题目，并进行严格审查。如沈飞一学生，论文题目选的是“机载线路铺设自动化”研究，论文做得很好，并在沈飞当时生产的苏 27 上实施有效。不久他便被上海大飞机所看重并从沈飞将其挖走，现是大飞机所骨干。还有学员毕业不久成为上海大飞机单位领导，也有的成了沈飞副总工程师，更有多人提升为科室领导。

随着学生们学有所成，于老师的退休生活也在老有所教中体会着老有所乐、桃李满天下的快乐。她说：“在看到电视上播送有关大飞机起飞以及辽宁舰起航的镜头，当我们看到其中有我们学院的工程硕士生在指挥，我们十分高兴，深深感到北航确实为国家培养了人才。”

老来有所为　余热映初心

——记优秀共产党员孟昭绥

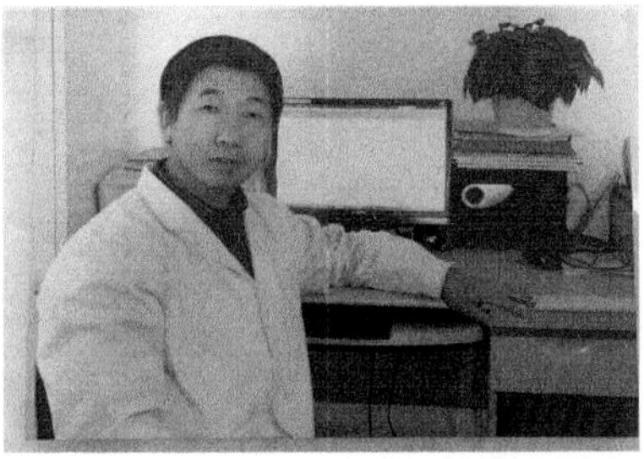

一个人工作几十年，退休离岗进入桑榆晚景后，该如何度过晚年？每个人都有不同的答案。在我们身边有很多人退休不退志，离岗不离心，他们希望在有生之年，能再为人们做一点事，使人生不留遗憾，让生命再一次发光，他们用行动感染着身边的每一个人。共产党员孟昭绥同志就是这其中的一员。

退休不褪色　初心永不忘

孟昭绥同志自退休加入校医院退休职工党支部后，就积极主动配合党支部书记开展工作，努力贯彻执行离退休工作处布置给党支部的任务。他配合支部书记抓好党支部建设，把离散的人员组织成为一个紧密团结的集体。支部有活动，党员召之即来，积极配合。他为党支部活动出主意想办法，出谋划策，让每次活动都能够办得有声有色，并以身作则，鼓励大家积极参加组织活动。他每次会议或组织活动前都提前做好充分准备，使大家来参加活动就有收获，让全体党员都能够自觉与党中央保持一致，关心国家大事，关心学校的发展。在担任校医院退休职工党支部副书记的几年来，他始终保持共产党员的本色，牢记党的宗旨，信念坚定，心系党的事业，以自己的实际行动证明了共产党员思想永不退休。他时时刻刻用高标准严格要求自己，紧跟形势，结合工作实际，把学习宣传贯彻党的十九大精神与做好当前各项工作结合起来，是大家公认的好党员。

余热未尽献　老骥不偷闲

孟昭绥同志在校医院医技岗位工作43年，热爱自己从事的专业，也积累了丰富的从医经验。他工作时忙于医疗，退休后有时间了，总想做点事。所以有多家单位聘他去兼职，他都没有去，而是想着能够静下心来为自己所从事的事业完成一个自己的心愿。随着我国医疗事业的发展，对基层医院的要求是发展全科医生，要求全科医师具备多学科的专业知识，而有些专业学起来有一定的难度。孟昭绥同志多年从事心电图诊断工作，深知学习这门专业的难度，因此在没退休时就想着写一本不同于理论书籍的教材，能把自己的经验融于教材之中，用于全科医生的培养。现在退休有时间了，这个心愿终于可以完成了，就这样他开始了退休后的工作。

由于心电图图形比较抽象，非专业人员很难解读，如何拿出一套简便易学的方法，让全科医生便于掌握心电图知识，是摆在专业人员面前的一项课题。而专业理论书籍比较复杂，阅读起来需要具备系统和深入的生物电生理学知识，理解起来有一定的难度，市场上也缺乏针对性的教材。孟昭绥同志根据多年来的工作经验，用三年时间在电脑上阅览了五万余份从基层医院收集到的病人图纸资料，从中筛选出有价值的部分进行分类编辑，并多次走访请教了多家大医院行业的专家对其进行指导，以使教材案例准确无误。为了区别于原始的书本学习方式，孟昭绥同志想到了利用计算机和软件的优势，构想设计一个能在计算机上进行自我测试，查看案例解答和智能判断的学习系统，通过方便而智能的方式形成一个便于记忆的电子学习演练平台。根据这个想法，孟昭绥同志多次和编写软件的老师联系商讨，交流具体可实现的方案，最终撰写编辑了一部电子教材。他拿着教材的样稿拜访专家，征求意见，又经过多次斟酌修改最终定稿。该教材在专家鉴定会上得到一致的肯定，并且在校医院领导的支持下，由解放军卫生音像出版社正式出版发行。作为一本普及社区医生学习的新型专科电子教材，心电图数字模拟教学《全科医师心电图知识学习平台》受到医疗行业有关专家的好评，并作为北京市心电协会心电图学习班学员培训的辅助教材。

宝刀勤磨砺　传播正能量

“宝刀不磨要生锈，人不学习定落后”。孟昭绥同志退休以来有明确的思想定位，工作热情务实。他坚持读书看报，不断提升自己对国内形势的认知，始终保持清醒的政治头脑；他坚持讲学习、讲政治、讲正气、讲修养，把服务退休职工当作工作之本、行动之源；他不断学习党建知识，在支部组织党员学习的会议上，结合自己的体会讲党课；他用历史教材协助老同志加深理解党的十九大精神和习近平总书记的系列讲话精神，使大家深受教育，每学习一次就有一次的收获。

孟昭绥同志在党支部负责宣传工作，每当党支部组织活动后，他都及时撰文报道校医院退休职工党支部开展各项活动的新闻信息，把活动中老同志优秀品质的点点滴滴记录下来，弘扬正能量。其中多篇报道被推送到学校新闻网发布。支部每次组织外出学习活动，他都是忙前跑后照顾行动不便的老同志，时刻想着安全第一，防止出现意外，做到有始有终。

在“三老”协会组织的活动中，他积极参与课题组讨论，联系校医院的相关人员，在每年老职工体检的资料库中，采集一手的信息资料，并进行走访和多次往返实地调查统计，保证了课题内容的真实性与可靠性，协助课题组按期完成《北京航空航天大学离退休人员健康状况及医护需求调查报告》。

在“三老”协会分会开展活动的过程中，他发现缺少标志性的旗帜，因此在宣传报道时感到内容总是欠缺不够完整，就主动向“三老”协会领导提出建议，能否做一些分会旗子。意见被采纳后，受“三老”协会领导的委托，他为协会和各分会设计并绘制了开展工作用的 17 幅旗帜图案，得到采纳和实际应用。

孟昭绥同志热心为老同志做好事、办实事，关心离退休老职工的生活健康，充分体现了一名共产党员吃苦耐劳、甘于奉献、发挥自身余热、乐于助人的优秀品质。在校园里经常碰到老职工见面咨询有关专业的问题，有的老职工拿着医院做的心电图找他求助，经他的解释，老同志解除了思想顾虑。有的老职工还顺便要求他提供一些协助治疗方法，他有求必应，热情解答不回避，深受老同志们的欢迎。近几年有多个支部在组织外出活动时，都邀请他参加协助医疗服务，他有求必应，主动配合，从不计较报酬，没有怨言。所有接触过他的人都赞扬他、信任他。

岁月变迁、时光流转，漫漫人生长河中，每个人都有自己的岗位，岗位是一个人一生用所有理想和汗水浇灌的大地，是一个人热情和青春的坐标。他始终秉承“诚实做人、踏实做事”的原则，始终牢记共产党员的身份，遵纪守法，弘扬正气，甘于奉献，真心为群众服务。这就是孟昭绥同志退休后的点点滴滴，无职而有责、无位而有为。

退休生活二三事

——记优秀共产党员赵秉钺

赵秉钺同志退休前是北航人事处副处长，工作勤奋，为我校师资队伍建设做出过突出贡献。退休后她依然保持积极向上的生活态度，不忘初心，以实际行动履行党章对党员的要求。她关心青少年成长，关心国家大事，关心国家的未来，关心学校的发展；参加老科协工作，力所能及发挥余热；参加社团活动，与大家分享快乐；不断学习，力争追赶时代步伐；照顾老母亲，尽儿女职责，做了大量的有益社会和家庭的工作。她是一名优秀共产党员，弘扬正气，为人师表，团结群众，待人随和，得到大家的好评和认可。

政治立场坚定　牢记入党宗旨

赵秉钺同志出生在战乱年代，经历了国家积贫积弱的时期，也经历了国家从站起来到富起来再到强起来的时期，深刻体会到只有共产党才能救中国。她爱党、敬党，积极参加党组织的各项活动，关心国家大事，每日必看中央台、北京台的新闻，还订了两份文摘报。她认为“听党的话”不是一句口号，不管在家里还是在外面，在有关国家的大是大非问题上，头脑都要始终保持清醒，和中央保持一致，不听信任何谣言，坚定四个自信。她深刻认识到中国特色社会主义道路是经过中国历史实践反复证明了的正确之路，是中华民族走向繁荣富强的根本保证。赵秉钺同志以自己的实际行动践行入党誓言，努力学习，以实际行动为党的事业尽绵薄之力。

为青少年健康成长　建言献策

赵秉钺同志深刻认识到中国要发展要复兴，还有很长的路要走。道路并不平坦，需要一代又一代的有理想、有担当、有能力的人来发展和传承。她认识到“少年强，则中国强”。出于这种心情和对社会的责任感，她提出了“关于在中小学生中开展讲故事活动的建议”。以古往今来各类科学家、民族英雄和劳动模范作为故事原型，通过中小学生易于接受的语言和形式，以讲故事的方式在中小学中开展故事会。通过讲故事，让一个个鲜活的人物展现在学生面前，培养他们从小崇尚英雄模范，热爱祖国、热爱人民的情怀；树立为振兴中华而努力学习的远大志向；学习科学家探索未知世界奋力拼搏、坚韧不拔、不畏困难、不断创新、敢为人先的精神；通过传颂不同时期中华民族美德的故事引发他们热爱劳动、关心他人、团结协作、顾全大局、不怕困难、尊老爱幼和诚实守信的优秀品质。赵秉钺同志提出的这一建议不仅目的性、针对性强，而且还在诸如如何根据听故事对象的特点遴选讲故事人员、审核故事的题材与准备场地器材以及组织活动的归属部门等方面提出了一些具体实施措施。

上述建议已被收录在中共北京市委教育工作委员会老干处 2004 年编辑出版的《百条优秀建议集》中。

培养青年人　绽放出绚丽花朵

赵秉钺同志关心学校的发展，她把这种感情延展到关心学生的活动中，积极参加支部与生医学院学生党支部的共建活动。

她认为青年人是茁壮的新枝，他们天然的优势就是年轻、有朝气、有理想、思维敏捷、视野开阔、勇于创新、接受新事物快。尤其是北航学子，他们爱学习，对科学技术有强烈的求知欲和探索精神，这是一个孕育勃勃生机、生龙活虎、天天向上的群体。但是青年人也有他们的不足，他们上大学前大多数人在家里都是重点呵护对象，尤其独生子女更是受宠有加。他们被视为家里的宝贝和骄傲，未经风雨洗礼和锻炼，突然来到一个陌生的集体独立生活，有些人难免会感到不适应，这将会影响他们的学习和健康。基于这种想法，赵秉钺同志结合自己的情况跟他们聊学习的经历，聊自己的入党过程。赵秉钺同志给学生们讲述了自己刚入校时上的第一课：参加学校的三项建设。第一项建设就是修建学校东南门从东至西的一条马路，当时那是一条坎坷不平杂草丛生的土路，大家没有遮阳帽没有手套，只有铁锹镐头和双手。除杂草、搬石块土块，经过两周的努力，最后终于修出一条平直的土马路。虽然只是土马路，但走上去已舒适多了。虽然同学们手上都打起了泡，汗水浸透了衣衫，但看到眼前的成果，喜悦心情油然而生。当年的这条土马路现在已是进出北航的主干道，两旁矗立着新主楼、体育馆、北航艺术馆、航空馆、逸夫馆等。第二项建设是南操场的修建任务，因为1959年北京市高校运动会要在北航召开。第三项建设是绿园的建设，北航是在一片废墟上建立起来的，学校很注重校园规划和绿化美化工作，在艰苦条件下，同学们每天下午课后都到绿园参加挖土担泥等工作，几十年过去，绿园也经过几次改建，越来越美。赵秉钺同志每每走在绿园的林荫小路上，想到自己曾为学校建设添过砖加过瓦，心里就有种满满的幸福感。

赵秉钺同志说，跟年轻学生们聊聊过去的琐事，使他们从学校的发展中看到我们国家的变化，看到今天的良好条件和国际威望都是北航人不畏困难干出来的。希望他们能树立更大志向，发挥年轻人的所长，充分利用好今天学校创造的有利条件，刻苦学习，培养正确的人生观、价值观和幸福观。她寄语学生，只有有坚定的信念，又学好科学知识的人才能担起报效国家、报答学校的大任，希望同学们不负豆蔻年华，不负父老的期望，努力做最好的自己，担起北航创建世界双一流高校和国家繁荣富强的重任，扎根北航这片沃土，让北航这所为国育才的大花园绽放出更多多姿多彩的绚丽花朵。

学习青年人　知识更新与时俱进

在“互联网＋”的时代，“大数据”理念和网络应用已进入到家庭生活的方方面面。赵秉铖同志为了使自己尽量赶上时代的步伐，她积极报名参加了离退休工作处和老龄大学专为老同志举办的电脑和手机学习课，参加最多的就是手机课。来讲课的都是北航的青年学生，大多数同学要从沙河校区坐公交车赶来为老人们答疑。这些小老师各个都热心认真又特别有耐心，不管是天冷还是天热，他们都准时来到思源楼的教室给老同志上课答疑。她每次上课都能学到新知识，帮助她解决许多实际问题。比如家里人的事，过去有事就靠打电话，同一件事通知到家里所有人要打好几个电话，不仅费时，有时还误事。现在建立了家庭微信群，学会收发微信，就方便快捷了许多，她还加入了支部群、老同学群、手工协会群、快乐老太群以及和亲戚朋友的群等。新技术加强了大家的联系和沟通，扩大了信息渠道，真是不出门也能知道外面的事。她还学会了网购、对照片进行简单的编辑以及制作小视频，等等，大大方便和丰富了她的退休生活。

赵秉铖同志说，这些青年学生就是我们的老师，想到这些孩子们也有繁重的学习任务，还要拨冗为我们上课辅导，心里特别感动，也感觉到北航学生的专业知识、工作能力和思想水平真是一代更比一代强，感谢他们让已是暮年的老人赶上了信息时代。两代人携手并进，已是北航校园的一道靓丽的风景线。

丰富退休生活　力所能及发挥余热

赵秉铖同志于2005—2009年担任老科协及“三老”协会副理事长，在此期间她与其他同志共同组织和策划了多次校内外科普活动；协助起草和修改协会章程，如起草申请北航加入北京老教授协会及北京老教育工作者协会的报告；起草钱士湘会长在“老教授协会、老教育工作者协会成立和老科技工作者协会第六届代表大会”的工作报告以及为下届“三老”协会经费与编制问题向学校的报告等。她认为自己参加“三老”协会工作只是为学校离退休人员提高科学素养、发挥所长、促进身心健康、构建和谐社会、丰富退休生活尽自己的一份微薄力量。

赵秉铖同志喜欢编织，参加了手工协会，在那里向大家学习了不少知识和技艺，如串珠、折纸、钩花、毛线编织等，并把自己从别处学会的东西教给大家，真切地感受到与大家分享技艺的快乐。

经其他同志的推荐和联系，她组织部分手工协会会员到史家胡同的社区活动站参观学习，看到社区为残障孩子组织的串珠活动，赵秉铖同志深受感动，当即就向他们学习了小草莓等的串珠方法，结束时还和社区站的人员及孩子们一起唱歌。这次活动时间不长，但收获很大，大家感受到许多人都在为社会的和谐与美好付出和努力。

团结抗疫　尽一分力　发一分光

2020 年 6 月，北京新发地市场突发新冠疫情之后，北航各级领导和社区领导迅速做出反应，制定各项管控措施。随即赵秉铖同志也接到楼长的各项通知。她所住的门栋，栋长因身体原因且又住在校外，为此楼长让她来接替栋长的工作。在这非常时期，赵秉铖同志认为病毒就是大家的敌人，每个人安全了，大家才会安全。她的工作就是将社区的要求快速转达给各住户，如关于进出校门的规定、是否有人到过新发地等三个市场以及了解和去过新发地的人有密切接触的人员……这是一个要求担当任务的人要有耐心、负责任且及时准确的任务。她自己听力已下降且有较重的咽炎，所以在通知大家的过程中，往往需要多次重复和沟通。后来她为了使社区的通知及时准确不走样地传达给大家，就利用自己学到的微信知识，建立了一个住户微信群。通过微信解决了大部分问题，对于个别没有手机的人家，她再个别通知。赵秉铖同志认为我们国家在党的正确领导下，抗击新冠疫情已经取得了巨大的战果，她坚信在各级党组织的领导下，团结抗疫一定会取得胜利，祖国会更加繁荣富强。

赵秉铖同志认为自己虽然退休了，但党员职责不能退。她秉承“人民对美好生活的向往就是我们的奋斗目标”“一个人能力有大小，但有一分热就要发一分光”的信念，用自己的方式实现着她的人生价值和社会价值。她的退休生活充实、积极向上、丰富多彩、夕阳无限。

发挥余热献爱心　关爱上下两代人

——记优秀共产党员邓练平

邓练平同志坚持时事政治学习，关心国家大事，学习贯彻习近平新时代中国特色社会主义思想，政治信念坚定，自觉维护改革发展大局，退休后仍然坚持高标准要求自己，努力做政治上合格的共产党员。他思想活跃，发挥着共产党员的先锋模范作用和桥梁纽带作用；他积极参加支部组织的政治学习和各种活动，带头抵制各种错误思潮及歪理邪说；他弘扬正气、传递正能量，紧跟形势，与党中央保持高度一致；他带领群众、家人包括下一代，与党同行，维护以习近平同志为核心的党中央的绝对权威，与党同心同德，步调一致；他密切联系群众，为群众办实事，以一名优秀共产党员的标准要求自己，是一名默默奉献的好党员。

发挥余热　关心下一代健康成长

关心青年一代健康成长是全党全社会的共同任务，而老同志是一支不可替代的重要力量，特别是党组织内的老同志更具有政治优势、威望优势、经验优势。因此电子信息工程学院党委组成了由学院领导、院机关人员、部分退休老同志共 11 人组成的“关工委”(关心下一代工作委员会)，建立了一支思想水平高、身体素质好、经验丰富、工作用心、热情耐心、甘于奉献的队伍，全方位搞好青年教育和党建工作，定期组织参加学生的入党积极分子交流会和针对一些有困难的同学进行交谈。

邓练平同志关心下一代成长，在经常和学生进行交流与沟通的同时，还作为特邀组织员积极参加和指导学生的党建工作，在学生党员发展会上发表自己的意见。并与新入党的同学进行谈话（每学期与学生谈话人次达 60—80 人次），要求新入党的同学不仅仅要做到从组织上入党，更要做到从思想上入党；要不放松自己的思想改造，在坚持学习党的各项基本理论、方针、政策，领悟党的各项会议精神的基础上，模范遵守社会主义道德规范；要保持较强的为人民、为党、为社会服务的意识和较高的政治素养，提高综合素质；要有较好的人品，做一名政治上合格的共产党员。

勇于担当　为退休老教师排忧解难

电子信息工程学院和全校其他单位一样，没有忘记老同志们所做出的卓越贡献，他们时刻关心每一位离退休的老同志。但需要有人作为老同志的联系人，随时了解掌握老同志的情况。邓练平同志义不容辞地担起了这项工作。他热心服务于老同志，为老同志排忧解难，体现党的温暖。他和院领导班子走访学科带头人及老教师，看望长期病重人员和家庭比较困难的老同志。全年不论何时何地，只要老同志病危、病重、住院，他都要及时联系学院领导到现场看望并慰问。

学院退休老师李老师患肺癌，未婚、无子女，并和两个哥哥长期不和，无人照顾，临终由原课题组看护，不幸在家中去世。邓练平同志受学院全权委托料理后事。从叫 120 送医院到买寿衣寿裤、被褥、骨灰盒，以及安排火化等，他都费心安排、组织并垫付所有资金（后由课题组出资）。事后他根据本人遗嘱组织课题组对骨灰进行了海撒，充分体现了党和组织对同志的关怀。

学院另一位退休老师李老师患乳腺癌去世，家属无经验非常着急。邓练平同志晚上接到电话后马上开车到世纪坛医院慰问并协助处理所有的后事。家属非常感动一再表示感谢。

学院退休老师刘老师患冠心病，去世前回到老家河北保定。在接到刘老师去世的电话后，邓练平同志驾车和院领导与离退休工作处领导一同前往慰问、协助处理后事，其子女非常感动，事后给北航写了感谢信。看到自己的付出得到了肯定，邓练平同志感到无比的欣慰。

学院退休教授关老师，爱人去世，儿子(独生子女)因特殊情况不在身边。在得知关老师心脏病发作时，邓练平同志和院工会主席一起把关老师送到北医三院，从早上 9 点到下午 2 点陪同其做全身各项检查，并垫付了 1700 元医药费和请了护工看护一周(这笔费用后由原课题组出资)。

邓练平同志表示为老同志服务是好事，是他愿意做的事。但鉴于老同志的特殊性和病因，有时服务了还得不到理解甚至还被埋怨。如前面提到的李老师的两位哥哥自己不尽亲属之责只考虑财产，最后还把邓练平同志告上了法院，起诉理由是非直系亲属无权安排火化，尽管两位哥哥败诉，但多少给邓练平同志留下了一定的阴影，一辈子没进过法庭的人怎么说还是有点不痛快。但在大家劝说下，他终于释怀。人都有老的时候，他愿意多做好事和善事，在自己身体还健康时把服务老同志的工作继续做好、做下去，给自己的人生画上圆满的句号。

老有所学　老有所为　奉献终生

——记优秀共产党员、奉献有为之星刘长胜

提起摄影，北航离退休的老同志可能鲜有不知道刘长胜老师的。因为刘老师退休后一直为离退休工作处拍照。离退休工作处的重大活动，如春季运动会、每年的祝寿会、金婚会、春节联欢会、重阳节、“三老”协会联欢会、社团工作总结会以及其他协会的活动等等，都找刘老师去拍照。刘老师的态度从来都是有求必应，招之即来，来之能拍。例如春季运动会，必定找刘老师拍主席台，因为他抓拍领导讲话的时机很好，等领导抬头表情好时抓拍。刘老师拍的照片经常在离退休工作处的橱窗中展示。刘老师还为其他老年协会拍照，例如帮助手工协会拍摄了他们的手工制品，供他们制作画册之用。他几乎成了老同志们的御用摄影师。

鉴于刘长胜老师的突出贡献，2018 年离退休教职工党委授予刘长胜老师奉献有为之星称号。2019 年他又被评为优秀共产党员。

战胜病魔　老有所学

刘长胜老师 2000 年因脑梗提前退休，退休之后并没有沉沦、萎靡不振，而是积极治疗，努力康复锻炼。每天围绕绿园走十圈，坚持了一年之

后,刘老师的身体就得到了恢复,战胜了病魔。

身体康复后,刘老师于2002年参加了北航夕阳红摄影协会,随后又参加了北航老龄大学摄影班、计算机班、PPT班、摄影后期PS班、画意摄影后期技法班的学习,摄影与后期制作水平迅速提高。

2006年至2009年,刘老师又到中国摄影家协会主办的北京摄影函授学院学习,参加摄影的普通班、研修班、省级会员提高班学习,在三个班结业时刘老师都被评为优秀学员。

2008年刘老师加入了北京摄影家协会,2009年加入了中国摄影家协会。到目前为止,北航加入中国摄影家协会的只有三人,刘老师就是其中之一。刘老师并不满足于已经取得的成绩,他对自己的摄影水平提出了更高的要求,决定通过不断的实践,在实践中学习,真正是学无止境。于是刘老师在2005年给自己制定了"三个一万"工程,即每年花一万元,行一万里路,拍一万张照片。这一工程,他一坚持就是十年,每年都超额完成任务。

为了摄影,他走遍了祖国的大江南北和东西边陲,走遍了世界30多个国家,摄影水平大幅提高。他拍的许多优秀作品在北航、北京市的摄影比赛中多次获奖。北航的摄影比赛刘老师每次都得一等奖,在北京市教工委的摄影比赛中他得过十几个一等奖,二三等奖若干。他在北京市高校的专业摄影比赛中获得二等奖,是北航多个参赛者中唯一获奖的。他在北京摄影家协会组织的摄影比赛中也得过不少奖。刘老师2008年拍摄的带奥运五环的《国家大剧院》被中国摄影家协会选中,参加2009年由中国摄影家协会主办的"庆祝新中国成立60周年摄影展",并在全国各地进行了巡展。

刘老师通过摄影锻炼了身体,陶冶了情操,实现了老有所乐,身体比刚退休时还好。

担任会长　辛勤奉献

刘长胜老师于2005年至2013年担任北航夕阳红摄影协会会长,长达八年之久。在担任会长期间,他每个月都会组织一次会员学习交流活动，有时请外边的摄影专家来讲课，提高大家的摄影理论水平；有时让会员拿自己的摄影作品来一起互相交流、讨论，指出该作品的优点、缺点，帮助每个会员提高实践水平；有时请摄影老师专门为摄影基础差的会员补课。为了检验会员的摄影创作水平，提高会员的摄影积极性，刘老师到天华集团申请设立“北航天华杯”摄影比赛项目。通过不厌其烦地与天华集团领导沟通，这一项目最后终于得到了天华集团的批准。天华集团每年资助 3000 元用于“天华杯”摄影比赛。“北航天华杯”摄影比赛就此由刘老师成功创办。

每年年终的“天华杯”摄影比赛，刘老师都请摄影专家来做评委，评出一等奖两名，二等奖四名，三等奖八名，优秀奖多名。为了调动大家的摄影积极性，只要是投稿的参赛者都能得优秀奖，因此所有参赛者都有奖项。评完奖之后，由摄影专家评委对一二三等奖的作品做点评，指出其优缺点，参加摄影比赛展的观众也可以参加讨论。这样，通过摄影比赛大大提高了会员的摄影积极性和摄影水平，也为北航参加北京市教工委的摄影展打下了坚实的基础。每年北航参加北京市教工委摄影展的照片都从“天华杯”摄影比赛的一二三等奖作品中选拔，从而保证了北航参加市教工委摄影展的作品质量比较高。在北京市教工委摄影展最后的评比中，北航每年都是获奖人数最多、得一等奖最多的学校，每年都是北京市高校的第一名。因此北航夕阳红摄影协会也被评为“北京市先进老年社团”。2014 年，刘老师又担任北航社区北航摄影协会主席，为北航社区提供了多张优秀摄影作品。

作为会长，刘老师不仅个人摄影好，还帮助其会员提高摄影水平，如马玉水、张霭琨、冯亚楠、岳晓琳、张本琳等，刘老师带他们到云台山、九寨沟等地拍摄，在实践中告诉他们怎么取景，光圈用多大，在什么位置拍比较好等。回校后还组织他们进行交流，大家互相取长补短，共同提高了每个人的摄影水平。

老年教育　奉献终生

2010 年，刘长胜老师担任北航夕阳红摄影协会会长时，发现会员们的摄影后期编辑能力比较差，于是他就和北航老龄大学一起组织了摄影后期编辑(PS)学习班。摄影协会的许多人都参加了学习，刘老师也在其中学习。通过学习，摄影协会会员的摄影后期编辑能力大大提高。刘老师在学习结业后又通过自学编写了摄影后期编辑教材《PHOTOSHOP 简明教程》上册、下册，被北航老龄大学和海淀老龄大学所采用。2013 年，刘老师作为后勤摄影协会的顾问，为北航后勤摄影协会的会员授课。2018 年和 2019 年又在北航老龄大学主讲摄影后期编辑课。

2015 年，海淀老龄大学教摄影后期编辑课的老师病了，向北航老龄大学求助，需要一名教摄影后期编辑的教师代课，北航老龄大学的武校长就把刘老师推荐了过去。到海淀老龄大学讲了两次课后，学生们反映很好，于是该班的班长和班主任就去找校长，希望刘老师能长期讲下去。在海淀老龄大学校长的力邀下，刘老师同意长期在海淀老龄大学讲课。从 2015 年到现在，刘老师一直在海淀老龄大学努力认真地教学，全心全意为学员服务。他的优秀表现受到校领导和学员的好评，被海淀老龄大学评为先进教师。有学员给刘老师写的评语说："刘长胜老师在教学中严谨负责，针对老龄学员的特点，深入浅出，不厌其烦，循循善诱，一丝不苟，直到每个学员都能独立操作为止。刘老师亲自编写的教材，同学们都反映通俗易懂，非常实用。刘老师的教学效果很好，其原因是刘老师教学认真，态度诚恳。在教学过程中尊重每一个学员，为了解答同学们提出的问题，反复查找资料，认真诚恳地给予解答，在与同学们教学互动中，幽默风趣，寓教于乐。"

为了满足毕业的老学员想进一步提高摄影后期编辑水平的要求，78 岁的刘老师不顾年迈有病的身体，2019 年又自费到很远的马连道箭扣摄影公司参加了"CAMERA RAW"的高价学习班，听了三次课。2020 年，刘老师在北航老龄大学开设了一个摄影后期 PS 高级班，内容就是关于"CAMERA RAW"的。在 2020 年 1—2 月，刘老师还专心致志地编写了高级班的教材《PHOTOSHOP 简明教程 高级班》，共 16 讲。为了能在开学前编写出来，刘老师每天编写教材到夜里 2 点才睡。

到目前为止，刘老师退休后共编写了三本教材：《PHOTOSHOP 简明教程》上册、下册和高级班教程。刘老师编写的教材通俗易懂，操作步骤简单明了,大部分学员看着书都能自己做出来,很受同学们的欢迎。刘老师说他每次讲完课后心里特别高兴,因为他帮助了别人,同时也快乐了自己,为党的老年教育事业做出了贡献。

刘长胜老师没有忘记他入党时为党的事业奋斗终生的初心。他说:“今后,只要北航老龄大学和海淀老龄大学需要,我还会继续为两个老年大学讲课,直到讲不动为止,为党的老年教育事业奋斗终生!”

下篇　老有所学　老有所乐映晚霞

美人白头、英雄迟暮是自然规律，但时尚和优雅绝不只是专属于年轻人，老年人也有自己的时尚。这种时尚和优雅来自人生浮浮沉沉后的时光沉淀，来自岁月镌刻于脸庞皱纹后的宠辱不惊，到老年时还能这般的优雅才算真正的时尚。而在北航，有这样一大批老同志坚持在新的高尚志趣中成就第二“青春”，他们“老有所学、老有所乐”，为美好的晚年生活添上多种颜色，真正是夕阳无限好，人间爱晚晴。

老有所学者的精神家园

——记前进中的北航老龄大学

老龄大学校长武登春为学员上计算机课

北航老龄大学成立于1988年，已走过了30多年的历程。她在改革开放的火红年代诞生，伴随着改革开放的伟大步伐成长发展起来。她始终把全心全意为老同志服务作为办学的唯一宗旨，坚持以人为本，以全面提高老年人素质和生活、生命质量为目的，努力为北航离退休教职工“老有所学”搭建一个好的平台。回顾北航老龄大学30多年的成长发展史，有许许多多值得总结记叙并发扬的精神财富和经验体会，也有着许许多多令人感慨难忘的故事和值得记叙回顾、总结赞美、继承发扬的点点滴滴。

老一辈领导高瞻远瞩　创办北航老龄大学

回顾北航老龄大学30多年来奋斗成长的历程时，看到离退休老同志今天能这样坐在环境优美的教室里老有所学时，我们想起30多年前北航的那些老领导们。他们当年以高瞻远瞩的睿智，看到了今天的老龄化社会，预见到了今天我国老年教育事业已成为老年工作的重要组成部分，率先决定成立了北航老龄大学。正是当年的那些老领导们的远见卓识，才有今天的北航老龄大学，30多年来，正是在北航历届校领导和各级党政组织的关心支持下，北航老龄大学才有今日的成长与发展。

发扬艰苦奋斗精神　不断改善办学条件

30多年来，在北航校领导的关心下，北航老龄大学经过了艰苦创业、逐步发展和不断前进的办学历程。成立初期，因北航用房十分紧张，北航老龄大学教室只能设在一间不到40平方米的平房内，后经多方努力，盖起了固定的简易教室。2002年北航50周年校庆之际，为方便离退休老同志活动，校党委决定兴建“思源楼”，在楼内专为北航老龄大学规划出两间教室及办公室等250多平方米的固定用房。2005年，在主管校财务和主管离退休工作的校领导的关心支持下，又拨专款在北航老龄大学的教室里安装了投影等电化教学设备，购置了打印机、复印机、计算机等办公设施，使北航老龄大学的办学硬件得到了很大的提升，成为当年电化教学设备较为先进的老龄大学。

北航老龄大学掌门人　兢兢业业奉献有为

已去世的邵福堂先生是北航老龄大学第一任校长，他是北航的离休老干部，对中国的传统文化很感兴趣，写得一手漂亮的毛笔字。他对中国书法有较深的研究，特别擅长魏体和草书。老校长邵福堂先生坚持一线办学17年，他在诗中写道:“大业原须献毕生，离休办校续征程。忙中自有忙中趣，闲里难述闲里情。力不从心心莫老，量力而行行忌停。面壁十年能破壁，古稀亦可立新功。”反映了他办好北航老龄大学的决心以及对老年教育事业的无限热爱与忠诚。

武登春同志是北航老龄大学的第二任校长，也是现任校长。他对传统文化很感兴趣，从小就喜欢书法和绘画，上小学时就受过用毛笔写字的教育，每周都有练写毛笔字的作业。因此，在邵先生创办北航老龄大学伊始，武登春同志就经常去他办学的平房和他聊天，听他讲解一些书法知识，受益匪浅。2004 年 12 月武登春同志退休后，老校长看好他，认为他能够接班，把北航老龄大学的精神发扬光大下去。于是在老校长绍先生的真诚说服和鼓励下，经北航校党委任命，武登春同志辞退了有较好报酬的远程教育学院的返聘工作，接任邵福堂先生做了北航老龄大学的校长。刚退休时，他还兼任老科协的副会长。两年后老科协班子到期改选，成立“三老”协会，他就退出了老科协的班子，把精力全部放在了北航老龄大学的建设上，这一干就是 15 年。这次他爽快接受《晚霞映红》编辑部的约稿，就是想说一说北航老龄大学的发展历程。他希望通过文字的记叙，展示北航老龄大学 30 余年来老有所教和老有所学的风采。

拓宽课程设置　丰富授课内容

北航老龄大学成立伊始，因受各方面条件的限制只开设了书法课，后来逐步增加了中国水墨画、篆刻、诗词格律、古诗文和书画装裱等课程。随着时代的进步和科技的发展，只有在课程设置上创造条件，与时俱进，充分利用北航雄厚的师资力量，开拓新课程，丰富教学内容才能满足老同志的需求。2008 年借迎奥运的东风，北航老龄大学想方设法创造条件、克服困难，利用学校图书馆淘汰下来的 20 台电脑，把原来的一间教室改造成了多功能教室。除了坚持开设书法和中国水墨画等传统课程外，又先后增开了工笔画、素描、英语、摄影、计算机基础及有关软件应用课，如 PPT、PHOTOSHOP、视频制作、中国画意摄影制作技术、电子琴、葫芦丝、手机微信、三维设计与 3D 打印等课程，极大地丰富了教学内容，受到了老年朋友的热烈欢迎。

加强队伍建设　夯实办学基础

北航老龄大学一贯重视教师队伍建设，对外聘教师的专业水平、思想素质和实践经验都有较高的要求。这些教师都必须是科班出身，有扎实的专业知识和丰富的教学经验，教学方法灵活，了解老年人特点，耐心细致，不厌其烦，对老年学员充满热情，在他们身上能体现出全心全意为老同志服务的奉献精神。近年来，这支具有良好综合素质的教师队伍稳定在 11 名左右，除外语、计算机(涉及计算机的所有小软件的学习应用课)、摄影、电子琴老师是聘请本校的退休教师或有关院系的研究生外，其他如书画、古诗文、葫芦丝等九名老师都是从校外聘请而来，他们是北航老龄大学办学的宝贵财富。

30 多年来，北航老龄大学已更换了不少管理人员，包括校长在内的管理人员都是按章程规定，严格标准，从已离退休的教职工中选聘。他们人退心不退，爱党爱国，有教育管理经验，喜爱书画艺术，热爱北航老龄大学，对工作认真负责，兢兢业业，不计报酬，这是办好北航老龄大学的又一重要原因。

既当学员又当管理者，发挥学员主人翁的自我管理意识。每开新课，学校都要给新学员介绍北航老龄大学的发展史，要求学员树立主人翁意识，参与管理，同时聘请那些身体好、威信高、责任心强的学员担任班长，把班里的具体事务交给他们去处理，大大增强了学员自我管理的意识。学员无论来自何方，无论过去从事何等职业，大家都是平等的学友。生活上相互照顾，学习上互帮互学、取长补短，学员积极支持班长工作，班长及时反映学员意见，大家共同营造了一个团结和谐的学习环境，这是办好北航老龄大学的又一重要经验。

另外，为了帮助老年学员学习，北航老龄大学和北航软件学院建立了一个“双关基地”，每当北航老龄大学学员上电脑实操课时，就由北航软件学院派出大二的学生到课堂进行一对一的辅导，极大地提高了老年人学电脑的积极性，这是北航老龄大学电脑课的一大亮点，是其他老年大学电脑课不能比拟的。

花甲寻艺梦　秋阳无限好

30 多年来，北航老龄大学始终把全心全意为老同志服务作为办学的唯一宗旨，努力为离退休教职员工老有所学、老有所为创造条件，搭建好平台。北航老龄大学的老年学员老有所学，取得了硕果累累的优异成绩，享受了丰富多彩的老年人生。这正是“花甲寻艺梦，古稀墨韵浓。秋阳无限好，彩色艳群峰”。

北航老龄大学从她成立伊始就受到了老年朋友的青睐与欢迎，30 多年来，北航老龄大学迎来了一批批花甲求学的老年朋友，送走了一批批古稀圆梦的晚晴学员，报名参加学习的人越来越多。近十年来到北航老龄大学学习的人数平均每年在 600 人次左右，30 多年来，先后有 1.5 万余人次参加北航老龄大学的学习，学成结业。学员中有建国功勋老红军，有本校校长、院士、教授、各级干部及其他教职员工。此外，随着国家老年教育事业的发展，资源共享，一些北航校外周边社区的中老年人也能有机会到北航老龄大学学习。因此，北航老龄大学不仅为北航离退休教职员工的老有所学、老有所为、老有所乐提供了很好的服务平台，同时也惠及了社会上一些来北航老龄大学报名学习的中老年朋友们。可以说，北航老龄大学 30 多年的努力践行为我国老年教育事业的发展做出了一定的贡献，尽了自己的一份责任。

2011 年北航老龄大学接受了中国国际广播电台记者的采访，并向全世界报道了北航老龄大学如何组织教学以及老年学员学习的情况，向世界宣传展示了中国老年人继续学习的幸福生活。2018 年 12 月 26 日，中国老年大学协会在北京召开了以“辉煌三十年共筑中国梦”为主题的中国老龄大学协会成立三十周年纪念大会，北航老龄大学荣获“辉煌三十年共筑中国梦”荣誉证书，这是对北航老龄大学最好的肯定与表彰。

经过 30 年的不断努力，北航老龄大学已成为离退休教职工老有所学、增长知识、健康益智、陶冶情操、广交朋友、演绎多彩老年人生的广阔平台，成为老有所学者的精神家园，是广受欢迎的老年之家。可以坚信，中国的老年教育事业在以习近平主席为核心的党中央的关怀下，一定能够取得更快的发展，北航老龄大学也一定能够越办越好。

倾情演春秋　晚霞映蓝天

——记优秀品牌社团北航夕阳红话剧社

顾　问：孙世长　　　社　长：任萍　　　副社长：龙祥

导演兼编剧：杨念梅　　　编　剧：叶瑞华

北航夕阳红艺术团话剧社（以下简称北航夕阳红话剧社）于 2007 年成立。她以语言艺术表演为手段，围绕举旗帜、聚民心、育新人、兴文化、展风采的使命，始终坚持老有所为，老有所乐，唱响主旋律，传递正能量，为北航离退休老同志、社区居民和广大群众奉献喜闻乐见、贴近百姓生活的文艺作品。寓教于乐，雅俗共赏。

北航夕阳红话剧社是一个优秀品牌社团

难忘岁月，佳作辈出。北航夕阳红话剧社在北航离退休教职工党委的关怀和北航夕阳红艺术团的具体指导下，至今走过了继承、发展、壮大的历程。今日之话剧社令人称赞不已。其实大家有所不知的是，北航夕阳红话剧社的前身是北航工会话剧社。在20世纪60年代，她就是北航两个响当当的知名品牌之一（另一个是北航排球队）。

1957年在武光院长亲自关注下成立了北航工会话剧社。剧社在具有专业水准的卢五图导演带领下，一批又一批热爱话剧艺术素养的教职工和学生出身的业余演员脱颖而出。自1957年至1978年20多年里，剧团陆续排演了大、中、小型剧目，如《白鹭》《北京一号》《霓虹灯下的哨兵》《年轻的一代》《八一风暴》等近30部，承担了学校重大节日、四清工作宣传队、校际文艺汇演、市级业余文艺汇演等的优秀剧目演出，其中像《霓》剧等三个剧目还走出校门，从通县到石景山，从南苑到昌平，甚至走出北京，把戏送到北戴河、烟台、天津市。三年中在校内外演出达210多场次。总政肖华主任、国防科委张爱萍主任、《霓》剧编剧沈西蒙等领导都来北航观看演出，给大家鼓励，这在当时高校和北京的业余剧团中绝无仅有。北航工会话剧社曾被授予“北京市社会主义建设先进集体”的光荣称号。

在举国纪念“中国话剧百年”的日子里，那些从青年时代就热爱话剧艺术，而今已年过花甲的北航人，不由得心潮涌动，浮想联翩。时任夕阳红艺术团团长孙世长顺应群心，组织了“纪念北航话剧五十年”的活动。他们有幸请到了98岁的武光老院长参加，并由时任校党委副书记的谭振亚同志陪同，与走过了风风雨雨50年的50多个演职员们聚集一堂，抚今思昔，感慨万千！他们不会忘记在演出所到之处，无不受到各界观众的欢迎。在北戴河演出《比翼齐飞》时，台下胸前挂满奖章的劳模英雄们喝彩；在南苑露天剧场演出《霓》剧时，正值下雨，首长一声号召，全场观众收起雨伞，冒雨坚持看完全剧，让演员的心灵受到震撼！这些来自观众的厚爱时刻让演员受到教育——不仅要认认真真演戏，还要堂堂正正做人。

他们也有无可补缺的遗憾，本为迎接敬爱的周总理来院观看演出，精心准备了《霓》剧的三个场次，终因周总理老人家工作繁忙，没能观看演出。就在这些值得纪念的日子里，在当年无影像记录的情况下，丁一心等同志尽力从多位同志手中收集了他们珍藏的剧照及相关资料，整理制作了《难忘的岁月》的光盘，观赏、回忆、品评那已逝去的年华！

三任社长，各显其能。在50周年庆祝活动中，参加者齐声呼吁要让北航话剧再创辉煌。在孙世长、黎文煜、李宝琨、王家樾等老同志的筹备下，恢复成立了北航夕阳红话剧社。

第一任社长黎文煜：他曾是北航工会话剧团的舞台监督，以严格管理著称。2007年他已过耄耋之年，在青黄不接时当仁不让地担任了第一任社长，确定每周活动一次。他利用自己虽年老但身体素质好的特点，到处奔波，找领导支持，找老演员出主意，找作者们要作品……功夫不负有心人，马自天老将一马当先，自编自演的小话剧《夕阳春梦》出笼，随之是多位作者胡玉奎、王锦生、李墨卿、叶瑞华等的小品、诗、相声、快板、三句半……约20多个节目出现在各种场合，后来，深受大家喜爱的丁一心领演的群口快板《愚公移山》和张阿莹老师编的群口快板《北航老太晒时尚》分别在年会和北京（北片）高校文艺汇演中演出，更体现了北航夕阳红话剧社的风采。黎社长还提倡每次活动每个成员都要带节目，这已成为北航夕阳红话剧社的常态。

第二任社长佟丽英：她是一个勤奋而有战略思维的好领导。她吸取了过去工会话剧社虚心向艺术家学习的经验，采用请进来、走出去的方法提高人家的认识和水平。请老师来讲改革开放后的形势，让大家认识到许多新事物需要去歌颂、宣传，应该积极创作。还组织观看清华退休话剧社的演出并和他们进行交流，他们不到20人可以演一台戏，这给了大家以启迪和鼓励。最让大家钦佩的是，她常常是带病组织着各项工作、参加多场演出。她工作考虑极其周到和细致，给大家留下深刻的印象。这时，一些颇有艺术水平的诗朗诵《我骄傲 我是中国龙》《北航人怀念你——罗阳》《民族的丰碑》等出现在观众面前，人们看到了北航夕阳红话剧社在稳步前进！

第三任社长任萍：她年轻、朝气、果敢，有一种初生牛犊不怕虎的精神。她善于学习、勇于担当，把话剧社搞得生机勃勃。她原本是话剧的门外汉，凭着对话剧的喜爱来到了剧团，谁能想到现在她已经演了多个角色。话剧社首要的是要演话剧。在2015年，李明达老师（老同志都称她明达嫂子）写出了轻喜剧《老爸的心愿》，反映住高层老人因无电梯的困难。之后，因上海垃圾分类如火如荼开展，大家又集体创作了宣传垃圾分类的独幕剧《垃圾回家》，这个剧中需要十几个演员，但是离退休人员组成的话剧社常常因有人旅游、有人需要照顾老人、有人要帮带孙辈等情况，以致演员阵容如走马灯似的轮换。无奈之下，任萍社长就得充当缺谁演谁的角色，这可真是难为她了。过去，剧团里剧务、场景、服装、化妆等都有专人负责，如今，这些全都由这位多面手社长包了。

北航夕阳红话剧社在离退休教职工党委和社区领导的支持下，在三位优秀社长的带领下，逐步成熟壮大。

北航夕阳红话剧社是一个与时俱进的宣传队

北航夕阳红话剧社的同志们传承了北航工会话剧社的传良传统，紧跟形势、宣传时事。把一件件、一桩桩北航人、北京人和中国人的人和事编成剧、演成戏。

喜赞改革开放的获得感。在话剧社成立初期，正值全国人民热赞改革开放30周年的伟大成就。话剧社的许多作者按捺不住心中的热血，众多作品由此而生。马自天的《夕阳春梦》表述一对老夫妇准备出国旅游，享受美好生活的快乐心情。马老在80高龄还能在舞台上表演得惟妙惟肖，着实给大家带来极大的欢乐。张阿莹老师的《快乐老太晒时尚》，硬是把一群时尚老太的获得感晒得淋漓尽致。玩手机、广场舞、走天下、学书画，真把六十老太变十八。谁能想到参加演出的老太2/3是没上过台的，急得李丽琴老师边教边“骂”，一个台词一个动作地纠正。在参加北京市高校（北片）演出后，有人说，你们北航还真有这样一批活泼的老太呢！胡玉奎老师创作的《我骄傲 我是中国龙》，他以豪迈的气魄写成诗歌：“在那世界的东方，腾飞起一条巨龙……总结五千年历史，懂得要合作，不要抗争。滔滔江河归大海，浩瀚宇宙揽无穷，无欲则刚，有容乃大，如果有一天，中国发展成全球老大，到那时，世界将会永久和平！”在朗诵者们激情的表演中，在座的观众无不因为我是中国人而自豪！

赞人民好总理。2011年10月1日早晨，北航社区的空地上，厢式货车和绿色伞篷一字排开，摊位上摆放着一筐筐从京郊延庆运来的新鲜蔬菜，居民踊跃地赶来选购。突然，有人喊：“看，温总理来了”。原来是温家宝总理一直关注着解决好农民“菜园子”和城市居民的“菜篮子”问题，要求减少中间环节，鼓励更多的农超（超市）对接，做到既利民、又惠农。而北航社区是北京首批四家周末蔬菜直销市场之一。这天，温总理在时任北京市委书记刘淇、市长郭金龙陪同下来到北航社区，了解周末蔬菜直销市场情况，并向居民们致以节日问候。温总理的到来带来了党对人民的关怀，显示出总理与百姓的心连心，北航的男女老少看在眼里、暖在心里。叶瑞华老师满怀激动，以“菜篮子”为题记载了北航人此时的心声。在联欢会上，剧社同志用三句半的形式表演了这个节目，精彩的演出表达了北航人对温总理的深情和爱戴。

颂航空报国大英雄。北航杰出校友、“航空报国英雄”、歼 15 飞机研制现场总指挥罗阳同志在大连执行任务时突发心脏病抢救无效，于 2012 年 11 月 25 日上午不幸逝世。习近平总书记高度赞扬罗阳同志为我国航空事业发展做出的突出贡献，号召大家学习罗阳同志的优秀品质和可贵精神。话剧社同志们积极响应号召，合作编写了诗歌《北航人怀念你 罗阳》。以李宝琨同志领衔的四位同志，以配乐词朗诵参加了中国老教授协会及北京高校（北片）联欢会等多处演出，当他们朗诵到“中国航空工业的历史，记录了他 30 年的无私奉献。辽宁舰上的八天七夜，见证了他扎实苦干的不朽形象”时，台下观众无不热泪盈眶。是的，罗阳是北航的英雄，这个响亮的名字将在人们心中永久地回荡。

欢庆胜利，忆民族丰碑。为了配合中国人民抗日战争暨世界反法西斯战争胜利 70 周年的重要纪念活动，话剧社集体创作了配乐诗朗诵《民族的丰碑》。这首诗的创作和表演者平均年龄 80 岁，他们亲身经历过那个年代，他们满怀对祖国的挚爱、对牺牲烈士的敬意完成诗篇。朗诵从“祭奠 3500 万军民的伤亡……”到“高呼吧，为来之不易的胜利欢唱！奋斗吧，为实现中国梦的伟大理想。今天，让我们站在先烈曾浴血的土地上，一起自豪地欢呼：伟大的抗日战争胜利万岁！伟大的中华民族自强不息万岁！”，孙世长等以深沉、激昂深情的表演迎来了掌声。有位退休多年的热爱话剧的老同志跟他们说：“我向往已久的北航话剧好像又回来了。”

与时俱进，弘扬风尚。北航社区里有许多楼都是 20 世纪 80 年代前盖的老楼，六层楼没有电梯，楼里的许多退休老同志都已七八十岁，爬楼很吃力，老人出行成为社区关注的焦点问题。针对此种情况，明达嫂子就写了轻喜剧《老爸的心愿》，剧中描述一个老教授有大姐、二弟、小妹三个有孝心的儿女们，但面对这六层楼 88 个台阶，却无力将老爸送下楼，还是靠好心的快递员帮忙将老爸背到了大院里享受阳光。该剧充分表达了老楼住户的强烈需求。马岐、霍红卫参与了演出，得到了大家的好评。后来北京市领导把对老楼加装电梯作为一项民生工程，海淀区积极响应，并选中北航做试点。北航党委出钱出人加速这项工程的进展，但在实施过程中又出现了许多障碍，高低层意见不同、采光、噪音等问题，为了协助做好思想宣传工作，叶瑞华老师又编写了多幕剧《电梯》，用楼上赵教授突发心脏病无法下楼差点送命的事实教育低层的年轻人接受装电梯的故事。上海也急需加装电梯的为民工程，上海《解放日报》记者到北京海淀区取经，其中用一个下午的时间观看和采访了正在排练《电梯》的剧社。回到上海，在《解放日报》上用一整版面报道了北京加装电梯的内容，中间有几段写到北航夕阳红话剧社，在宣传上起到良好作用。

2019 年 5 月，上海的垃圾分类让上海这个大城市进入新的环保阶段，剧社同志们感到这一工作在北京也必将开展，这个贴近生活的主题吸引了大家的眼球，通过大会战，独幕剧《垃圾回家》问世了。

驰援武汉，诵白衣天使。在突发的抗击新型冠状肺炎的日子里，剧社同志无不为党中央的英明决策、为医学专家和医务工作者的献身精神、为英雄的武汉人民的顽强精神而震撼，居家也不忘对感人事迹的宣传。如高桂兰同志拿起笔书写了《团结协作 共同防疫》《悼念抗“疫”英烈》《全民抗疫》《习主席考察武汉观后感》《迎天使胜利归来》等诗篇，发表在北航退休老同志诗歌园地上。又如杜沙莉同志在“国奥村战疫情”空中诗会、北京五龙亭朗诵艺术团“致敬烈士，哀悼同胞”庚子清明诗会朗读作品，为光明日报社《新天地》杂志朗读《作家笔下的饺子》《多彩“宅”生活》等文章。《我有国士 天下无双》朗读作品还入选了声援武汉作品展播，并获最佳人声奖。她还分别在 4 月 30 日和 5 月 10 日在群里策划和主持了“庆五一”空中歌会和“五月真情”空中联欢会。用声音支持武汉，这也是特殊时期的特例。

北航夕阳红话剧社是一个和谐奋进的团队

过去，北航工会话剧团通过一个个剧目的排练演出，在话剧的综合艺术的本质要求和熏陶下，教会大家弘扬集体主义、倡导奉献精神，在提高艺术品位的过程中培育高尚人格。这一优良传统如今在北航夕阳红话剧社中牢牢地传承着。

高产编剧，剧社支柱。支撑话剧社的首要条件是有作品，难能可贵的是剧社里有众多快手。

胡玉奎：诗《我骄傲 我是中国龙》《君子和而不同》；相声《专心致志的教授》《水上飞》《心理养生》《愚公搬迁》；小品《啃的滋味儿》；话剧《补课》。

马自天：话剧《夕阳春梦》《白发童心故园情》《蓝宝石》；诗《这不是梦》《我们心中明亮的星》。

叶瑞华：话剧《电梯》《一个快乐的工作者》；诗《彩虹之舞》《远航的红船》《我心中的歌》《贺年》《祝福你 北航话剧社》《生命之树》；三句半《菜篮子》《夸夸咱们的黎社长》。

王锦生：话剧《天地良心》《家国情怀》；小品《宝岛台湾》。

李明达：轻喜剧《老爸的心愿》《社区居民调解会》。

张阿莹：群口快板《快乐老太晒时尚》。

李墨卿：群口快板《老人三字经》。

项金红：诗《晒幸福》。

集体创作：诗《北航人怀念你——罗阳》《民族的丰碑》；话剧《垃圾回家》。

这些作品分别出现在各种场合，如迎新会、茶话会、嘉年华活动、消夏晚会、花园街道演出、养老院慰问等。有些节目还参加了海淀区和北京市的比赛。

老当益壮，宝贵财富。北航夕阳红话剧社中许多老同志都是原北航工会话剧团成员，他们是话剧社的宝贵财富。

人称老戏骨的孙世长老师必须是被首赞的。在工会话剧社里几乎85％以上的剧里都有他的戏影，如今已是85有余的高龄，仍还有这样的出镜百分比，老戏骨之称当之无愧。人说没有孙老师就没有今天的北航夕阳红话剧社，此话真不为过。剧社成立有他的奔波的身影，离退休教职工党委、北航社区与剧社的联系中有他的桥梁作用，戏中有他的精彩表演就会使戏的出彩提高一大截。他还给新来同志讲戏，认真辅导还要现身示范，带病演出等事例实实在在给大家起了表率作用。

李宝琨老师可算是最关心剧社发展的老教授了，开始还带病参加演出，后因腰病严重成了最佳指导和观众，参加了几乎所有的研讨会，观看所有的演出。有一次，因来看演出而摔了跤，大家问候他时，他首先关心的是演出效果而不是他的伤，这样的最佳观众真是天下少有。

对于剧社许多新同志来说，对什么叫“入戏”不太理解，所以表演不够自然，有点背台词的味道。李宗瑞老师参加排练之后，大家看了她的表演才恍然大悟，都说大有启迪。看来言教真不如身教。

剧社最缺的是导演，杨念梅老师尽管已耄耋之年还在充当这个角色。无论酷暑还是严寒，她都到排练现场给大家讲戏，分析每个角色的特点，并要求大家做好功课，必要时做个别辅导。如有同志临时有事不能来排练，她就要充当这个角色，保证排练的正常进行。

群策群力，共创佳作。《垃圾回家》的创作过程最能体现剧社集体的力量。在上海如火如荼地推进垃圾分类时，敏感的剧社同志共同认可了这个题材，决定自编自导自演。大家都动起来，在网上查找资料、了解北京对垃圾分类的安排、向上海亲属了解具体做法和人们的反应，然后就有不少同志写了片段，社长抓紧组织大家一起讨论，集体讲故事，最后由杨念梅老师执笔写成了《垃圾回家》的剧本。该剧集中群意，有几个特点：把四位演员当作四个不同垃圾筒的拟人做法，颇有创意；有台上、台下的相互呼应；有一对金婚夫妇扔镜子的故事，既道出了老人相濡以沫的动人情景，又说明了垃圾分类的内容。人人动手出佳品，很快就定演员、抓排练，大家牺牲了暑假休息时间，不到两个月时间从剧本到演出一切就绪，并参加多场演出，还荣获“最具创意奖”。

新生力量，不断进取。作品呈现之后，演员就是决定因素。在孙世长老师和任萍社长的共同努力下，请来了不少退休年轻人，其中绝大多数都是“外行”，硬是被兴趣或好玩吸引来的。既来之，则练之，努力和勤奋是他们的共同点。任萍同志在剧社“一人多角，一角多人，择优上场”方面起到表率作用，哪里缺她就哪里上，所以她几乎把全剧台词都记熟了。副社长龙祥老师，任劳任怨地干着许多辅助工作。他善于团结同志，常因尽孝而请假，回剧社尽快补缺，大家称他好男儿。高桂兰老师虚心听取意见，到处求师，一投手一抬足，一个眼神一句台词都要反复精雕细琢。杜沙丽老师为了角色需要还录了音，回家练上海话。男演员张培同志特别重视回家做功课，在他所任的角色中一个比一个演得好。叶瑞华老师更是多面手，既是作者又是演员还是剧社最佳宣传员……众多的优秀年轻老同志必然是剧社发展的生力军。

结束语

多年来，北航夕阳红话剧社以多个作品为老同志们的老有所乐奉献着。有社团内的庆七一、国庆、迎新春、社团茶话会，有离退休工作处的文艺演出、嘉年华活动，有学校团拜会、校庆等演出，有海淀区、北京市的比赛，还有到养老院慰问演出等公益活动，处处都少不了话剧社的精彩表演。

话剧是一个以语言艺术为表演特点的剧目，要使话剧社发展壮大，还有许多功夫要下。如果有一天，话剧社能用一台话剧让观众享受满满两小时，北航的话剧爱好者一定会非常满足。我们大家都期待着这一天早日到来。

北航夕阳红话剧社一路走来，离不开许多老前辈的有益贡献。虽然篇幅所限，不能一一赘述，但相信他们早已被铭记在北航话剧人的心中。如今一些年轻的退休同志不断地加入北航夕阳红话剧社，今后他们必将成为北航夕阳红话剧社的中坚力量。

倾情演春秋，晚霞映蓝天。祝愿北航夕阳红话剧社早日成为夕阳红艺术百花园中一朵小小的熠熠生辉的艳丽花朵。

时尚老人老来俏

——记不断发展壮大的北航时装队

队长：邢金华　　副队长：张小健　李　方

谁说只有年轻人才能追求时尚？老年人也有老年人的风采和韵味，北航老年时装队就是其中的杰出代表之一。20 多年前，当时装表演文化在中老年人中悄然兴起之时，一些北航退休教职工满怀对新生事物的热情，为了寻求快乐、为了身体健康走到一起，在 2002 年成立了北航夕阳红艺术团时装队。时装队是学校中深受广大退休教职工喜爱的一支老年文艺社团，也是夕阳红艺术团最早成立的社团之一。先后吸引百余人参加，社团成员来源广泛，年龄阶层不一，最大的 89 岁，最小的 56 岁，全队平均年龄 71 岁。

时装队在学校离退休工作处的领导下，在“三老”协会和夕阳红艺术团的指导和支持下，经常组织时装表演活动，致力于引领老年文化新时尚，努力成为老年人颜值的代表、才艺的代表，充分发挥着老年社团的“老有所乐，老有所为”的积极作用。时装队不仅使队员们外表有了极大的改善，还让大家越来越自信。

参加活动　老有所为

时装队从成立到发展的过程就是不断探索社团工作怎样在老有所乐、老有所为上发挥更大作用的过程。时装队的发展，说明老年社团可以有所作为，还可以大有作为。经过多年发展，北航老年时装队已把活动重点从社团成立初期的自娱自乐引导到围绕中心工作有所作为，具体体现在为学校基层工作服务、为社区居民服务、为社会公益服务、为学校发展建设增光添彩等方面。时装队先后代表学校和离退休工作处参加过市级、区、街道、高校文艺汇演的表演，也是学校各大型活动的重要表演嘉宾。

在学校举办的各项离退休教职工活动中，时装队就是活动的门面。每年的离退休教职工运动会、迎新大会、文艺汇报等重大活动都由时装队热场或压轴表演。2009 年时装队作为特邀嘉宾参加了校工会举办的全校迎国庆文艺汇演，首次在全校教职工中展现时装队的风采；2019 年 4 月时装队参加离退休工作处举办的第一届嘉年华，为庆祝建国 70 周年编排的“我的家在中国”采用贴近生活、高于生活的休闲时装亮相全校教职工，取得了很好的效果，受到与会教职工的欢迎；2019 年，时装队第一次参加学校团拜会的演出，时装队以 40 年时尚流行为线索，向大家展示了改革开放后国人服装和妆容的变化过程，从国人风貌这一社会角度体现了改革开放后中国综合国力的提升、人民生活水平的提高，也反映了离退休教职工对美好生活的幸福感。

时装队把支持和参与校内其他单位举办的活动当作应尽的义务，近几年参加了动力学院举办的重阳节活动、资产公司举办的迎新春活动等，为基层活动助兴，送去欢乐与祝福，受到大家的热烈欢迎。

时装队还积极参加公益活动，展现了社团的责任担当。时装队曾去燕郊“燕达国际城”养老院、北京光大汇晨养老公寓义务演出，为老人庆生，给老人带去欢乐和节日的祝福；2009 年庆祝建国六十周年时，时装队参加花园路街道举办的“从服装的变化看祖国的发展”的演出；2015 年时装队参加花园路街道举办的“创绿色海淀”宣传演出；时装队多次参加花园路街道北航社区举办的消夏晚会，为社区居民带去欢乐，为社区文化建设尽力。

接受上级组织的活动任务。时装队走出校门，多次为北航赢得荣誉。2008 年奥运会期间，时装队以奥运五环颜色来制作服装，参加了北京高校在北航操场举办的大型迎奥运宣传活动；还参加了北京老科协总会在建筑礼堂举办的迎新春活动。2017 年，时装队接到了北京市科学表演大赛的任务，队员一时没有头绪，后有人想到能否将时装表演与环保结合起来，于是大家群策群力，以倡导垃圾分类为主题思想，按照垃圾分类的材料，创造性地制成表演服装、道具，别出心裁地排练了“环保时装秀”节目。该节目形式新颖，思想积极，在与会人员中取得了很大的反响，最后节目获得了北京市科学表演大赛的最好成绩——最佳表演金奖。全体参赛队员后应北京科普发展中心科学表演剧团邀请成为剧团的科普剧演员。2019 年，时装队应邀代表北航参加了北京市高校举办的庆祝建国 70 周年的文艺汇演。时装队总结经验，重新改编了“环保时装秀”节目，更加突出垃圾分类的主体，也进一步提高了表演服装和道具的质量，以高质量的演出再一次赢得了与会领导和各校观众的好评，也再一次为北航赢得了荣誉。

外出学习　老有所乐

人到老年，时间要倒叙，但时尚要正叙。时装队大都由一线退休教师组成，他们年轻时研究的是电子、机械、材料等和时尚毫不沾边的理工知识，退休后大家因为对美的追求而走到了一起。时尚是一项综合性的工作，考验的是大家对色彩、材料、搭配等因素的敏感度，时尚也是一项对交流性要求极高的工作。因此北航时装队知道故步自封、关门研究要不得，只有走出去学习才能快速提高团队水平，因此时装队积极参加各项比赛，通过切磋向对方学习。时装队曾于2016、2017年连续两年参加了“京津冀国际中老年模特大赛”，进入决赛，获优秀表演奖和优秀组织奖；2014年参加新奥商场举办的庆国庆活动获三等奖；多次参加50＋的活动获优秀组织奖；2016年度在优秀社团评比中荣获“星级贡献奖”；2019年参加北京中老年文化艺术节，经数百名海选进入复赛前25名，入围参加网络投票。时装队还注重和兄弟院校的互动，多次请清华大学时装队、北师大时装队、北工大时装队及市老教协老干部活动中心时装队等多支队伍到学校切磋交流。这一学习方式受到了当时“北京老教育工作者总会”领导的特别赞赏和推崇，活动后把北航时装队联合多校社团活动的模式作为经验推广。

时装队在团队建设中积极发展吸收新队员，鼓励、支持队员在不影响学校社团正常活动的情况下外出参赛、学习。这样有利于提高队员的全面素质和全队的整体水平，近几年，队员外出参赛学习的收获不断提高，参赛成绩明显提升。2018年，七名队员参加习鼎阁“创意模特个人秀”大赛，北航时装队获得二等奖一名、三等奖两名，还有一名队员被授予“雷锋文化推广大使”的荣誉称号。2019年，有七位队员参加乐退族北京中老年时尚周活动，获得亚军两名，季军三名，还有多项单项奖，其中一名队员被选为“银发达人”，成为老年界的“网红”。

经过近20年的学习熏陶，队员的形象和时尚嗅觉都有了极大的提升。他们越来越时尚、越来越爱美、越来越新潮。他们妆容精致，衣着搭配考究，走路姿态、举手投足都有藏不住的优雅，走在校园里人人都是一道靓丽的风景，显示了老年人的世界可以是多彩的、爱好可以是多样的、生活可以是多元的。

榜样力量　夕阳无限

时装队的发展，离不开全体队员的齐心协力。陈喜法、刘枚、孙世长、朱桂芳、莫瑞庭、孙正、孙景桥、赵巨民和赵景芬这九位 80 岁以上的老师给大家树立了榜样。队员中有 1/3 以上的老队员坚持参加时装队活动超过了 10 年，还有一些建队时的老队员 20 年来一直在坚持参加时装队的活动。很多老师已经把参加时装队的活动作为自己生活、锻炼不可缺少的一部分。现年 86 岁高龄的孙世长老师是时装队的发起人，也是时装队的老队长。他时刻把时装队的发展放心间，事无巨细，他都非常关心并亲力亲为。从节目编排到队员训练，他都出谋划策，操心不止。他任劳任怨，无私奉献，在队里是不可或缺的灵魂人物，起到压舱石的作用。另一位时装队的元老是现年 85 岁高龄的朱桂芳老师，在时装队里享有极高威望。从节目编排到衣服的选购、制作等，她都亲力亲为，出主意、想办法。她不顾自己年事已高，不辞辛苦，陪同队长到大红门市场去选购布料，支持队里的工作。她是时装队里大家公认的女神姐姐。82 岁的赵巨民老师一直是队里的音响师，平时训练和参加比赛的音乐选择配备都是他在操心。他每次为活动选择的音乐都起到了烘托主题、画龙点睛的作用。他多年义务为队里管理音响设备，每次都早来晚走，有时干起活来还废寝忘食，他的奉献精神大家看在眼里记在心中，获时装队标榜。前任队长先敏老师，尽管这两年因为身体原因不能坚持参加训练活动，但她仍时刻关心时装队的发展，从新队员的推荐、教练的聘任到队伍建设等，大小事件件装在她的心里。特别是队里有演出任务缺人时，她带着伤痛支持。她顾全大局，对时装队不舍的情怀起到了不任队长胜似队长的重要作用。

老队员的模范作用无声地影响了大家，增加了社团的凝聚力。在这种精神的引领下，年轻队员也积极学习，刻苦训练，互相交流训练学习体会，经过努力，逐步成为时装队发展的中坚力量。

通过多年的锻炼，时装队女队员的形体得到塑造，气质得到提升；男队员个个昂首挺胸，精气神极佳。大家的修养、修为都有极大提升，自信满满，都觉得时装队真好！参加时装队活动真好！

时装队的服装也在不断地变化。女队员开始以旗袍为主。旗袍被誉为中华民族女性服饰文化的代表。穿上旗袍，女性的贤淑、典雅、温柔、高贵、端庄、清丽的性情与气质尽显无遗。近几年，随着时装文化的发展，为了满足广大教职工对于日益增长的经济发展的需求，从服装、服饰上反映大家生活水平的不断提高，时装队开始增加了礼服、休闲装等，更加注重知识女性的特点，更加接近人们的生活。男队员的服装也在不断地变化，有唐装、西装、礼服、休闲装、T恤衫等，在不同服装的衬托下，男士越发显得儒雅、潇洒、阳刚，风采骄人。

结束语

参加时装队，学习时装表演，培养了每个队员的自信，带给大家的是快乐、美丽、健康和长寿。美人白头、英雄迟暮是自然规律，但时尚和优雅绝不只是专属于年轻人，老年人也有自己的时尚。这种时尚和优雅来自于人生浮浮沉沉后的时光沉淀，来自岁月镌刻于脸庞皱纹后的宠辱不惊，到老年时还能这般的优雅才算真正的时尚。保持一颗永远年轻的心，用美好的眼光看待这个世界，才是永葆青春的秘密。时装队将继续传承、编排富有精神高度、文化内涵、艺术价值的精致节目，在把握时代脉搏、聆听时代声音中以精品节目示人，让时装队不断发展壮大！

学习增强凝聚力　互助互爱大家庭

——记机械工程及自动化学院退休教职工第三党支部

书记：宋子玉　　副书记：兰景义　　支委：鹿珊珊

在校党委、离退休教职工党委的正确领导和亲切关怀下，机械工程及自动化学院退休教职工第三党支部(以下简称机械学院三支部)认真学习贯彻习近平新时代中国特色社会主义思想和党的十八大、十九大精神，认真贯彻落实离退休教职工党委各项有关政策、部署，以党建和思想政治工作为主线，突出思想政治引领，全力加强党支部的政治建设、思想建设、组织建设、作风建设和纪律建设，全心全意做好本支部的退休教职工工作，坚持服务群众，服务党员，切实保证老同志的切身利益，开展丰富多彩的支部活动，受到党员和群众的赞扬。党支部坚持加强党的统领，真情服务老同志，团结带领全体党员和群众，立足新时代展现新作为，真抓实干，营造和谐，为建设扎根中国大地世界一流大学贡献力量。

主题党日活动做载体 学习增强凝聚力

开展内容丰富多彩、形式新颖多样的支部主题党日活动，提高党支部的凝聚力，充分发挥退休党员的先锋模范作用，是机械学院三支部工作的一个特色。

机械学院三支部支委会认识到，今后一个时期，党支部的一个十分重要的工作就是学习习近平同志的重要讲话，学习党的十八大及三中、四中全会的精神。通过学习，把党员的思想统一到习总书记的讲话精神上来，统一到党的十八大及三中、四中全会的各项战略任务上来，党支部要把这当成头等大事来抓。为保证学习的实效性，党支部从 2013 年 6 月和 2014 年年末就开始收集《人民日报》的有关文章，先后形成两本学习资料：其一是 2013 年 6 月 24 日至 2014 年 2 月 23 日《人民日报》评论员文章，其二是 2015 年 2 月至 2015 年 5 月《人民日报》有关“点赞中国”等方面的学习资料共 47 篇。以这两本学习资料作为基础，党支部成功地举办了 2014 年 5 月 8 日“学习习近平系列讲话，共筑中国梦”主题党日活动和 2015 年 5 月 5 日的“点赞”主题党日活动。党员们积极参加，有的同志还坐着轮椅，由保姆推着参加。王之珊同志 5 月 4 日还在廊坊，为了参加 5 月 5 日的党支部主题党日活动，当天晚上从河北廊坊赶到北京。她说：“我们党支部很温暖，我舍不得这样一个活动的机会。”党员们反映主题党日活动很成功，他们收获很大。93 岁的郭可谦老教授在这两次主题党日活动后，都特别打电话给党支部书记称赞主题党日活动非常好，他很受教育，很受鼓舞。至此，党支部形成了一种认真学习习近平同志讲话、认真学习贯彻党的十八大精神的浓厚氛围。

又如 2016 年 5 月 9 日，党支部开展了“大力发展新局面，为党再做新贡献”的主题党日活动。为开展好这项活动，2016 年 4 月 8 日党支部进行了布置，并为每个党员复印了一份学习参观资料，党员在京人数 23 人，21 人参加了活动，有 9 个人做了认真的发言，他们都准备了发言稿或发言提纲。会后党员郭可谦老先生反映说当天的会他收获特别大，他视力不好，看报纸只能看大标题，不能看全文，参加当天的活动等于又看了不少文章的全文。

2016 年 11 月 5 日党支部组织党员“学习党章党规”学习体会交流会，“两学一做”活动开展得有声有色。

2016 年 12 月 8 日，党支部召开“学习习近平讲话，努力实现中国梦”主题党日活动。党支部把习近平讲话分成 20 个部分，事先布置，人手一份材料，出席 21 人，发言热烈，一个接一个，而且不少人都有发言稿，至少都有发言提纲。一次党支部活动相当于大家都读了习近平讲话的整本书，学习效率非常高。时任离退休教职工党委书记的白墨宇同志参加这次活动，对活动给予了充分肯定，认为会议充满正能量，值得推广。

2017 年 5 月 8 日，党支部又开展了“保护环境绿色发展”的主题党日活动。在京党员 23 人，有 20 人参加，每个党员拿一把夹子和一个塑料口袋，从学校大绿园西头开始向东，分三组，三条路线推进“拾垃圾”，包括狗屎、杂物、烟头、废纸等。93 岁的郭可谦老先生也参加了这次活动，用实际行动践行了习近平总书记有关讲话的精神。活动受到了在场群众的赞扬，他们说，“你们都这么大年纪，还组织党员拾垃圾，改善绿园的环境，真好，向你们学习”。

2018 年 4 月 8 日，党支部又组织主题党日活动，深入学习了十九大报告，学习材料人手一册。党支部把十九大报告分成 21 个专题，每个专题由一个党员重点准备，提前一个多月布置，会议开得十分成功。离退休教职工党委书记查国清同志参加了活动。他说，“你们这次的活动，作为党员老同志，都事前做了认真的准备，听的人也十分认真，这种做法很好”。

2018 年 5 月 28 日，党支部及时组织学习了习近平在纪念马克思诞辰 200 周年大会上的讲话。2018 年 11 月 14 日，党支部又组织党员学习了党的十九大刚通过的新党章总纲。2019 年 3 月 14 日，党支部及时组织学习了李克强总理在第十三届全国人大上的政府工作报告。

每次主题党日活动都有创新，事前都认真地准备和动员，保证85%以上的在京党员到场。活动效果明显，多次得到党员的赞扬和认可，也多次受到离退休教职工党委的奖励或表扬。

这些活动使党员的政治信念更加坚定，有力地增强了党支部的凝聚力和战斗力。

支部温暖大家庭 互助互爱成风气

党支部就像一个温暖的大家庭，支委班子带头关心党员、关心群众。党员之间、党员和群众之间互相关心、互相帮助、团结一致、蔚然成风。

每逢刮大风、气温下降，支委们都纷纷给年长的老同志打电话，提醒他们天冷，外出要加衣服，注意保暖，就像自己的儿女关心自己的父母一样。一个电话，一股暖流，在党员、群众心间流淌。每逢有同志生病，党支部的同志都要上报离退休工作处，一起到其家中看望。职工本人生病，要去看，其家属老伴病了，也要去看，不管校内、校外，这种看望把党的关怀送到了群众的心坎上。如黄老师2020年4月从宁波回来，患了“带状疱疹”，党支部知道后马上到其家中探望。凡是学校或党支部组织教职工到学校或校外活动，每次活动后的当天晚上，党支部都要打电话一一询问老同志们是否安全到家。他们平安到家了，党支部的工作才算结束。接到电话的同志及家属都反映说：“北航的离退休党支部工作真是做到家了，真叫人羡慕。”有一次校外活动，王珊珊老师活动后要去逛商场，支委鹿珊珊同志为了她的安全就亲自陪她一起去，最后再送王珊珊老师回到家中。每年体检，党支部的同志都要把体检表一一送到群众手里，还要千叮咛万嘱咐别忘了，别把表弄丢了。

兰景义副书记几次到清华大学看望80多岁的何老师，也经常到钱老师家看望他。党支部委员鹿珊珊同志对常年在加拿大的姜老师关心备至，由于姜老师两年才回国一次，她就将离退休工作处发的各种物品一一代领，保存好，等她回国时，再全部交给她，对此姜老师特别请张老师在党支部开会时转达她的谢意。党员王爱卿同志对党员刘老先生更是热心关怀，热心帮助。2017年9月，刘老先生患肺癌，王爱卿同志十分关心，三番五次地跑去医院，热心设法帮助其联系住院，直到刘老先生病故，刘老先生的老伴为此非常感谢王爱卿同志。

类似的例子还可以举很多，党支部同志间互相关怀已经形成了一种风气，一种氛围。

认真学习党的方针政策 积小善成大德传递正能量

认真学习党的方针、政策，并及时把上级有关的政策精神传达到党员，使得社会主义核心价值观深入群众中，积小善成大德。每年年初，党支部第一次活动都要把上一年校党委关于“学校情况通报会”的内容传达给党员。支委们在参加处里、学校举行的各种报告会时，都认真听讲，认真记录，会后还要认真整理，传达给党员，再由党员们传递给群众。当党员们向群众传达时，群众都很惊讶党员怎么知道这么多的事，党员们就会说，那都是从支部会上获得的信息。凡是离退休工作处组织活动，如春季运动会，春、秋游等，党支部都要打电话再通知一次，鼓励大家积极参加，量力而行。在有条件的情况下，党支部还组织一同前往的同志再形成一个小集体活动，有力地促进同志之间的团结、友谊。

多年来，党支部带领全体党员认真学习，全心全意为老同志服务，工作得到了党支部全体同志和上级党委的认可，多次被评为先进党支部，支部书记光荣地被评为工信部的先进个人。

学习型　创新型　服务型党支部

——记经济管理学院退休教职工党支部

书记：于　颖　　副书记：贾素玲　　支委：高志红

经济管理学院退休教职工党支部（以下简称经管学院支部）本着“组织学习与开展活动相结合，关心学生与服务老同志相结合，服务对象覆盖全体退休教职工”的思路开展工作，目标是努力建设退休教职工之家。在建设学习型、创新型、服务型党支部的工作中，突出党支部和党员作用。

以学习小组引领支部学习　建设学习型党支部

经管学院支部重视党员及全体退休教职工的学习，每次学习不是简单地念念报纸以及之后的随意漫谈，而是认真组织，提前准备，指定人重点发言。通过学习能够使与会者了解国内外重大事件，通过学习能够使党员了解党的重大方针政策，理解这些政策的现实意义，从而自觉地与党中央保持一致。通过学习使党员保持政治思想上的与时俱进，以及思想内容的鲜活，增强对党和国家未来的信心，传递正能量。

通过学习小组引领支部的学习是经管学院支部工作的一大特色。"经管学院退休人员学习小组"成立于2013年9月，是在支部倡议、自愿报名的基础上成立起来的，成立之初是为了给一部分有学习兴趣的党员和老同志提供一个学习交流和探讨养生的平台。人员构成以党员为主，也有非党人士，自由参加，不受约束。目前小组有固定成员九名，经常参加的人员保持在七人上下，除了寒暑假之外每月组织一次学习。小组从成立以来，至今一直坚持学习。学习小组学习内容广泛，不仅仅包括党的方针政策，每年的两会的政府工作报告，养老基金的双轨制问题、中央经济工作会议精神、讨论申报研究课题、国际重大峰会、"一带一路"等热点问题，还包括养生、养老，与关心下一代有关等内容。学习之前每人都做一定的准备，有书面的、有口头的。支部在组织集体学习之前，由学习小组提前学习讨论，指定几位同志先做准备，在集体学习时作引导发言，与会者都感到通过学习受益匪浅。学习小组同志的重点发言，使大家对党中央精神的领会更系统、更全面、更深刻，由此避免议题讨论分散，使学习有了明确的方向，有了实在的内容，讨论有了中心，从而保证了支部学习质量。如支部组织党员学习李克强总理的政府工作报告，有三位同志提前做了准备，在会上做了引导性发言，朱稼兴同志先就政府工作报告的整体框架做了归纳，陈良猷同志从系统论角度解读报告中的新亮点，胡玉奎同志从个人如何做谈起。他说，要响应总理号召，多读些书，一是自己长知识，可提高自身修养，二是有利于教育下一代，要响应号召，增加网上购物，促进消费，促进物流产业的发展，为深化改革做贡献。在他们的引领下，到会的同志纷纷发言，学习活动持续了一个半小时，到结束时，大家似乎仍言犹未尽。朱稼兴等一批学习骨干，不仅仅自己注意学习，而且每次学习都积极发言。学习小组的多位同志还把学习成果向学生支部辐射，把学习体会带到党课宣讲、学生座谈、时事报告中。朱稼兴还自编《国情分析系列讲座》13讲，在学生党课宣讲，取得了很好的效果。学习小组的六名党员分成三组先后与经管学院的三个学生党支部就社会主义核心价值观、三严三实内容与学生党员进行了座谈。

学习小组的学习讨论往往能够引领出支部的主题党日活动。例如，2015年经管学院支部、“关工委”分会、本科生1208党支部、研究生sy1408党支部、北京市欣福盛物业党支部联合组织的“获得感伴随我们——我为全面深化改革成就点赞”大型系列党日活动，活动主题中的关键词“获得感”一词就是来自当时学习小组的集体领会和感悟，这次主题党日活动获得一等奖。多年来学习小组的成果，已经整理印刷《学习小组学习活动专题总结与实录》文集一本，并向离退休教职工党委老年研究中心申报研究课题一项，题目是“离退休老同志新常态下的终生学习研究”。

以创新理念组织好常态性活动　建设创新型党支部

在经管学院支部，常态性支部活动概括为七件事：“一学一话一创、两庆、两游”。这已成为支部活动的传统项目。“一学”指抓好支部学习小组，引领全体党员与教职工开展政治时事学习；“一话”指“元宵佳节话主题”；“一创”指助老创新“精准助老”；“两庆”指为老同志庆婚、庆寿；“两游”指每年的春游、秋游。为了使传统项目具有生命力，只有在新字上下功夫，活动常办常新才能吸引更多的同志来参加。

以元宵节活动为例，经管学院支部每年组织庆元宵节活动，年年赋予其新内容，庆祝元宵节有各种形式，通常以猜灯谜、看花灯居多，每年庆祝活动是通过一定的主题内容体现团圆、热闹的气氛。2015年是世界反法西斯战争胜利暨抗日战争胜利70周年，经管学院支部组织了“元宵佳节话军工”的活动。选择这个主题，意在展示我们国家军事装备、军事实力飞速的发展成就，使我们每一个中国人扬眉吐气，更加热爱自己的祖国。会上有三位老师分别对瓦良格的来世和今生、核舰艇、wu_14等新型尖端武器做了详细介绍。讲者津津乐道，听者兴致勃勃。大家在热闹中学到了知识，了解了我国强大的军工力量，增加了精神上的正能量。“三老”协会主任徐扬禾同志还为活动带去了18块展板，就我国航天航空等领域军工武器的基本知识和发展过程等进行了比较系统的展示，受到了与会老师的一致好评。2016年，“元宵佳节话‘双创’——欢乐diy”活动激发老同志的激情，创新养老方式，提倡开动脑筋，开发自己的艾飞泰(内啡肽)，自己帮助自己，快乐生活。胡玉奎老师介绍了自己如何制造空气净化器，服务自己，服务他人，服务社会。2017年“闹元宵佳节 话双港双赢”为主题的元宵节活动，通过主题发言，大家了解了双港建设对于实施“一带一路”倡议具有的重要意义，从而深刻理解体会到了以习近平同志为核心的党中央的战略眼光，看到了以习近平同志为核心的党中央建立世界命运共同体的世界胸怀，增加了我们的自豪感，增强了建设中国特色社会主义的信心。

再如“祝寿、庆婚”聚会，这一传统项目也是老同志们喜欢参加的项目，也是年年过，年年有新意。2016年“莫道桑榆晚，为霞尚满天”庆婚祝寿活动，当同志们把点燃蜡光的蛋糕徐徐推入会场时，在场的人们都十分激动。2017年4月13日支部组织退休教职工去北京昌平农业嘉年华春游，上车才得知当天是程连珺老师阴阳历同为一天的生日，于是临时将祝寿会和春游一同进行。中午就餐当一碗热腾腾的鸡蛋寿面放在程连珺老师面前时，他激动地说，经管学院支部常常给人以惊喜。2017年的“祝寿、庆婚”会格外隆重，是因为这一年被庆贺的老同志格外多。有12位寿星，六对庆婚夫妇，特别是郭垂元夫妇，相濡以沫70年，属于白金婚，确属大喜。大会会场的门口竖立着海报，版面色泽鲜艳充满喜气，明亮的会场中，彩带、彩球高挂，两侧悬挂着“富强 民主 文明 和谐 自由 平等 公正 法治 爱国 敬业 诚信 友善”的条幅，正中的视频上展现出“祝寿 庆婚 话人生”的主题，会场的左侧端坐着六对庆婚夫妇，右侧是12位寿星。他们每人身上都事先由学生给佩戴上大红花，会场充满着节日的气氛。大会内容丰富多彩，如集体唱生日歌，白金婚老人和80岁的寿星代表切蛋糕，助老小组学生表演小合唱《康定情歌》，1208党支部的同学们带来诗朗诵——《尊老敬老 万代流芳》，等等。钻石婚夫妇周德歧、汪兆兰的二三事、经管学院风采人物——80岁寿星陈良猷教授、金婚夫妇孙巩和韩月娥的“庆金婚、话人生、晒幸福”的视频播放，向大家传递了金婚、钻石婚老人的“相识、相知、相爱和相濡以沫”。短暂的游戏使大家捧腹大笑。活动中间，主持人宣读了陈良猷老师的学生发来的热情洋溢的贺词，穿插了几位领导的讲话和致辞，体现出各位领导的亲民情怀。时间不知不觉过去了一个半小时，全体参会人员合影后在一片笑声中依依不舍地结束了活动。

通过聚会、举办活动，使老寿星、婚庆老人以及所有参加活动的人从中享受到了快乐，体会到了大家庭的和谐温暖，滋养了精神。这些活动使参加者精神快乐，心情愉悦，受到了大家的欢迎。有的老同志虽然行动不便，但也不愿意放弃这样的机会，推着轮椅、拄着拐棍来参加这些活动。

而要创新地组织好这些活动，支部注意发挥管理小组、“三老”协会分会以及“关工委”经管学院分会的作用，调动每个党员和群众的积极性。

除了支委明确分工以外，每年的元宵节活动由“三老”协会分会长胡玉奎教授负责，他提出的活动主题常常使人有出其不意之感，从而得到大家的赞赏。从电子年历、100 只猴子到“元宵佳节话‘双创’——欢乐 diy”活动、“闹元宵佳节 话双港双赢”，活动创意都出自他，紧跟时代脉搏踏在路上，这些活动都给大家留下了深刻的印象。经济管理学院“关工委”分会是全校成立的第一个二级分会，杨念梅副主任有热情，点子多，经常与支部共同搭建平台，先后共同组织了“获得感伴随我们——我为全面深化改革成就点赞”“北航师生与北京新四军研究会共话中国梦”“庆婚祝寿”等大型主题活动。在经管学院支部还有一个“精准助老”的助老小组，是由退休支部和经管学院研究生办合作建立的小组，以帮助许多空巢家庭、体弱多病，对电脑、微信应用等有困难的老同志。

以双关工程建设为核心　建设服务性党支部

双关工程即“关心老年人，关爱青少年”。开展丰富多彩的活动，以双关工程建设为核心，建设服务型党支部是支部工作的出发点。因此支部在选择活动项目、安排活动内容时始终都围绕着有需求、有意义、有收获的宗旨。老同志在活动中收获温暖、愉悦心情，学生们在活动中受到教育、得到锻炼。通过双关工程建设，一方面把党尊重、关心、爱护老同志的工作落到实处，使老同志得到实际的收益和精神上的慰藉，另一方面可以培养年轻人的社会责任感和尊老敬老的优秀品德。春风化雨润物无声，如在共同举办“祝寿、庆婚、话人生”活动中，同学们衣服整齐划一，歌声、朗诵充满激情，表达了对“爷爷奶奶”们的尊重。这种“青春伴夕阳”的形式使老寿星、婚庆老人从中享受到了快乐，体会到了大家庭的和谐温暖；

也使到会的青年学生受到尊老、敬老、爱老的实践教育，接受了人生价值的启迪。同学们说，看了祝寿会上播出的视频深受教育，老一代人为国奋斗，为教育事业做出贡献，他们爱国、敬业的情怀将牢记我们心中。通过老同志对风雨人生、奋斗不息的回忆，宣传、弘扬了社会主义核心价值观。又如在共同举办“获得感伴随我们——我为全面深化改革成就点赞”的系列活动中，学生党支部的党员参加了包括活动策划、组织，编小册子、组织总结报告会，召开座谈会、现场采访、深入农村调查、走访农户、向支部递交思想汇报等全部过程和所有环节，他们亲自耳闻目睹了全面深化改革的成就，被农民富裕的笑容所感染，为城镇化建设所鼓舞，为全面深化改革的成就点赞。这是一堂鲜活的深化改革的形势教育课，是一次重要的社会实践。同学们说：“通过参加此次活动，我们对新农村的建设和农村全面深化改革的成就有了很直观的感受。农村发展变化之快、村民生活水平和获得感的大幅度提高，让我们体会到了党和国家全面深化改革的力度和显著成效。”有的学生党员说：“作为一名党员，我也感受到了强烈的自豪感，希望能够加入党和国家深化改革的进程中，贡献出自己的力量。”还有的同学说：“作为国家未来的中坚力量，我们要继续投入改革的洪流，既做改革的拥护者和追随者，又做改革的践行者和开拓者，将中国教育事业推向新的高峰。”研究生助老小组继续发挥着作用。

围绕双关工程的建设，老同志在政治上、学术上关心下一代，如杨念梅等十多名老党员找近百位学生党员谈话，为学生上党课多次。王人骅等五名老同志一直在校院督导组辛勤工作。

青年学子在生活上关心老同志，在精神上关爱老同志。负责“精准助老”的助老小组的同学们，对空巢家庭、体弱多病，对电脑、微信应用困难的老同志实施精准帮扶。2015 年北航经济管理学院“关工委”荣获北京教育系统关心下一代工作先进集体。

综上所述，可以看到经管学院支部通过调动每个党员和群众的积极性，形成了支部分工明确、支部管理小组、各类组织相互配合、全体同志团结一致共建支部的和谐局面。然而多年的支部工作实践让我们感到学习永无止境，服务永远在路上。建设学习型、创新型、服务型党支部是支部建设的方向。为老同志创造一种老有所依、老有所乐的氛围，帮助大学生健康成长应是支部永远的职责。

余热不减退　夕阳更生辉

——记图书馆退休教职工党支部

书记：先　敏　　副书记：武志宏　　支委：李　方

他们属于北航离退休教职工这个大家庭；他们爱党、爱国，视北航为家、视同事为家人；他们活到老，学到老，用心用情，精准服务；他们认真做好新时代退休干部工作，用自身的余热表现出对事业的热爱。他们就是图书馆退休教职工党支部的退休教职工。而作为这一班人核心的支部委员会成员有忠诚于党的政治品格，有履职尽责的使命担当，有民主决策的一贯作风，有率先垂范的带头作用，有正人先正己的良好素养，有严于律己的自我约束。所以在班长党支部书记的带领下，一班人为大家做好服务也就顺理成章。

支部建设规范 战斗堡垒更强

图书馆退休教职工党支部全体同志政治信念坚定，坚决拥护以习近平同志为核心的党中央的领导。支委会全体成员努力按“政治要强、情怀要深、思维要新、视野要广、自律要严、人格要正”的要求提升自己的素质水平，积极主动作为，定时召开支委会，讨论支部应开展的工作，什么事都商量着办，从不独断专行。支部工作年初有计划，年底有总结，每位党员都按时交纳党费。

支部定期召开全体党员大会，集体过组织生活。党支部每年至少在室内召开五次党员大会，每次都结合当前形势或离退休教职工党委布置的工作，进行学习讨论。

仅以 2018 年为例：4 月，学习两会精神和习总书记在博鳌论坛的主旨演讲，全体党员唱歌曲《不忘初心》；5 月，召开党员大会，推荐离退休教职工党委换届选举名单，学习习总书记在北京大学师生座谈会上的讲话和在纪念马克思诞辰 200 周年大会上的讲话，并第二次讨论候选人，同时布置十佳健康老人及奉献有为之星评选等工作，请大家酝酿并决定申报优秀主题党日活动，决定把“参观两弹一星纪念馆，学习两弹一星精神”活动作为优秀党日活动上报（此活动获得优秀主题党日活动三等奖）。10 月，聆听歌曲《入党誓词》，重温入党誓词，强调党员的第一身份是共产党员，随时都应以党员标准严格要求自己，发放党徽，并要求以后每次过组织生活都应佩戴，同时总结上半年工作。11 月，再次唱歌曲《不忘初心》，学习习近平总书记讲话“民心是最大的政治”。强调了党的纪律，告诫大家在信息自由的今天，作为党员有的高压线不能碰，有的信息不能发，一定要维护党的威望，维护党的形象，否则会被开除党籍。同时畅谈改革开放 40 年国家建设取得的伟大成就和学校的发展。会上还汇报了党员爱心捐款情况，还对爱心互助基金进行宣传，对防诈骗进行强调。总之，每次党员大会都有丰富的主题，有充实的内容。

在“两学一做”学习教育活动中，人人都认真学习，不留死角，甚至包括长期定居在国外的党员。当他回国探亲时，支部书记把“两学一做”学习材料亲自送到他的手中,并嘱咐他说:“支部没有特殊党员,虽然你长期生活在国外,既然你今天回来了,对你的要求也不能放松,希望你一定认真学习,坚持学做结合,融入日常。”

活动丰富多彩　寓教于乐

走出校园,走近大自然,组织丰富多彩的活动,是图书馆退休教职工党支部组织生活的另一种形式——室外学习,这也是图书馆退休教职工党支部工作特色。在参观、走访活动中,让大家亲眼目睹、亲耳聆听国家的发展变化,从而对党员和群众进行教育。支部几乎月月有活动,月月有让大家见面的机会。通过各种形式、类型的活动,寓教于乐中免去了说教,大家在活动中受自我教育,效果更好。通过活动,大家聚在一起,聊聊天、说说话,有机会敞开心扉,谈天说地。谈祖国的发展,聊今天的幸福生活。增加了解,增进友谊,喜悦洋溢在脸上,愉悦在心底流淌。这里仅表一表 2018 年开展的活动。

4 月 26 日党支部组织大家去香河大爱书院养老院参观,以便同志们多看多了解,为将来如何养老早作准备,做到心中有数,便于决策。

5 月 2 日党支部组织大家去昌平绿洲水乡春游,看北京市政府为了提高人民的生活质量,在寸土寸金的地方还划出这么大片的绿地建造仿江南园林的公园,让人民有更多的休闲绿地,呼吸新鲜空气,养眼养肺,让大家感受到真是人民政府爱人民。

5 月 22 日党支部组织大家去百望山附近的北坞看北京的油菜花,让大家知道为了提升人民的生活品质,农村也实行多品种种植。过去只知道南方种油菜,现在北方也有,真是长眼界,增知识。

9 月 22 日党支部组织大家去北京饭店参加泰康燕园的发布会并共进晚餐,了解大型养老院的情况。能在北京饭店这样高大上的饭店吃饭,也是人生幸事一桩。

9 月 26 日党支部组织大家去延庆珍珠泉乡参观残疾人敬老院及四季花海,这次是四个支部联合活动,图书馆退休教职工党支部主办。在残疾人养老院参观,大家感触很深。要在旧社会,残疾人没有劳动能力,没有生活能力，谁管啊？只有自生自灭，听天由命罢了！而今天，我们的党专门腾出地修好房，把残疾人供养起来。让他们不再沿街乞讨，让他们住有屋，穿有衣，饿有食，还有专人照顾。我们的党真是人民的党！伟大的党！为人民谋幸福，真是一个也不能少！

9 月 28 日党支部组织大家去昌平泰康燕园养老院参观。

10 月 19 日党支部为图书馆两航起义人员曾乃真举办 90 大寿庆祝会。

11 月 16 日大家欢送图书馆原馆长老柴返新西兰聚餐，让远离祖国的游子回到祖国后，从心灵深处感受到组织的关怀和同志们的温暖，让他从心里感到还是祖国好、同志们亲。

12 月 17 日党支部组织大家去参加春晚启动会并听健康讲座等。

近年来，随着微信的普及，支部建立了微信群，有时组织活动也通过微信群举办，体现了支部工作的创新发展，也体现了支部的凝聚力。

关心群众　大爱在心　小善为之

图书馆 97 岁高龄的金老师，老伴 20 多年前去世，自己又无亲生孩子，她成了支部重点照顾和关怀的对象。支部书记先敏至少每月去看她一次，有事时，一月多次去她家嘘寒问暖，她内心充满感激。支部的其他党员同志和群众如刘彬、张继荣、赵秀珍、李振民、薛惠新、朱瑞春和隋道敏等也常去她家看望她，让她没有亲人也不孤单落寞。她 88 岁生日时，支部组织党员给她过米寿，考虑到她行动不便，支部专门派有代步车的李振民同志去她家接她，并安排赵秀珍同志陪同。怕她坐滚动电梯不安全，支部又与餐厅沟通，让老人乘运货直梯上下楼。当天晚上，当全体党员举杯祝她米寿快乐时，她激动异常，说这辈子第一次有人祝她生日快乐；她 90 岁生日时，支部也为她举办了庆 90 大寿活动；95 岁生日时她正生病住院，支部书记先敏同志陪同离退休工作处领导和工作人员去医院探视，并把生日祝福送到床前，送到她心中；她 96 岁生日时支部组织部分党员和群众把生日祝福送到她家中，支部订了生日蛋糕，爱好书法的苑承伯同志奉上了一幅大大的烫金寿字，爱好绘画的陆惠英同志手绘一幅白鹤延年图送给她，表达了共同的心愿：祝她健康长寿，争取活到100岁，多看看国家的发展，多享享幸福的生活。

2018年金老师因腰疼住院，支部书记先敏同志陪同离退休工作处领导和工作人员一同前往医院探视，出院后还约退休的彭大夫和社区办书记刘永利一起去她家看望她。彭大夫告诉她恢复肢体功能的方法，刘书记想办法给她介绍保姆。点滴善意，汇成暖流，雪中送炭的关爱、切切实实的有效帮助，沁人心扉，温暖着老人的心。支部多年来一直坚持关心着所有需要帮助的同志。其他丧偶老人也是支部重点关怀的对象。有老同志生病住院，支部人员及时前去探望，陪老同志去医院做手术等。每次处里有大型活动，支部在微信群里多次发消息提醒，不在群里的老同志就挨个打电话通知，绝不遗漏一个人。这种送温暖、送关爱的烦琐小事太多太多，就不一一细说了。他们不仅对自己的同事关心关爱，在每年的党员爱心捐款活动中，支部党员也都积极参与，甚至两位长期生活在国外的老同志也一次不落。特别是支部叶云鹏同志，每次都是捐款最多的。扶危济困是图书馆退休教职工党支部的传统，一直传承到今天。

宣传好故事　传递正能量

支部非常重视宣传工作，每次组织了学习和活动后，支部书记都及时将活动情况写成宣传报道在离退休网站上发布，宣传好故事，传递正能量，并通过微信群将一些好故事、好文章传递给大家，在群内传递正能量。在七一党的生日、十一国庆节这样重大的节日，支部书记和副书记首先在群里发文庆祝党的生日和祖国的生日，党员和群众都积极响应，纷纷在群里发声，恭祝党的生日快乐！祝福伟大的祖国生日快乐！40多个人在群里你说一句我说一声，热闹非凡。

现在微信群里的消息也是各色各样。作为支部负责人，支部书记及支委一班人具有高度的政治敏锐性，时刻铭记自己肩上的担子、承担的责任，牢记入党初心，随时维护党的声誉。特别是在一些重要的时间，他们都首先在群里发声，做好舆论导向，肩负起举旗帜、聚民心的作用。在任何时候，都不忘支部是堡垒，党员是旗帜。在重大时间节点上，起到引领方向、指导前行的导航作用！

老有所为　发挥余热

在党支部的积极引导下，支部的同志们都大力支持离退休工作处的工作，在不同的老有所为岗位上发挥着余热。如支部党员苑承伯同志曾担任书画社社长；先敏同志曾担任时装队队长；武志宏同志担任话剧团副团长和交谊舞协会副会长；李方同志担任时装队副队长，还曾多年承担了健康咨询室值班工作任务（健康咨询室是离退休工作处的工作亮点）；张继荣同志曾担任合唱团副团长，现仍带领部分老同志坚持唱歌练声；叶云鹏同志带领部分老人坚持跳踢踏舞锻炼身体；支部群众李丽琴同志担任老年合唱团团长；庞丽声同志曾担任门球协会副会长，等等。这些老同志在老有所乐的同时，不忘老有所为，以极强的主人翁责任感实现了我奉献我快乐，除了自己快乐，还要带动大家一起快乐，开心地度过晚年生活中的每一天。

文章的最后，特别值得再提一笔的是：在2020年初新冠肺炎疫情汹涌袭来之时，图书馆退休教职工党支部头脑冷静，通过微信群，在第一时间向全体党员发出了号召，要求全体党员坚决听党的话，不传谣、不信谣，紧密团结在支部周围，按离退休教职工党委部署行事。为了让大家随时感到有党组织的关怀，心中不慌，党支部每天早晨6点准时在微信群里向大家发出问候，并发出鼓舞人心、振奋斗志的声音。从1月28日开始，这一坚持就是近半年。为了鼓励同志们宅家做奉献，共克时艰，支部从2月23日起，又每天提供一道菜谱，以安定人心，丰富宅家生活，为阻击疫情贡献力量！虽然力量是微薄的，但日积月累的坚持是难得的。正是积跬步以行千里，久久为功啊！

总而言之，图书馆退休教职工党支部多年来以组织生活规范，活动形式多样，内容丰富多彩，积极宣传好故事，传递正能量为特色受到全体党员群众的拥戴。支委会一班人充分利用各种社会资源，克服经费少的困难，尽最大努力争取月月有活动，让同志们月月有见面的机会，以此增强支部的号召力、凝聚力，这是最难能可贵的。多组织一次活动，就多一分付出，多增添辛苦劳累，但只要同志们高兴，愉快开心，活动有收获，大家就觉得值了！由于支委们的无私奉献赢得了大家的赞赏，所以全体党员和群众对支部工作都很支持，支部工作开展也很顺利。

这正是党群一条心，其利能断金。余热不减退，夕阳更增辉！

党建引领　精准服务　团结奋斗　夕阳美好

——记后勤保障处退休职工第六党支部

书记：叶瑞华

春华秋实，时光荏苒。在北航离退休教职工党委领导的悉心关怀下，后勤保障处退休职工第六党支部（以下简称后勤六支部）坚持以温暖每一位老同志为切入点，以学习型、服务型的党支部建设为着重点，以勤奋奉献、持之以恒、真干实效为工作点，为老同志的人生夕阳最美的绽放搭建平台。老同志们得到了组织的关爱温暖，实现着“六个老有”的目标。党支部/管理组成为老同志们真正可信任、可依靠、可与之交心同心、可得到关心暖心的温馨大家庭。

截止到 2019 年底，后勤六支部/管理组共有成员 24 人，其中党员 18 人，群众 6 人，80 岁以上的有 7 人。虽然多人患有老年病，但大家积极性高，党性观念强，以党员标准严格要求自己，做合格共产党员，离岗不离党，退休不褪色，始终牢记党员身份，始终坚定理想信念，始终保持对党忠诚的政治品格，始终牢记党的宗旨为人民服务。

学习好　做表率　砥砺向前行

记得 2012 年 7 月 5 日，党支部在思源楼一层台球室召开党支部大会，庆祝七一党的生日，邀请当时先进党支部离休干部第二党支部支部书记介绍经验。此时，离退休工作处正在楼上多功能厅召开七一先进表彰大会。这对党支部全体党员鼓舞很大，大家都说，我们也要做先进，戴大红花。

为此党支部提出了争做先进党支部的目标。习近平总书记曾经说过："好学才能上进。中国共产党人依靠学习走到今天，也必然要依靠学习走向未来。"大家从其他先进党支部的经验得知，要想成为先进党支部，首先要加强学习，从此党支部把学习作为支部的重要工作，近几年组织大家认真学习了《十九大报告》《党章》《条例》《中国共产党教育管理工作条例》《中国共产党纪律处分条例》《中共中央关于加强党的政治建设的意见》《中国共产党支部工作条例》《中国共产党基层组织选举工作暂行条例》等。为了使大家真正掌握学习内容，提高理论水平，党支部在组织集中学习和自学的基础上，于 2016 年 4 月 29 日建立了"夕阳多美好"党支部微信群，和"北航后勤退休第六管理组"微信群。互联网＋党建，将党员联系起来。至今两个群已转发北航和离退休工作处网站、"学习强国""共产党员""离退休干部工作"等公众号材料、链接等 3000 多篇，其中包括：《十九大报告》及系列学习材料、习近平总书记重要讲话、"两学一做""不忘初心 牢记使命"主题教育、《党章》《准则》《条例》和党课。为了让大家学习马克思主义理论，转发《共产党宣言》19 课，《做合格共产党员》十集；转发《将革命进行到底》十集，《榜样》多集等。除此，党支部还及时转发离退休工作处党支部书记群相关内容，将党建引领等有关知识内容以视频、音频和图文的形式推送到群中，供大家学习。这种学习方式使校内外、国内外和行动不便的党员同样可以学习讨论。大家把心得体会发到群里，相互学习借鉴。针对年纪大、使用微信困难的老同志，党支部就把学习材料发给他们，亲自上门到他们家里帮助其学习，把“两学一做”问答卷送到他们家里帮助其答题。上门服务受到老同志的欢迎。

党支部每年都会组织形式多样，内容丰富多彩，有意义的主题党日活动。在2018年，党支部按中央部署，根据离退休教职工党委要求，扎实开展了“不忘初心、牢记使命”主题系列教育学习活动。如在4月24日中国航天日，党支部以“不忘初心、牢记使命，发扬航天人精神，新时代新作为，做合格的共产党员”为主题，组织党员同志到昌平航空博物馆参观学习。5月7日党支部开展“学习马克思主义真理，永葆共产党员的政治本色”的主题学习。9月至年底党支部在微信群中开展“为什么入党，你这样问过自己吗”“测一测你是新时代的学习标兵吗”等学习讨论。12月7日，党支部以“不忘初心、牢记使命、砥砺前行，一生跟党走”为主题组织大家到《没有共产党就没有新中国》歌曲诞生地房山霞云岭参观学习，并将其作为全年“不忘初心、牢记使命”主题教育活动总结。

通过学习和参加多种形式的主题党日活动，党支部全体党员进一步增强了“政治意识，大局意识，核心意识，看齐意识”，坚定了正确的政治方向，牢固树立“道路自信，理论自信，制度自信，文化自信”，努力做到对党忠诚，为党分忧，为党担责，为党尽责，向先进党支部迈进了一步。

心挚诚　爱无疆　服务送温暖

后勤六支部(管理组)24人中，80岁以上的七人，70—80岁三人，60—70岁12人，50—60岁两人。其中，一人卧床无认知能力，两人患病需陪护，三人患有多种疾病，一人双膝换关节，一人患严重心脏病，一人中风，一人因车祸行走困难，五人患有高血压、癌症等慢性病。根据党支部的具体情况，精准服务是大家的共同需求。这是工作难点，但也是重点要做好的，是老有所养的关键，不容小觑。为了让老同志们感受到老有所养、老有所依，党支部将精准服务作为重点工作，到每位老同志家中看望，了解情况，服务采取一人一办法，实实在在地帮助老同志。

一位住在河北的老同志80多岁，生活有困难，党支部每年给予他困难补助，但还是杯水车薪。后党支部经与原单位和学校协商解决了其孩子工作问题，彻底帮他解决了困难，如今老同志还在河北买了房，他非常感谢党支部。

一位无子女老同志在接受党支部多次帮助后说："我们老了，就依靠党支部了。"还有一位老同志在新冠病毒疫情期间，在去医院途中出车祸了。党支部知道后，及时上报离退休工作处有关领导，并积极联系他女儿了解情况，给予安慰和帮助。虽因为疫情不能去探视，但党支部通过微信安慰，帮助联系报销药费等。老同志出院后向党支部表示了感谢，党支部这个集体让他感到像家一样温暖。

对于每年的困难补助，党支部也注意精准服务，每次都是公开集体讨论。因离退休工作处名额有限，对实际有困难的老同志，名额不够时就联系原单位给补助。每年国庆节、春节，原单位都会与党支部一起买米、面、油、鸡蛋和水果等去家里看望80岁以上的老同志和生病的老同志，老同志住院了便去医院看望他们。遗属有事找来，党支部也会帮忙。总之党支部把老同志的事当作自己的事来办，把80多岁老同志就当长辈，把年轻些的当作兄弟姐妹。有了一颗爱心，久久为功，持之以恒，老同志的工作就好做了。党支部真正做到精准服务，把党的温暖送到老同志的心坎上。老同志也把党支部当作养老的依靠，由衷感激。为了丰富老同志对文化的需求，在元旦、春节、国庆和党的生日，党支部在微信群发自己编排的文艺节目汇集视频，很受老同志欢迎，为老年生活增添快乐。

党支部还关注健康讲座，法律知识，思源讲堂，手机使用培训，防诈骗等，让老同志在党支部这个大家共同的家园中感受到党的温暖，和谐互助，团结友善，晚年幸福。

青山在　人未老　夕阳多美好

党支部对大家关心、关怀、关爱，让老同志深感党和国家把老同志当作宝，敬老有加。同时老同志也是老骥伏枥，志在千里，马不扬鞭自奋蹄，积极发挥余热，在晚年时光活成一束光，照亮周围，虽是耄耋、花甲之年，但阳光心态令大家夕阳美好，桑榆非晚。在奉献中，诠释幸福和美好，安享晚年愉悦，做有阳光有温暖的老人。尽管党支部多数 80 多岁老同志患病，但他们仍在学习，自立，自强，实现着老有所学、所养、所乐。年轻些的老同志有的还在返聘工作，有的参加街道维稳志愿者服务，有的照顾年迈父母，有的带孙子，有的参加社团活动，有的参加老年大学学习。大家都在积极发挥余热，为党和国家做着贡献。

在党支部党员的共同努力下，党支部成为“支部班子好，党员队伍好，组织设置好，活动开展好，群众反映好”的“五好”党支部。于 2017 年、2019 年被北航离退休教职工党委评为先进党支部，实现了最初立下的目标。

在北航离退休教职工党委领导下，后勤六支部全体成员在党支部温暖的集体中收获着幸福快乐。大家的幸福感、获得感、安全感满满，以阳光心态实现着做“学习新思想、跟上新时代、体验新生活、做出新贡献”的“四新”正能量老人的目标。大家收获着丰盈的硕果和开心的喜悦。

这正是青山在，人未老，夕阳多美好！

倾情服务献真情　桑榆生辉谱新篇

——记十佳健康老人、奉献有为之星孙世长

孙世长，男，1934 年 7 月出生，1952 年至 1994 年在北航飞行器制造工程系从事飞行器制造专业教学科研工作，先后担任党支部书记、学生指导员、车间主任、实验室主任等职。在他担任实验室主任期间，实验室荣获“自力更生建设现代化教学实验基地”国家级二等奖。他连续六届被北京市人民政府聘为兼职专业技术顾问，担任北京工艺美术总公司兼职顾问 15 年，北京市技协压力加工协会理事长 23 年。

1994 年退休后，孙世长老师仍不辍耕耘，利用其技能特长组织开展艺术活动，于 2003 年创办北航夕阳红艺术团并担任团长，现任北航“三老”协会副会长、北航“关工委”委员和机械学院关工委副主任等职。

退休后的他获得多项荣誉，2005 年荣获北航离退休教职工党委优秀共产党员称号，同年被授予北京市第二届健康老人称号；2010 年荣获北京老教育工作者总会杰出分会长称号；2011 年获工业和信息化部离退休干部先进个人称号；2012 年荣获北京高校离退休干部老有所为先进个人称号；2014 年荣获北航第七届“十佳健康老人”称号；2015 年荣获北京海淀区“义工之星”称号。

践行担当精神　主动创立艺术团

优秀主持、时尚男模、潇洒舞士、话剧戏骨、魅力团长……这些都是对

孙世长老师的真实赞誉。如今已86岁高龄的孙老师，仍身兼北航夕阳红艺术团时装队副队长、夕阳红话剧社顾问。他退而不休，以一颗赤诚的爱心和奉献精神，全身心积极投入老年人活动的服务中。

“再忙也要学习充电”，孙老师如是说。他每天除定时观看新闻联播外，还有阅读《北京日报》《环球时报》等报刊的习惯。上网也是孙老师新的爱好，他通过多种形式了解外面的世界，学习新生事物，传播正能量，保持思想与时俱进。

2001年，北航已有离退休老同志2300多人，有些老同志离退休后感到非常失落和寂寞。而当时社会上的一些邪教活动猖獗，也在争夺老年群体这块阵地。面对这样的局面，孙老师内心有一种强烈的责任感和使命感，他思考着如何把老同志组织起来，让他们活动起来、快乐起来、健康起来、把作用发挥出来。联想到自己所拥有的文艺特长，孙老师萌生了创办老年艺术团的想法。于是，他亲自向有关领导递交报告并得到各级领导的大力支持。2003年北航夕阳红艺术团正式成立，校领导亲自为艺术团授旗，孙老师被光荣地聘为艺术团团长，这一干就是十多个年头。

作为负责人的他亲手组建时装队，力推话剧社的成立，充分发挥老教育工作者的自身优势和作用。他努力团结一班人，积极贯彻上级指示与精神，满腔热情地为老同志服务，带领大家开展丰富多彩的文化娱乐活动，为促进建设和谐校园、和谐社会做出了积极贡献。在他的带领下，北航夕阳红艺术团队伍由最初的几十个人发展到今天的几百人，由当时的两三个社团发展到今天艺术门类齐备的十个社团。多年来，艺术团积极参加原国防科工委、北京市、各部委、中国老教授协会、北京老科总、北京老教总、区县、校内及社区的很多大型演出活动，受到各级领导的称赞和广大观众的好评。艺术团受到北京老教总会表彰，被评为“优秀文化社团”。

老同志们高兴而感激地说：“艺术团是大家温馨的家园，不仅陶冶了情操、愉悦了身心、增进了健康、提高了生活质量，更让大家永葆青春。”

全心全意奉献　服务老教协会

北航“三老”协会成立后，孙老师被推荐为副会长，负责北航老教育工作者协会(以下简称北航老教协)工作,在离退休教职工党委领导下,积极推进老教协与艺术团工作的紧密结合。

孙老师勤于思考,积极倡导“建设学习型、创新型、服务型社团”的理念,结合百年奥运、改革开放30年、国庆60年等时代主题,推动北航老年社团的文化建设和发展。他带领艺术团领导班子成员,认真学习贯彻上级精神,精心筹划紧跟时代主题的文化活动,激发老教育工作者爱国、爱校情怀。在北京老教总会庆祝中华人民共和国成立60周年文艺汇演中,艺术团被北京老教总授予“‘盛世中华’重大活动组织奖”;北航老教协被北京老教协总会评为优秀“三型社团”。

创新是保持社团充满生机的重要途径。孙老师大胆创新,进行“走出去、请进来”的有益尝试。他积极组织北京老教育系统部分高校和区县开展横向联谊交流活动,为老教育工作者创造展示风采、相互交流学习、建立友谊的机会,备受老同志青睐,也受到上级部门的称赞,并作为一种活动模式在系统内加以推广。

在关心下一代工作中,孙老师积极支持老年社团与大学生、中学生社团开展老少共建活动,帮助大学生、中学生社团健康发展。与年轻学生一起,实现共学、共进、共乐。应校团委邀请,孙老师作为特邀嘉宾配合学生舞蹈团参加纪念建党90周年的演出活动。孙老师根据老年社团要融入社区、服务社区的指导精神,与社区领导共同策划了北航社区居民——大型消夏文艺晚会活动。该活动在北航最有人气的“商业街”举办,一年一次,延续至今。此外,孙老师至今一直参演话剧活动,赢得观众一致好评。

孙老师从心眼里热爱老年社团工作并将其视为一项事业来做。他平日严格要求自己,吃苦耐劳,以身作则;识大体、讲大局,有事情及时向在职领导汇报沟通;对待老同志热情和蔼,具有很强的亲和力,老同志间出现的各种小矛盾、小摩擦,他都耐心做思想工作并很好地协调解决。他以热心、爱心、诚心的态度以及遇事沉着稳重、不乱手脚的风度,赢得大家广泛赞誉。在老同志眼中,孙老师被评为最有影响力和感染力的老年社团负责人。

勤于学习进取　老来仍不止步

——记工信部离退休先进个人李志敏

李志敏同志是一位有着 30 多年党龄的老党员，也是一位从事义务教育多年的老教育工作者。自从 1983 年 7 月调到北航附小工作，他先后担任了学校高年级数学教师和副校长、校长兼党支部书记等职务，在附小工作了 20 余年直至退休。自 2005 年 10 月退休后，他仍然勤于学习进取，老来不止步，坚持老有所学，老有所为，继续为社会和北航发挥余热，做了许多有益的工作。

学习先进教育思想　服务下一代健康成长

李志敏同志一直很关心少年儿童的成长，忠诚党的小教事业。在几十年的小教生涯里，教书育人的使命使他勤于学习，积累了比较深厚的教育理论和专业知识素养。而坚守"一个好校长就是一所好学校"的理念，校长这个重任又让他努力去提高理性思考和谋划决策的能力，坚守"科学的教育实践离不开科学教育理论的指导"信念。在自 1988 年 3 月起担任北航附小校长的 17 年间，他坚持用先进的教育思想引领学校的可持续发展，通过大力培养教师，抓教学、搞实验、促改革，军民共建办军校、城乡小朋友手拉手，与北师大合作相互借鉴、主编研究文集等一系列有效工作，将比较抽象的专家教育理论转化为了比较具体的老师们可操作的教育实践。他退休前推动北航附小成为"具有适度办学规模、独立办学理念、鲜明办学特色”的海淀区首批“小学素质教育优质校”之一(全海淀区仅有13所小学获此称号),荣获了涵盖德智体美各方面工作的区市级乃至全国的40项荣誉表彰,实现了北航附小的历史性跨越发展,完成了大学领导在他上任之初提出的“不要守摊子、要创新局面”的目标和任务。他本人也因重视开展教育科研的突出表现,获得了海淀区先进教育科研工作者等北京市及全国性的多项荣誉表彰,被大家公认为是一位专家学者型校长。海淀区在2008年9月为纪念改革开放30年而出版的一套教育改革系列丛书中,特别撰文对李志敏校长做了高度的评价。文中写道:北航附小原是海淀区一所普通的学校。从“八五”后期,特别是进入“九五”以后,学校在李志敏校长的带领下,开始走上一条以校兴科研和科研兴校为主要特色的发展之路。特别是学校作为海淀区第一批实验校参与主体教育实验研究后,李校长对主体教育思想的理性思考和实践探索,为海淀区主体教育实验的全面实施奠定了坚实的基础。主体教育实验有力地推动了全校教师在教育思想和教育方式上的深刻变革,促进了学校整体办学质量的提升,并在全国主体教育实验群体中初露锋芒。学校先后获得了“北京市首届基础教育教科研先进学校”“海淀区科研先进学校”等多项荣誉。

退休以后,李志敏同志继续关注北航附小的发展,先后担任了北航“关工委”委员及附小“关工委”分会副主任职务,同附小支部和退休老师们一起,与原校的小学生、青年教师、中年干部班子携手合作,探讨了关心下一代的“三双关”系列教育活动。他继续关注青少年儿童健康成长,认真学习党中央对于做好关心下一代工作一系列重要指示,积极弘扬“五老精神”。他作为资深的小学老教师、老校长和少年军校老工作者,受聘于中国教育学会小学教育专业委员会、中国少年军校总校、中国少年军校联盟等多个社会教育组织机构。他曾历任过办公室主任、副秘书长、副主席等职务,直接参与了活动策划、下校视导、起草文件、理论阐释、课题研究、编辑书稿刊物等多方面工作,并作为执笔整理和撰写了大量的相关文字材料,足迹也遍及了多个地区的中小学,为关心全国的青少年健康成长事业、推进全国青少年国防教育活动的开展贡献了自己的力量。

2019年9月,在北航党委召开的纪念“关工委”成立25周年大会上,李志敏同志被授予了关心下一代先进工作者荣誉称号。

学习老年工作相关理论　助力老年工作创新发展

受到自己多年注重理论学习、注重科研施教思想的一脉相传，2015 年 1 月前后李志敏同志又应邀参与了北航老年学研究中心的筹备和创建工作，并受聘担任副主任职务至今。老年学研究中心自成立以来，坚持以“让思想观念的更新促进老龄工作的转型发展”为宗旨；通过引进和学习老年学理论，进一步提高了北航广大离退休工作者对老龄工作丰富内涵的认识；为培养一支研究型的优秀老龄工作者团队，为在更有针对性、实效性、科学性等方面做好对离退休老同志的精准服务工作发挥了积极促进作用。五年来，他在离退休工作处领导和专家的指导下，在同志们的支持下，积极组织并参加了老年学理论的群众性学习研究与实践活动，通过建立文献信息库、制定活动组织规程、编辑《老年学理论研究摘编》刊物、进行离退休人员现状与需求问卷调查和开展相应的课题研究等多项举措，帮助离退休工作处的干部员工第一次接触和认识了老年学理论所包含的学科体系、研究内容、研究视角，以及老年学视域下老年社会工作的目的意义、研究领域、基本概念和主要特点等诸多重要理论与实践问题，改变了一些同志过去工作多时就事论事、见物不见人、知其然不知其所以然的片面工作状况，开阔了大家的眼界和思路，促进了离退休工作处老龄工作的更好开展。

做好党的新闻舆论及宣传思想工作，是离退休干部凝心聚力、团结奋进的又一个重要保证。2018 年 7 月李志敏同志当选为离退休教职工党委宣传委员。近两年来，面对宣传思想工作日益变化的新形势和离退休宣传思想工作与时俱进的新期待，在离退休教职工党委领导下，他认真学习党中央关于宣传思想工作的一系列指示部署，主动建言献策，完成或正进行着多项工作。如他协助制定了《关于进一步加强和改进新时代我处宣传思想工作条例》，该工作条例共七章 25 条。他根据“五使命、四特性、两定位”三项基本要求改版离退休工作处《北航老年工作》期刊，其中“五使命”指本刊的使命是“举旗帜、聚民心、育新人、兴文化、展形象”；“四特性”指的是本刊要具有“政治性、群众性、时效性、开放性”四大特性；“两定位”

指本刊定位要立足于离退休工作守正创新实践和构建老同志需求精准服务平台；这三项基本要求已成为《北航老年工作》新版刊物的重要宗旨和特色。他完成了北航老故事丛书系列之一的《信仰之光——北航离休干部为民族谋复兴奋斗故事》（近 50 万字）的执行编辑工作；目前正在继续参与组织北航老故事丛书系列的《晚霞映红》《把一切献给党》和《高等学校“三项建设”的理论与实践研究——以北航为例》等三部书稿的编辑工作。

值得一提的是，五年多来，在上述各项工作中，李志敏同志不仅积极主动、履职尽责，并且以十分负责严谨的态度笔耕不辍，撰写了许多文字材料，以便为领导研究决策提供依据。鉴于他的优秀表现，2020 年 5 月他再次被上报评为工信部离退休干部先进个人。

学习新时代党建要求　加强党支部三项建设

李志敏同志在 2014 年 6 月以来还一直连续担任了三届北航实验学校小学部退休教职工党支部书记职务。在党建方面，他也是一位比较肯于思考的学习研究型党建干部。六年来，他除了认真完成学校离退休教职工党委布置的各项常规性工作外，还坚持了自己一以贯之的“思想认识高度决定实际工作深度”的理念，十分重视对于习近平新时代中国特色社会主义思想，尤其是关于党的建设学说理论的学习和运用。特别是党的十九大以来，他更加重视党支部的“三项建设”工作：一是在政治建设方面，注意突出政治功能，坚持以加强支部政治建设作为第一要务，不断增强党内政治生活的政治性、时代性和原则性；二是在思想建设方面，坚持把坚定理想信念作为首要任务，教育引导党员不忘初心、牢记使命，不断解决好世界观、人生观、价值观这个“总开关”问题；三是在组织建设方面，深刻认识到党的基层组织是确保党的路线方针政策和决策部署落实的基础，不断以提升组织力为重点，充分发挥支委会（中心组）“关键少数”一班人的组织领导能力，努力担当起为“大多数人”做好服务的职责与重任。

同时，在支部建设及日常工作中，他还十分重视依托离退休教职工党委的领导力和离退休工作处搭建的老年工作大平台及其提供的各方面丰厚资源，密切与原单位的联系合作，积极拓展本支部党员和老教师群众发挥正能量活动的广泛开展；注意细化每一项具体工作的前、中、后各阶段过程，充分发掘其中所蕴含的教育元素，努力实现活动的全程服务育人；积极学习运用老年学和老龄化理论作指导，进一步深化对做好本支部肩负的退休老教师群体“精准服务”工作的认识和实践。尤其重要的是，他还特别重视自己以身作则的示范作用，坚持亲自“下水”带头学用相关理论，努力通过自己和支委会认识的提高来提升整个支部工作的质量和水平。为此，2019 年他又作为离退休工作处课题组成员，积极参与了在北京高校党建研究会立项的课题“高等学校离退休干部‘三项建设’工作研究——以北京航空航天大学为例”的主要研究工作，并已按时顺利结题。

正是由于上面的重视党建理论学习、聚焦支部三项建设、强化支委会引领作用等系列比较扎实的工作，使得北航附小支部近六年的工作活动，政治站位比较高，活动组织有内涵，对老同志服务用心又用情，受到了支部党员和退休老师群众的肯定好评，曾连续三届被评为北航离退休教职工党委先进党支部，其主题党日活动亦三次被评为一等奖。

李志敏同志将学习融于退休后的各项工作中，用理论指导工作，获得了骄人的工作成绩。他真是活到老，学到老，莫道桑榆晚，晚霞映满天。

多才多艺的快乐老人

——记文体活动之星李醒华

她，人老心不老，生活态度积极乐观，心理健康；她爱好广泛，参加合唱团、越剧团；她活到老，学到老，爱写作，在老龄大学学习国画；她积极锻炼，练气功、打太极、打台球、推广柔力球，2018 年被学校离退休教职工党委评为文体活动之星。她就是已进入高龄耄耋之年的多才多艺的快乐老人李醒华。

老教授眼中的“话友”

提起李醒华老人，北航老同志中可能鲜有不认识她的。年轻时的她是一个要强的人，在旧社会，十岁当童工，尝尽了旧社会生活的心酸苦辣。新中国成立后，她经历了轰轰烈烈的社会主义教育运动的锻炼，1953 年就被评为上海市建设社会主义青年积极分子。她 1956 年来到北航，在北航工作的 40 年中，她读过夜大，当过排版工、材料保管员、行政办事员、资料员、小蜜蜂飞机推销员，那是干一行，爱一行，无论做什么工作都出色地完成任务。在她身上有一股拧劲，那就是做什么都要做到最好。

退休后，她继续发挥这种要强的精神，把爱好广泛、闲不住的精神发挥到极致，练气功，打乒乓球、台球，耍太极拳、太极剑和木兰扇，组建“山坡之声”合唱团，发起创建越剧团，推广柔力球，样样不落下。她脑子快，嘴快，手快，腿脚快。她结交广泛，爱说话，不管是谁，见面都能聊几句。

她还是一个热心快肠的人，见谁有困难都要帮一把。北航老同志徐鹤年教授戏称她为“话友”，一首《点赞“话友”李醒华》的打油诗向大家真实清晰地描述了这位多才多艺的快乐老人。

《点赞“话友”李醒华》(作者：徐鹤年)：散步闲聊结朋友，得识“话家”李醒华。天生丽质擅丹青，可谓高产小画家。参加国内“心连心”，做出奉献众人夸。虽为“草根”办事员，积极负责好管家。过目不忘记忆强，善恶分明眼力达。校内接触很广泛，帮助弱势心中察。心直口快甚豪爽，不怕得罪结冤家。工作积极效率高，心灵手巧属于她。不惧运动大字报，胸襟开阔笑哈哈。困苦挫折难不住，为友解难常拉话。严于律己很好强，做事很少留尾巴。思想活跃与时进，处处体现爱国家。教育子女母爱深，堪称校园好妈妈。嘴上若有守门员，肯定终生福到家。

老龄大学习书画　从老有所乐到老有所为

1990年刚退休时，李醒华老人就开始为自己儿时就有的爱好——书画做准备工作。因为要在家照看三个小孙子和90多岁的老妈，一时还不能出门学画。闲下来，她就自己在家里看书、集邮，做艺术布贴、勾台布等一些小的艺术品。她将各种无用的碎布头，按照艺术构思，粘贴成各种图画。就这样，一些没用的废布头在她的手里就变成了漂亮的花朵，可爱的动物，栩栩如生的人物，还有蓝天白云，青山绿水，等等，巧妙地组合在一起就成了一幅幅生动的山水人物画。她做的艺术布贴受到大家的欢迎，被学校选为离退休教师生日贺礼。艺术布贴还获得学校1992年工会手工艺二等奖。

1996年，老母亲去世，小孙子们也都上小学了，李醒华老人有了自己的时间。这时她重拾自己的书画爱好，来到北航老龄大学，师从刘关阳、许法勤老师学花鸟；跟范惠民、孙雨、古槐老师学山水；并且多次参加王重年、王西林、张淑珍、刘关阳等老师的研修班。1996年她加入老年书画研究会后，20多年来，所画的国画多次参加学校、市教委、航空部、国防科工委和心连心组委会等组织的画展，并多次获奖，2011年在中央电视台“奋斗”栏目青年人学习的榜样节目中获得金奖，2012年在“美丽乡村·七彩灵峰”全国老年书画展获得优秀奖和优秀组织奖，2016 年获第五届老年书画优秀奖。

作为河南、山西、内蒙古等地的扶贫志愿者，她曾为全国灾区、贫困地区义捐书画近 500 幅，折价约 20 万元人民币。每当学校为老人召开祝寿会时，她还为王洪星、文传源这样一些 90 岁、百岁老人送上自己亲笔画的祝寿国画。自 2010 年起，她每年自己亲笔作画制作生肖年历，并自费印制 700 余份，发给学校的老年朋友和相关部门的工作人员，深受大家的喜爱。她说，见画如见人，只要她活着，年历就会发下去。家人都戏称她已经从老有所学，到老有所乐，最后到老有所为了。这给李醒华老人带来发自内心的快乐和激情。

心连心搭平台　倾心服务老同志

1993 年，李醒华老人在学校绿园晨练时认识了柔力太极球发明人小马，有缘成为北京市第一个柔力球队的队长和柔力球协会的第一届委员，为柔力球的推广做了很多工作。她曾到电视台夕阳红栏目、各大学、香山等各大公园表演。

通过推广柔力球，她结识了公安部、清华大学及北京市老干部局的一些老年朋友。2001 年在北京老干部局的指导下，民间组织“全国关爱老人慰问活动心连心组织委员会”（以下简称“心连心组委会”）正式成立。经学校离退休工作处同意，李醒华老人被聘为心连心组委会委员，2003 年又被聘为心连心书画院副院长。这给北航老同志在社会上搭建了一个展示自我的平台。此后，20 年来，李醒华老人带领北航老龄大学的优秀学友 30—50 人，每年都参加心连心在全国各地举办的书画展，得到了社会的好评。北航也多次得到优秀组织奖。正阳门城楼上、民族文化宫、人民大会堂、政协礼堂、地质礼堂等都留下过他们的足迹。2008 年 5 月她还参加了心连心第四批台湾文化交流团，任副团长，这次有 80 人去台湾地区进行文化交流十天，带去书画百余幅。

她深知自己在心连心组委会的一言一行都代表着北航离退休老同志的形象，所以在 20 多年心连心组委会的活动中都严以律己。为了提高北航的影响力，她还多次把北航夕阳红艺术团的模特队、京剧团、越剧团、摄影协会、合唱团、民乐团等推荐给心连心组委会。心连心组委会每次提到北航，都会竖起大拇指。2012 年，心连心组委会在北航举办了银发飘飘比赛活动。当时正值两会期间，不允许有大型集会。李醒华老人在离退休工作处郭永秀副处长的支持下，把有数百人参加的活动组织得有条有理。8 点准时开始，12 点前准时结束，一点都没有乱，活动受到心连心组委会的肯定。

热心快肠　支持离退休工作

李醒华老人还有一个最突出的特点为大家所熟知，那就是热心快肠。2006 年，正赶上学校进行 211 工程验收，各部门要准备充分展示自己工作的资料。离退休工作处这方面的工作由郭永秀同志负责，当时李醒华老人和另一位老师积极协助郭永秀同志完成了这项工作。她建议买了三本相册，对离退休工作处的所有活动资料、照片(包括国内外旅游、各社团的演出等)进行分类整理，写上报头，她自己还提供了 70 幅照片。这份材料为评估获得好评起到了很好的作用。为了让评估检查团在现场考察中看到老同志真实风采的一面，在检查团到思源楼考察时，热心的李醒华老人楼上楼下跑着给合唱团、越剧团、书画社等各个社团报信，保证让检查团所到之处，都能看到老同志最具有饱满激情的一面。现场评估取得了很好的效果。

前些年，北航离退休工作处每年都会组织老同志到国内外旅游。每次活动，李醒华都积极参加，而且在旅途中，还协助离退休工作处带队的同志做一些管理的工作。因为她在退休前做过行政管理工作多年，学校认识的人多，了解的情况也多，所以离退休工作处有些事就让她出出主意，打听打听情况。她热心快肠，从来都是来者不拒。时间久了，离退休工作处的一些工作人员都亲切地称她“李妈”。

李醒华老人还积极支持老年工作期刊的工作，经常将生活中的感悟写成打油诗或短文，积极向《北航老年工作》投稿，如《我的日子如神仙》《老年人养生心态要好》《知足歌》《人生最大的……》《20 个一点》等。下面节选两小段，以示大家。

《我的日子如神仙》："每天按时去锻炼，常与知己聊聊天，谈古论今增知识，心胸开阔更乐观，儿媳当作姑娘养，女婿当作儿子看，内孙、外孙同看待，全家老小喜开颜，心宽体健养天年，我的日子如神仙。"

《老年人养生心态要好》："好好地活，美美地乐，一天到晚笑呵呵，到公园你跳舞来我唱歌，柔力球，太极拳，踢毽子，扭秧歌，跳街舞，走模特，展示风采乐心窝……只要你心态平和健康好，忧愁烦恼全赶跑。"

李醒华老人如今已经是 86 岁的高龄老人，可她的心态和身体就像一个 68 岁的年轻老人。就像她自己所说的：她的一生就是奋斗的一生，人虽然退休了，但心永远没有退休，人老心不老，要活到老，学到老。

爱北航　爱生活　老有所乐

——记十佳健康老人金惠华

每天太阳刚刚升起时，在绿园荷花池石桥边的广场上，总会看到一位老人在打太极拳。从杨式、吴式、武式、到陈式，一招一式认认真真。从绿园改建前他就在这里，不论春夏秋冬，这一坚持就是20多年。他就是计算机学院退休教师金惠华教授。

甘当铺路石　育人为乐

金老师退休时，首要的是交好班，当好铺路石，把多年凝练的嵌入式和容错计算学科方向交给年轻人，使他们站在教学科研第一线，继续发展，为航空航天、为国家重大项目服务。

他把研究生课程“容错计算机系统”交给年轻教师讲授，帮助他选择好内容，设计好大纲，备好课，讲好课，组织鼓励他们开出本科生“嵌入式系统”课程，积极主动和英特尔公司联系合作，争取到一批先进的嵌入式实验设备，为学生开展实验教学，取得了很好的教学效果。

他和年轻教师一起定时开课题组研讨会，研究生预开题、预评审、预答辩会，在研究生选题、培养、答辩过程中，培养年轻教师带研究生的能力，从开始辅助带研究生，逐步过渡到年轻教师都可以独立地带研究生。

他组织年轻教师申请并完成一项国防基金，带领青年教师深入611、613、631、609、610、501等航空、航天研究所，谈项目、写方案、订合同，发挥多年积累的优势，服务国家重大项目，为他们铺好成长道路。几年后，这些青年教师参与完成运20大飞机机载机电设备管理系统研制，成为我国军用CAN总线标准的制定者。

发挥余热　奉献为乐

离开计算机学院、离开项目组后，金老师连续三届被聘为校研究生教学督导组成员，尽职尽责为提高研究生培养质量贡献力量。提高研究生培养质量是国家的大事，是学校争创国际一流大学的大事，金老师作为督导组成员，虽然做的是具体的事情，但认真做好，努力付出，回报的是满意和快乐。

这些年里每学期他都要深入课堂听几门课程，共计二三十个学时。每次听课他都要详细地记录，给出恰当的评价建议，形成可以追踪的电子文档，工作量很大。更具有挑战性的是要听的课分布在四个电类学院，基本上是外行管理内行。为此，金老师要求自己做到：第一，认真学习领会课程质量评价标准，这是各门课都一样的；第二，深入和任课老师交流他的课程大纲；第三，学习该门课程基本知识，甚至买一本参考书来看。

最近这五年督导组的一项经常性工作是推进研究型教学，培养研究型教学示范课程，要全过程调研课程教学，组织教师、学生座谈，完成调研活动记录和总结报告。计算机学院的两门课程被推荐为研究型教学示范课程，当然，这主要是因为计算机学院从2012年起就开展了相应工作，也和金老师及电类组老师们的努力分不开。

金老师坚信，每门课都有自己的特色，听课的目的是为总结经验，找出问题，改进教学，提高质量。一次研究生院要求听一门上一年学生评价比较差的课，可是这一年的教师听课评价和学生问卷评价与上一年完全相反。认真分析比较两次课程教学组织和学生评价，找出部分学生不适应研究型教学、教师把握大课堂能力不足等问题，肯定了教师在践行研究型教学方面的努力，提出这类课程应小班上课、设定选课门槛等可操作的建议。

金老师参与完成2012版研究生培养方案执行情况调研和北航青岛

研究院教学督导调研。每项专题调研他都要学习方针政策，准备调研计划，分析调研材料数据，提出调研结论和意见。对于其中不同的看法，金老师总是坚持实事求是，以改进教学质量为重。

关爱朋友　助人为乐

金老师性格比较内向，平时言语不多，但只要是集体的事、别人的事，他都非常认真地去完成。

前几年金老师当了两届支部副书记，积极为大家服务，组织学习、参观游览，退下来以后也照样积极参加支部活动，关心周围群众，亲自开车和几个老友去来广营"光大汇晨养老院"看望陈老师和张老师，开车去西三旗、回龙观医院看望生病的田老师。离退休工作处组织老同志参观焦庄户地道战遗址纪念馆，希望有人给大家拍照，他就带上最好的相机给大家拍照留念。选举区人民代表时，大家推举他去和候选人见面交流，他就认真准备，建议区代表建立固定的听取选民意见的机制。

和金老师一起提前毕业参加北航第一台电子计算机调试的十位老师，现在大多都离开了计算机学院，他把能找到的老师召集在一起吃顿饭，聊聊天，共享改革开放后退休生活的快乐。

爱好广泛　自娱自乐

金老师 1998 年开始学习太极拳，每天早上坚持练习从不间断，养成了习惯，从中受益匪浅，感冒少、生病少，生活有规律。2005 年他参加太极拳协会，为迎奥运经常集中训练、表演、比赛，为集体争光。这几年很多年纪大的老师歇手不练了，金老师还是坚持，直到如今。

2006 年他开始参加夕阳红摄影协会，外出采风陶冶情操，锻炼身体，亲近大自然，拍到好片相互交流，愉悦身心，每年把照片放大镶在镜框里挂在墙上，长期享受那美好瞬间。

旅游是金老师的另一大爱好，国外游、国内游、自驾游，每年都有满满的安排。他每次旅游都要事先做功课，回来要整理照片、视频，制作游记，至今已有 30 多集。

2005 年 6 月，计算机学院退休教职工第一党支部组织老同志游览新北京，登天安门参观。大家边走边聊，相互交流着心得体会。所有人都是第一次来参观，都激动万分。金老师记录了这一切，编辑、配音、制作了一张 VCD 光盘，从此就一发不可收拾，将每年国内外旅游的记录都做成光盘。

2010 年，他随离退休工作处组织的旅游团到美国旅游，回来制作了四集 VCD，记录了一生中第一次见到的许多事物，如两轮平衡车，美国国家宇航博物馆里阿波罗 1 号指挥舱实物，等等。

2013 年，北航 30 位老同志到西北旅游，金老师制作了三集影视，记录参观酒泉卫星发射中心，记录这次内容丰富、健康愉快、舒适安全的旅游，回来做成 DVD 盘，发给大家。

2018 年南美四国游，真是“见过世间未见景，体验南美风土情，二十一日多趣闻，今生无憾有此行”。回来他花半年时间做了五集高清影视，一共 25 G，放在 U 盘里，送给大家，插在电视上就能看。

送人玫瑰，手有余香，共享快乐，友谊绵长。金老师就是这样为了大家的快乐默默地奉献着。

享受生活　感恩为乐

金老师和老伴儿李雅倩都是回民。老伴 2001 年做双腿膝关节置换，外出旅游时老伴上下车不方便，他就扶上抱下，牵手缓行，总是落在后边。团队领导和旅友对他们都非常关照，照顾她坐在离门近的前排。金老师深深感恩生活在这样友爱的大家庭中。

在离退休工作处 2017 年举办的金婚钻石婚庆祝会上，金老师发言说：“我们是改革开放的参与者，也是改革开放的受益人。我们每天怀着感恩的心，感恩祖国、感恩党，感恩北航，也感恩我们的子女亲人。”

快乐是健康的基础，感恩是快乐的源泉。

文体之星　绽放光芒

——记十佳健康老人、文体活动之星张竞

张竞同志是一位年逾八旬的退休老教师、老共产党员，在教学科研工作岗位上辛勤耕耘几十年，贡献出了自己的青春年华。在职期间他始终奋战在教学科研第一线，几十年来没有离开过讲台。他带研究生和从事科研课题工作，为专业建设、培养人才奉献出全部精力。退休后，他又以饱满的热情投入到新的战场，在新的岗位散发着光和热。他关心国家大事，关注学校发展，积极参加离退休工作处组织的各项活动。他坚持体育健身，参加北航夕阳红艺术团的民族舞、合唱、时装等社团，在愉悦本人的同时，还积极地建设与发展了北航老年舞蹈社区。他担任夕阳红民族舞蹈团团长一职，还承担了老龄大学舞蹈班的教学管理工作，默默为离退休老同志服务奉献。

健康是根本

张竞老师开朗乐观，热爱生活，常年坚持体育活动，特别是长跑，一年四季风雨无阻，每天清晨在操场都能看到他跑步的身影。他常说："身体是革命的本钱，有了健康的身体对自己好，对家庭和社会也好，不仅能减轻家庭负担，为家人排忧解难，还能为集体为大家多做点工作。"正确的认

识促成他持之以恒的行动。长年风雨无阻的锻炼使张老师保持了一个健康的体魄。2014 年张老师被学校评选为十佳健康老人。

民族舞花开

2003 年，张竟老师和其他老师一起筹建了“北航夕阳红民族舞社区”。北航夕阳红民族舞蹈团已经走过了 17 年的历程，张老师笑谈是从非典走到了新冠。17 年来北航离退休教职工民族舞蹈团从无到有，从小到大，蓬勃发展，在校内外有了一定的知名度，已经成长为一支相对稳定的活动队伍。校内外各种节日庆典活动文艺演出的邀请从未中断。

作为一个实体两块牌子的北航老龄大学舞蹈班，17 年来，舞蹈班专门聘请舞蹈学院的专业老师授课，为舞蹈团的学员教授各种中国民族民间舞，包括藏族舞、蒙古舞、新疆舞、傣族舞、东北秧歌、胶州秧歌、古典舞、云南花灯等，包括舞蹈元素和剧目多达 40 个。在学习的同时，学员（夕阳红民族舞舞蹈团团员）还排演了多个舞蹈节目，在校内外不同场合进行演出，既展示了北航老同志的风采，也为北航争得了荣誉，其中包括获得北京市高校演出的一等奖。现在慕名而来，要参加北航老年大学舞蹈班学习的人络绎不绝。

作为“北航夕阳红民族舞社区”的发起人之一，张竟老师也是北航老龄大学民族舞班的班主任和班长。在舞蹈班上课和舞蹈团排演过程中，张竟老师作为负责人不辞劳苦做了大量组织管理和后勤保障工作，承担了舞蹈班（团）运行的所有具体事务。包括从聘请舞蹈老师，安排上课教室到订教学计划，以及解决现场上课具体问题；从筛选演员，筹备服装到演出现场，他无不尽力而为。17 年来张老师从未间断过舞蹈班的一堂课，随堂上课还做录像等工作。一件事做一天容易，坚持 17 年就不容易了。

最美夕阳红

在张竟老师的努力下，北航民族舞班在培养北航离退休教职工民族舞爱好者方面发挥了重要作用。通过上课、复习、排练，大家学习到了中国民族舞的基本知识、技术技巧，了解并热爱中国民族舞，使民族舞社团这个集体凝聚成一个和谐的大家庭。班里的骨干自动当起小老师，在课内外帮助其他学员复习上课内容，使得大家共同提高舞蹈水平。舞蹈班里连80岁上下的老同志对民族舞的热情也丝毫不亚于五六十岁的同志，他们年纪虽然大，身体不是很好，但是学习劲头从不减。

作为民族舞的爱好者，张竞不仅组织了北航老年民族舞活动的开展，而且身体力行，积极参与了民族舞种的学习和排演。17年来他随民族舞团参加校内外演出达40场，演出节目多达15个，包括《走向西藏》《吉祥》《山寨欢庆》《藏族风情》《最美是新疆》《年年好》等，其中有汉族、藏族、彝族、新疆等多个民族的舞蹈，演出足迹遍布校内外，包括国防科工、中央六部委、工信部、航空集团、航天集团、全国老龄委、北京高校老教协、老科协、花园路街道……在参加这些活动的过程中，大家身心愉快，焕发了青春，人也越活越年轻。

张竞老师作为一位退休老人，身体健康快乐，生活丰富多彩，积极参加文体活动，是大家心目中的正能量之星、文体活动之星。

不忘初心　坚持学习的模范践行者

——记工信部学习增智之星杨平

正所谓“活到老，学到老”，在北航的离休老干部中，有位94岁的老人，几十年如一日地将学习作为毕生的事业。离休30多年来，她始终严格要求自己，对党忠诚，关心国家大事，认真学习党的方针、路线和政策，积极参加各项组织活动，时刻维护党中央的威信，自觉在思想上政治上与党中央保持一致。这位同志就是杨平同志。杨平同志1926年12月出生于湖北省钟祥县，1941年5月参加革命工作，1944年11月加入中国共产党，1954年转业到北航。她是一位新四军老战士，曾参加“中原突围”，辗转来到了延安。经过战争的磨炼，她有着坚定的共产主义信念，有很强的党性。

不忘初心　方得始终

杨平同志在职工作时便是一位勤恳踏实，刻苦钻研的模范，在离休后更是将更多的时间投入了学习中。为保持思想上与党中央的高度一致，她养成了写日记的良好习惯，每天不管多晚，她都要将发生的国家大事和重要事项记录下来，深入思考并写下感悟和体会。33年寒暑，杨平同志的日记已经写满了 30 本。

“流水不腐,户枢不蠹”,杨平同志始终坚持学习,再配合规律的生活和常年的锻炼,虽然已年过 90,但她不论在精神上还是身体上都是十分健康的。杨平同志常说:“通过学习,找到乐趣,心态阳光。通过动笔,达到了锻炼的目的,保持身体健康。”因为积极响应国家提出的“老有所学、老有所教、老有所为、老有所乐”的方针,杨平同志在 2010 年被授予北航第五届“十佳健康老人”称号。

作为一位具有 76 年党龄的老同志,杨平同志始终以严格的党员标准要求自己。她在“两学一做”学习教育中,除积极参加党支部组织的集中学习外,还自订学习计划,坚持每周学习半天。从 2016 年 4 月到 2017 年 1 月,她重温了《中国共产党章程》,还学习了《中国共产党廉洁自律准则》《中国共产党纪律处分条例》等党内法规,详细阅读了《习近平总书记系列重要讲话读本》,按照北航党委的要求,认真做学习笔记,填写《学习手册》约 35000 多字。

不忘本源　支持党建

“离休不离岗,离校不离党”可以说是杨平同志的真实写照。1983 年离休后,她随老伴住部队干休所。虽然家离学校比较远,但她仍然坚持参加学校、支部的组织活动。在离休三支部,同志们都把她当作“党支部的主心骨”。

在建党 89 周年暨反法西斯战争胜利 65 周年,她撰写《不忘历史、学习先烈、坚定共产主义信念》和学习《关于加强和改进新形势下党的建设若干重大问题的决定》的心得体会,并向党支部做了汇报。

她时刻不忘自己是一名共产党员,平时按时收看新闻联播、报纸、杂志等,尤其是《北京老干部》刊物,每期都详细阅读,以便了解党中央的方针政策,领会精神,做到与时俱进。

2016 年,在党支部纪念毛主席诞辰 132 周年活动中,杨平同志提出老干部要带头贯彻落实习总书记在全国“双先”表彰大会上的重要讲话精神:“继续做全面从严治党的坚定支持者和模范践行者,继续讲好中国故事、弘扬中国精神、传播好中国声音，积极为实现‘两个一百年’奋斗目标和中华民族伟大复兴的中国梦贡献智慧和力量。”

离休后，杨平同志积极地活跃在为党支部发光发热的前线，为支部书记出谋划策，商量支部的活动；为每一次的学习和活动写好发言提纲，在支部会上带头发言；为完成支部交办的工作不辞辛苦。

在党支部组织的“四老四教”专题活动中，杨平同志三次参加北航附中业余党校学员座谈会。她在会上畅谈革命信念的坚守和革命意志的坚持，为同学们讲述党的光辉历程以及亲身经历的抗战历史和抗战故事。座谈会深受学员的好评，杨平同志也荣获北航授予的“老有所为”先进个人称号。

不忘传统　忆苦思甜

作为一名新四军老战士，杨平同志虽然离开部队多年，但始终保持着部队的光荣传统，身体力行地传播正能量。

她多次接受延安干部学院出访干部的专题采访，讲述当年在新四军五师参加“中原突围”的艰险经历，该院以此为素材录制了《我们经历的红色岁月》专题片。在2015年由新四军五师后代和三五九旅后代共同主办的纪念“中原突围”的大会上，杨平同志以经历者的身份做了“中原突围”的专题发言。中央电视台、北京电视台等新闻媒体进行了现场录制和转播，很多新四军五师的后代和八路军三五九旅的后代纷纷与杨平同志合影，这次发言在传承铁军精神上发挥了非常好的作用。

杨平同志始终将“传承革命传统，发扬铁军精神”作为一项追求，在离休后，她挤出时间撰写了约15万字的回忆录《风雨兼程》，书中回忆了她参加革命的全过程。通过此书让孩子们了解她走上革命道路的人生历程，了解今天的幸福生活的来之不易，它是无数的革命先烈用鲜血和生命换来的。教育孩子们时时刻刻记住有中国共产党才有新中国，思想上始终同党中央保持一致。杨平同志把这本书自费印刷了两次，分别送给了新四军研究会五师分会、湖北省钟祥市档案馆，还有曾经一起战斗的战友和同事。杨平同志用自己的切身经历为历史研究留下了珍贵的历史资料。

不忘情怀　学以致用

杨平同志在离休后随老伴詹希勤入住部队干休所，并由此开始坚持上老年大学达 29 年，先后学习了书法、绘画和历史等。在学习期间，杨平同志风雨无阻，将心思全部扑在学习上，课上认真记笔记，回家后认真撰写感想，通过学习陶冶了情操，提高了文化修养，并先后荣获总政白石桥干管局政治部授予的“老有所学”金牛奖和优秀学员称号。

正所谓“实践是检验真理的唯一标准”，杨平同志始终将学习与实践相结合，把所学到的知识付诸实践，真正做到了学以致用。她在 2015 年和 2016 年先后发表《建党九十抒怀》《有感“九·三”纪念大会》和《纪念中原突围胜利 70 周年》等诗词抒发对党的情怀。在纪念世界反法西斯战争暨抗日战争胜利 70 周年之际，杨平同志还撰写了《我革命征途的起点——“十月剧团”》一文。该文章据实述说，观点明确，是不可多得的珍贵历史史料，因此获得了工业和信息化部离退休干部局征文评比的一等奖，并在同年 8 月被刊登在工信部主办的《老干部之友》杂志上。同时期，该文章被北京新四军研究会收集为历史史料，并选登在《铁流》专刊上。

作为一名老共产党员、老红军后代、新四军老战士、转业军人，杨平同志以无比的踏实与勤恳在学习这条路上开创了一片独有的天地，被推荐为坚持学习的模范践行者，作为学习增智之星熠熠生辉。

晚晴生活

——记文体活动之星杜沙利

杜沙利老师乐观开朗，热爱生活。退休后，她积极参加北航、社区的各种文艺活动。特别是北航附中党支部组织的文艺活动，她更是全身心地投入，精心策划，热心指导，每次都发挥着骨干作用。杜老师善于学习，她不断提高自己的艺术技能，积极传递正能量，得到方方面面的好评和赞扬。

2011 年退休后，杜沙利老师认真规划自己的退休生活，参加了唱歌、跳舞、朗诵、练书法、排话剧等各种活动，这些文艺活动使她变得充实、乐观、心态年轻。

文体学习多面手

北航离退休工作处是全国离退休工作的先进单位，为老同志搭建了各种各样的学习活动平台。杜沙利参加了北航老龄大学举办的书法班。在四年的学习过程中，她坚持练习，其中“鹤舞”被书法班作为优秀作品展出。书法班的学习，不仅让她对中国传统文化书法中的楷书、行书、隶书、篆书有了更深刻的了解，而且还拓宽了她的视野，令她学到了相关的历史、文学等知识。

在老龄大学合唱团里，她勇于挑战自我，唱以前从来没有唱过的女低声部，从美妙的歌唱中体验音乐的乐趣，在参与合唱的过程中提升了自己的理解能力、沟通能力、合作能力和承受能力，同时参加了北片高校和北航离退休工作处组织的演出，在舞台上绽放北航退休教师的风采。

北航话剧社有着优良的传统。在时任离退休教职工党委书记白曌宇同志的介绍下，她参加了话剧社的排练，在最初的小话剧《85 个台阶》(后改为《老爸的心愿》)中担任老三的角色。在对话剧一窍不通的情况下，杜沙利经过刻苦练习，不断提高演技，最终表演获得了圆满成功，得到了观众的一致好评。杜沙利后又参加了短剧《社区调解员》和《垃圾回家》的排练，在《垃圾回家》剧目中饰演上海居民。由于任务需要，2019 年暑假她没有休息，连续排练。为了角色需要，有些台词要用上海话更为有趣，她还和导演杨老师学习了上海话。但最后演出前要把节目内容压缩到七分钟之内，上海居民这个角色被整个删掉，一假期的辛苦付之东流，但为了顾全大局，她没有任何怨言。

文体活动多彩人生

在北航附中连续三年的新年联欢会中，由于退休教师年龄相对偏大，她同时担任主持、集体舞、小合唱、个人诗朗诵、大合唱指挥多个角色，既丰富活跃了支部退休教师的生活，又给大家带来了快乐，也展示了退休教师的精神面貌和积极向上的乐观心态。

同时，杜沙利还积极参加社会上的文体活动，锻炼身体，陶冶情操。为纪念红军长征 80 周年，她随国奥爱乐合唱团在北航晨星音乐厅和清华大讲堂演出了《长征组歌》。通过演出，她自己也仿佛走在了长征路上，体验了红军的艰难困苦、中国革命胜利的来之不易，从而更珍惜今天的幸福生活。她参加了曹鹏老师带领他辅导的脑瘫儿童在国家大剧院举行的公益演出。那些脑瘫儿童在音乐的启迪下，得到了很好的恢复，同时展示了他们闪光的另一面，也教育人们要善待残疾儿童和残疾人。她后又参加了中山音乐厅、人大的演唱会等。在北京凯文学校，她还参加了“爱的旅行”巡回演出，演唱《爱的真谛》，通过演唱净化了心灵，更加理解了爱的真谛。她还随着合唱团到敬老院去慰问那里的老人们，给他们带去了温暖和祝福。

在社区组织的各种活动中，她也能积极发挥自己应有的作用，如写朗诵稿，为社区报投稿，合唱伴奏等，并于2019年在来广营老年大学诗诵班被评为优秀学员，使自己的业余爱好都有了不同程度的进步，从中学习了更多的知识，结识了更多的朋友，丰富提高了自己，也快乐了大家。

在所有的这些活动中，她发挥专长，既娱乐了大家，又锻炼了自己，这使得杜沙利的退休生活丰富多彩，也使她体会到了老有所学、老有所乐的幸福。

文体抗疫诗传爱

在2020庚子年到来之际，全国人民在党中央的领导下，积极投入到抗击新型冠状病毒的战役之中。在宅家就是为国家做贡献的同时，全国人民、军人、医生和病人与疫情做斗争的过程中，涌出的大量好人好事，可歌可泣的动人故事，深深地感染了她。她积极参加了朗诵团队组织的用声音支援武汉，“加油武汉，加油中国”的空中诗会，“国奥村战疫情”空中诗会，北京五龙亭朗诵艺术团“致敬烈士，哀悼同胞”庚子清明诗会。她用自己的方式来鼓舞士气，为国家做贡献，支持抗击疫情。她在世界读书日参加“奋斗有我，为梦发声”空中读书会，其中《我有国士，天下无双》朗读作品在日月慧听平台声援武汉入选作品展播，并获得了最佳人气奖。作为《光明日报》社《新天地》杂志的读刊员，她在疫情期间也为杂志朗读了2月期刊《作家笔下的饺子》《多彩“宅”生活》两篇文章及6月期刊《母亲箱底的“金疙瘩”》一文。

4月30日她还在乐善群里策划组织了“庆五一”空中歌会。

5月10日她编排策划并主持了月影雅集“五月真情”空中联欢会。节目有唱歌、朗诵、快板等，均取得了非常好的效果。让大家抗击疫情，宅家的生活充满了乐趣，对未来的生活充满了热爱和期待，使大家充分认识到了哪有什么岁月静好，只是有人替我们负重前行，从而更加珍惜今天的幸福。

学到老干到老　革命到底不动摇

——记优秀党支部书记、文体活动之星解兆宏

2005年春，兢兢业业工作了一辈子的解兆宏同志退休了，面对人生中开启的这一新阶段，他暂时失去了方向。回想起69年前入党宣誓的情景，他暗下决心：要继续做一个好党员，高高兴兴过好每一天。

只要工作需要　都会干好

退休前夕，领导把他从在数控机床上带学生实习调到计算机室教学生程序设计。这对仅有中专文化水平的他来说是一个全新课题，而且只有一周的备课时间。他立即跑到学院路四道口高等教育书店买了一本《制造工程师CAXA2000》，又让女儿买了一台电脑，不管在单位还是在家里，不分昼夜地练习、备课。他永远不会忘记在听别人讲课时，老师课堂上卡壳的尴尬场景，他要做一个合格的指导教师。经过努力，他的授课获得了同学们的一致好评。学生用学到的知识开始进行实操训练，从设计零件图到最后上机床加工零件，都是学生独立完成。他们拿着自己亲手制作的精美零件爱不释手，纷纷买了回去，作为四年大学的纪念。

解兆宏同志在岗期间写了八篇学术论文，都曾在北京地区、华北地区、华东地区的高校学术研讨会上进行过宣读、交流。在领导和同事们的共同努力下，解兆宏同志参与的课程获批国家级精品课。

退休的期限到了后，单位领导一再挽留，直到 2010 年底（返聘五年），他为单位培训了接班人，培养了一批批有实践才华、有动手能力的大学生后，才光荣地离开了教学岗位。

活到老　学到老

解兆宏同志八岁时就和拳术结缘了。那时他偶然得到一本关于武术长拳的小书，又黄又破，可惜那时他还小，斗大的字认不了半升，幸好书上有图解，他便照着图练了起来。

工作后，工作和家庭占据了他大部分的时间，更加没有时间练拳了，不过，基本功还是在的。

退休时，太极拳协会教简化 24 式太极拳，解兆宏同志利用这个机会，开始了小时候未竟的“事业”。那时候，太极拳协会只有一个播放器，他就跟着大家一起练。可是别人是老学员，会多套动作，他作为新人，做完一套基础便只好站在边上看。于是，他在学习拳协课程之余也开始自学，希望能早日追上老学员的脚步。六七年下来，他一共学了五套太极拳、五套太极剑、两套功夫扇、两套气功，共 14 套，一气打下来，需要 100 多分钟。随着年龄趋老，他经常打的只有 12 套，这就是早上 7 点至 8 点，每天锻炼一小时的内容。

学习过程中，电脑帮助他解决了很多难题，他的电脑操作水平也有了很大的提高。首先表现在音乐编辑上，他早上锻炼时需要一套完整的太极拳音乐，这需要自己将音乐片段下载下来再进行编辑、排序。一般的排序方法根本不行，经过摸索，解兆宏同志掌握了正确编辑、排序的方法。但是，这个问题解决了，新的问题又来了，试播时总发现各片段的音量大小不一，这给他造成了很大的苦恼。后来他通过学习，下载了一个音阶软件，解决了这一难题。

2008 年中国首次举办奥运会，这一年全国的体育运动热情空前高涨。解兆宏同志积极参加了市教委和学校组织的运动会，有一段时间学校组织赛前训练，他家里因装修住在回龙观，路程较远，他便每天早上天不亮就坐城铁到北航参加训练。

他锻炼的目的只有一个，健康快乐，少去医院，崇尚美德，安度晚年。事实也如他所愿，体检结果没有任何异常。他希望能以饱满的政治热情和良好的身体素质，出色完成离退休工作处交给他的各项工作。

全心全意为老同志服务

2012年支部换届时，他当选支部书记。他向大家表态说："我决不辜负大家的信任，全心全意为老同志服务。"针对支部以前存在的沉疴痼疾，他大胆地进行了改革，取得了很好的效果。他领导的工训中心退休教职工党支部在两年一度的评优活动中，每次都被评选为"先进党支部"。

为贯彻落实全心全意为老同志服务的宗旨，支部计划的第一条就是如何落实习近平同志关于老同志工作指示，解决老同志的实际困难。

为了更好地掌握老同志的动态，支部每次开会（支委会和党员大会）时，各干部都要汇报工作，支部检查他们为老同志服务落实的情况。2018年，离退休教职工党委开展的"努力学习，扎实推进，把精准服务做深做细"主题党日活动，工训中心支部荣获"二等奖"，这是实至名归的：仅2019年党支部统计支部困补、慰问60人次，家庭走访七人次，去医院慰问三人次，帮助家属办理丧事一人次，帮助五人次办理两地就医或取药、取化验单等，组织本组成员参加年度体检、运动嘉年华、外地反腐败展览、游艺会大型活动五次。

全心全意为老同志服务还体现在支部领导班子建设上，解兆宏同志刚刚当选为书记就抱定决心，要想做好事，必先做好人，俗话说"上梁不正下梁歪"，要想把支部工作做好，支部书记必须品质无私、作风正派、以身作则，领导班子才能团结一致。上任后，解兆宏同志全身心地投入到工作中去，首先借助"社会调查""家庭访问"把党内外所有成员的住址、电话、工号、身份证号、身体状况、家庭成员和主要成员的电话记录得一清二楚，并保存在电脑里。他坚持每天在电脑上写"工作日记"，这样便于查询、总结工作。在全民抗击新型冠状病毒的"抗疫"斗争中，他还带领全体党员和群众坚决执行上级指示，每次都提前完成离退休工作处布置的各项任务。

他写的微小说《一个不能少》就是他这一段工作的缩影。他每年都向“党建论文”“先进事迹”“支部动态”“诗歌园地”投稿，大力支持离退休工作处的工作。

在支部工作中，他还抓典型，大张旗鼓表扬好人好事，批评不良倾向。有两位80多岁的老党员住在校外，积极参加组织活动，下雨也不肯落下，解兆宏同志抓住优秀典型多次表扬。在2020年春季的“抗疫”战斗中，支部积极向上的正气充分表现出来。1月30日，工训中心63位退休教职工之所以疫情排查快，交表早，就是支部一班人团结协作、全体同志共同努力的结果。

学练太极拳　夕阳做奉献

——记文体活动之星张显卿

一场大病　结缘太极

张显卿同志 1935 年出生，今年 85 岁了。30 多年前，她生了一场大病：腹泻半年发展成全结肠溃疡并长满息肉。手术后，刀口长不上，身体极度虚弱，医生都对家属说她危在旦夕。经多位医生的精心医治和家人的悉心照顾，她慢慢过了危险阶段。细心的邻居看到张显卿同志那非常虚弱的身体，几次关切地和她说："太极拳动作缓慢，学练太极拳，我想对你身体恢复会有好处。"又说："学校太极拳站快要开班教拳了，到开班时我告诉你。"张显卿同志感激邻居的关爱，于是与太极拳结了缘，从此长年清晨坚持太极拳的学和练，身体也自手术后慢慢强壮起来了。教研室有些同事和有些熟悉她的同志见到她自学练太极拳后，身体发生了惊人的变化，就一位接一位地提出向她学练太极拳。深得太极拳健身养生之益的张显卿同志切身体会到太极文化是祖国瑰宝，她觉得自己受了益应该帮助他们，所以都热情、不知疲倦地一一地辅导渴望学习太极拳的同事和同志们学练，有的带上家属一起学。她还受气功课老师邀请，给学生上实践课，学生教练太极拳。有些学生也非常喜欢太极拳，说要好好学，假期回家教父母亲。张显卿同志觉得很多人都希望学练太极拳，自己要达到教的水平还相差太远。

学练太极　学无止境

张显卿同志退休后仍坚持太极拳运动，进一步得到校内外很多位太极拳造诣深的老师们的指导、训练，并阅读一些新老太极拳书籍，太极拳水平有了较大的提升。她曾经获得北京市业余太极拳一级教练员、国家一级社会体育指导员、国家二级武术裁判员、海淀区二级太极拳运动员的称号。张显卿同志认为这些是荣誉，但更是责任，要做一名合格的担当者，必须在担当过程中不断提高自己。只要有学习机会，她尽可能不放过。她积极参加区里在假日组织的各级教练员集训，市里组织的一级教练员集训，当场听到的怕记不住，每次都要尽量地记在小纸片上，回家后，逐一地复习习练，加强理解和记忆。为了解太极养生最新动态，她多年来坚持订阅武术杂志，广学博览。

张显卿同志热心教练太极拳、剑并多年协助时任校太极拳站站长的太极拳名师梁娜老师工作。她积极配合梁老师指导的各项工作，在这期间，北航教职工学练太极拳注册人数逐年增加至 100 余人。在市、区、街道各级太极拳比赛中，北航太极拳参赛队次次取得好成绩，北航太极拳站连续多年被评为区先进太极拳站。张显卿同志也曾被评为市级优秀太极拳教练员，并多次被评为区级优秀太极拳教练员。

表演比赛　弘扬太极

2002 年 10 月，张显卿同志与何慧姗同志一起组织了北航 18 位退休老同志，参加北京教育系统老同志迎十六大“太极扇”表演赛。训练中，大家都是高标准严要求做好每一个动作，做不好决不罢休。功夫不负有心人，在 33 支高校代表队中，北航代表队获得了第二名的好成绩。2003 年张显卿同志与何慧姗同志一起组织北航退休教职工第一届运动会开幕式太极拳表演。她们想方设法不辞辛苦地组织退休教职工中所有学练过太极拳的拳友共同为大家表演，最后组织了 100 多人参加。为了使开幕式表演更精彩，她们编排了拳、剑、扇三个节目。拳友们为弘扬祖国太极文化,齐心协力进行近一个月认真的规范习练,在开幕式上表演获得成功,充分展现了北航退休教职工太极健身的风采,得到坐满操场看台的观众的赞许并报以长时间热烈的掌声。2012 年张显卿同志担任主教练,与领导组成员一起带领北航教职工太极拳代表队(24 名队员男女各半)参加首都教育系统教职工运动会高校组(27 个院校)太极拳比赛,获得与北京体大、首都体院并列第一名。当年 5 月北航新闻网—校园风采一栏中这样记载:"为了这次比赛特意请回了家住校外的老一代的市级社会体育指导员张显卿老师,她对训练的认真执着感染了每一个教练员和运动员,对每一个动作每一个音符的注解为走向成功奠定了坚实的基础"。

无论到哪　奉献为本

2005 年张显卿同志随老伴搬入了新的大院,被这个大院的太极拳协会聘为总教练。协会有 200 余会员,大多数会员都在 70 岁上下,在春夏秋季节参加晨练的有 100 多人。张显卿同志考虑,要想快速提高这么多会员的太极拳水平和组织好各种活动,首先需要将协会中的教练人才凝聚起来,大家一起做奉献。于是她同协会领导成员一起商量,选出了几位有一定太极拳基础并有奉献精神的会员进行研究式教学。张显卿同志在教学中,对一招一式都贯穿了拳理拳法的讲解,反复规范每个人的技术动作,和他们研讨难点动作的教学要求以及认真修改他们的讲稿等。当他们初次教学时,张显卿同志一定会到现场细心听看,及时帮助解决教学中的问题。后来这些位教练在教练的岗位上都发挥了很大作用,使大院太极拳健身运动的整体水平有了较大的提高。

大院太极拳协会在全民健身日和九九重阳节组织全体会员太极拳健身汇报表演交流,张显卿同志参与活动策划及协助分练主管合练。如 2008 年协会组织了"绽放奥运五环"出征剑的大型表演。她和全体教练及参演会员共同努力,经约一个月晨练时间的积极排练,于北京奥运会开幕前,在协会组织的全民健身日会演中,气势恢宏的表演成为大院一道奥运亮丽风景线,获得了观众一致的赞不绝口。她还与协会领导成员一起组织老拳友们参加大院外太极拳活动,如 2006 年组织参加多单位太极拳协会汇演，参演的拳和扇两个集体节目都获得观众热烈的掌声。

2010年后，大院里有不少年轻人也开始学练太极拳。2011年张显卿同志还作为教练与大院太极拳站站长（年轻太极拳高手）一起，组队（都是年轻队员）参加海淀区太极拳比赛。经过一个多月清晨和午后的精心训练，她们这次比赛荣获了一等奖。张显卿同志也非常关心对年轻人的培养，对年轻人提出的太极拳问题，她都会深入浅出地给予耐心回答。对他们让她看的招、势动作也是认真指导。她还配合大院太极拳站站长（年轻太极拳高手）培养了几位年轻教练，这几位年轻教练在市区级赛场上都取得过个人第一名的好成绩，在大院太极拳教练场上也是很受欢迎。2014年已近80岁的张显卿同志几次提出卸任协会总教练头衔，2015年起大院太极拳协会聘请她为协会顾问。张显卿同志得到了大家的尊敬和爱戴，有学员还给她做视频，记录她耐心指导的情景。

老有所学　助人为乐

张显卿同志自2006年起还参加了大院老年大学学习。她的学习成果摄影作品《祝祖国腾飞》《喜相逢》，音乐幻灯作品《家园秋色》，会声会影作品《漫步家园小路上》等，在老龄大学和大院举办的展示比赛中获了奖。

她说在老龄大学学习的知识，使她能为大家做更多的事情了。如她学了电脑图像制作软件后，多次在人不能到齐的集体照的电子版上，很好地添加上未能参照的人，等照片洗出拿到手，人全了，大家都高兴极了；她在电子版上修改集体照存在的严重问题，成全难忘的合影；她学了会声会影软件后，为大家制作了市面上买不到的“出征剑”教学光盘，复制了很多份，送给喜欢这套剑的新老拳友们参考；她还用音乐软件，按比赛代表队教练的要求，剪接调整出时长合适的音乐文件，等等。

结束语

张显卿同志对太极拳运动的热爱和投入多年来尽人皆知，是大家公认的文体活动标兵。张显卿同志是一名共产党员，作为一名共产党员，她对自己一直是严格要求，处处以身作则，多年来一直积极参加党支部各项学习和实践活动，虽住在校外又体弱多病，但每次都准时到学校来参加学习。在“两学一做”学习交流活动中，张显卿同志第一个进行了学习总结发言，写下了厚厚的发言稿，详细讲解了学习过程、自己的理解，并对照自己的思想认识和行动进行了深刻的分析，提出了自己对“中国梦”“做合格党员”的行为准则的认识，在学习过程中起到了带头作用，使得在座的全体党员同志们都很受感动和启发。

张显卿同志是1954年入党的老党员，北航毕业后留校任教，在职时，曾获北京市劳模、北京市三八红旗手等称号，退休后，曾获北航自动控制系先进共产党员、北京市教育工会积极分子、北航工会协会工作优秀工作者、中共北航离退休委员会优秀共产党员等荣誉称号。张显卿同志有时老病复发，2004年她的右腿还做了骨肿瘤手术，术后右膝盖为人工膝盖，弯曲度受限且右小腿长年有木胀感，体力也下降很多。这次手术判定了她做太极拳的动作会受到很大限制，但她自己仍坚持太极养生习练，并且仍以能为大家做一些力所能及的事为乐，为弘扬太极拳，为大家健康快乐的生活，继续奉献她自己的余热。2018年，在北航离退休教职工“正能量之星”评选活动中，张显卿同志荣获“文体活动之星”称号。

学而不厌　诲人不倦

——记奉献有为之星苑承伯

苑承伯同志今年 83 岁高龄，他退而不休，不遗余力地弘扬中国的书法、绘画艺术，宣传中华文化，以己之长，发挥余热，做出自己力所能及的贡献。他热爱祖国文化，几十年长期坚持弘扬和传承中华文化并乐此不疲，曾获得离退休工作处“奉献有为之星”奖，十佳健康老人提名奖等多项奖励。

退休不退岗　老年大学做贡献

苑承伯同志退休以后，就在我校老龄大学任常务副校长。他既操心怎样请进高水平的老师为大家讲课，又操心招收学员及课程安排。为了测试教师的教学水平，他常随堂听课，以保证老龄大学的师资力量和教学效果。他为我校老龄大学的建设和发展做出了很大的贡献。我校老龄大学走到今天，并且在周边很有名气，与当年邵福堂校长、苑承伯副校长和范桂芳老师的用心付出有极大关系，是他们当初的努力为今天的发展打下了良好的基础。

老有所学老有所教

在为老龄大学建设做贡献之余，苑承伯同志也重拾退休前的业余爱好——书法。学书法、练书法，使自己的书法功底和书法水平有了极大的提高。同时他也学绘画，人物画、山水画、花鸟画他都兼收并学，由于有书法的功底，绘画学起来也就得心应手，进步很快。

从老龄大学领导岗位退下来后，为弘扬中国的书法艺术，苑承伯同志利用自己的一技之长，开始了书法教学工作。他的学生来源多种多样，既有中小学生，如黄寺小学、安外小学、北航附中的学生；又有大学生，如北京科技大学、中国矿业大学、中国地质大学等的学生；也有老龄大学的老年人。既有中国人，也有外国人，他在北京语言大学教授书法时，就有日本人、韩国人等来学习。他除了教他们如何运笔，如何勾勒等书画的基本技法外，还教他们文学、历史、诗词歌赋、成语典故等文学知识。因为书画艺术与文学知识是同源的，是一脉相承、相得益彰的。书画艺术是文学艺术的体现和传承，可以说书画是文学的形象化的另一种表达。他常给学生说："学习书法，必须有扎实的基本功和平静笃定的心态。书法学习，必须久久为功，不可能一蹴而就。学书法，还必须既要博览文史典籍滋养心灵，更要到生活中去感受社会、自然，把握时代脉搏。"他既教书法，又教怎么做人。他诲人不倦，循循善诱，与学生教学相长，共同学习，共同提高，并与他们交了朋友。

在几十年教学的实践中，苑承伯同志践行了一个共产党员的初心："为人民服务！"他义务为北航书法爱好者传授书法书写技巧，无论是给中学生、大学生还是老龄大学学生讲课都不计报酬，倾心相授，无私奉献。他说，他 50 年代参加工作就一直在北航，是北航培养了他，是北航给了他学习的条件，他要知恩感恩，回报北航。

广泛涉猎　硕果累累

苑承伯同志学书法、钻研书法。为了提升自己的书画水平，他还广泛涉猎、收集别人的作品，把这些字帖、书法理论书籍等买回家慢慢欣赏、阅读，学习别人的作品，研究别人的作品，善于从别人的作品中汲取精华，取其所长、学而不厌，从而提高自己。他一有空闲时间就去琉璃厂、潘家园和新华书店物流中心等地方淘宝，看见喜欢的名人字帖就买回家学习、欣赏、收藏。淘到了好的字帖，他喜欢与人分享，互相交流。有时别人借后忘了还他，他也从不计较，还说东西到了喜欢它的人手里，也是物有所值、好事一桩。这种胸怀和气度非常让人感动。

他常年笔耕不辍，作品在国内、国际，如英国、法国、新加坡、中国香港、中国澳门、中国台湾等报纸杂志上发表，书画作品在全国图书馆系统、原航空工业部、国防科工委等单位参赛并多次获得各类奖项，作品还被中国名人研究会等单位收藏。他善于总结自己的书画心得，与书法爱好者交流，因此结交了不少书法界的朋友。他教的学生中有两人考上了书法研究生，还有的出了书，或成了书法家。

由于他的努力学习和奉献，苑承伯同志被中外名人文化研究会聘为书画艺术委员。

初心不改　党员本色

他爱党、爱国、爱校。他关心国家大事，是非分明，经常给学校发展献言献策。他弘扬正气，严格遵守国家和学校的一切规章制度，遵纪守法，对党支部工作非常关心，组织观念强。作为一名党员，特别是一名已经退了休的党员，他也不放松对自己的要求，每次都按时过组织生活，积极发言，表明自己的立场和态度，对支部其他同志和下一代也关怀备至。他常年注意身体锻炼，所以虽然80多岁了，身体尚康健。由于他是男同志，身体又较好，虽然他年龄大了，但支部有出力的活儿也常让他干，他也从无怨言，认真完成。

苑承伯同志幼承家学，钟情书画，临池几十载不辍，初衷不改。他退而不休，老有所学并老有所教，乐于奉献，80多岁了还仍然奋战在弘扬中华文化第一线，从事书画教学与研究工作。农民出身的他，具有与生俱来的朴实生活作风和不怕苦的精神，虽然年逾八旬，仍然喜欢在艺术的道路上默默爬坡。他不求一日千里，唯愿活到老，学到老，奉献到老。老而壮志弥坚，精神可嘉，真值得大家点赞和学习！

滋养初心　淬炼灵魂　弘扬延安精神

——记十佳健康老人康玉林

康玉林，女，1932 年 12 月 7 日生，是一位近 90 岁的耄耋老人，大家都亲切地称她为康老。1949 年 4 月 1 日，17 岁的康玉林入党，因此她的党龄和共和国同龄。她在革命圣地延安长大，因此她对党有着别人无法体会的特殊感情。离休后她最快乐的事情就是参加了延河合唱团，她认为将小时候的经历融入歌声中，歌颂伟大的党、伟大的祖国、伟大的军队、伟大的人民，可以发扬延安精神，继承革命传统。正如她在《延安精神永放光芒》一文中写道：“这个合唱集体给我晚年带来了欢乐，给我晚年提供发挥余热的机会，也给我带来健康的体魄。”

童年启蒙教育之地

康老是红军的后代，1932 年 12 月出生在陕西省清涧县康小穆家沟的一户贫苦的农民家庭里。父亲康建西在当年中国土地革命处于最低潮、最困难的时期，参加刘志丹领导的陕北红军。

1937 年，日本帝国主义开始全面侵华战争。我党从民族的利益出发，与国民党开始第二次国共合作，中国工农红军改编为八路军、新四军。当时，大批干部奔赴抗日前线，子女留在后方无人照管。为了解决党政军领导干部对子女的后顾之忧，经陕甘宁边区政府教育部长徐特立（中共五老之一，毛主席的老师）的提议，成立了陕甘宁边区战时儿童保育院小学部（以下简称延安保小）。康老于 1939 年秋进入她的童年启蒙教育之地——延安保小，在这里度过了她的童年和少年。

延安保小的学生从几岁到十几岁不等。学生来自五湖四海，有湖南、湖北、安徽的，有东北沦陷区、华北晋察冀、陕甘边区的，等等。民族也包含有汉、满、蒙、回、朝鲜族等多个民族。大多数学生的父母或兄长是老红军、烈士、在敌占区的地下工作者、党政军干部、民主人士等。如刘志丹的女儿刘力贞，项英的女儿项苏云，帅梦琪的养女舒伟（烈士子女），习仲勋的妹妹习雁英（习仲英），齐燕铭的女儿齐小惠，乌兰夫的儿子乌克力兄弟，杨秀峰的儿子杨为民，民主人士、陕甘宁边区副主席李鼎明的孙女李雪梅等。

学校的老师大都是来自敌占区的进步青年。他们不远万里，怀着满腔的革命热情，冲破重重封锁，来到革命圣地延安。他们通过抗大、女大、鲁艺等学校学习后被分配到保小当老师。康老印象最深的是黄克（来学校时只有 18 岁）、郑力、肖鸣、藏奇、李毅等老师，他们朝气蓬勃、勇往直前的革命精神给白家坪这个小山沟带来活力，给学生们送来智慧和知识。

在延安精神沐浴下成长

康老说延安保小特别重视德育教育。保小的学生一进学校，就会被老师告知学校的校训，即“亲爱、团结、勇敢、活泼”。学生宿舍也按“亲爱区、团结区，勇敢区、活泼区”来命名，“亲爱区、团结区”为女生宿舍；“勇敢区、活泼区”为男生宿舍，校长、老师还编写了校歌：“我们是边区的小朋友，我们是抗日的后备军，今天我们在战斗中学习，明天为国出力，为了自由，为了解放，我们要努力，将来是中华的主人，同学们亲密地团结起来，新社会等待我们来建立，团结友爱，好好学习，勇敢坚强，做革命的接班人。”在延安保小，同学们每天吃饭前都要唱吃饭歌，培养学生爱惜粮食的好习惯，要遵守作息时间，在吃饭、正式活动前要排队，培养学生们的纪律性和集体主义精神。

学校还重视培养学生的自力更生、艰苦奋斗精神。由于日寇飞机经常轰炸延安，延安保小于 1939 年 2 月从延安搬到延安安塞白家坪村。保小刚搬到白家坪的两年中，是学校最困难的时期。近 400 名学生、老师、工作人员一下子挤进只有几十户人家的小山村中，其中的困难可想而知。学生们都住在老百姓腾出来的窑洞里，因为怕长虱子，男女学生一律剃光头。一个窑洞一个土炕，一个炕上要挤八九个孩子，翻身都困难。教室不够，各个班级轮流在窑洞教室上课，轮不上窑洞的班级就露天上课。康老记得课堂经常是在一棵老槐树下，老师将小黑板挂在伸出来的树枝上，同学们怀抱一块小木板当桌子，席地而坐，认真地听老师讲课。上四年级时，要上珠算课，没算盘，康老和同学王月梅（烈士子女）想了一个办法，用黄黏土加水和成泥团，然后捏成小算珠，再用泥土坯做成框架，削好小棍窜上泥算珠，安装到框架上就做成了算盘。虽然很土，但也能凑合用，因此得到老师和同学们的夸奖。

由于敌人长期对延安的封锁，延安的物质供应极为匮乏，再加上自然灾害，边区党政军民的生存遇到了极大的困难。1942 年党中央毛主席提出："自力更生、丰衣足食"，在此号召下，边区党政军民掀起了轰轰烈烈的大生产运动，开荒种粮、种菜、纺线、打窑洞。王震将军带领三五九旅去南泥湾开荒种地，南泥湾的歌曲响彻各个解放区，延安保小也不例外。在大生产运动中，延安保小实施半天学习半天劳动。男老师和大男生上山开荒种粮、种菜，办农场。女老师带着女生在校纺线。大女生组织起来纺线，不会纺线的小女生捻羊毛线。康老参加了捻羊毛线的工作。做捻线必须要有工具坠砣（棒槌纺），没有现成的，康老她们就自己做。找一块小瓦片，敲打、研磨成圆形，再在瓦片中间钻一个圆孔，找个小棍插到小孔上，就变成捻线的坠砣了。毛线捻好交给学校，有专门织袜子的同学，织好后送给前方的将士穿。康老的一个同学叫张极楚，暑假期间回到延安杨家岭，曾替毛主席完成部分纺线任务，为此还上了《延安报》，大家都为她骄傲。在全体军民的努力下，边区恶劣的经济形势得以缓解。

在延安保小，除了老师，还有多位保姆阿姨。她们的丈夫都在边区政府或部队上，她们将自己的孩子放在农村老家，来到白家坪照顾延安保小的孩子们，她们付出的心血使康老不能忘怀。康老八岁时得了疥疮，手上、胳膊、身上长了许多大脓包，又疼又痒。老师怕传染其他的同学，把她交给乔保姆看护，乔保姆晚上陪她睡觉，白天用硫磺水给她洗伤口。到了晚上当她痛醒哭着喊“乔保姆大泡泡疼呢，大泡泡疼”时，乔保姆像妈妈一样起来披上衣服，点起小油灯，用缝衣服针在灯上烧一下，然后把脓包挑破，放出脓血，让她舒服一会儿。有时候晚上乔保姆要起来好几次。在乔保姆无微不至的关爱下，康老的病很快就痊愈了。80 多年过去了，乔保姆的形象常出现在康老的脑海中。她特别怀念这位保姆阿姨。

延安保小学生过的是集体生活，在一起学习、生活长达五六年之久，同学之间建立了深厚的感情，大男生照顾小男生，大女生照顾小女生。班上的王苏华大姐，晚上和康老她们一起睡觉，照顾她们的起居，星期天带她们到延河边洗澡、洗衣服，冬天还带她们到河边滑冰。舒炜姐姐看到康老又瘦又小，衣服又单薄，便将自己从老家带来的短外套给她穿。后来在北京“延河合唱团”，康老和舒炜姐姐再次相遇。当康老把这段难忘的经历告诉她时，舒炜姐姐高兴地说：“你们还记得我，我太高兴了。”现在康老经常打电话问候舒炜姐姐。

在延安保小老师、阿姨们的亲切教导关怀下，康老和同学们在白家坪这个小山村学习、生活得很快乐，德智体得到全面发展，度过了幸福的童年。新中国成立后，康老的绝大多数延安保小同学都成为共和国各行各业的中坚力量，为新中国的建设贡献了毕生的精力。

用歌声弘扬延安精神

50 多年，弹指一挥间。当年在延安保小同窗的同学们大多已退休，他们在工作岗位上奉献了青春，发扬了延安精神。1990 年，康老和这些在延安保小曾经一起生活过的老师和同学又在北京相聚，分别时还是无忧无虑的少年模样，带着对新中国的憧憬奔赴工作岗位，再见时已都是为新中国建设呕心沥血的白发苍苍的暮年人。但不管岁月怎样流转，他们都有一个共同的目标，就是宣传弘扬延安精神，曾经在工作岗位上以兢兢业业的工作态度来弘扬，现在退休了有更多的形式可供他们选择，所以他们选择了参与人数不受限、影响力广泛的合唱团形式。他们希望可以用这样的方式激发人们特别是青少年热爱祖国、热爱人民，热爱党的情怀，为建设中国特色的社会主义贡献自己的力量。

1990 年 4 月 17 日，承担着延安保小老同志们希冀的“延河合唱团”成立了。建团初期，合唱团面临许多困难，一无资金、二无场地、三缺艺术骨干。于是，康老和团员们一起发扬延安精神：自力更生、白手起家。大家在黄克老师和刘燕平（国家一级演员）、何枫（国家一级演员）、李立、徐爱民等同学的带领下，不顾自身已年老体迈，四处奔波，筹措经费、组织人员、聘请指挥等，最后终于初创成功，合唱团开始进入排练阶段。

合唱团成立的前十年，因各种原因就更换了几次排练场地，先后到过崇文区二十五中、宣武区育才中学、东城区中央民族乐团、西城区文化馆等地，聘请过五位指挥。每次更换场地和指挥，合唱团领导都要花费许多精力去联系、协商，以求得到外部的支持。因为经费有限，每做一套演出服都要精打细算，要跑很多商店，选择每米七八元的料子。一般都是团里出一部分，团员自己出一部分，以保证合唱团的运行。

多年来，康老和团员们一样表现出极大的革命热情，发扬了勤俭节约、吃苦耐劳、勇于克服困难的精神。虽年已七八十岁，仍不顾体弱多病，自己出路费，无论炎热夏日、刮风下雨，还是寒冬腊月、下雪路滑，都按时到排练场地。团员李林荣、舒炜、林华英都住在香山、颐和园附近，姚玉芝家住南苑机场，钢琴伴奏黄竣而住在东郊并患有高血压、糖尿病，每次排练他们都准时或提前到达。团员安其春，当年都 84 岁了，家住车道沟，每次都是骑自行车到育才中学参加排练。这种顽强的精神一直在激励着大家。参加各种演出活动时，很多团体都有汽车接送，公费餐饮。而“延河合唱团”的团员都是乘坐公共汽车，自付路费、自带开水、自带饭菜。大家以极大的热情参加演出，毫无怨言，真正体现了延安革命精神。

1998 年仲夏，为了庆祝“七一”党的生日，西城区文化馆组织了一次露天消夏演出活动，“延河合唱团”也被邀请参加。那天天气闷热，演出地点在西单图书大厦前面的广场。50 多位老同志提前来到广场，做好化妆、换演出服等准备工作，然后整齐列队等待进场。忽然间天空传来了轰隆隆的雷声，一道道闪电划破天空，一时间风起云涌、乌云密布。大家祈祷着，千万不要在我们演出时下雨。正在这时节目主持人宣布：下一个演出单位“延河合唱团”上场。团员们互相搀扶着走上舞台，大家个个精神饱满、目光炯炯凝视前方。台下站满了观众，他们报以热烈的掌声。第一支歌《延安颂》还没唱完，一道闪电夹杂着轰轰的雷声与歌声此起彼落。不一会儿豆大的雨滴噼里啪啦打在团员的脸上、身上，大家不为所动，仍然坚持唱完《延安颂》。事后知道这次演出效果特别好，组办单位和观众给予“延河合唱团”很高的评价，老同志们的组织纪律性和顽强的精神受到赞扬，延安精神在风雨中受到了检验。

“延河合唱团”在延安精神的指引下，在全体团员的努力下，在各级组织及众多艺术家的支持和指导下得到了发展和提高，参加了多次大型演出。合唱团参加了毛泽东延安文艺座谈会讲话 50 周年演出、纪念反法西斯战争 50 周年“历史的回声”大型演出、举办了“延安之声”专场演出、1996 年全国“晚霞情”老年合唱比赛并获奖、1999 年黄河大合唱 60 周年两次大型演出、“永久辉煌”工体大型演出等。此外，合唱团曾到北京航空航天大学、军事医学科学院、解放军后勤学院、清华大学、北京理工大学、北京师范大学、北京电影学院、一〇一中学、育才学校、西城区东栓小学等大、中、小学校演出近百场。

所有这些活动，康老都积极参与其中，不仅提高了自己的唱歌水平，还在合唱团中找到了很多久未谋面的儿时好友，使得退休生活丰富多彩之余还多了些感动。多年来，康老为合唱团的发展尽心尽力，用自己的实际行动阐释了延安精神，将延安精神发扬光大，将为人民服务的精神发扬光大。

晚年的康老性格开朗，能自我调节，每天坚持锻炼，上午下午各一小时。她关心国家大事，关心北航发展，坚持每天早晚听新闻，坚持每天看报或是读杂志、看电视。看到报上有北航的消息，她就感到很自豪。她坚持做饭打扫卫生。看电视中间经常运动运动，有时打打太极拳，充实快乐地过着每一天。2017 年被北航离退休教职工党委评为“十佳健康老人”。

最美不过夕阳红

——记文体活动之星张本琳

张本琳老师生活态度积极乐观，心理健康。她积极参加了多项老年文体活动和比赛，不仅取得了一定的成绩，还收获了心情的喜悦与身体的健康。

退休20载　退而不休

退休20多年来，张本琳老师退而不休，生活丰富多彩，充满快乐。她用唱歌、健身和旅游充实着自己的生活。

唱歌是张老师退休后的主要活动之一。自从1999年60岁退休至今，她一直在老龄大学声乐班学习，张老师说她受益匪浅，老有所学，老有所乐，既丰富了退休生活，又愉悦了身心。

学习了唱歌后，她每年都会有各种类型的演出活动。如去老年公寓慰问、参加学校新春联谊会，等等。每次排练演出都要背歌词，张老师说，这还能防止老年痴呆呢，真是一举多得。

1999年张本琳老师随声乐班在苏丹娜老师带领下参加了澳门回归的演出，2016年又参加纪念红军长征胜利80周年的演出。

2006年张本琳老师和老师们一起代表北航登上了CCTV星光大道的舞台，演唱的歌曲《祖国不会忘记》感人、动听，受到好评。

2010 年张本琳老师与自动化学院的退休教职工们一起参加了北航离退休工作处举办的庆七一颂党爱国歌咏会。2011 年她们参加了纪念中国共产党建党 90 周年歌咏比赛。在大家的团结一致、齐心努力下，她们表演的节目《最美的歌儿唱给妈妈》获得了二等奖。2012 年校庆 60 周年晚会上，她们参加演出的女声表演唱《山楂树》，经过精心排练，展现了建校初期 50 年代大学生的精神面貌，满满的美好回忆。

在合唱团每年的新春联谊会上，张老师总要帮助组织排练一些节目，自娱自乐。如自动化学院女老师们载歌载舞的《草原晨曲》；或会前选好歌，印好歌片，会上带领大伙一起《老歌联唱》，从《没有共产党就没有新中国》一直唱到《社会主义好》。

张老师退休后的另一项活动是健身。当下，"没有全民健身就没有全面小康"的观念已深入人心。健步走是一项不受场地时间限制、能坚持长久的健身运动。北航老年体协组织了健步走协会，并加入了北京市徒步运动协会，遵照协会的宗旨"科学徒步、走出健康、走出快乐"。张老师是最早参与健步走协会开始徒步走的。她参加过 2011 年 9 月的西藏拉萨纳木错徒步大会。当时她已 72 岁，能在世界海拔最高的咸水湖边行走，令她十分自豪。她领略了高原反应对生命的挑战，体会到人生能有几回搏的快活。

近几年，她一直坚持徒步走。她积极地参加了 2015 年秋环雁栖湖徒步行走、2016 年与 2017 年北京市新年徒步大会、徒步石景山奔向 2022、2016 年 11 月迎冬奥全民健步走等活动。2018 年还参加了在奥林匹克森林公园与马来西亚徒步协会的互动活动。

除了徒步走健身外，张老师还学会了手杖操，并在退休教职工春季运动会及北京市广场舞电视大赛上表演。此外，太极拳也是张老师爱好的健身运动。太极拳运动在北航有着悠久的历史传统和广泛的群众基础。在绿园、在操场……经常也能看到张老师打太极拳的身影。

长期坚持锻炼，既增强了自身的体质，又活跃了校园文化生活。2008 年，在首都老干部"高举旗帜 唱响奥运"大型演唱会上，张老师参加了"太极拳扇"的集体表演。2009 年 8 月 8 日又参加了鸟巢前广场上创太极拳吉尼斯世界纪录的活动。为完成这些任务，张老师参加了集训，提高了拳艺。她非常高兴地说，这又是一举多得。

张老师退休生活中最开心的事要数旅游了。上班那会儿既没时间精力，也没经济实力，哪敢奢望出去旅游。如今的张老师已经走出国门游览了世界五大洲 33 个国家，真是开眼界、长见识，走出国门，旅途上万里，享受着各种先进舒适的交通工具，体验申根签证之便捷。而国内 31 个省、市、自治区及港澳台她也都游遍了。2008 年她去新疆旅游，登上海拔 4750 米高的红其拉甫口岸，这是唯一没有隔离区的边境，体会了巴铁之友谊。而酒泉航天城之旅，更是北航人多年之愿望。她领略了祖国的大好河山，亲身体会了“绿水青山就是金山银山”，并用自己手中的相机拍摄下那异域风光、人文景观，回来再做成 PPT 与亲朋好友分享，也是生活中的一大乐趣。

80 高龄　喜庆祖国 70 华诞

2019 年张老师虽已 80 高龄，但仍积极主动参加了庆祝中华人民共和国成立 70 周年的各种活动。

她参加了北航老年体协越野行走协会组织的持杖行走圆明园接受爱国主义教育的活动，一路走到“大水法”遗址，见证 1860 年英法联军火烧圆明园的历史，重温“忘记历史就意味着背叛”的信念。

她为北航艺术馆献上《壮丽七十年　奋斗新时代》和《我和我的祖国》两幅书法墨宝，以敬贺祖国 70 华诞。其中《壮丽七十年　奋斗新时代》书法作品抒发了张老师深切的情思。70 年来，中国人民书写了感天动地的奋斗史诗，而展望未来，党和国家必定能攻坚克难，踏平坎坷，书写更加崭新的历史篇章。而《我和我的祖国》这幅书法作品则是张老师将 100 多字歌词抄录篆写而成，诉说了张老师“我和祖国”息息相关一刻也不能分离的心情，表达了对伟大祖国的衷心依恋和真诚歌颂。

张老师还参加了北京市教育系统“光影映华诞 共筑中国梦”老同志摄影作品展。她的送展作品是《北航的共和国同龄人》，照片表现了 40 多位北航的共和国同龄人同声唱响《歌唱祖国》。他们在中华人民共和国成立 70 周年之际，在老主楼“为人民服务”的字匾下绽放笑脸，与国旗同框，表达着心中对祖国的无限热爱和祝福。

每年国庆节前夕，张老师都会去天安门广场、长安大街拍摄从前门到天安门、从建国门到复兴门摆放的大型主题花坛。2019 年她漫步十里长街，拍摄下为祖国庆生而忙碌着的人们。有正在天安门城楼上装饰的工匠们，以及擦洗中行大厦玻璃幕墙的蜘蛛人。看到他们，张老师浮想联翩，越发感到今天的美好生活来之不易，是靠广大的普通劳动者撸起袖子加油干、用辛勤汗水奋斗出来的。

张老师充分利用首都北京独有的文化地位，先睹为快，不辞辛苦，乘坐公交去博物馆参观许多大型的国家级乃至世界级的展览。2019 年，她不顾 80 岁高龄，参观了在北京展览馆展出的“伟大历史 辉煌成就——庆祝中华人民共和国成立 70 周年大型成就展”，重温了中国人民在中国共产党的领导下从站起来、富起来到强起来的波澜壮阔的发展历程。

张老师的退休生活是丰富多彩的、幸福快乐的。她说，这都离不开北航离退休工作处诸位工作人员的辛勤劳动，她打心底里感谢他们，要给他们点赞。

老年运动展活力

——记文体活动之星王众民

别有一番情趣的生活会使人长年保持生命的朝气和活力，不安于无所事事会使人的精神状态更饱满。1948年出生，今年72岁的王众民老师退休后，就是这样不安于无所事事，过着别有一番情趣的生活。自12年前退休后，他把运动当成生命中的伙伴，投入大量的时间，长年保持生命的朝气和活力，精神状态饱满地投入到为老同志的服务当中。他先后担任了材料科学与工程学院退休教职工第三党支部书记、学校组织部党建组织员、校“关工委”委员、老年体育协会会长、老年乒乓球协会会长、老年台球协会副会长等业余兼职职务。

爱好乒乓球

王老师特别喜欢打乒乓球，从中得到许多收益，体会到许多乐趣。对于打乒乓球，原本退休前就是他的爱好(退休前曾获得过学校举办的教授杯乒乓球比赛男双第一名，混双第二名)，退休后时间充裕了，每天都可以保持50分钟左右的锻炼时间。长年的坚持使他感悟到打乒乓球具有多项好处。好处一是精神好。乒乓球是一项有趣的运动，能调动人的情绪。有时遇到什么烦心事，打一会儿乒乓球，身上出出汗，那种特有的惬意能让人精神面貌焕然一新。此外，“以球会友”也是件乐事，跟球友场上切磋、场下谈心，令人心情舒畅、神清气爽。好处二是保护眼睛。打乒乓球时，由于球的来往速度较快，来球落点或近或远，或左或右，或旋转或不转，为了做出准确的判断，必定通过眼睛获得球的信息，眼球始终处在跟随乒乓球的运动中，此时与大脑进行快速反馈联系。这种对眼睛及视力的快速调节的独特运动，有效地保护了眼睛的功能。好处三是动脑健脑。在所有球类运动项目中，乒乓球的速度是比较快的。由于球体小而轻，攻防转换迅速，它要求参与者必须在最短的时间内调动视觉、听觉等感觉器官，对变化着的来球做出准确的判断和反应。这种需要勤动脑的特点，能很好地锻炼老年人的反应能力，锻炼人脑对周围事物的灵敏性。所以，打乒乓球对预防老年人脑痴呆，延缓老年人脑动脉硬化，保持良好的思维记忆力多有裨益。好处四是增加饭量。由于打乒乓球有一定的体力消耗，可增进食欲。另外，身体不停地来回运动，也能促进肠胃的蠕动。好处五是四肢活动勤。乒乓球运动不但要求眼快，手也要快，同时脚步也需迅速移动作出配合，长期锻炼可使上下肢体的关节灵活，腰背部的肌肉也更强健，协调性和灵活性都得到提高，人也更加充满活力。可以说打乒乓球是适合老年人的运动之一。

当然，王老师也提醒大家，对一些老年人来讲打球时也要根据自己的情况量力而行、适可而止，适合自己的才是最好的。

每天的乒乓球锻炼使他保持了良好的身心状态，做到了身体灵活，动作协调。2016 年底，在退乒协举办的老年乒乓球比赛中，他取得了男单第一的好成绩，2017 年年初在退乒协工作总结聚会上也受到了领导颁发的奖励。此事当然也让他心里感到非常的高兴。

迷恋打台球

打完乒乓球后，稍做休息，消消汗，王老师就又加入到了较为平和的台球活动之中，通常要再活动两个小时左右。打台球是一项老少皆宜的球类活动，既富有消闲性又具有知识性，同时它还令人有愉悦感。当你掌握了各种杆法技术，打起来逐渐掌握心得，成功率也日见提高时，更是令人心醉的一项活动。它很高雅，使置身其中的人有一种超脱感，它需要精确的计算,对心态与肌肉要有自控意识。打台球有时也会在没有计算到的失误中惹出一些烦恼,但这可以锻炼一个人的坚韧性格,不为胜负所累。只要有几杆打的如意,失败的失落感又会得到平衡。人多时轮替下场休息,看水平高的人打球,会从看热闹进而看门道了。高难度的杆法一时掌握不住,就多看多想多学多练,就是在台子旁边看别人打球,也能从看球中体会到它的韵味。而一旦自己也悟到了其中的技法,上台试一试,又会在见到自己的进步时享受到这一收获的乐趣。即使比分落后了,仍有可能后来居上,足以鼓舞人不灰心不气馁,培养向上的性格。台球对身体条件没有特别的要求,适宜于一般的老年人。所以台球运动实在是一项优点居多、好处大大的球类活动。对台球的迷恋,让王老师的台球技术水平得以快速提高。

王老师感到幸运且引以为自豪的是2019年5月15日上午,按轮流交替主持的约定,他得以代表北航老年台球队主持了由北航离退休工作处与清华离退休工作处共同举办的第二届"新时代杯"老年教工台球友谊赛。这次比赛在清华大学老年活动中心举行,北航代表队获得亚军,清华代表队获得冠军。

北航与清华两校多年来在离退休工作方面开展了广泛深入的合作交流,老同志们彼此建立了深厚的感情。为了促进两校老同志间的了解,以台球运动促进两校社团活动进步,北航离退休工作处与清华离退休工作处经过细致沟通,周密准备,使这样一场修身养性文化养老的文体盛会得以成行。这次比赛中,他和另外的一位老同志一起取得了男双比赛获胜的好成绩(团体赛的九场比赛之一)。

运动收获多

在谈到运动收获时,王老师说,运动使他健康,运动让他快乐。

运动使他健康。适当的运动,有利于消除疲劳,提高自信,改善情绪;适当的运动,增进了同事之间的交往和交流,有效地缓解了生活压力,让人身心放松,保持一种平和的心态;适当的运动,甚至可以把压力和不愉快带走。运动使他扩大了结交朋友的圈子,这些朋友把他推上了老年体育协会会长、老年乒乓球协会会长、老年台球协会副会长等诸多位置上，同时也是在给他为大家服务办事的机会。

运动让他快乐。因为，在运动中会发现许多生活的美妙与生命的轻盈，心胸也往往豁然开朗；运动也使他心境舒缓、心旷神怡，忘却烦恼，振作精神。不难发现运动、健康、快乐三者是相伴相随的。在运动中，在快乐里，领悟自己的人生道路和人生价值；在运动中调适自己的心态，回归一份宁静与自然，使生活简单而充实；在运动中，去发现、去挖掘生活的乐趣。王老师由于每天都能抽出时间锻炼，感觉到精神饱满、心情愉快，身体也一直保持健康的良好状态。近几年来身体检查，都能有一个满意的结果。

根据王众民老师长年坚持运动锻炼的精神和在体育锻炼方面为老同志服务的无私奉献，2018 年学校离退休教职工党委授予王众民老师文体活动之星称号。

老龄大学助力老有所学

——蔡勇教授三进老龄大学求学记

2018年是北航老龄大学成立30周年。在那个喜庆的日子里，蔡勇教授不由回忆起他退休后曾经在70多岁时，三进老龄大学当学生的往事。

一进老龄大学　当插班生学习 PPT 制作

记得那是2011年秋，由于平时在电脑上看过许多别人制作的幻灯片(PPT)，非常羡慕和好奇，久而久之蔡教授萌生了自己制作幻灯片的念头。当时找不到师傅，就开始自己琢磨制作PPT的方法。

偶然的机会让他想到“旧瓶装新酒”的办法，也就是把别人制作的幻灯片里的图片删掉，仅留下框架，然后换上自己想要的图片。这个办法十分取巧，开始时也很成功，没花多少工夫就制作了十多部“新”的幻灯片。但很快蔡教授就发现这个办法的局限性。虽然画面换了，但其他方面如切换时间与背景音乐等都没有变化，以致十多部幻灯片在这些方面千篇一律、老调重弹、令人乏味。于是，蔡教授就想到要找个制作 PPT 的电脑班，规规矩矩、老老实实，从头学起。

说来也巧，一打听，北航老龄大学此时正好有个 PPT 电脑班，但已经开学，而且招生名额已满。他就央求老龄大学武登春校长帮忙允许他当个插班生。武校长说，其他班插一两个人都好办，唯独电脑班不行，因为班里的电脑数量是固定的。蔡教授就说自己会点儿 PPT，可以光听课，不用电脑。武校长见他如此执着就说："好吧，那你就试试。"

记得当时 PPT 电脑班一周两次课。第一次课主要是老师讲解；第二次课则是在老师指导下，学员在电脑上实际操作。讲课的老师是从北航计算机学院请来的一位女研究生。她讲课认真细致而且很有条理，蔡教授基本上都能听得懂她的讲解。在实际操作时，一开始因为没有电脑，他就坐在别的同学旁边看着别人操作。有时别人操作中遇到困难时，他还能帮忙出出主意。大约到了第四个星期的时候，因为有同学因事中途退学，蔡教授才和其他同学一样有了自己的电脑。这样就方便他听课时，随时记下听课的内容、自己做的笔记和作业，并储存在自己设置的文件夹里。

一个学期二十周，期末结束时按老师事先的布置，每一个学员在最后一次课堂上演示自己独立制作的或长或短题材多种多样的幻灯片。蔡教授演示的幻灯片题目是《沙河校区三十景》，内容是他在北航沙河校区参观时拍摄的一些校园风光照片。武校长还出席了这次学员结业作品的演示活动，对大家的学习成果予以肯定和表扬。

经过在老龄大学这段时间比较正规的学习和训练，蔡教授的 PPT 制作水平和熟练程度有了明显的提高。此后三四年内他累计制作了 300 多部幻灯片。幻灯片里数以千计的照片，一部分是他自己拍的，一部分是从网上下载的，还有相当一部分是北航退休老同事中的书画爱好者和摄影爱好者们的个人作品。他曾经帮助北航老年书画研究会的李兴东、熊银生、王幼复、李凤仙和康滢等老师制作过个人作品幻灯片专辑，帮助北航夕阳红摄影协会的金茂忠、楼士礼等老师制作过总共 70 多部幻灯片的摄影作品。此外，他还曾把北航离退休工作处组织旅游活动中拍摄的照片以及参观北航艺术馆展品的照片制作成幻灯片。看到自己的劳动成果，蔡教授动情地说："我之所以有能力完成这些工作，是与当年在老龄大学的学习与培训分不开的。"

二进老龄大学　找陪读学习 PS 图片造假

2012 年秋，也就是他学完 PPT 班的第二年，北航老龄大学开设 PS 电脑班。PS 是英文 PHOTOSHOP 一词的缩写，意思是"图片加工"。但人们通常把 PS 当作贬义词来用。例如，如果说某幅人物照片是 PS 照片，这就好像意味着这是一张假照片：或者人物是假，或者背景是假。比如人物拍照时是秃顶，现在照片上满头黑发；身上的衣服原来是中山装，现在是西装，等等。

虽然人们对 PS 图片存在许多负面看法，但蔡教授觉得作为一种图片的艺术加工方法，还是应当学习和掌握的。对于一幅图片，你可以不"画蛇添足"，但可以"画龙点睛"。如果给一朵花"添枝加叶"，可能没有必要，但如果给空空荡荡的一块园地"移花接木"，也许能获得更好的视觉效果。人们反对"张冠李戴"，但是如果能把一幅"衣冠不整"甚至"衣衫褴褛"的人像照片修补得"衣冠楚楚"，也是一种技巧和学问。想通了这些道理后，他决定报名参加老龄大学 PS 电脑班。

这个班当时未招满，还有好几个缺额。于是他找到老龄大学办公室的范淑琴老师，她很麻利地给蔡教授办理了注册缴费手续，并在开学前安排好他的电脑座位。

教这门课的老师是北航新媒体艺术学院的一位女研究生。她讲这门课似乎胸有成竹、轻车熟路。一打开讲台上的电脑，她就对着大屏幕单刀直入地指导大家调出各自电脑里的讲课内容，然后对着屏幕上一幅幅图片开始讲解什么"前景""背景"，什么"套索工具""移动工具"，还有什么"图层""图层复合"，等等。这些对蔡教授来讲完全是陌生的概念。下面的同学跟着老师的讲解，各自在电脑上安安静静地进行操作，而他此时却茫茫然，如在云雾之中，完全不知道老师在讲些什么。这时，他问坐在旁边的一位同学："老师讲的内容我怎么一点儿也听不懂啊？"这位同学说："这是复习上学期学过的一部分内容。你是新来的吧？过去没学过 PS 课吗?"这时蔡教授才恍然大悟,PS课是一个学年的课,一学年分两个学期,他没有学第一学期的教学内容就直接进入了第二学期,那怎么能跟得上班呢。怎么办,退学吗?不,既然来了就不能走,蔡教授心里这样想着。

下课后他立即去办公室,找到范老师说"PS班我还要报一个名"。范老师问他替谁报名,蔡教授说是替退休前单位的一位同事,名叫傅青军。范老师问傅青军怎么不自己来,蔡教授解释说:"我是咱们PS班晚了一个学期的学生。上学期的课没有听,现在直接听下学期的课,有点听不懂,我要找个'小先生'陪我听课,否则我就学不下去了。"范老师又问:"他能来吗?"蔡教授说:"我给他报了名、缴了费并通知了他,他就会来的。"原来,傅青军在蔡教授初学电脑时曾给他当过启蒙教师,他还懂得一些PS软件。虽然他自己不会报名参加学习班,但是蔡教授有困难时,他肯定会来帮忙的,蔡教授需要他陪着学。

后来武校长知道蔡教授有个"陪读"傅青军,退休前当过外语系办公室主任,工作能力强,又懂得电脑PS软件,就让傅青军担任了PS班的班长。从此以后,由于有了班长兼"陪读"的具体帮助,蔡教授开始弄清PS软件的来龙去脉,上课时能逐步听懂老师的讲解,并随着课堂教学进度和节奏,自主地操作电脑完成规定的教学任务了。

课程结束时,按老师的要求,每个同学自由选择图片题材,制作自己的PS图片文件。蔡教授把他在北航校园里拍摄的校园景观照片和从网上下载的另外一些照片,用PS软件进行合成加工,形成若干幅看上去不伦不类的新照片。例如,在PS的新照片里钱学森塑像被放到主楼前,北航图书馆前出现了一条大狼狗,北航外语学院楼前竖立一尊恩格斯半身雕像,克里姆林宫里的一门古代大炮被移到北航绿园里展览,轰动一时的"周老虎"忽然造访北航校园,荷兰郁金香开满北航晨读园,等等。虽然PS加工前,原来的照片都是"真"照片,但经过加工合成后都变成PS"假"照片了。最后按照老师的要求,每个同学都将自己的PS照片在课堂上展示。他用幻灯片展示了大约30幅这样的照片,总的题目叫作《北航校园奇异景观》。

为了巩固学习成果,结业后他又继续用PS技术加工了数百幅照片,编制成《北航校园美女秀》《名模明星北航秀》以及《卢浮宫石雕北航展》等三部幻灯片。这些幻灯片后来通过电子邮件发送给北航老龄大学领导和其他有电子邮箱联系的同学及朋友观赏与交流。

三进老龄大学　学技法 PS 照片变国画

2013 年蔡教授第三次进老龄大学电脑班,这次学习的课程叫“PS 中国画意摄影技法”。虽然知道它是一门电脑课,但从课程名称上一开始他没有搞清楚这是一门摄影课还是一门绘画课。几次听课后才明白,它是一门 PS 绘画课,也就是用 PS 技法在电脑上对摄影作品进行加工改造,最后制作出很像国画的作品。

例如,一幅山水风景照片,通过 PS 技法加工后要变成一幅同样风景的山水国画,加工的方法可能多种多样。一般来说,照片很清晰,很多细节都能看得真切,但国画是写意的,不可能也没有必要把一切细节画得清清楚楚。因此 PS 加工时需要选用 PS 技法中的“模糊”工具将清晰的部分模糊化。另外,照片通常是彩色的,加工成水墨画时要调用“去色”的技法,使鲜艳的彩色“淡化”或者“黑白化”。制作 PS 国画时,有时也使用合成的技法,将一幅图片中的某人或某物移动到另一幅图片中去做背景。做这样的移动时,通常要使用“套索”“抠图”“拖移”“擦除”等多种 PS 工具和技法。

中国画的笔墨技法有多个种类,如工笔、写意、水墨、绢本等;画幅也有多种形式,如折扇、团扇、斗方、中堂、横幅、长幅、四条幅等。用 PS 技法加工国画时,要选用不同的 PS 工具完成不同的任务。例如工笔画要求线条构图,因此“抠图”加工时要设法“剪切”干净、不留痕迹;加工写意画时,除了重点部分保留清楚外,常常更多使用“模糊化”工具。折扇、团扇加工时,要在“定界框”内选择相应的形式。此外,中国画是融诗文、书法、篆刻、绘画为一体的综合艺术,画完一幅画后还要“题款”,即在画面上题写诗文、记写年月、签署姓名别号和加盖印章等,制作 PS 中国画时都应添加这些内容以显示其逼真性。

讲解 PS 中国画的任课老师是从外单位聘请来的,一个学期大约讲了十幅国画的制作,记得有水墨画《陶然亭》和《墨竹图》、重彩画《牡丹花》、工笔画《周庄》、绢本画《西塘古韵》、长幅画《清明初雨后》以及四条屏《小桥、流水、人家》等。老师讲课的方法是提供上述照片素材，详细列出加工步骤，给出具体数据，然后要求学生亦步亦趋地跟着老师操作，最后依样画葫芦地制作出与老师要求的几乎完全相同的PS国画成品。

像其他许多电脑课一样，课程结束时要求每个人至少PS出一幅国画作品在课堂上展示。蔡教授当时制作了十多幅画，题目有《荷花一朵也秀丽》《雪后北航一景》《水乡古镇》《期盼君再来》《北航时尚女博士》《憧憬无限》《乡村姑娘》和《好儿女志在四方》等。对于这些作品的评价，蔡教授说，由于自己不太懂得国画与西洋画的区别，所以他制作的这些国画中可能有几幅有点中国画的意味，但多数就说不清楚它们归于哪类画种了。

课程结束后，他继续用PS技法加工照片制作图画，但多数成品是水彩画、素描画、雕塑画、木刻画、画版、壁画等。他曾把同类同专题的西洋画编制成幻灯片，发送给有电子邮件联系的朋友们观赏。这样的幻灯片有:《北航校园套色木刻画》《布面水彩风景画》《彩色浮雕风景画》《浮雕人物画》《水彩人物画》《宽幅山水风景版画》和《旗袍女水彩画》等。

对于制作PS国画，蔡教授认为比较难。这是因为一方面需要对国画特点认识清楚，了解它与西洋画的差别在哪里，另一方面也是更重要的方面，是因为PS软件在图片的艺术化处理方面有许多现成的西洋画的“菜单”可供选用，而加工中国画好像没有现成的、直接可以利用的PS软件。分析原因可能是PS软件设计者毕竟是西洋人，他们对西洋画的研究比较深入，而对中国国画艺术知之甚少，没能提供多少现成的可以PS中国画的解决办法。

孔子说，学然后知不足。蔡教授三进北航老龄大学，学电脑制作PPT，学习PS技术加工图片以及学习PS技法变照片为绘画，自认为虽然也取得了一些成绩，制作了不少成品，但基本结果是数量有余、质量不足，特别是在PS加工国画方面，他还处在摸索阶段。尽管如此，他还是要特别感谢北航老龄大学，因为老龄大学在蔡教授退休生活的后期，让他有机会在电脑的一些实际应用方面学到不少新知识、新技能。

老龄大学是“老有所学”者的家园，北航老龄大学让爱学习的蔡教授的老年生活丰富多彩、阳光灿烂！

文老的诗歌人生

——记工信部离退休先进个人文益民

文益民老先生是一位不折不扣的老革命和老共产党员，他1948年参加工作，1965年入党，今年93岁。他平易近人、文采斐然，自《北航老年工作》创刊以来，每年他都踊跃投稿，凡是关注《北航老年工作》期刊的人没有不知道他的名字的。

他克服自身困难，积极参加党支部生活，不仅自己积极参加组织生活，还在会上为听力欠缺的老同志认真翻译，同志们打心眼里佩服他。他用实际行动把毕生辛辛苦苦节省的10万元钱一次性捐献给离退休工作处，作为思源基金用于助老、助困、助学；他还给汶川大地震捐款，每年"七一"共产党员献爱心捐款，体现了共产党员的大爱胸怀；他积极配合完成《信仰之光》一书素材的采访，说，"为了传承革命精神，为了我们的下一代，天气再热、身体再差我也能克服，一定要把跟党干革命的真实感受和体会讲给大家听"。他的言行深深地感动了采访他的学生。文老用实际行动践行着一个共产党员的标准。

如果不了解文老的人还以为他的身体和家庭情况都不错，可是走近他才知道，他的老伴生病卧床三年多，照顾病人时自己还饱受痔疮、带状疱疹等疾病的折磨，但他克服一切困难细心地照顾着老伴，直到老伴安详地离去，他堪称模范丈夫、老来伴的楷模。就是在这样的条件下，他对党组织给予他的关怀念念不忘，经常用诗歌表达组织上对他的关心。

他认真学习时事政治，看电视听新闻，认真学习党的理论，学习习总书记讲话，经常用诗歌的形式汇报学习收获和体会。在庆祝中国人民抗日战争暨世界反法西斯战争胜利70周年活动中，他作诗《英烈颂》来缅怀牺牲的烈士。他把祖国自改革开放以来发生的巨大变革一一用笔记录下来，他用诗歌赞扬李克强总理冒着严寒深入基层调研，关心基层群众的生活安危。历年在庆祝党的生日时，他都书写出热情洋溢的诗歌来歌颂党的丰功伟绩，有《祖国颂》《祝福您的生日，我的祖国》《申奥成功》《春满人间》《奋斗新时代，永远跟党走》《党啊，您听我唱》。诗中写到"九十三岁疾病多，日日夜夜斗病魔。七十一年跟党走，报答党恩助人乐"，等等。他写诗为离退休工作处组织的"2＋1"活动点赞，撰文《中国梦，劳动美》赞扬离退休工作处为老同志举办的各种活动，为离退休工作处工作人员的辛勤劳动点赞。他题为《北航同学，祝福你们》的诗文给大学生送上祝福和希望。大家读了文老的诗文，都深受感动，不无感慨地说，"文老师全身充满了正能量，值得我们好好学习"。

从90年代初到现在，文老把学习体会和感悟以及见闻用文字记录下来，有诗歌、歌谣、散文等体裁的文章共计100多篇，令人敬佩。可文老自己却谦虚地说："我不会写诗词，只能用歌谣歌颂伟大的祖国，歌颂伟大的党，歌颂哺育我成长的人民，歌颂来之不易的幸福生活。我用心写作，把我的生命化为歌谣。"

下面附文老诗歌几篇为证。

《英烈颂》

——庆祝抗日战争胜利70周年

清明时节春雨泣，海棠花开祭英烈。
奋不顾身灭日寇，誓死保卫家和国。
热血浇灌胜利花，奋斗迎来新中国。
缅怀先烈承遗志，中国梦圆慰英烈。

《祖国颂》

——庆祝中华人民共和国成立50周年

1999年10月1日

灾难深重旧中国，经济落后贫且弱。
自从有了共产党，中国命运人民握。
巨臂推倒三座山，神州诞生新中国。
社会主义康庄道，共产主义是归宿。
改革开放结硕果，国强民富世瞩目。
港澳回归雪国耻，一国两制反“台独”。
展望未来新世纪，祖国振兴民幸福。

《祝福您的生日，我的祖国》

2005年10月8日

国庆五十六周年，喜鹊枝头唱和谐。
党的阳光照大地，枫叶喝醉红了脸。
天安门上挂红灯，装点江山用花坛。
江南水乡花坛美，小桥流水水车转。
中华公园奥运梦，奥运花坛花似海。
硕果累累桂花香，运动造型用花嵌。
同一个世界，one world。
同一个梦想，one dream。
广场中心大花坛，喷泉水柱冲云天。
中外游人摄像忙，五彩风筝飘落仙。
笑脸鲜花相映红，安居乐业人心暖。

《申奥成功》

——庆祝北京市申请举办2008年国际奥林匹克运动会成功

2001年秋

中奥成功喜讯传，中华儿女夜无眠。
热血沸腾喜泪流，扬眉吐气美梦圆。

二零零八北京城，绿色奥运显自然。
科技奥运促竞技，人文奥运展文明。
全国上下齐努力，北京奥运世界惊。

《春满人间》

——纪念中国共产党成立95周年

2016年7月1日

党和人民心连心，人民冷暖挂心间。
千言万语解民惑，息息相关同呼吸。
千方百计解民难，排忧解难尽心力。
千辛万苦为民富，国强民富民所盼。
千难万险保民安，千家万户展笑颜。
党章党规似灯塔，万千党员永向前。
党的光辉像太阳，普照大地人心暖。
党的爱心是春雨，播洒春色满人间。
立党为公为人民，中华梦圆民族兴。
执政为民得民心，千秋万代树丰碑。

《党啊，您听我唱》

元旦春节将来临，室内游艺我心乐。
思源楼内暖如春，为党歌唱感恩党！

《奋斗新时代，永远跟党走》

——2019年5月1日国际劳动节

93岁疾病多，日日夜夜斗病魔。
71年跟党走，报答党恩助人乐。

《为“朝夕相伴1+2”结对活动点赞》

朝夕相映红，祖国江山美。
学党章党规，做合格党员。

关心下一代，敬老尊贤人。
求同存异，优势互补。
释疑解惑，排忧解难。
锦上添花，雪中送炭。
制定规划，共同实践。
共圆中国梦，永远跟党走。

《中国梦，劳动美》

举头望青天，低头鲜花开。
和谐北航美，老人笑口开。

《北航同学，祝福你们》

2019年10月23日

我生你未生，你生我已老。
你生逢盛世，我生命难保。
空天报祖国，为民谋幸福。
德智体美劳，全面发展好。
党的阳光照，祝你天天好。

《讴歌》(三首)

《绿园消暑》

夏日炎炎暑气蒸，北航绿园树成荫。
鸟语花香荷叶绿，漫步石径幸福人。

《中秋月圆》

金秋八月桂飘香，日丽风和丰收忙。
花好月圆人长寿，月到中秋分外光。

《人老心不老》

人到九十心不老，脑子灵光脚能行。
党恩未报不辞世，只争朝夕报恩情。

老有所乐乐文体　老有所为为大家

——记优秀共产党员、文体活动之星魏凤琴

魏凤琴同志是一位50年代回国的老归侨，2009年7月1日，她终于成为一名光荣的共产党党员。虽已退休的她本应过着衣食无忧的生活，但是作为一名有着新党员身份的老同志，她决定要为党的事业奉献自己的微薄之力。

临危受命挑重担

党中央在全体党员中开展“学党章党规，学系列讲话，做合格共产党员”的“两学 做”学习教育活动，就是从明确基本标准、树立行为规范，加强理论武装、统一思想行动着手，加强党的思想建设，把教育全党树立共产主义理想信念，做合格共产党员举措从集中性向经常性延伸。魏凤琴同志自觉参加学习教育活动，在“两学一做”学习教育交流活动中她深刻地意识到：共产党员要有精气神，虽然自己的年龄超过70岁，但作为新党员，政治生命还年轻。要把老党员们的革命精神和光荣传统作为学习的榜样，向他们学习，严格要求自己，做到政治思想不动摇，理想信念不模糊，党员意识不淡化，做一名合格的共产党员。

离休干部是一个独立的群体，离休党支部同志平均年龄较大，而且没有新离休的同志加入。随着年龄的不断增长，离休党支部本身已经无法自己产生党支部书记，自我运转。而这批老同志是中华人民共和国的奠

基人，是党和国家的宝贵财富。习近平总书记说过，老干部是党执政兴国的重要资源，是推进中国特色社会主义伟大事业的重要力量。因此，老干部工作承担着党中央关心爱护老干部的重要任务，是一项需要付出、需要奉献的重要工作。魏凤琴同志就是在这样一个背景下，临危受命，勇挑重担。2013 年她被北航离退休教职工党委选派到离休六支部，配合书记工作。2019 年离休支部合并改选，魏凤琴同志做了离休干部第四党支部的书记。魏凤琴同志作风朴实正派，为人厚道，不参加宗教活动。她虽是一名新党员，但群众信得过她。任职后，她工作积极、仔细，经常去老党员家里探访，与患病党员电话、微信联络，嘘寒问暖，通报情况，还为校外党员送药，受到党员们的赞扬，是位合格的党支部书记。在“两学一做”的学习教育活动中，魏凤琴同志深深地感受到奉献精神、服务精神在支部活动中的重要性和必要性。她积极、主动、热情的工作作风感染着支部每一名党员，她的爱心在党员间相互传递着、相互影响着，同时也活跃着支部间的党员生活。

老有所乐乐文体

2013 年，魏凤琴同志从退休支部转到离休支部，并在换届选举中被支部里的老党员们推选为支部副书记。她结合自己乐文体、爱运动、有热情的个性，带动离退休的老同志们开展积极健康的活动，为党的老年工作做出了自己的贡献。

她热情支持离退休工作处的各项工作。在每年的游艺会上，魏凤琴同志都会协助离退休工作处做游艺会的各项准备工作，她自己动手做套圈、鱼钩，把破旧的转盘重新设计，让游艺器材焕然一新，使老同志们玩得得心应手、不亦乐乎；她还自己购买跳棋，让坐轮椅的老同志在矮桌子上玩跳棋。她还积极参加献爱心活动并将活动通知到每一位党员，在魏凤琴同志的影响下党员们都能积极参加，有的老党员一捐就是 1000 元，有的老党员还帮助家乡小学捐图书……魏凤琴脚踏实地的工作态度受到党员同志们的好评，这也是她退休后继续实现人生价值的方式。

她是一位文体活动爱好者，退休前参加过学校每年的春季教职工运动大会，取得过团体及个人项目的前三名。退休后有更多时间可以进行体育锻炼了，于是，她每天都坚持练习各种球类，如柔力球、台球，特别是门球，门球是她最擅长的运动。

在担任北航门球协会会长及花园路街道老年门球协会会长期间，魏凤琴同志亲自带队参加门球比赛，如代表北航参加“北京市老教育工作者门球赛”，海淀区“三八杯”门球赛等。在每次比赛中，魏凤琴同志带领的队伍总能为北航争取到荣誉，特别是海淀区“三八杯”比赛中，魏凤琴同志带领的队伍取得了第二名的好成绩。

在这些好成绩背后，是魏凤琴同志默默的付出。作为北航门球协会会长，她用心开展促进北航门球工作。老年门球队的活动场地是一块露天的小操场，冬天一到，积雪就让门球场变了模样，为了能让老同志们按时且安全地活动，她总是早早地来到活动场地打扫卫生，保证每一处场地都没有积雪，不会让老同志受伤。借扫雪用具的小保安说：“别这么麻烦了，扫扫就得了。”她说：“天气越来越冷了，万一结冰，老同志们摔倒了可不得了。”冬日的早晨寒气逼人，但埋头干活的她却是满头大汗。

除参加比赛之外，魏凤琴同志自己也会负责组织门球比赛。如在花园路街道“门球协会”工作时，她作为会长协助花园路街道民政科组织一年一次的老年门球比赛。她带领的北航门球队获得过“花园杯”第二名、“三八杯”第一名的好成绩。

除了门球之外，柔力球也是她的爱好之一。2008 年，魏凤琴团队参加了“迎奥运”比赛；2010 年 4 月魏凤琴代表柔力球协会参加了高校第十一届柔力球比赛，取得优秀奖杯；2016 年，已经六年多没有摸过柔力球球拍的魏凤琴同志临危受命，再次代表北航出战，最终不辱使命，完成任务。

魏凤琴同志曾参加由海淀区侨联主办的“喜迎十八大，建功核心区”首届新侨乡文化节的活动，在文化节专题征文中，她撰写的《赞平凡归侨人》的文章发表在《海淀区首届新桥乡文化节征文集》中，这更加激发了她的民族自豪感和爱国热情。

老有所为为大家

魏凤琴同志在离休第六支部工作的四年里，始终把支部工作作为自己的重要任务去完成。老党员的年龄大、行动不便，她就用爱心、耐心、细心、关心真切地为党员服务，如对耳背的老党员就需要不厌其烦地大声和他们交流；经常打电话问候老党员的身体近况；逢年过节主动问候；为老党员们上门服务——送电影票、发体检表；每年的运动会奖品、游艺的纪念品她都帮忙领好，叫保安帮忙送到党员家里；春节慰问党员时，后勤保障处党委给老党员们发米、面、油等春节礼物，如果是比较重的物品，她就骑三轮车将其运回到思源楼，再叫党员家中的保姆、孩子或保安帮忙送到家，帮助大家解决实际困难。

作为副书记，她积极配合党支部书记落实离退休教职工党委布置的任务，组织老党员开展各项工作。

开展优秀主题党日活动。魏凤琴同志用自己的满腔热情和勤奋实干，策划出一次次深受离休党员们认可的主题活动，并获得表彰。2014 年离休六支部和离退休一支部联合开展的“一老一小忆革命，弘扬传统为明天”获优秀主题党日活动二等奖；2016 年离休六支部开展的“过好支部生活会，搞好党日活动”获优秀主题党日活动二等奖。2015 年离休六支部荣获中共北航离退休教职工委员会颁发的“先进党支部”荣誉证书；2016 年被评为学校“先进党支部”；在“两学一做”做合格党员的主题活动中，离休六支部被评为北京市老教工委的优秀支部。

积极帮助离休老党员找到娘家人。离休六支部的老党员都是从后勤机关的领导、办事员岗位上离休的。由于学校的改革变动，有些人员不知道原单位在哪里、属于谁管。多年来，这些烦恼事没有得到解决。魏凤琴主动承担责任，写好材料找到后勤党委，后勤党委领导高度重视，马上召开会议，做了具体安排，并指派专人联系。时任后勤集团党委书记的王梦丽同志说，这些老前辈、老党员，为共和国的建立和建设做出了巨大的贡献，我们会永远记挂他们。告诉老党员们，后勤党委就是他们的家，我们就是他们的娘家人，有什么要求找我们。至此，后勤党委每年把关心老同志工作安排在全年工作计划中。自 2014 年开始，每年迎新年，后勤党委都要把老同志们请回原单位召开茶话会，共度新年。老同志们外出举行党日活动，后勤党委在车辆方面给予大力支持。如为纪念抗日战争胜利 70 周年，离休六支部组织老同志们去抗日纪念馆参观，后勤党委出资为老同志专门派了一辆大轿车，许多多年不方便出门的老同志坐着轮椅参加。在参观现场，平常很少见面的老同志们感慨万千，异口同声地夸着党组织给大家带来的温暖，感觉有“娘家”真好。至今，每年春节前后勤党委领导都会亲自或派人上门慰问、发礼品，关心每一位老党员，使他们晚年生活幸福。

离休支部有一个共同的特点，就是党员同志年龄偏大，最年轻的党员也已经 80 多岁了。从为老同志服务的点点滴滴中，魏凤琴同志感受到离退休教职工党委采取选派较年轻的退休党员担任离休党支部正副书记工作的决策是正确的，是让离休党支部的党员活动开展得更加丰富多彩的重要举措，离退休老党员们的相互影响、爱心传递，让支部生活更加具有活力。这也符合中央有关精神，那就是“要满腔热忱做好服务保障工作，多办实事好事，让老干部在政治上有荣誉感、组织上有归属感、生活上有幸福感”。

让生活充满歌声和诗意

——记文体活动之星张阿莹

张阿莹老师曾是附中的高中语文教师和语文教研组组长，1996 年 10 月退休，至今已经 24 年。20 多年来，张老师始终以乐观进取、阳光向上的态度对待生活，积极热情地组织和参与单位、社区离退休老人的各项活动。她用歌声、用诗文和诵读，抒发爱国情怀，颂扬祖国传统文化，传播正能量，让自己的退休生活丰富多彩、幸福快乐，充满歌声和诗意。如今她虽已是年届耄耋的老人，依然活跃在社区、单位的各种舞台，徜徉在写作和诵读的快乐天地之中。

2017 年张阿莹老师被北航离退休教职工党委评为“正能量之星”，荣获“文体活动之星”的光荣称号，表彰她老有所乐以及为北航与附中老年文体活动所付出的努力和奉献。

热情歌唱　乐在其中

张老师喜欢唱歌，退休前常参加附中学校教职工的合唱活动，时时组织和指挥班级的学生独唱、合唱，退休后参加了北航离退休工作处的声乐班，练习歌唱。那时声乐班的条件简陋，没有自己的上课教室、排练场地，也没有专门制作的演出服装，但学员们依然热情高涨，认真练歌。张老师家住校外，每次上课要乘公交车到校，如有演出任务，还要加班加点，常常晚上排练到很晚。几年来，张老师无论严冬还是酷暑都坚持上课，从不缺席。她曾和声乐班的学员们多次参加学校重要的演出活动，如庆祝建国50周年晚会，1999年澳门回归前夕到中央电视台录制并播出《七子之歌》，北航建校50周年庆祝晚会，迎接奥运会演唱等。在这些演出活动中，她满怀激情，纵情歌唱。在演唱《七子之歌》时，当她唱到“母亲啊母亲，我要回来……”时禁不住热泪盈眶，对澳门回归充满深情和期待。在北航建校50周年庆祝晚会上，她和张竟教授代表北航老一代教职工，与在校的年轻学子同台演唱《同桌的你》。歌声响起，那动人的歌词，轻快的旋律，立刻唤起她对当年校园生活的回忆，那也是所有老一辈北航人的青春记忆。

后来声乐班的各方面条件有了很大的改善，不但有了宽敞明亮的专用教室，多套漂亮的演出服，还配备了伴奏钢琴，请来专业的老师教唱指挥。声乐班的老年学员们不但在学校的大小舞台演出，还常外出参加部委的演出或为养老院的老人们慰问演出。她和老年朋友们一次次地站在舞台上，用心灵歌唱，用歌声传颂阳光和美好。他们曾用《今天是你的生日，我的中国》《让世界赞美你》《旗帜颂》《一切献给党》等歌曲，唱出对祖国、对党的热爱和赞颂；用《最美不过夕阳红》《歌声与微笑》《我们的生活充满阳光》等歌曲，唱出对生活的热爱，抒发老年人的感恩和幸福感；用《鼓浪屿之歌》唱出对台湾同胞的怀念和对国家统一的期盼；用轻快的歌曲《祝酒歌》《卖渔翁》《回娘家》等唱出自己的欢乐和情趣；用《祖国不会忘记》《北航校歌》等歌曲，颂扬军工人、北航师生的执着与奉献，抒发他们豪迈与骄傲的情怀。

除参加声乐班的活动外，张老师还积极参加了几个社区合唱团的活动，几十年没有间断。她和社区的老年朋友友好交往，共同练歌。他们常常参加北京市、海淀区、学院路及单位、社区组织的各项演出活动，获得了不少荣誉和好评。在这些演出中，她还经常自己撰稿，为合唱领诵。如2017年庆祝长征80周年时，她和一位男士用铿锵有力、坚定自豪的声音为《四渡赤水出奇兵》领诵，给演出增色，为合唱加分，受到大家的赞许。在演唱《父老乡亲》这首歌时，她声情并茂的领诵，和合唱融为一体，感动歌者，也感动观众，收到很好的艺术效果。

通过歌唱学习，张老师说她不仅学会了很多歌曲，懂得了美声、民歌和流行歌曲的不同唱法，提高了歌唱水平和音乐鉴赏能力，还在合唱的排练中陶冶了情操，强化了团结协作的精神，结识了许多朋友。因为合唱是一项集体音乐活动，它要求合唱者高度地注重团队的协调统一。只有和歌友保持良好的交流协同关系，几个声部的合声才能和谐悦耳，才能很好地完成一部歌唱作品。

张老师几十年坚持歌唱，生活充满快乐，精神得到愉悦，收获了友谊，展示了风采，让生活更有情趣，更加美好。

朗诵诗文　抒发情怀

张老师除了喜欢唱歌外，朗诵也是她钟情的一件事。因为有原来语文教师的诵读功底，朗诵对她来说，驾轻就熟，不是难事。退休后，她有了更多的时间和精力阅读经典，专心背诵诗文，在朗诵实践中不断学习和提高。在北航和附中退休教师、学院路街道和社区的活动中，她常登台或个人或集体朗诵。如她曾代表学院路街道参加海淀区的诗歌朗诵比赛，其间，她朗诵了自己写的一首长诗《我的退休之歌》，抒发对退休生活的热爱和赞颂，感谢祖国给予老年人的幸福和欢乐，受到评委和观众的好评和赞赏，获得了二等奖的好成绩。之后她又以此诗参加了全国“银发飘飘”的老年风采大赛活动，并入选复赛。

张老师认为朗诵就是那种愿意把内心真诚的感动，通过艺术再创造，诉诸语言，去感动别人的一种冲动和热情。这种语言展示也是一种社会责任。在自己几十年朗诵或聆听别人朗诵的活动中，这种感受是强烈的，有许多往事是铭记不忘的。

她记得 2008 年 5 月 12 日，我国汶川地区遭受八级地震的灾害，全国人民伸出援手，赈灾救灾。那些日子她和全国人民一样关注震情，深切同情遭受震灾的汶川人民。当时她最早赶到学校去捐款，还满含深情地敲起键盘，用一首首发自内心的诗篇，赞颂坚强的汶川人民，歌颂全国人民的大爱精神，为汶川人民加油。她和朋友们在多个场合一起朗诵自己的诗作《汶川，我们不再哭泣》《手》，每当他们朗诵时，全场观众都会一齐落泪，又一起握紧拳头，表示战胜震灾的坚定信念。这些年，她多次怀着深情朗诵邓颖超同志的《海棠花祭》，每次都会唤起大家对周总理的深切怀念。有一次在社区演出时，她朗诵了这篇文章的节选，当朗诵到“海棠花开了，你离开了它们，离开了我们，你不再回来。你到哪里去了呀！……你进入了无边无际的海洋……”时，她情不自禁地泪水满眶，一度声音哽咽。当她含泪走下舞台时，几位老同志也泪流满面地上前和她握手拥抱，激动地对她说：“您朗诵得太好了，把我们一下带进40多年前周总理逝世的情景，我们太想念周总理啦！”这就是周总理的伟大形象和人格魅力、邓大姐的感人祭文，以及张老师用心灵朗诵给大家的感动和感受吧！

这些年她除了在学校和社区朗诵外，还在网上和诵友们一起朗诵，共同切磋。她还被邀请加入了一个朗诵志愿者的艺术团队，经常在圆明园涵秋馆参加朗诵活动，该团在重要节日或国家重要活动时都举办各种诗会，如“庆十一诗会”“新春诗会”“学雷锋志愿者诗会”“不忘国耻　爱我中华——纪念圆明园罹难周年诗会”“抗击病毒　同舟共济诗会”等。每次当他们在这个古老的皇家园林诵读经典，抒发对祖国的赞颂、对生活的热爱、对自然的赞美时，诗声在偌大的园林飘荡，心在飞扬，情在激荡，观众也随之驻足聆听，拍手称赞，分享感动。有一次当张老师朗诵完《你们和我们》《热爱生命》等诗后，几位观众即走上前，向她索要原稿，说诗写得好，朗诵得也好，自己也要学学，并随即加入这个朗诵志愿者的艺术团队。当她在“清明诗会”上怀着敬意朗诵了陈辉烈士的一首《为祖国而歌》的诗作时，观众深受感动，表示要向烈士学习和致敬。

平日张老师热爱朗诵，不但在单位、社区表演朗诵，就连全家欢聚、朋友相会，各地旅游等，也随时即兴朗诵。如多次家庭联欢时，她曾给孩子们朗诵《在山的那边》，还和儿孙们一起朗诵《春江花月夜》。2018年秋天，她和儿子一家到英国旅游，当他们在剑桥乘船游剑河时，眼前的风光让她想到徐志摩笔下康桥的景象，她情不自禁地吟诵起《再别康桥》的诗句。

退休的这些年，张老师这位古稀之人以极大的毅力，熟练地记住了三四十篇国内外经典诗文。如张若虚的《春江花月夜》、白居易的《琵琶行》、朱自清的《春》《匆匆》、老舍的《想北平》、鲁迅的《雪》、徐志摩的《再别康桥》、舒婷的《致橡树》《祖国啊，我亲爱的祖国》、裴多菲的《我愿意是急流》

等。因而每次在台上或公园朗诵时，她都能非常自信从容地完成每一篇作品。

张老师诵读诗文，传播经典文化，不但丰富了自己的精神生活，也给大家以快乐、启迪和感动，使我们的生活更加丰富多彩，充满诗情画意。

勤于写作　收获颇丰

文科出身的张老师平素喜欢习作。当年还在学校教学时，为指导学生作文，她就常提笔撰文，“下水”示范。退休后，有了属于自己的充裕时间，她又学会了计算机打字。她觉得计算机能快捷地把心里想说的话瞬间变成工整的文字，修改、复制、转发等，鼠标轻轻一点，即刻完成，简直太神奇了。这促使她重拾写作爱好，勤奋地敲起键盘来。由此，国内国外、学校单位、社区家庭等，无论大事小情，凡能触动她灵感、唤起她记忆的，她都会酝酿于心，打字成文。比如我国神舟五号、七号升空，汶川地震，奥运召开、鸟巢长大，国庆庆典，国外海啸，北航校庆、老年活动，家庭联欢，老伴患病，孙子留学，小孙儿语，及至家里曾经的一辆竹板童车，一只蟋蟀在她家阳台的鸣叫，都会成为她写作的素材，从中可见她的家国情怀和生活情趣。平日，凡郊区踏青、国内外旅游，所见所闻所感，她都一路记录，回家就刻不容缓地趴在电脑前，敲成一篇篇长长的游记散文或诗作。

几十年来，张老师笔耕不辍，常常给北航网站、离退休工作处、老教协及各种报刊发文投稿，成为北航离退休网站及刊物《北航老年工作》、栏目《诗情画意》等主要的撰稿人。至今她已有数百篇散文、诗歌在网上发表，并时时见诸众多的报刊，受到许多网友的关注和跟帖，得到读者的好评和喜欢。为了便于阅读和收藏，张老师还自己将这些诗文编辑排版，选图配文，按不同题材、类别集结打印，做成20多本精美的书册。随手翻阅，赏心悦目；送亲赠友，不失为珍贵的礼物。2015年她把多年写就的近70篇国内游记，配上老伴拍摄的500多张照片，由北航出版社正式出版，全国发行。这本厚达500多页的文学类游记散文《美在旅游中》问世后，受到网友和读者的好评。本书的责编在书的内容简介中这样说：“本书以细腻的笔触、灵动的照片，描绘着我们美丽的祖国，记录着两位年逾七旬老人游历的乐趣和幸福的生活，他们以乐观豁达、积极进取的生活态度，传递着满满的正能量，感染着每一位读者。”

老有所为 无私奉献

北航离退休工作处是全国老年工作的模范单位，经常组织各种活动。张老师每次都踊跃参加并参与其中一些活动的组织工作，无私奉献。如2011年，70岁的她曾有幸代表寿星们在当年离退休工作处举办的祝寿庆典上发言，后又在2016年代表金婚、钻石婚的伉俪在庆贺活动中讲话，抒发北航老年人的幸福感和感恩之情。多年来，她经常为北航离退休工作处，附中支部，数个社区的联欢、庆祝活动撰写节目串词，参与活动主持和撰写活动报道。2009年组织、参演并主持北航离退休工作处庆祝建党80周年的“庆七一诗歌朗诵会”。之后，她广泛收集老师们的诗作，积极参与离退休工作处出版的诗集《老圃情韵》的编辑、校对等工作。

她曾参与北航夕阳红艺术团话剧社的组建、排练和演出活动。其中由她撰稿、编导并演出的群口快板《北航老太晒时尚》，在校内演出后，受到好评，被选荐代表北航参加北片大学的文艺汇演。2016年7月她为北航夕阳红艺术团话剧社《庆祝建党95周年话剧汇报演出》节目撰写说明，担任会演的主持人并朗诵诗词《变老的时候》。此次剧社自创的两出独幕话剧演出后，引发领导和观众的热烈反响。张老师撰文在北航网站报道后，也引起全校师生的关注。

张老师在各项活动的组织和参与中付出了辛劳，也和大家一起分享了快乐，她感到非常欣慰和幸福。

年近耄耋 不改初心

张老师已是年近八旬的老人，虽年老体弱，但初心不改，至今依然以年轻的心态阳光生活。即使在去冬今春，新冠肺炎突然来袭，在最初的恐惧、紧张、焦虑之后，她亦能安心宅家，尽力使防疫的日子过得有意义，不荒废。为了向英雄的白衣战士表示深挚的敬意和给武汉人民加油，她含泪写下《致敬，钟南山院士》的长诗和数篇短诗，推送到北航退休网站，并在多个朋友群分享，引起诵友们的共鸣，争相在网上传送、朗诵。为了感激北航离退休工作处、附中支部在疫情期间，不惧风险，对老师们的热心关怀、贴心服务，感谢老师们在面临危难时的互相关爱，真诚相助，她熬夜写下了《大疫之时，大爱可赞》的长文。这些诗文既表达了张老师在国家非常时期的真切感受，也是对网友的鼓舞，鼓励大家共克时艰，坚定战胜疫情的信念。近期，她只要有空，身体尚可，还在不断码字写文，已完成数篇散文。在写作之余，她同时还把自己 80 多万字的全部诗文精心整理归类，准备结集成书，这是给儿孙们的一份可贵的精神馈赠，也是对自己半生劳动成果的尊重和珍藏。

这些日子，她除每天和老伴做饭、忙家务、写作、网上诵读之外，还抽空阅读各类书籍。她从书架上取出早年读过的《牛虻》《巴黎圣母院》等名著，重读经典，再次体味名著的深意和美韵，还逐日读完学生送来的《永不可及的美好》《中考有泪也温柔》，和朋友们厚厚的自创作品。读后她深感后生可畏，大有“青胜于蓝”之感，因而更鞭策自己要与时俱进，活到老，学到老。

愿美妙的歌声，快乐的朗诵，美好的诗文，和张老师永远相伴，祝福她永远健康、幸福、快乐！

编织快乐　真情奉献

——记健康长寿之星朱桂芳

朱桂芳同志退休后，坚持老有所为，老有所乐，她说："人老了，退休了，但人生不能没有目标，没有追求，否则生活会过得毫无意义，无所事事，缺乏激情和活力，也不会积极主动地发挥自己的潜能。"她是这么说的，也是这么做的。朱桂芳同志爱好广泛，乐观豁达，热心助人，与在职时一样，严格要求自己，牢记为人民服务的大目标，在参加经济管理学院退休教职工党支部活动时，在担任老科协理事及组建手工艺术协会中，在参加各种文体活动中都主动热情、真情奉献，受到大家的好评。

积极参加退休党支部活动　主动为大家服务

朱桂芳同志心灵手巧，多次利用自己的手工特长为集体做贡献。比如说 2006 年，党支部举办年终总结联欢活动，她提议由退休老同志自己编织小物作为礼品送给参加活动的在职教工，给参加联欢会的小朋友编小青蛙。她自己亲自指导教会大家参与编制，总共编了 100 只狗、30 只青蛙。此举受到经管学院领导和老师们的欢迎、点赞。除此之外党支部每年组织给 70 岁、80 岁的老同志举办祝寿活动，她都积极参加筹备，出主意，亲自编制寿桃、水晶花、笔筒、福寿挂件及各种生肖动物等作为礼品，并参与购买礼品等事宜。

朱桂芳同志还积极参加党支部组织的各项活动，如春游、秋游、党日活动等，经常早来晚走，帮助张罗，她说，“集体的事，大家都来办就会愈办愈好，这都是应该的。”

她曾担任经管学院关心下一代工作委员会委员，积极参加支部组织的双关活动，主动联系学生，还连续多年参与和大学生入党积极分子谈话、交流思想，写评语等活动。

担任四届老科协理事　热情工作十多年

朱桂芳同志担任了四届老科协理事。她认真负责地做好日常工作，如清理名单、发展会员、收集照片、填写与发放会员证、定期值班等，工作中尽量自己多做点，照顾年龄大的老同志，让别人少累点，处处为他人着想。

她积极参与每年春游、秋游、室内活动及新年联欢活动的组织。

2006年起，经管学院分会每年以老科协的名义组织活动，她主动与支部联系，取得经费支持，组织年终联欢交流及室内游艺等活动，促进团结、增进友谊。

2008年，她首次组织“庆元宵、议和谐”为主题的庆元宵活动，此活动一直延续至今。

2009年正值金融危机席卷全球，分会适时组织“谈信心、庆元宵”主题活动，同年12月与手工协会、经济管理学院退休教职工党支部联合举办“迎新年，台历首发式”的主题活动。台历上的图片都是手工艺术协会老同志制作的作品，他们用双手传播着爱和美，朱桂芳同志是活动的主要负责人及积极组织者。

朱桂芳承担老科协工作认真负责，动脑子、出主意，受到老科协领导及经管学院退休教职工的一致好评。

热心公益　为离退休老人也为自己活得更精彩

为了满足老年朋友的需求，离退休工作处决定成立手工协会，朱桂芳向离退休工作处毛遂自荐，表示愿意当临时负责人，负责协会成立筹备工作，待协会正式成立后再选贤举能。协会成立后，大家纷纷表示朱桂芳同志心灵手巧，手工技能谁也比不上她，她又负责了协会的筹建工作，一致推举她为手工协会第一任会长。于是她便热情担负起了建设手工艺术协会的重担。手工制作是一项益智活动，手工作品一旦完成，会感到很大的成就感。有位80多岁的老人，做出一件复杂工艺品，特别有成就感，在家里兴奋得手舞足蹈起来。它还有益于老人之间的交流，不爱社交活动喜欢安静的老人在协会也能结交到很多朋友。

在朱桂芳同志任会长期间，协会每周有活动、年年有展览，还多次在北京市教育系统老干部活动中心展出。2007年在北航艺术馆展出时，作品种类繁多，有珠编工艺、丝网工艺、钩织工艺、刺绣，受到校内外同志的欢迎和好评。学校党建评估时，协会的老同志们用手工作品布置走廊，还有展示的作品，给专家组发送自编小礼品，得到各高校专家的喜爱和赞扬。

2008—2009年协会两次接待日本友人，与他们交流手工技艺，参观作品，得到日本友人的好评。

四川汶川地震时，为了给灾区捐款献爱心，朱桂芳立刻组织协会会员编制工艺品开展义卖活动，30多位会员利用三天的时间编了300多件作品，在北航校内超市发门前、学生食堂门口等地举行义卖活动，共卖了2800多元，全部捐给了灾区。在义卖现场，朱桂芳同志自编自用的小手袋也被人看中，对方出资100元买了，她当时就把收到的钱款加到捐款里了。

手工协会还多次为昌平养老院送去协会会员编制的手工作品，养老院的老人们拿到小礼品时赞不绝口，非常开心。

2017年应北京光大汇晨朝来养老院的要求，已是82岁的朱桂芳同志带着现任手工协会会长两次乘公交车前往养老院为那儿的老人教授折纸工艺，得到养老院老年朋友的喜爱。他们饶有兴致地观赏学习，充分体验到一种富有情趣的老年生活，感受了快乐和幸福！后来朱桂芳同志又联系北航夕阳红艺术团为养老院组织了一场长者生日文艺演出，有时装表演、女生小合唱、诗歌、独唱、三句半，等等，得到北京光大汇晨朝来养老院院方领导及老年朋友的热烈欢迎，赢得阵阵掌声。

手工协会的成立，不仅丰富了老年朋友的晚年生活，让他们学会了手艺，同时也有利于老同志们身心健康，为老同志们做了一件大好事。朱桂芳同志也因此活出了自己的精彩。

忠诚体育事业　夕阳无限美好

——记十佳健康老人陈之祥

今年86岁的陈之祥老人是大家公认的十佳健康老人。他坚持常年锻炼身体，在职工作35年多，无一次病假，工作成绩突出。1994年退休后，他更是积极参加离退休工作处组织的各项活动，每次都出色地完成任务，在2004年北京市高校首届离退休运动会上还获得个人单项亚军。陈之祥老人之所以能保持如此健康的体魄，与他一生热爱的体育事业是分不开的。下面就从陈老入行体育事业，爱上体育事业的故事说起。

误打误撞上了体大

陈老是四川新津人。1951年初，已经上完初农校二年级的他，因解放返校后初农校只剩一个班，学生只有十几个，上级决定停办，破格把余下的十几名学生并入眉山高农校（中专）学习，而陈老当时却因交不起每月125斤大米（价值10元）的伙食费，被迫转回新津读普通中学（初中）。

1955年的春节，温江专区要为省运动会举办选拔赛，因为他是全县5000米长跑冠军，被推荐前去参加，成为温江专区田径代表队队员。参加完省运动会后，他对体育专业产生了浓厚的兴趣，高考填报志愿时便放弃了有农业基础学农业的想法，转而填报当时被人看不起的体育专业，被中央体育学院录取后，在小小县城倒引起不小轰动，初建县志时，还留下让人羡慕的一笔。

难忘的大学生活

到了体育大学之后，陈之祥除享受全额助学金外，每月还有两元钱的生活补贴，伙食标准比普通院校多五块钱。生活无后顾之忧后，他便按学校培养目标——全面发展、一专多能的要求，全身心地投入大学生活，努力学习，刻苦锻炼。同宿舍的同学一般都爱睡懒觉，而他每天早上都坚持从体院跑到清华大学西门再原路返回，往返六公里的距离，寒来暑往从不间断。加上学校日常训练，他每天足有五小时以上的运动量。一年之后他加入了共青团，专业上他成了院排球队二队的主力队员。第二年开始上选修课，一般同学都选自己的长项，而他偏选了自己最弱的项目——器械体操（是全年级四个选修班基础最差的一个班）。他从零开始，凭借有力的臂力，出色的奔跑和弹跳能力，很快在普通班脱颖而出。一年之后的等级测验中，他以 75 分的成绩达到了二级运动员的标准，是普通班唯一的一个，超过其他三个班不少同学。同年他被选为行政班长，后又被指派为实习队长。1958 年下半年（大四第一学期），为庆祝新中国成立十周年，中央决定召开第一届全国运动会。经国家体委决定指派北京体院大四毕业班赴全国多地参加全运会训练工作，去当教练。陈之祥被任命为黑龙江省工作队队长并担任哈尔滨市女排集训队教练，经过一年艰苦奋斗和全体队员的努力，陈之祥带领的队伍在黑龙江省运动会上获得了全省冠军的好成绩。

忘我于体育教育事业

完成全运会教练的任务后，陈之祥被分配到了北航，当了体育老师。这是他为北航奉献的起点。他初到北航时正赶上三年困难时期开始，物资供应开始紧张，粮食定量配给吃紧，单位内部勉强能揭开锅，但北航却赶上举办此届高校运动会的任务。当东道主总得有东道主的表现，首先要修两个像样的田径场，运动员也要有相应的表现。前者要加快施工速度，后者要鼓足干劲，争取多拿奖牌。

陈老师的任务自然是后一项。他首先接到的任务就是带领女排队员参加北京女排甲级联赛，经过一个月的准备，北航女排战胜一名劲旅（北京钢院），名次提高一档，顺利完成任务。接下来的任务是抓紧田径训练工作（这是他到北航之后第一次身兼两队教练的任务）。这是他比较陌生的工作，他边学边教，制定训练计划，合理安排运动量，改变培训内容和手段，自己走出去学，同时也请外面的教练来校指导，加上运动员们刻苦努力，比赛结果不负众望，跨栏做到了零的突破，男子组获得 200 米栏亚军。陈老师参加工作第一年，就表现亮眼。陈老师在北航工作的 35 年，前后当过 20 多年排球队教练，十年田径队教练，无论当哪种教练他都是干哪行，爱哪行，每项工作都能干出不错的成绩。

陈老师的主要工作还是体育课教学，由于他在大学期间便学有一专多能的本领，到工作岗位之后就都派上了用场。他可称得上是全才教师，篮球、排球、田径、体操，样样在行。在教学方面，他严于律己，做学生的表率。首先他从不穿便服上课，即使是大冬天也一定要穿运动服上课，他坚持体育老师就要有体育老师的着装。他言传身教，身先士卒，对学生要求也很严格，从他对学生考试的做法便可见一斑。每年跳远测验达标成绩，他测一次总是要用皮尺蹲下丈量一次，而不是站在那里把皮尺放在地上，用眼一看就报个数，他的做法显然要比目测劳累得多。他在课堂上力求精准，多练精讲，尽量把动作的要领传递给学生。他的示范动作总是规范完美，篮球、排球基本动作曾受专业运动员的赞扬。他总想把自己对动作的理解和健身之道传授给学生，希望这可以作为学生终生健体的手段。

陈老师最可敬之处在于勇挑重担。他当队长、组长，总是把方便让给别人，把困难留给自己，排课表总是优先照顾住校外的老师，凡此种种，所以体育教研室的氛围很融洽，大家工作配合都很默契。而当组长的差事从来都是无偿的，他不是后勤主任，但经常负责后勤方面的差事。比如在冬天的滑冰场上浇冰，在夏天的露天游泳池里清扫，总能看到他牵头干活的身影。尤其是大型运动会竞赛活动，全体育教研室数他最辛苦。1987 年暑假，全国大学生中华杯田径邀请赛在北航举行，准备场地的重担就落在了陈老师的身上。那可是一项大型工程，他既当工程师又当管理员，既要负责跑道蓝图，还要现场挨个标明位置。整个跑道数百个标置都要亲手测量、定位。在没有现代化塑胶跑道之前，田径比赛前的准备工作是体力劳动强度很大的工作，比赛前要亲自把关，把跑道线一条一条拎着白灰水壶一一画上，而划线一事可是陈老师的绝活。他能不用拉绳，手拿水壶，看准目标，脚步稳，步伐平，出水匀。待跑道划线完毕，真像一幅非常完美的图画，运动员到了场上就想跑步。这个时候，陈老师虽然很累，但心里总是美滋滋的。由于陈老师在这次大赛中工作表现出色，被体育部评为当年的先进教育工作者，这也是他成为党员之后接手的第一份任务。

陈老师最突出的品质是能吃大苦耐大劳，素有老黄牛之称。他出生农村，热爱劳动，喜欢长跑，这些练就他的坚强品质。在工作中但凡他能做的事，绝不麻烦别人去做，他自己运送器材，安装球架球网，画球场的线，这些工作从来都是他自己动手完成。跨栏队每次练习用的栏架都是陈老师事先从器材室给学生准备好的，这使得队员们觉得不好好练有愧于教练。

夕阳无限美好

1995 年，陈老师正式退休了。退休后的陈老师更加注意个人自身的体质锻炼，继续坚持打篮球和跑步。68 岁那年他还随北京老年篮球队赴扬州参加世界华人老年组篮球邀请赛，在学校举办的职工运动会上作为老年组代表参加中年组接力跑获得冠军，这些都是他常年体育锻炼的结果，也是他最为自豪的地方。

退休后，陈老除参加老年篮球队每周两次活动外，还发起和组建了北航老年钓鱼协会，并担任第一届老年钓鱼协会主席(2003—2005 年)。钓鱼，这是陈老少年时代最喜欢的事。退休后，为了让退休生活更加充实，陈老重操旧业。先是一两人同行，后来三五老同事前往，再后来几位钓友商量成立钓鱼协会，说陈老师是体育老师，钓鱼又是体育休闲活动，就让陈老师来牵头吧。这样，在离退休工作处的大力支持下，2003 年 3 月北航老年钓鱼协会正式成立，老同志都踊跃报名，很快就报了近 50 人。老年钓鱼协会深受广大渔友的欢迎。陈老为协会操心不少，常常自己联系钓点，研究注意事项。在他任协会主席时候还举办正规的钓鱼大赛，他拉来了 1000

元的赞助费，分为一、二、三等奖和参赛奖，虽钱数不多，但大家都乘兴而归。多年来，协会办得有声有色，从未出过安全事故，工作也做得很好，在离退休工作处领导心目中，钓鱼协会是处里较为出色的协会之一。陈老当了三年的钓鱼协会主席，后来因搬家不在校内居住便辞去了这一职务。

陈老退休后干的第二件事是组团参加了北京市高校退休教职工首届老年运动会。北航离退休工作处接到通知后，立即成立筹备小组，筛选成团，团长副团长分别由徐扬禾和陈之祥两位老师担任，陈老同时兼总教练。由于备战行动快，准备充分，北航获得了团体总分第二的好成绩。值得一提的是陈老参加的“小儿科”项目——扔沙包，在他手上居然玩出了学问，他自制了几个沙包，天天用各种技法练习，最后找到一种投篮球与投标结合的方法，取得了与第一名同样环数的好成绩，只因用时比对方多而屈居第二，为团体加分不少。从陈老参加的赛事中足可见陈老做事的认真态度。鉴于北航老年队丰富的参赛成果，陈老在当年各大高校离退休处职工运动会开幕式上，曾作为参加过高校离退休运动会主要有功人员被领导通报表彰。

退休后，陈老的另一特殊贡献是成为“笔杆子”，在体育教研室称得上是个“天才”。其特长是给逝者写悼词，他先后为七位已故同事写了七份悼词，而且每份都情真意切，感人至深，催人泪下。已故同事的家属们都很感谢他，也每次都得到到场的亲友们的好评。他自己觉得这是对已故同事的追思和对家属极大的安慰。他还写过一篇校庆 50 周年征文《老有所为，其乐无穷》，被征文集刊登。

锻炼身体，终身受益。陈老因为身体好，因为积极参加各项社会活动，乐善好施，助人为乐，前后介绍两位高龄老人加入党组织，多次被评为优秀党员，86 岁高龄还被支部党员同志选为支部委员，2017 年还被评为十佳健康老人。

他有一个很和睦的家庭，妻贤子孝。子女人到中年，事业有成，子孙同住，一到家，欢声笑语，其乐融融，令人羡慕。

他现在每天仍坚持晨练，行走 3000 米以上，下午打一个半小时台球。他生命不息，锻炼不止，一直保持着充沛的精力。希望他在健康长寿的道路上越走越远。

唱出美丽的心声　舞出飞扬的激情

——记文体活动之星赵莲英

赵莲英老师退休前是北航附小的高级教师，长期担任音乐教学工作。她于2003年退休，至今已有17个年头了。虽然离开了自己热爱和熟悉的教学工作，但她作为一名党员，始终不放松对自己的要求。她积极参加社会和学校的文体活动，利用自己的特长努力发挥党员的先锋模范作用，为党的事业不断增添正能量。

习近平总书记在文艺工作座谈会上的讲话中提道："应该用现实主义精神和浪漫主义情怀观照现实生活，用光明驱散黑暗，用美善战胜丑恶，让人们看到美好、看到希望、看到梦想就在前方。"退休后赵老师积极参加合唱团和舞蹈队的活动，她觉得应该用优美的歌声和激情的舞蹈宣传主旋律、弘扬正能量。

不忘党员本色　老有所学　老有所为

赵老师在1988年就参加了中国科协科学之声合唱团，至今已坚持了32年，退休后更是积极参加活动。30多年来，合唱团坚持每周排练，共排练了300多首古今中外、风格迥异的合唱作品。合唱团每年都举办专场音乐会，用歌声表达科技工作者、教育工作者对党、对祖国的热爱之情，展现了当代中国科技、教育工作者的风貌。合唱团还多次到北航等高等院校和科研院所举办音乐会，受到广大师生和观众的欢迎和好评。

2015 年，为纪念抗战胜利 70 周年，合唱团与报业合唱团、新华交响乐团在北京音乐厅成功举办了“旗正飘飘”音乐会。音乐会表现了中国人民在抗日战争中，前赴后继、不屈不挠、团结奋斗、反抗侵略者的伟大民族精神。昂扬的歌声让大家重温了那段悲壮的历史，从而激发了演员和观众强烈的民族自豪感和民族自信心，音乐会获得了巨大成功。

2018 年 10 月合唱团参加了北京电视台《金色时光》节目，2019 年 9 月参加了中央电视台《礼赞最美奋斗者》节目的录制，受表彰的英雄人物的动人事迹以及人生观、价值观和奉献精神深深地感动并教育着大家，他们才真正是国家的脊梁，是大家学习的精神榜样，团员们深情地演唱《我的祖国》和《不忘初心》，向他们表示崇高的敬意！

2020 年年初国内暴发疫情，无数白衣战士奔赴抗疫第一线，她们“敬佑生命、救死扶伤、甘于奉献、大爱无疆”的崇高精神深深地感动了团员们，在短短的五天内，大家在自己家中完成了新歌《天使的身影》的录音和视频，以云端隔空合唱制作这一特殊形式致敬战“役”在一线的白衣天使。尽管赵老师在合唱团中是年龄偏大的，但这些活动她都积极参加，通过这些活动她受到了深刻的教育，思想得到了进一步升华。

赵老师因几十年坚持参加合唱团的排练和演出活动，在合唱团建团 30 周年时被授予“荣誉团员称号”。证书中写道：“扬科学之声三十载 求艺术与真理寻觅毕生”(全团几十位团员，只有十位获此荣誉)。

弘扬团队精神　发挥骨干作用

退休后，赵老师曾担任北京市教委老干部活动中心舞蹈队队长，组织队员积极排练歌颂党、歌颂祖国的舞蹈节目，多次参加北京市教委组织的演出，并参加了北京教育电视台的节目录制。

后来，赵老师又参加北航老龄大学舞蹈班的学习，虽然年龄偏大，但还是想多学点东西充实自己，努力做到“老有所学”。

近几年，赵老师参加了京师园快乐文艺队。她是队委之一，组织队员学习、排练民族舞、广场舞，参加各种演出和比赛，都取得了很好的成绩。2014 年文艺队配合禁毒宣传，几个队委创编了群众拒绝毒品诱惑的情景剧。为了创编情景剧，赵老师花费了很多时间和精力，查了很多资料，寻找合适的音乐，在家里和老伴（剧中扮演毒贩子）一起设计编排舞蹈动作，自己动手制作服装道具，并参与了揭露毒品罪恶的快板词和群舞的创作。在北京市妇联、北京市禁毒教育基地举办的“禁毒广场舞大赛”中，文艺队创编的广场舞情景剧《拒毒小苹果》受到观众的热烈欢迎和一致好评，这种集情景剧、快板、广场舞一体的新颖独特的表演形式得到了专业评委和领导的肯定，获得“最佳创意奖”，参加了北京电视台《舞毒不侵》的“快闪”节目的录制。文艺队在龙潭湖公园表演了这个快闪节目，受到广大游园观众和市级领导的好评，并多次参加表演和比赛。该剧参加了北京电视台禁毒节目的录制，并在2017年“6・26禁毒日”当天的北京新闻播放，达到了对广大群众进行禁毒宣传教育的目的：“拒绝毒品、珍爱生命，远离毒品、健康生活”。

2015年初，队委们用《三大纪律八项注意》的旋律，根据《八项规定》的内容填词并创编军旅舞蹈《廉政歌》。当雄壮的歌声响起，一队飒爽英姿的女兵迈着坚定有力的步伐，走上舞台，队员们用整齐划一的舞蹈动作向广大群众宣传了《八项规定》的内容，表现了我党反腐的决心，大家也从中受到了深刻的教育。

2015年7月文艺队应邀参加北京“红舞联盟”组织的两万人齐跳广场舞活动，挑战吉尼斯纪录。赵老师从7月份学习舞蹈后，四个月时间一直带领队员排练，参加各种小型、中型、大型的合练。11月7日文艺队17名队员冒雨参加了“红舞联盟”组织的在河北香河固安天下第一城城前广场表演的广场舞《小苹果》，并以18431人的数字成功创造了“最大规模排舞吉尼斯世界纪录”，能为国争光，大家都感到非常自豪。

2016年8月22日，文艺队应邀赶赴河南南阳，参加了由南阳教育局、共青团南阳市委、南阳市妇联、中信国安等单位在南阳电视台举办的“爱心圆梦”公益助学盛典活动。在这次盛典活动中，文艺队表演了两个舞蹈，带去了北京市民的心意，为莘莘学子加油助威，“让爱心点燃希望，用行动播种阳光”。相信受助的贫困大学生一定能将这些爱心关爱转化为学习的动力，将来学业有成，报效祖国。

文艺队经常参加北京市妇联家促会、奥运地区、林萃社区等单位的文艺演出和公益活动，队员们曾积极为西藏军区边防战士捐赠书籍、光盘。

2017 年、2019 年文艺队参加了北京市和奥运地区“携手未来助力冬奥”的文艺演出。

2020 年 2 月文艺队积极参加了北京市妇女儿童发展基金会发起的抗击疫情的捐款活动。

作为队委的赵老师能够积极配合队长工作，团结队友，努力做好平时的排练，较好地完成每次的演出任务。

近几年来文艺队参加各种比赛活动获得了最佳创意奖、最佳风采奖、最佳创作奖、歌舞三等奖等奖项。

克服困难　甘于奉献

退休前赵老师曾组织教师参加北航职工的文艺汇演并多次获奖。退休后，她继续组织退休教师开展文艺活动，用动听的歌声和优美的舞姿表达退休教师对党、对祖国、对生活的热爱。

2011 年 6 月为了准备参加北航离退工作休处组织的歌咏比赛，她组织排练了表演唱，从歌曲的教唱到表演动作的排练，的确花费了她很多时间和精力。后来她颈椎病犯了，走路不稳，因家住在北五环，每次来学校活动要坐两趟公交车，开始时，每次活动由老伴到公交车站接送，可到临近演出，病得实在厉害，走路很困难，可一想到老师们在等她，就打车来校坚持排练，演出当天，她因病无法上台表演，但老师们表现得非常棒，受到观众的一致好评，最终荣获二等奖。虽然后来有多半年的时间她都在看病治疗，但她觉得开展活动是她应尽的职责，始终无怨无悔。

2014 年北航附小 60 年校庆，赵老师从 3 月份开始组织学校退休教师和校友为校庆文艺演出排练舞蹈《多彩的哈达》，每周活动一次。4 月份她爱人突发急性脑梗，因要陪爱人看病，只请了一次假。后来，她怕耽误排练，就带着爱人到学校排练。11 月 1 日的校庆演出非常成功，这个由最大年龄 78 岁、平均年龄 65 岁的演员表演的舞蹈节目，受到全场师生、来宾、家长的一致好评。

赵老师觉得队员们聚在一起，通过唱歌、跳舞不但提高了艺术修养，陶冶了情操，更重要的觉得自己是正能量的传播者，大家是在用悠扬的歌声、飞扬的舞姿抒发对党、对伟大祖国的热爱，表现出退休人员积极乐观、热情向上的生活态度，同时也是在为社会的稳定、和谐做出自己的努力。

赵老师感谢北航附小支部对她的培养和信任，感谢老师们对她的帮助和支持，她在2015年被评为"优秀共产党员"，2017年被评为"文体活动之星"，这些是她继续努力的动力。

2020年是中国共产党成立99周年，有着45年党龄的赵老师决心不忘初心，牢记入党誓言，随时用党员的标准严格要求自己，继续积极参加校内外的文艺活动，发挥党员的模范带头作用，为实现中华民族伟大复兴的目标，为实现中国梦，增强正能量，宣传主旋律做出自己的贡献！

修炼太极　身心健康

——记十佳健康老人杨乃文

杨乃文同志1935年出生，1955年入北航学习有翼导弹设计专业，1960年毕业后留校任教，1997年退休。退休后，他积极参加离退休工作处和党支部组织的各种学习和各项社会活动，为健身而练习太极拳运动，曾多次代表学校参加北京市、海淀区组织的各项表演、比赛、迎奥运等活动，获得过各种集体奖项，如1999年国庆50周年，在北京市老年人运动会上得过“32式太极剑”冠军(集体奖)，参加者人数12人(六男六女)为学校争得荣誉。他以太极活动为纽带，锻炼身体，提高技艺，广交朋友，先后在北航引入“凤凰剑”“混元扇”“百鸟朝凤(长穗剑)”等新套路，受到太极爱好者的喜爱。他与大家关系和谐、融洽，保持良好的心态，无重大疾病，2016年被评为十佳健康老人。

突发疾病　与太极结缘

杨乃文坚持锻炼太极已经有30多年了，走入修炼太极之路，是源于1989年突发的一场大病。1989年，一向身体硬朗的杨乃文却突然病倒了，病情似中风，怕光、怕动、怕声音，又像美尼尔症。经过一周的点滴治疗和较长时间的恢复，再经由医院的全面检查，初步结论是脑供血不足。多年后确诊为腔隙性脑梗塞。虽然不算大病，但无法根治，随时都有不适之感，给工作、生活造成很大的影响。

眼看身体已大不如从前了，正值壮年的杨乃文只好急流勇退，重新规划自己的生活和工作节奏。于是他试着捡回 1963 年与学生“三同”时学过的 24 式太极拳。有年轻时的底子，再加上后来的学习，杨乃文的太极拳水平进步了很多。得益于太极拳，他的身体也逐步恢复了不少。

退休后有了大把时间，杨乃文便全身心地投入到以太极拳为主的健身运动当中。由浅入深，由套路练习，如杨、陈、吴、武、孙多流派的套路，再到多种器械如剑、刀、扇、长穗剑等。涉及太极拳理论的学习，气功的学习与感悟，太极拳的历史等各个层面。在修炼太极的同时，他还参加了校内外组织的各种表演、比赛、展示等活动，取得了较好的成绩，不仅锻炼了身体，提高了技艺，还为学校争得了荣誉，也为传承弘扬中华太极文化做出了应有的贡献。

为健身选太极　持之以恒

退休后杨乃文就想好好地安排生活，调理一下身体，没有多想别的，于是他选择适合他当时身体情况的太极拳。他说这一选择选对了。虽然脑供血不足是中老年人常见的毛病，但杨乃文却还是经常感到头晕目眩，如戴了紧箍咒一般，不能大跳大转，不能较长时间用脑，否则头晕恶心，必须换环境，每天早晨必须外出活动两小时。于是每日清晨，荷花池旁，太极拳音乐总是准时响起。年年月月不断，冬练三九，夏练三伏，只要能活动，总能看到他和拳友们的身影。有活动的地点，有交流的朋友，杨乃文便这样持之以恒地锻炼，心情舒畅，逐渐在他身上看到了太极拳带给他的健身效果。

学校的太极拳协会组织退休职工学习太极拳、剑、扇等套路，杨乃文也积极参与。学成后，他在校内活动做表演嘉宾，在海淀区、北京市的表演、比赛中也经常能看到他的身影，每次比赛均取得了好成绩。其中 1999 年 10 月北京市老年运动会上，代表海淀区参加的北航 12 人（六男六女）

表演的 32 式太极剑获得比赛的冠军。

除了太极拳协会以办班形式组织学习以外，能者为师，互相学习，提高技艺也是常有的。杨乃文接触太极较早，基础比较好，便积极为大家服务。大约 1998 年，孙经伟等几个协会的拳友，在绿园看到保定的一个女同志打了一套凤凰剑，姿势漂亮但难度大，大家都很喜欢，但苦于北京没有人会这个套路便作罢了。一个偶然的机会，杨乃文在河北电视台上看到了教凤凰剑的节目，于是他花了近一年的时间，边学边录，最后整理成一盘盘的录像带分发给大家。由于大家喜欢，杨乃文教了一遍又一遍，录像带也不知道传了多少人。想要学的人不少，但大多数人喜欢却望而却步，因为有高难度的平衡动作和下势的坐盘动作。这也真馋坏了一批太极剑爱好者。

第二次是 2010 年前，杨乃文又新引进了一套长穗剑，名为百鸟朝凤，曾在 2011 年北京高校老同志健身项目展示会上演示过部分内容，因动作不属于太极类，在此从略。

由上述这些活动，可以看出杨乃文同志太极拳活动的丰富多彩。太极拳不仅让杨乃文重新融入了社会，也为社会做了贡献，使得他内心有一种满足感、成就感。这就是太极带给他的快乐。

重新学习　重走太极路

随着练拳的深入，杨乃文也了解了很多理论问题，但他常常疑惑：俗语“外练精骨皮，内练一口气”中说的太极拳的气在哪儿？太极拳的源头在哪？目前仅有 300 多年历史的太极拳史，能说中华太极文化历史悠久吗？还有那么多的太极拳流派，哪个是正宗的？如此等等。

2016 年，趁着写家谱的灵感，杨乃文尝试以拳谱为据，寻找太极拳的祖先。对比所有拳谱，分析拳谱相同处，就可以寻根溯源。于是他便开始了网上搜寻工作。经过近两年的努力，他理清了百年来太极拳界源流之争的真相，纠正了太极拳理论张冠李戴的错误，还历史本来面貌，避免后人重走弯路。他说：“只有这样，中华悠久的太极文化才能发扬光大。”

2018 年开始，他向吴式太极拳传人——原北航教师李焕喜学习太极功，即无极桩功，并重新学习李氏家族的太极拳理论，学习张三丰的太极理论和老子的《道德经》，重走太极路，重悟太极拳。

两年来的学习，杨乃文收获很大，对太极拳的理解有了质的升华。以他的话说"是终于进了太极的大门"。没有无极功修炼，无气场体悟的拳不能叫太极拳，只能叫拳术。同时功、拳并练，则事半功倍，少走弯路。而他之前的练习只能称作是太极拳先搭的架子。杨乃文说："我搭了20多年的架子，看来太长了，这是教训，如有名师指导五年即可。"他总结多年学习练习太极拳的体会说："练拳要先明理，太极来源于道家，老子、《道德经》是源头，张三丰、李氏家族、各大流派是传承与发展。真正的太极高手，行拳如同游泳高手，一举一动似水中悠闲自得，虚灵的那种享受。"

如今进了太极大门的杨乃文，练习和传授太极拳更加如鱼得水。

从冬泳到永葆青春的体育人生

——记工信部正能量之星王龙生

王龙生教授今年已是年逾九旬的耄耋老人，从事体育教育事业也已有50年有余。年轻时，他是优秀的运动员，在游泳和冰球等方面都取得了好成绩。年长后，王教授也没有停下自己的脚步。在教学方面，他在北航提出了体育教学改革，获得了优秀教学成果奖；在冬泳方面，他帮助清华建立了冬泳队，感染了许多人加入这项活动中。而除此之外，王教授对艺术、对音乐、对旅行也都有所涉猎。他说，生活的意义不在于生命的长度，重要的是让自己生活着的每一天都要有质量。

竞技行健　环球泳程　冬泳与“龙生杯”

冬泳是一种健身的方式，可以通过刺激微循环增强心血管的功能。王教授从年轻时就坚持冬泳，身体一直非常健康，90岁时测量的血压值为70—110，和同龄人大不相同。清华大学以王教授的名字设立了“龙生杯”冬泳奖励制度。“龙生杯”荣誉的获得条件非常苛刻，需要年龄80岁以上，冬泳泳龄20年以上，技术方面还要求能在三九天的冰水里用蝶、仰、蛙、爬四种姿势游上100米。这也正是王教授对冬泳的倡导和坚持的精神写照。

王教授除了在清华帮助职工、学生开展冬泳活动，还感动了许多社会上的人，在十三陵水库的农家院、八一湖、颐和园等地都带出了冬泳队。记得在兴城海居住的时候，王教授曾冬泳游了五年。一开始人们看着新鲜，跑过来问自己能不能游，王教授就说你们当然可以，但你们现在别下水，得从夏天开始一天不落地游到冬天。于是，在他的带领下，这里就又拉起了一支冬泳队，并且获得了当地政府的支持。兴城海有了冬泳队之后，越来越正规化，还举办过冬泳国际邀请赛、举办过横渡海峡的活动。

蹉跎岁月　步履潜惕　旅行说走就走

王教授年轻时的经历非常坎坷，上小学的时候遇到了“九一八”事变。随着北平的沦陷，原本正常的生活被干扰，日本帝国主义采取了奴化教育，强制学生学习日语，妄图从思想上改变国人，引起了很多爱国志士的不满。王教授也是其中的一员。他 17 岁的时候就想要加入中国共产党，于是带了两个小伙伴决定前往革命根据地延安。但去延安的路上需要途经太原，而那时的太原也在日本人的控制之中，三个人在太原被盘查，只好骗日本人说是来玩的。但是日本人不信，还要扣押他们到宪兵队。那一天正好是 8 月 14 日，没想到第二天日本投降了，他们也就在宪兵队动手之前跑掉了，准备返回北平。然而在回去的路上又遭遇了危险，他们乘坐的火车在山西阳泉与对面的煤车相撞，车翻了，把他们甩了出来，所幸没有什么严重的伤害。

古人云：读万卷书，行万里路。看书学的是知识，旅行长的是见识，看到的世界越多，人的眼界也会越宽阔。王教授在退休之后还经常雇个保姆，自驾旅游。2018 年，王教授告诉一起游泳的朋友们说他要去西藏，大家都表示去不得，说西藏是高海拔地区，即使是很多年轻人也会遇到高原反应等问题，何况王教授已经 90 多岁了，可能遇到的危险会更大。王教授家里人也劝阻他不要去，但其实王教授早就经受过考验。他曾和保姆二人自驾游从北京出发，经过唐山，到北戴河、东戴河，再到葫芦岛，然后从葫芦岛开了九个半小时车，直达了长白山，又去了天池。登上天池的道路有 200 多米高，140 多级台阶，许多人选择坐滑竿上去，抬滑竿的人看到王教授自然把他也列到了客户中间。但王教授告诉他们不用跟着他，他绝不会用到滑竿。结果，王教授不只自己一步一步登了上去，一路上，许多半途疲累的人看到他后，也受到了鼓舞，跟着他向上走。走到最后的时候，已经有了40多人跟在他的身后。说来也怪，天池本来常年大雾，不见太阳，但王教授去到的那天，却云开雾散，阳光明媚。同行的人都说是沾了老先生的光！

家人反对，王教授就没有特意去西藏，但是缘分到了，顺路也就去了一趟。在一次去敦煌游玩的时候，回来的路上他看到了一个路牌，上面写着“新疆”。他和保姆两人精神真好，一合计，走，去新疆，然后当天就开到了哈密，接着又去了吐鲁番、达阪城、乌鲁木齐转了一圈。返程的路也是来时的路，他们到了哈密的时候，又看到一个路牌，指向了西藏。王教授问保姆西藏敢不敢去，保姆说您90岁敢去，我40岁有什么不敢去的。于是他们便向着西藏出发了。西藏山路难走，他们去的时候还遇到了下大雪路滑的危机，所幸都闯了过来。当车开到观景台的时候，王教授看到“海拔5180m”的标牌才发觉已经到了这么高的海拔了，可他却没有任何身体不适的感觉。他们在拉萨停留了下来，逛了布达拉宫和大昭寺。因为高原反应，很多人来到西藏走两步路就很容易腿没力气，但王教授完全没有这种感觉，依然精神奕奕，回来时途径云南和陕西，还去拜访了革命圣地延安。

老骥亢奋　现龙飞跃　奉献教育事业

毛主席在《体育之研究》一文中写到“体者，为知识之载而为道德之寓者也”，阐述了体育的重要性。身体是革命的本钱，体育是知识的载体，对于大学生来说，知识和研究固然是立身之本，十分重要，但没有足够的体育知识和运动锻炼塑造一个好的体质，那么知识仿佛建立在了空中楼阁上，十分不稳定。

王教授正是基于这种理念对北航体育教育进行了改革，提出了体育的多样化理论。他参考了国外很多大学体育教育的经验，为北航提出了基础教育加专项化教育的设计方针，根据日本早稻田大学体育开课的42

个项目，构建出了自己的48项体育项目，包括球类运动、田径运动、体操运动等。因为在体育教改方面的成就，他获得了多项教育荣誉奖项和政府特殊津贴。

祛疾抗熵　综艺乐龄　生活方式高质量

王教授以他健康的体魄和高质量的生活，曾经成功抵御了两次癌症的侵袭，甚至在50年里很少得感冒。

王教授除了在体育方面有所建树，对艺术方面的了解也特别广泛。在音乐方面，王教授会弹钢琴，会吹口琴，家中还有吉他。在绘画方面，家中摆设的画作全是出自王教授之手。除此之外他还喜欢跳舞，做过踢踏舞教练。

他对生活充满了热爱，用网上的流行语来说，就叫作“把日子过成了诗”。他自己在院子里种蔬菜、安置假山、养鸟，屋子里的摆设架也是自己买了玻璃安装的。

王教授认为年轻人就应该多学东西，广泛涉猎各个领域，像文学、艺术、诗词，等等。学的知识面越广，人就越充实，底子就越厚，尖端就会越高。一个科学家、一个文学家想要做出成就，他的知识不能是单一的，而应该很全面。知识面广了，认识世界的眼光就会宽广，就会更容易感知这个大千世界的美好，进而热爱这个世界，感恩这个世界。

情系大千　自然人生　热爱党和人民

1949年，王教授从北京师范大学毕业，从此将自己的精力放在了体育事业和体育教育事业上。经历了这么多的过往，在90多岁的时候，王教授坚定要加入中国共产党，因为他信仰共产主义和崇敬中国共产党，认为只有共产党才能真正为广大群众谋福利，只有共产主义才能让这个世界变得和平。王教授虽然年岁已高，但他精神矍铄，仍然能为党贡献力量。他在退休之后做了许多事情，身体力行地带动身边的人将生活过得更有意义，这种精神值得大家敬佩和学习。

用爱心编织夕阳风采

——记十佳道德模范范天颖

暮晚的夕霞，虽不耀眼，但火红映天；虽不明亮，但能令人沉浸在艺术的海洋。在我们身边就有这样一位老同志，已80多岁的她，仍思维敏捷，步履轻盈，看上去要比实际年龄年轻很多。她朴实善良、平易近人，与同志们和睦相处、以诚相待，给人的总是方便、和谐与快乐，凡接触过她的人无不这样夸赞。她就是北航老年手工协会创始人之一的范天颖。

持之以恒　锻炼身体

退休20年有余的范老师，以不用扬鞭自奋蹄的精神，在忙碌、快乐中充实度过每一天。她一直坚持锻炼，作为太极拳的爱好者，除积极参加太极拳协会组织的活动以外，还和十几名老同志自发组成一个锻炼身体的小团队，常年坚持在绿园或操场一起锻炼，在锻炼中交流感情、愉悦身心、增进友谊。她还经常为这个小集体做些力所能及的事情。如购买录音机，修理录音机，录制磁带，组织大家值班，等等。最近组织学习“八段锦”时，她刻苦钻研，主动上网搜索教程，把动作要领逐一记录下来并分发给每一位学友。

热情诚恳　乐于助人

教研室元旦聚餐，范老师就带上老伴为老同志们拍照，和老伴一起打印照片并赠送给大家。参加离退休工作处组织的美国游回来以后，她配合老伴整理徐扬禾老师及老伴给团友们拍的照片，分门别类后连同打印好的彩色集体照逐一分发给团友们。令人感动的是，范老师还花费了一个月的心血查阅各种资料，整理多种图片，制作出精美的美国之旅幻灯片赠送给大家。

吃苦在前　默默奉献

作为艺术的酷爱者，她和北航爱好编织的老同志们组建了老年手工协会，并于 2008—2011 年担任会长。她热心组织并参与老年手工协会的各项活动，用智慧的双手编织出多彩的艺术画卷。为了提高大家的兴趣，她主动学习，编织新花样，做出新样品，并写出编织程序，打印出文字材料分发给大家。对一些新参加手工协会的同志，她都耐心地帮助她们。范老师还多次到珠市口小商品市场购买编织材料。为了节省开支，她和手工协会的几位老太太每次都是背着几十斤重的大包乘公交车往返。买回来以后，还要按每个人登记的数量分料，有时候连饭也顾不上吃。会员们无不被她这种不遗余力、任劳任怨的精神所感动。

范老师通过参加老龄大学组织的学习班，学习了照片处理和视频软件的制作，把手工协会组织活动的照片做成视频软件供大家欣赏。近几年来又学习了智能手机的操作，利用微信与亲朋好友联系，传递积极的信息，一点也不逊于年轻人。

勾勒艺术　尽展风采

北京市、工信部等领导来学校视察党建工作时，思源楼总被列入实地考察点。作为老年社团之一的手工协会，在范老师的精心组织下，每次编织摆放的作品都会成为一道亮丽的风景线，赢得专家一致好评。在每年给老同志祝寿会上，手工协会编织的生肖寿礼已成为老寿星们爱不释手的贺礼。范老师对电脑设计情有独钟，狠下功夫自学，注重一点一滴地积累素材。功夫不负有心人，她花费了一个月的时间，把几年来大家编织的作品整理汇编并制作成光盘，集中展示老同志们的艺术成果。当接到市委教育工委举办“绿色家园，和谐生活”老同志手工创意作品展的任务后，范老师积极组织大家讨论、认真策划方案，全面实现市教工委提出的把废品变成具有艺术特色的工艺品的要求，他们组成六个小组、30名同志参加的制作团队。范老师主动参加每个小组的制作，帮助解决材料和工具等。作为一名垃圾分类的环保志愿者，范老师早已把废料保存了下来，展品中不少材料如罐头盒、酸奶瓶、牛奶袋等都是她提供的。8月份，正是北京最热的夏季，在一个多月的暑期里，她带领这支团队马不停蹄，全力以赴，提前完成了布展任务。

风采依旧、不事张扬的她，用辛勤的汗水播洒着殷殷不老情，以“诚恳友爱鉴我心”的奉献精神诠释着夕阳人生。范老师的魅力映射着每一个人、照耀着每一个人，是我们身边真真切切学习的好榜样。

后　　记

讲不完的故事　聊不完的感动

《晚霞映红》一书的编撰，始于 2020 年 2 月，正好处于新冠肺炎猖獗时期。离退休教职工党委组织离退休党支部、管理服务小组，全力投入抗击疫情阻击战，关爱传递温暖，确保老同志健康安全的同时，动员宅在家中的老同志拿起手中的笔，回忆记录身边的感人事迹，以这种方式共战疫情。离退休教职工党委成立了编委会，由在职工作人员、老同志、研究生共同组成，大家团结一心、勇挑重担，克服困难，加班加点，收集编撰书稿。

受疫情的影响，组委会采取"一对一"征稿函的形式，通过微信和邮寄方式共发出征稿函 103 篇，收回稿件 103 篇。编委会收到稿件后，对稿件进行了认真的学习领会，多次与老同志沟通商量稿件内容，在每一篇稿件定稿前都与老同志进行核实确认。成书过程中，为了编排的需要，编委会将文章按老有所养、老有所医、老有所教、老有所学、老有所为、老有所乐的"六个老有"主题内容进行了大致分类，按上篇（老有所养，老有所医享晚年）、中篇（老有所教，老有所为当益壮）、下篇（老有所学，老有所乐映晚霞）进行了编排。实际上，书中的任何一篇文章，其主题内容都相互交叉融合，反映了传递正能量的多个角度，从归类上都不可能做到严格绝对的细分。所以，如有文章归类不够精确，敬请各位读者予以谅解。

严酷的疫情也给我们收稿组稿、编辑修改带来一定的不便。各离退休党支部、管理服务小组、各涉老组织以及离退休工作处全体同仁，在承担繁重的防控任务的同时，积极协助联络老同志征稿收稿，成为与老同志之间通畅有力的沟通桥梁。很多离退休支部书记都已是七八十岁的老人，他们认真撰写和审阅本支部集体材料，还主动对部分老同志的稿件审阅修改，如图书馆退休党支部书记先敏、柏儒苑离退休第一党支部书记孙玉珍、航空学院退休第三党支部书记陈晏清、宇航学院退休第二党支部书记王连荣、自动化学院退休第五党支部书记贾荣珍等等，这样的书记还有很多，因篇幅所限，不再一一赘述。

阅稿过程中，我们始终怀着崇敬的心情，倾听老同志们的故事，也一直被他们的事迹深深地感动。从他们的故事中，我们更加明白了基层党组织是如何不忘初心、关心温暖着每一位老同志，如何帮助困难老同志和他们的家庭，助力老同志老有所养；了解了步入双高期的离退休老同志是如何坚定理想信念，认真参加党组织活动，坚持老有所学；了解了老龄大学如何搭建老有所学的平台，全心全意为老同志老有所学服务；了解了老教授们是如何实现老有所为，倾心关心下一代，呕心沥血、忘我工作；为了青少年"逐梦星空"，90 岁高龄的陈光老教授疫情中的在线讲座，跻身直播平台视频聊天专区的人气榜第一名；为了北航的航模事业，孙景桥老师疫情下冒酷暑紧急奔走，使 40 年的航模史料得以留存，促成了北航航模文化走廊的建设；了解了北航话剧社的发展轨迹和北航时装队队员保持青春不老的秘诀……

编写过程中，老同志们一丝不苟、认真敬业的精神，让我们深受教育；见事就上、见荣誉就让的高风亮节，也深深感动着我们。他们一遍一遍反复修改文稿，生怕有错误，留下遗憾；他们反复强调文中描述不要突出个人，事情是大家做的，荣誉是大家的。话剧社部分的撰稿人杨念梅老师，为了记录下北航话剧社的历史，不顾 80 多岁的高龄，主动承担了话剧社文稿的编撰任务，反复与编辑人员探讨修改，有时到深夜。刘学君、张显卿、孙景桥、郑天亮、杨乃宾、陈述先等老师，常为文中的描写是否准确而反复斟酌。还有梁家惠老师，为了讲好党支部的几任支部书记接力帮助一位普通退休老师的故事，积极主动投稿。

照片征集过程中，老同志们活到老、学到老的精神，更是让我们感动。老同志们不顾年迈，积极学习新技能，一遍又一遍地学习电子版照片的获取以及提交转发，直到符合编委会要求为止。这种认真执着、锲而不舍的精神，值得我们每一个人学习。

编书过程中，我们遇到了太多太多的热心支部书记、令人尊敬的老同志，真是有讲不完的故事，聊不完的感动。正是由于这些老同志的大力支持，才使得本书顺利成印。在此，我们由衷地对所有参与本书原稿撰写的老同志表示感谢，对所有参与书稿征集和信息反馈的党支部书记表示感谢。同时，本书得到了老年学研究中心的悉心指导，得到了各离退休党支部、管理服务小组、“关工委”、“三老”协会、老龄大学、老年社团的大力支持，也得到了老同志家属的大力支持与配合，在此一并表示感谢。

挂一漏万，加之我们编辑水平所限，书稿中难免有疏漏和不妥之处。在此，我们致以诚挚的歉意，并欢迎各位读者批评指正。

《晚霞映红》编委会

2020 年 11 月